NATIONAL GEOGRAPHIC

FOTO BASICS

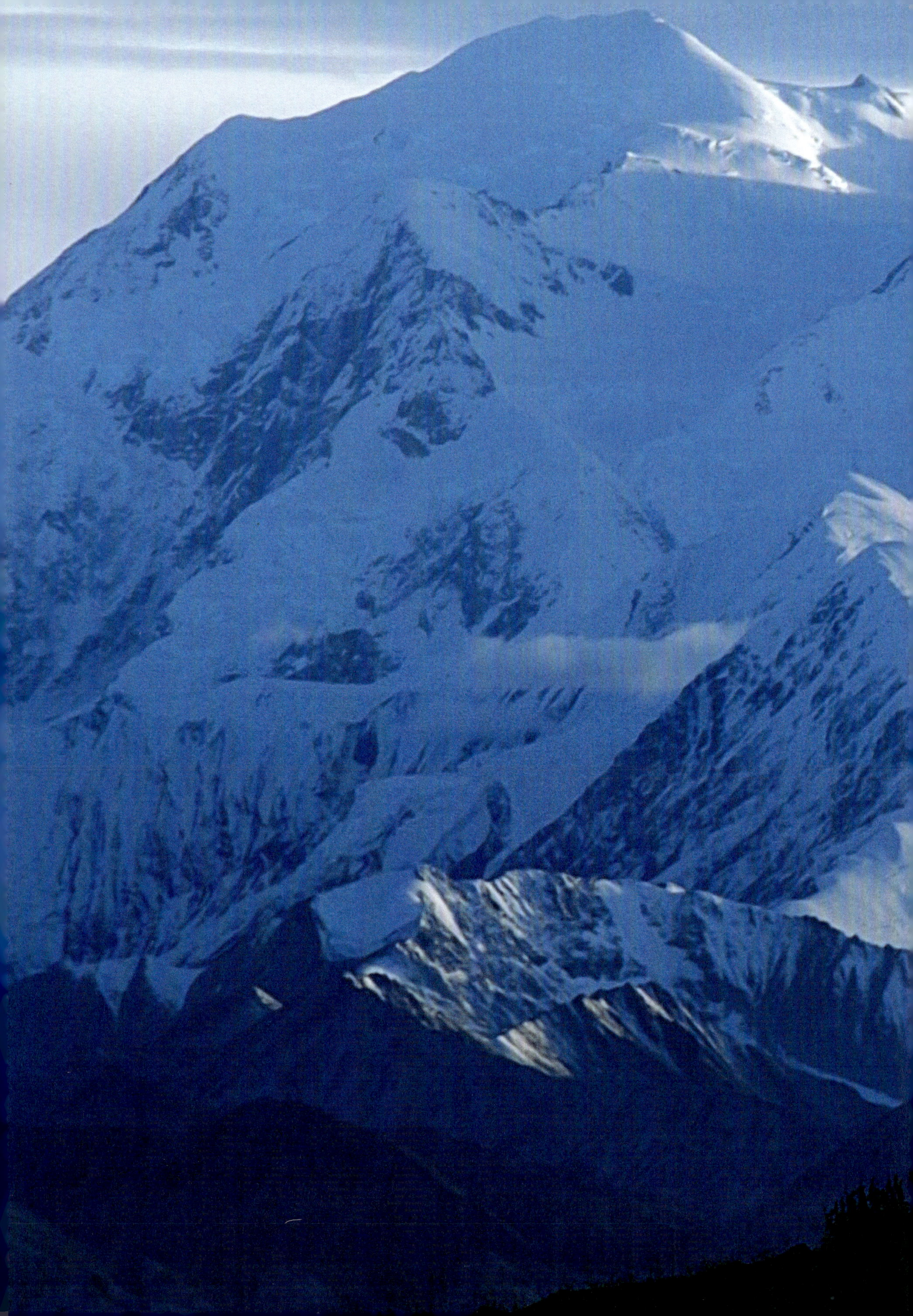

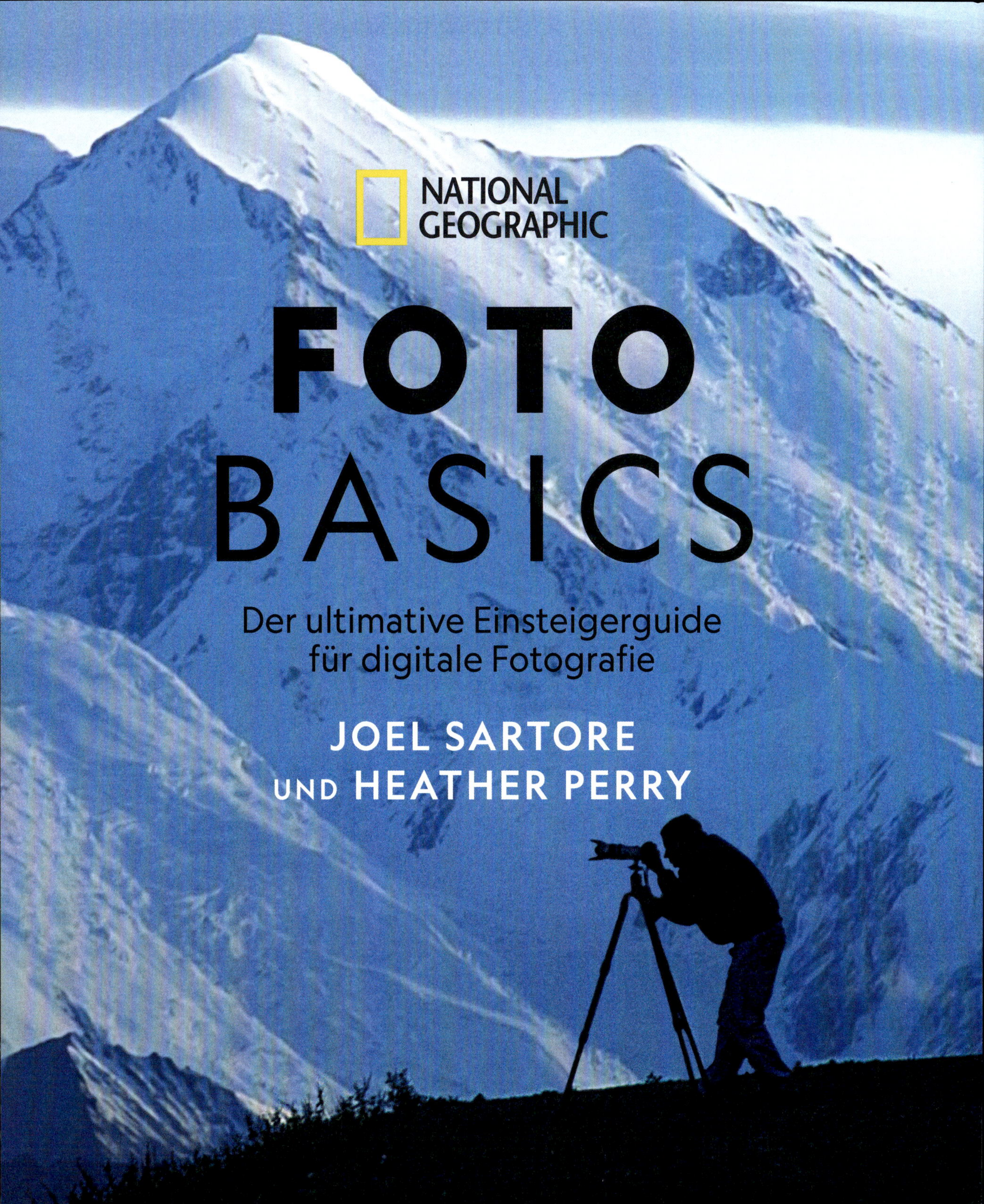

NATIONAL GEOGRAPHIC

FOTO BASICS

Der ultimative Einsteigerguide für digitale Fotografie

JOEL SARTORE UND HEATHER PERRY

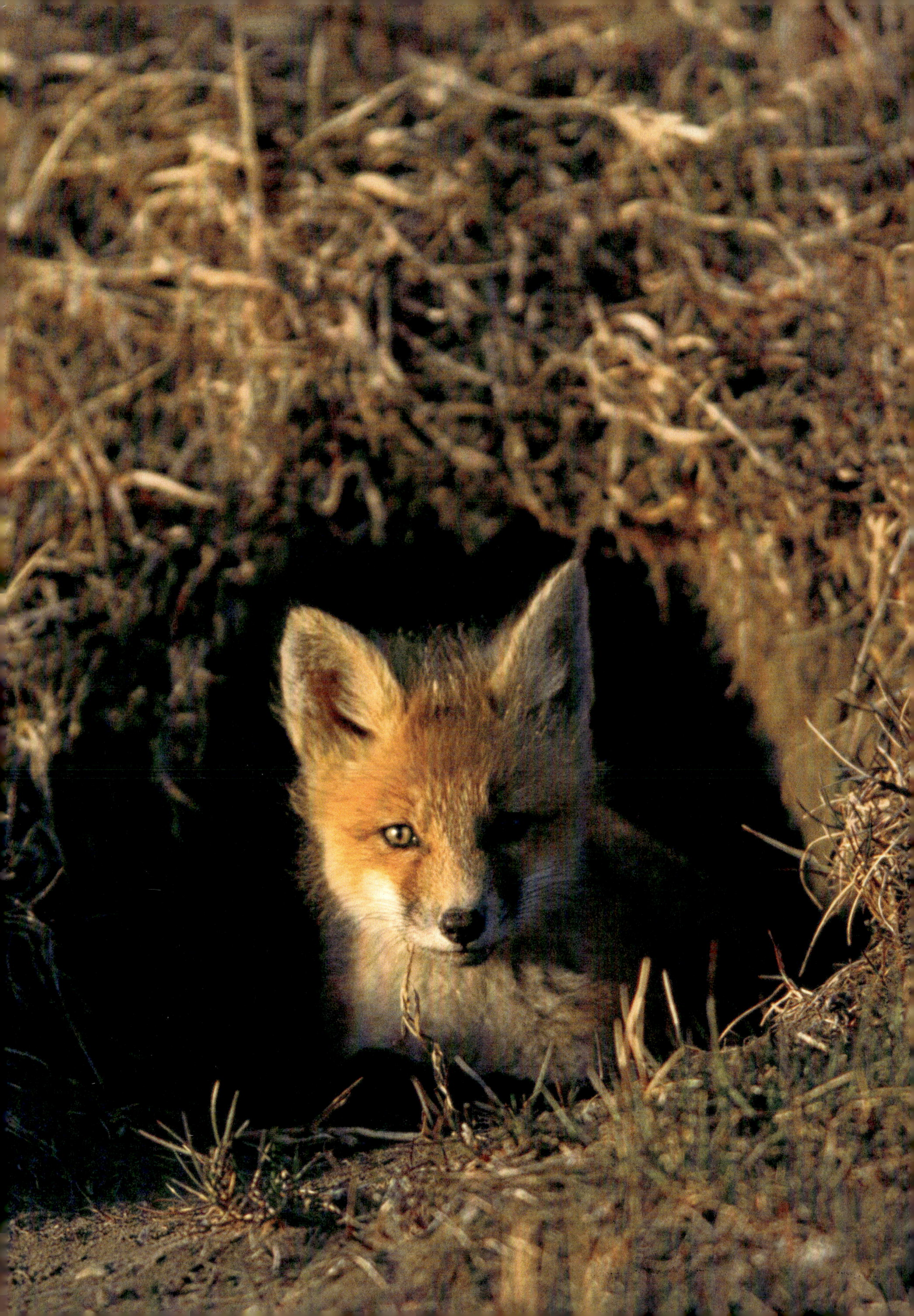

INHALT

Ein Polarfuchswelpe blickt aus seinem Bau in Prudhoe Bay, Alaska.
Vorherige Seiten: Ein Wanderer fotografiert den Mount McKinley im Denali-Nationalpark, Alaska.

EINLEITUNG

Seit vielen Jahren reise ich durch die ganze Welt und bin dabei immer auf der Suche nach einzigartigen Bildern. Und wissen Sie, was mir dabei aufgefallen ist? Die meiste Zeit kommt es mir so vor, als sollte ich eigentlich gar nicht fotografieren.

Das liegt daran, dass es wirklich nur sehr selten vorkommt, dass einfach alles passt – das richtige Licht, ein stimmiger Hintergrund, ganz einfach der perfekte Moment. Meist kommt es mir so vor, als würde man die sprichwörtliche Nadel im Heuhaufen suchen.

Aber das ist kein Grund, sich entmutigen zu lassen: Mit dem richtigen Blick, etwas Geduld und viel Übung gelingt es nämlich hin und wieder doch, besondere Momente einzufangen!

Als ich vor vielen Jahren mit dem Fotografieren begann, fragte ich den Fotoredakteur einer Schülerzeitung, was das Geheimnis eines guten Portfolios sei. Er antwortete: „Du musst einfach viel fotografieren, Joel." Damals hielt ich die Antwort für etwas überheblich, aber mittlerweile glaube ich, dass er recht hatte.

Denn heute, rund 40 Jahre später, weiß ich, dass man mit jedem Foto besser wird, weil man erkennt, was in welcher Situation funktioniert und was nicht, und weil man bei jedem Motiv aus Fehlern lernt – und glauben Sie mir, davon habe ich im Laufe der Zeit wirklich genug gemacht! Rückblickend ist mir jetzt klar, dass jedes Foto, ob gut oder schlecht, schlussendlich also dazu geführt hat, dass ich es beim nächsten Mal besser gemacht habe.

Aber warum ist es eigentlich so schwer, gute Fotos zu machen? Naja, zunächst wäre da einmal die gefühlt 500-seitige Betriebsanleitung der Kamera …

Die Basilius-Kathedrale auf dem Roten Platz in Moskau bei Nacht.

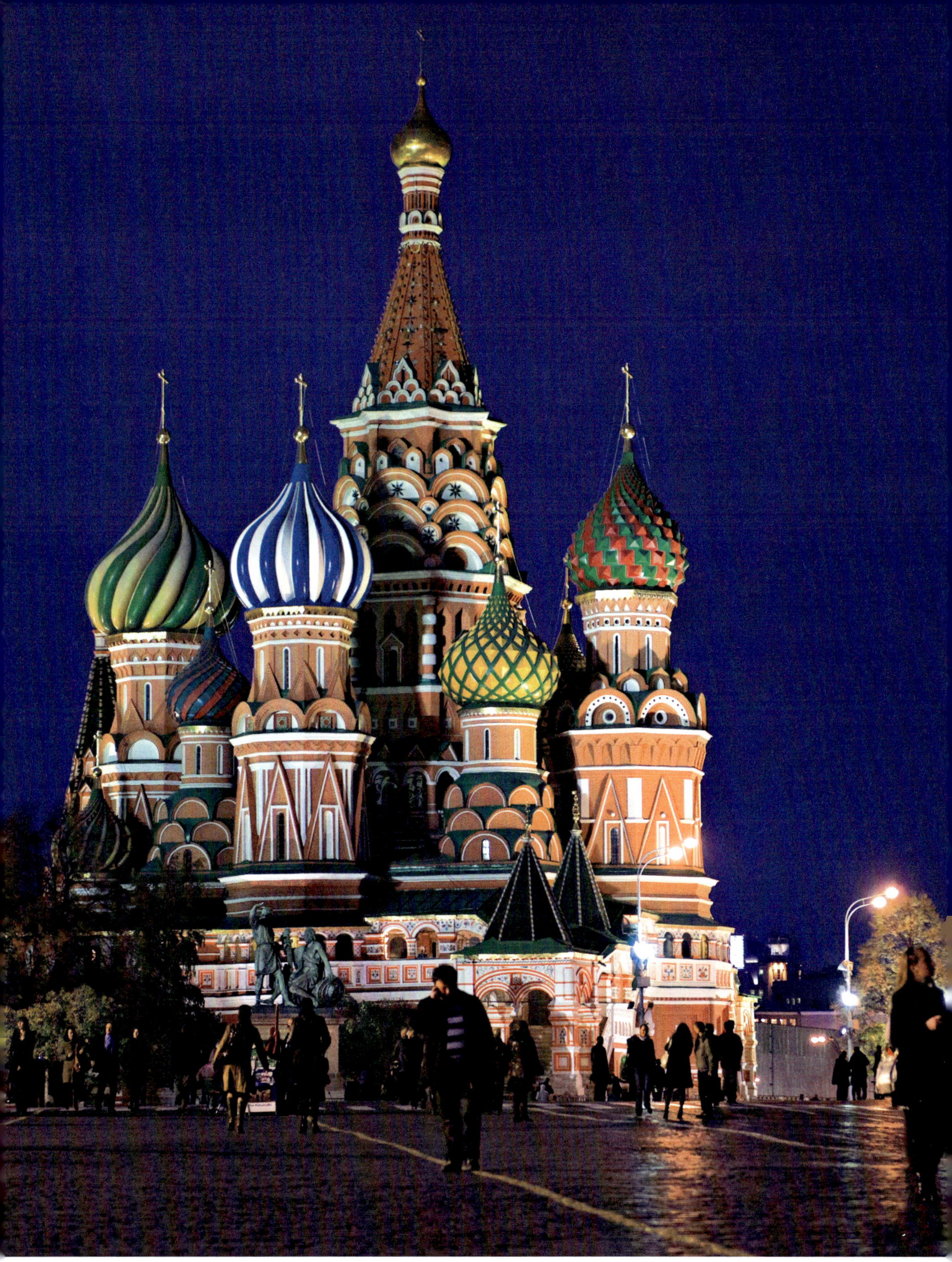

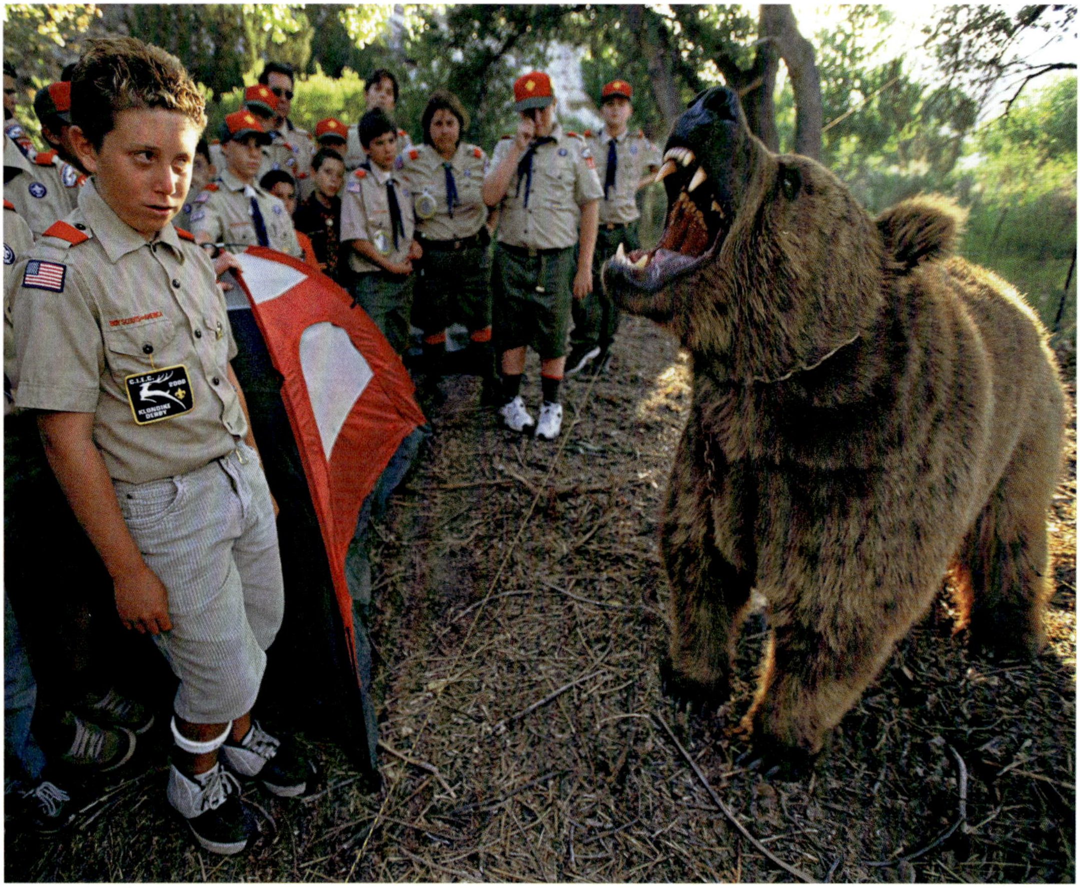

Bären, die brüllen, beißen nicht? Eine Gruppe Pfadfinder in Südkalifornien mit einem abgerichteten Bären.

Aber bevor es dazu kommt, dass man sich in die Betriebsanleitung vertiefen kann, geht es zunächst darum, die richtige Kamera zu finden. Dabei gibt es viel zu beachten: Was möchte man fotografieren? Wann? Warum? Und damit nicht genug: Jeder Moment ist so unglaublich flüchtig und alles verändert sich ständig, ganz besonders das Licht. Manchmal bedeutet das, dass es sogar einen Unterschied machen kann, wenn man sich umdreht und in die andere Richtung fotografiert. Und das macht es nun wirklich nicht einfacher!

Beim Fotografieren ist es das Ziel, einzigartige Augenblicke und Motive festzuhalten. Die sind zwar überall, aber irgendwie oft verdammt schwer einzufangen. Genau hier setzt dieses Buch an: Es hilft Ihnen, sich einen Überblick über die Grundlagen zu verschaffen, die visuellen Möglichkeiten um Sie herum zu erkennen und Ihren Blick für einzigartige Motive und Augenblicke im Alltag zu schärfen. Denn man muss nicht unbedingt ans andere Ende der Welt reisen, um tolle Fotos zu machen, ganz im Gegenteil: Meist sind die, die man zu Hause macht, die besten – weil man die Umgebung und die Motive kennt. Mit dem richtigen Blick, viel Geduld und noch mehr Übung lassen sich so wirklich einzigartige Ergebnisse erzielen.

Noch dazu macht es viel mehr Eindruck, wenn man es schafft, eine alltägliche Szene auf spannende und einzigartige Weise festzuhalten! Dafür braucht man auch nicht unbedingt eine superteure Profi-Fotoausrüstung: Mit viel Begeisterung für das Motiv gelingt es, auch ohne technischen Schnickschnack einzigartige Fotos zu machen.

Wenn man die Grundlagen beherrscht und seinen Blick geschärft hat, kann man noch einen Schritt weiter gehen und mit seinen Fotos Gutes tun.

Jedes Foto erzählt eine Geschichte und kann helfen, die Welt zu einem etwas besseren Ort zu machen. Egal, ob Sie also das örtliche Tierheim unterstützen oder sich für saubere Strände einsetzen möchten: Tun Sie das mithilfe Ihrer Fotos!

Genau aus diesem Grund habe ich vor 14 Jahren mit dem Projekt „Photo Ark" begonnen. Bis heute sind dabei Porträts von mehr als 10.000 Tieren in menschlicher Obhut entstanden – mit dem Ziel, auch künftige Generationen dazu zu inspirieren, die wunderbare Artenvielfalt der Natur um uns herum zu schützen.

Aber jetzt genug von mir: Los geht's, ich verspreche Ihnen, es wird Ihnen Spaß machen!

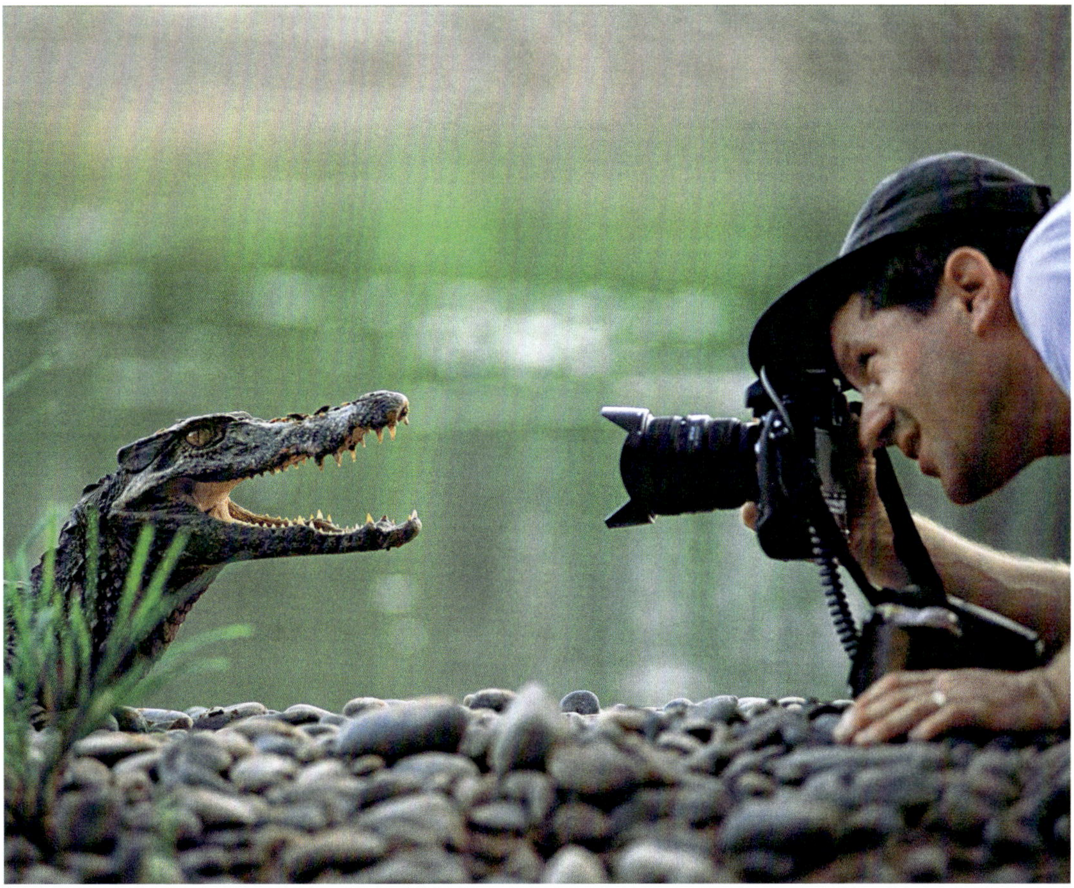

Manchmal muss man einem Tier ganz nahe kommen, um ein tolles Foto zu schießen – wie ich diesem jungen Kaiman.

ÜBER DIESES BUCH

Dieses Buch enthält zahlreiche wertvolle Infos und Tipps für Fotografie-Einsteiger. Der National Geographic-Fotograf Joel Sartore erklärt die wichtigsten Grundlagen und hilft Ihnen, das theoretische Wissen schließlich auch in die Praxis umzusetzen. Im ersten Teil finden sich Informationen zur Ausrüstung, zu den wichtigsten Aufnahmetechniken und zum richtigen Umgang mit der Kamera.

Im zweiten Teil geht es dann darum, dieses Wissen praktisch umzusetzen und verschiedene Motive in unterschiedlichen Umgebungen zu fotografieren – von Familienporträts über Actionfotos bis hin zu einzigartigen Reiseerinnerungen.

LEKTIONEN

Das Buch besteht aus zweiseitigen Lektionen, in denen es jeweils um einen bestimmten Bereich der Fotografie geht.

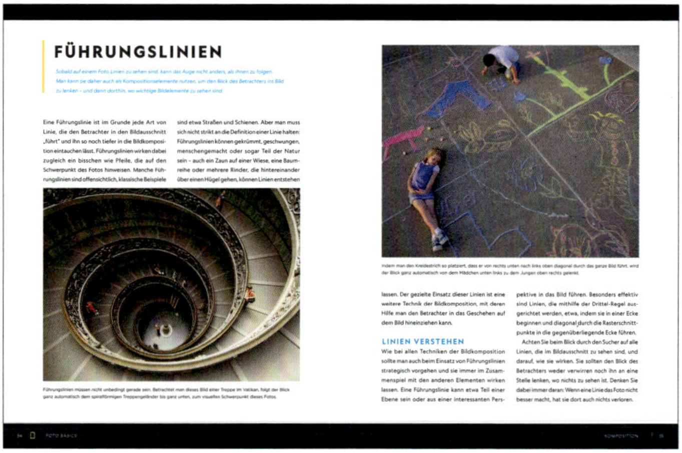

FÜHRUNGSLINIEN

Sobald auf einem Foto Linien zu sehen sind, kann das Auge nicht anders, als ihnen zu folgen. Man kann sie daher auch als Kompositionselemente nutzen, um den Blick des Betrachters ins Bild zu lenken – und dann dorthin, wo wichtige Bildelemente zu sehen sind.

Eine Führungslinie ist im Grunde jede Art von Linie, die den Betrachter in den Bildausschnitt „führt" und ihn so noch tiefer in die Bildkomposition eintauchen lässt. Führungslinien wirken dabei zugleich ein bisschen wie Pfeile, die auf den Schwerpunkt des Fotos hinweisen. Manche Führungslinien sind offensichtlich, klassische Beispiele sind etwa Straßen und Schienen. Aber man muss sich nicht strikt an die Definition einer Linie halten: Führungslinien können gekrümmt, geschwungen, menschengemacht oder sogar Teil der Natur sein – auch ein Zaun auf einer Wiese, eine Baumreihe oder mehrere Rinder, die hintereinander über einen Hügel gehen, können Linien entstehen lassen. Der gezielte Einsatz dieser Linien ist eine weitere Technik der Bildkomposition, mit deren Hilfe man den Betrachter in das Geschehen auf dem Bild hineinziehen kann.

Führungslinien müssen nicht unbedingt gerade sein. Betrachtet man dieses Bild einer Treppe im Vatikan, folgt der Blick ganz automatisch dem spiralförmigen Treppengeländer bis ganz unten, zum visuellen Schwerpunkt dieses Fotos.

Indem man den Kreidestrich so platziert, dass er von rechts unten nach links oben diagonal durch das ganze Bild führt, wird der Blick ganz automatisch von dem Mädchen unten links zu dem Jungen oben rechts gelenkt.

LINIEN VERSTEHEN

Wie bei allen Techniken der Bildkomposition sollte man auch beim Einsatz von Führungslinien strategisch vorgehen und sie immer im Zusammenspiel mit den anderen Elementen wirken lassen. Eine Führungslinie kann etwa Teil einer Ebene sein oder aus einer interessanten Perspektive in das Bild führen. Besonders effektiv sind Linien, die mithilfe der Drittel-Regel ausgerichtet werden, etwa, indem sie in einer Ecke beginnen und diagonal durch die Rasterschnittpunkte in die gegenüberliegende Ecke führen.

Achten Sie beim Blick durch den Sucher auf alle Linien, die im Bildausschnitt zu sehen sind, und darauf, wie sie wirken. Sie sollten den Blick des Betrachters weder verwirren noch ihn an eine Stelle lenken, wo nichts zu sehen ist. Denken Sie dabei immer daran: Wenn eine Linie das Foto nicht besser macht, hat sie dort auch nichts verloren.

54 FOTO BASICS

KOMPOSITION 55

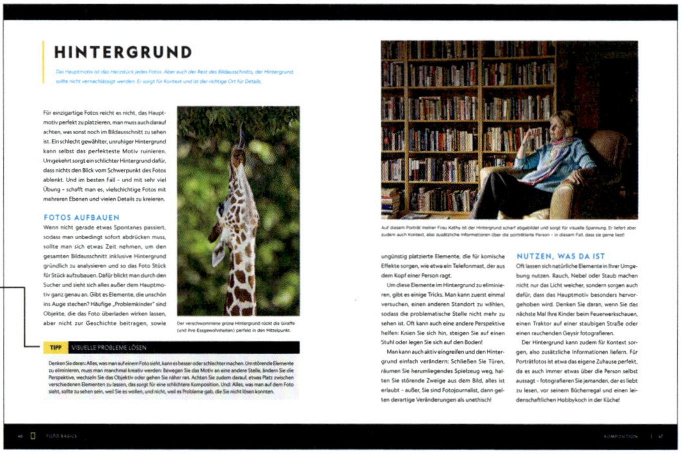

HINTERGRUND

Das Hauptmotiv ist das Herzstück jedes Fotos. Aber auch der Rest des Bildausschnitts, der Hintergrund sollte nicht vernachlässigt werden: Er sorgt für Kontext und ist der richtige Ort für Details.

Für einzigartige Fotos reicht es nicht, das Hauptmotiv perfekt zu platzieren, man muss auch darauf achten, was sonst noch im Bildausschnitt zu sehen ist. Ein schlecht gewählter, unruhiger Hintergrund kann selbst das perfekteste Motiv ruinieren. Umgekehrt sorgt ein schlichter Hintergrund dafür, dass nichts den Blick vom Schwerpunkt des Fotos ablenkt. Und im besten Fall – und mit sehr viel Übung – schafft man es, vielschichtige Fotos mit mehreren Ebenen und vielen Details zu kreieren.

FOTOS AUFBAUEN

Wenn nicht gerade etwas Spontanes passiert, sodass man unbedingt sofort abdrücken muss, sollte man sich etwas Zeit nehmen, um den gesamten Bildausschnitt inklusive Hintergrund gründlich zu analysieren und so das Foto Stück für Stück aufzubauen. Dafür blickt man durch den Sucher und sieht sich alles außer dem Hauptmotiv ganz genau an. Gibt es Elemente, die unschön ins Auge stechen? Häufige „Problemkinder" sind Objekte, die das Foto überladen wirken lassen, aber nicht zur Geschichte beitragen, sowie ungünstig platzierte Elemente, die für komische Effekte sorgen, wie etwa ein Telefonmast, der aus dem Kopf einer Person ragt.

Der verschwommene grüne Hintergrund rückt die Giraffe (und ihre Essgewohnheiten) perfekt in den Mittelpunkt.

TIPP VISUELLE PROBLEME LÖSEN

Denken Sie daran: Alles, was man auf einem Foto sieht, kann es besser oder schlechter machen. Um störende Elemente zu eliminieren, muss man manchmal kreativ werden: Bewegen Sie das Motiv an eine andere Stelle, ändern Sie die Perspektive, wechseln Sie das Objektiv oder gehen Sie näher ran. Achten Sie zudem darauf, etwas Platz zwischen verschiedenen Elementen zu lassen, das sorgt für eine schlichtere Komposition. Und: Alles, was man auf dem Foto sieht, sollte zu sehen sein, weil Sie es wollen, und nicht, weil es Probleme gab, die Sie nicht lösen konnten.

Auf diesem Porträt meiner Frau Kathy ist der Hintergrund scharf abgebildet und sorgt für visuelle Spannung. Er liefert aber zudem auch Kontext, also zusätzliche Informationen über die porträtierte Person – in diesem Fall, dass sie gerne liest!

Um diese Elemente im Hintergrund zu eliminieren, gibt es einige Tricks. Man kann zuerst einmal versuchen, einen anderen Standort zu wählen, sodass die problematische Stelle nicht mehr zu sehen ist. Oft kann auch eine andere Perspektive helfen: Knien Sie sich hin, steigen Sie auf einen Stuhl oder legen Sie sich auf den Boden!

Man kann auch aktiv eingreifen und den Hintergrund einfach verändern: Schließen Sie Türen, räumen Sie herumliegendes Spielzeug weg, halten Sie störende Zweige aus dem Bild, alles ist erlaubt – außer, Sie sind Fotojournalist, dann gelten derartige Veränderungen als unethisch!

NUTZEN, WAS DA IST

Oft lassen sich natürliche Elemente in Ihrer Umgebung nutzen. Rauch, Nebel oder Staub machen nicht nur das Licht weicher, sondern sorgen auch dafür, dass das Hauptmotiv besonders hervorgehoben wird. Denken Sie daran, wenn Sie das nächste Mal Ihre Kinder beim Feuerwerkschauen, einen Traktor auf einer staubigen Straße oder einen rauchenden Geysir fotografieren.

Der Hintergrund kann zudem für Kontext sorgen, also zusätzliche Informationen liefern. Für Porträtfotos ist etwa das eigene Zuhause perfekt, da es auch immer etwas über die Person selbst aussagt – fotografieren Sie jemanden, der es liebt zu lesen, vor seinem Bücherregal und einen leidenschaftlichen Hobbykoch in der Küche!

KOMPOSITION 47

TIPPS

In vielen Lektionen finden sich Tipps, die Ihnen helfen, Ihre Fotos noch besser zu machen.

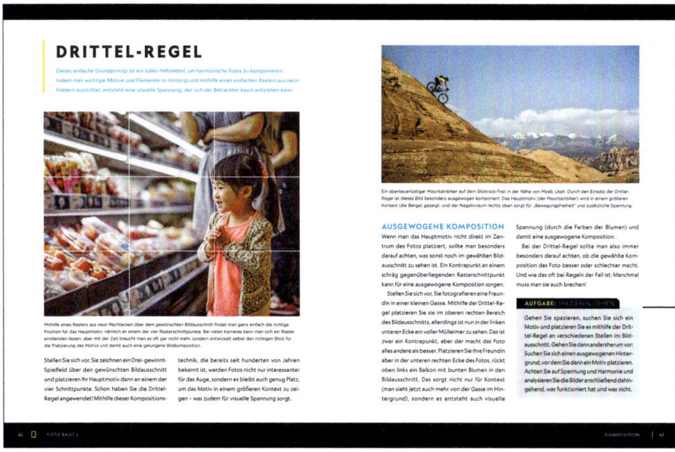

AUFGABEN

Mithilfe verschiedener Aufgaben lernen Sie, das theoretische Wissen auch in die Praxis umzusetzen und Ihre neugewonnenen Fähigkeiten in der echten Welt anzuwenden.

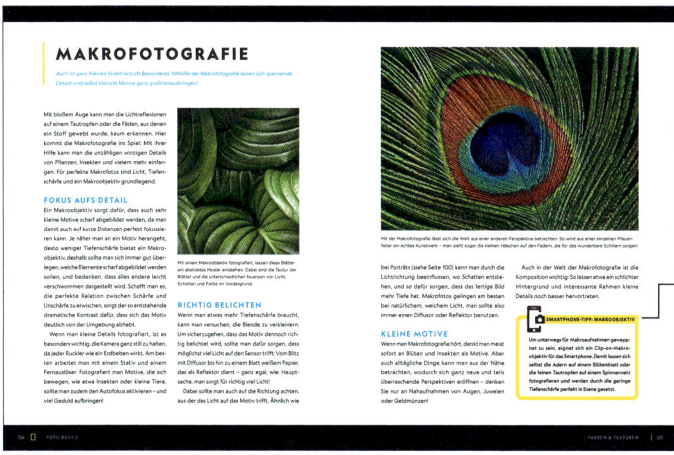

SMARTPHONE-TIPPS

Praktische Tipps zeigen Ihnen, wie Sie verschiedene fotografische Techniken auch auf Smartphone-Fotos anwenden.

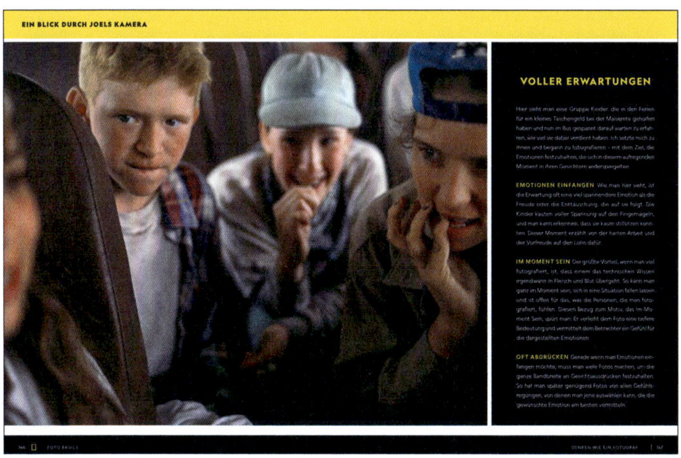

EIN BLICK DURCH JOELS KAMERA

Am Ende jedes Kapitels haben Sie die Chance, einen genaueren Blick auf eines von Joels Fotos zu werfen, und erfahren etwas über die Entstehungsgeschichte sowie die wichtigsten Einstellungen und Techniken, die dabei zum Einsatz kamen.

FACHBEGRIFFE Ab Seite 242 finden Sie ein Glossar mit den wichtigsten Fachbegriffen und kurzen Erklärungen dazu.

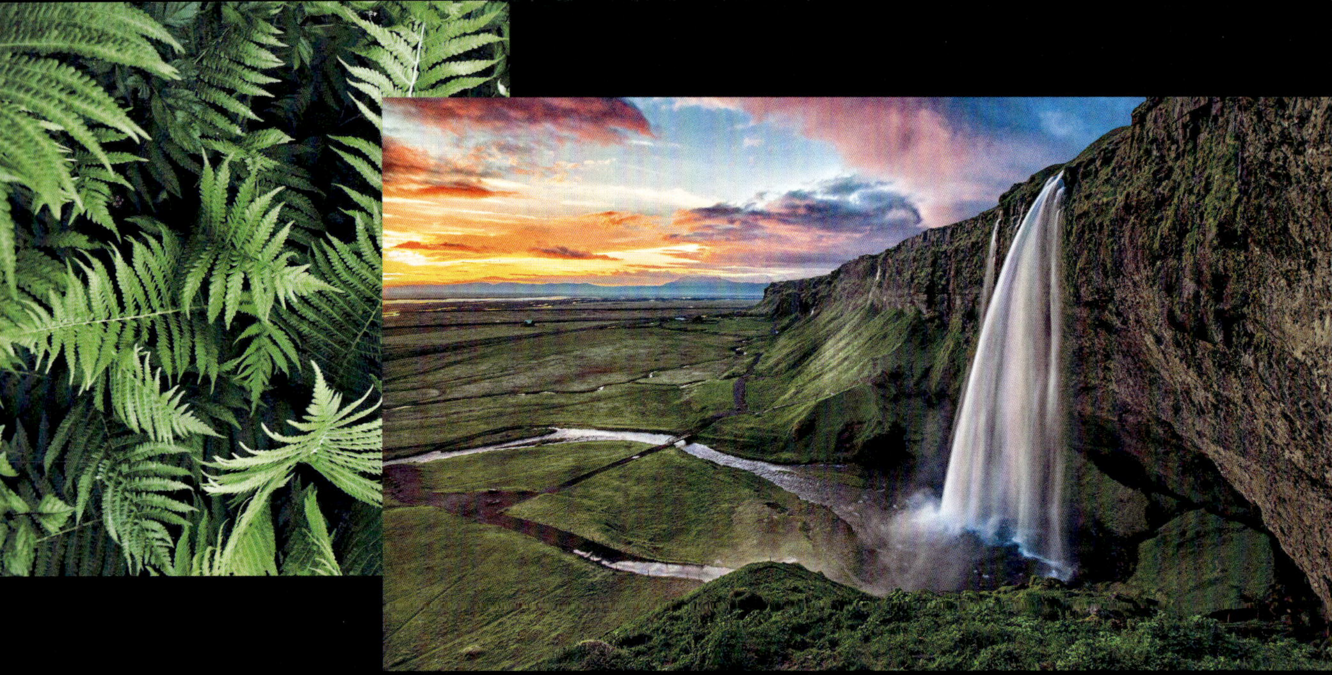

TEIL EINS: DIE GRUNDLAGEN

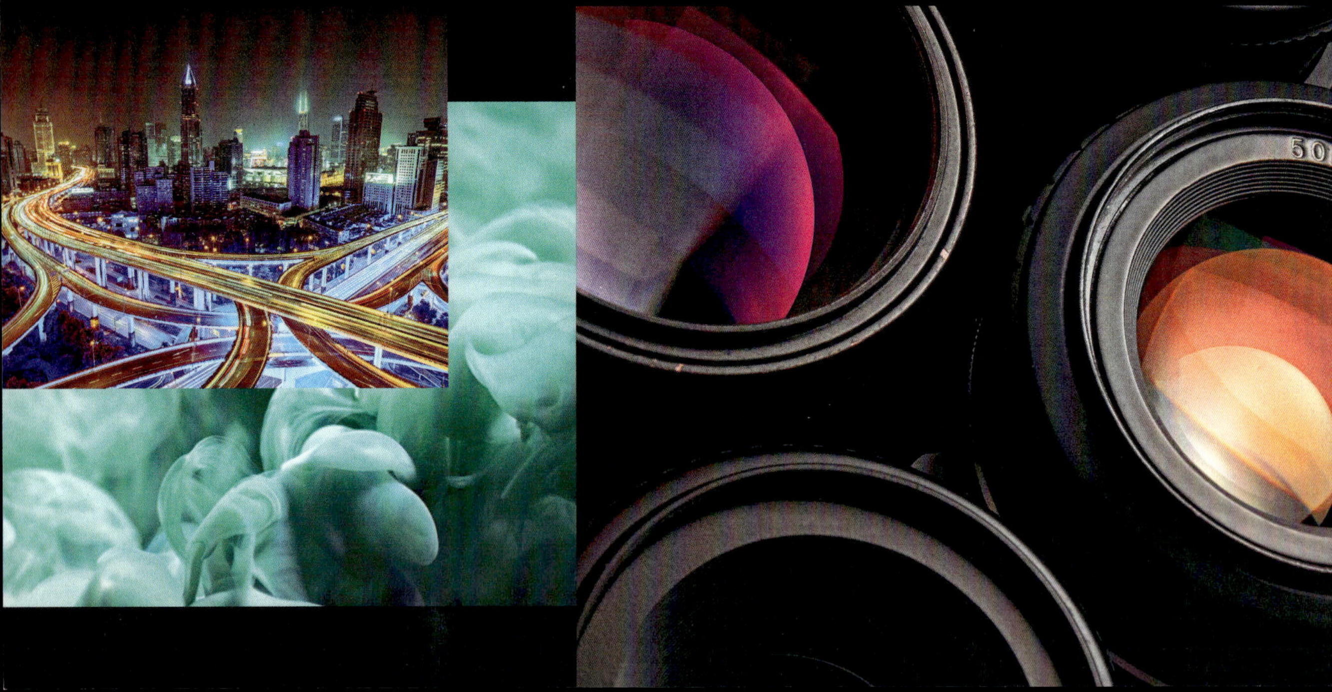

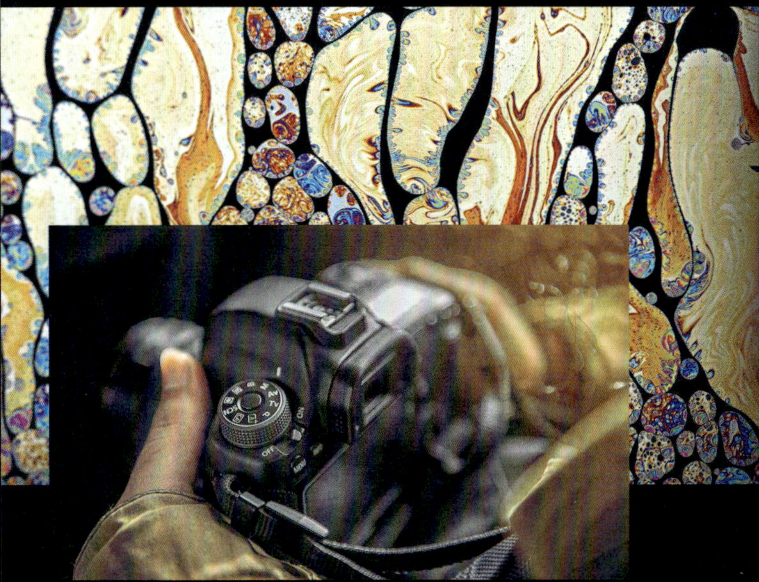

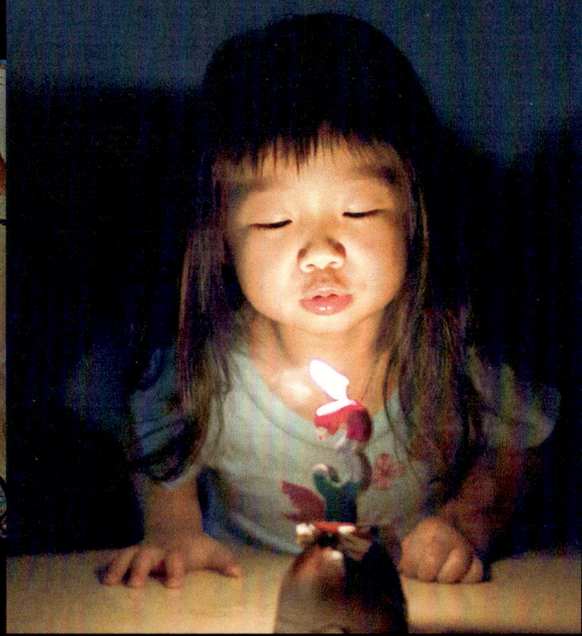

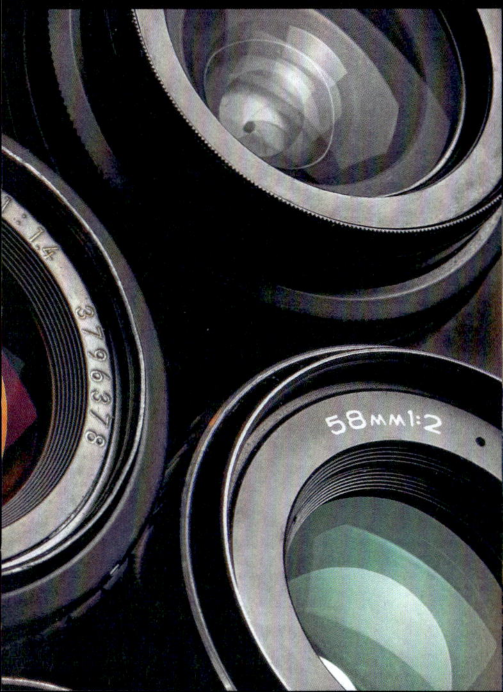
58mm1:2

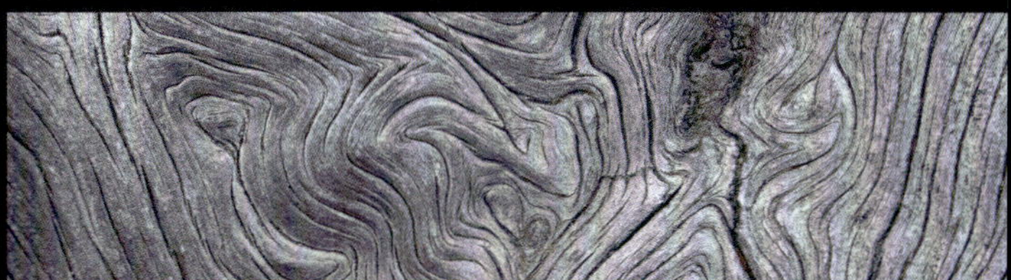

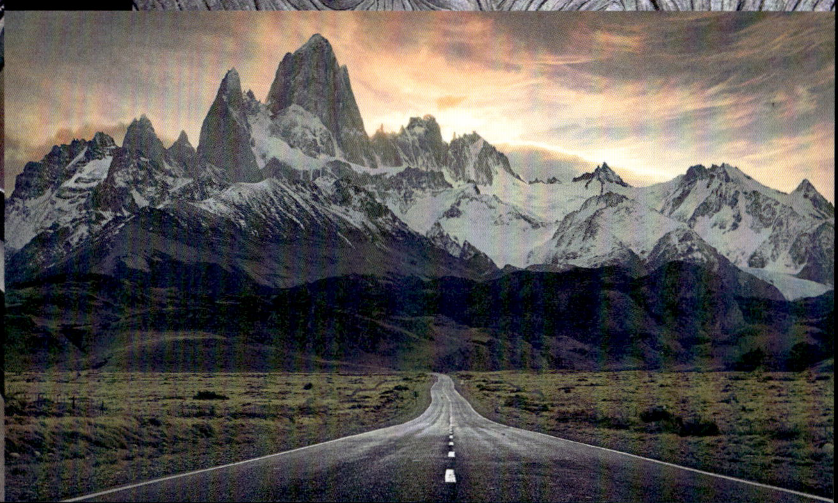

EINS

KAMERA, OBJEKTIVE & ZUBEHÖR

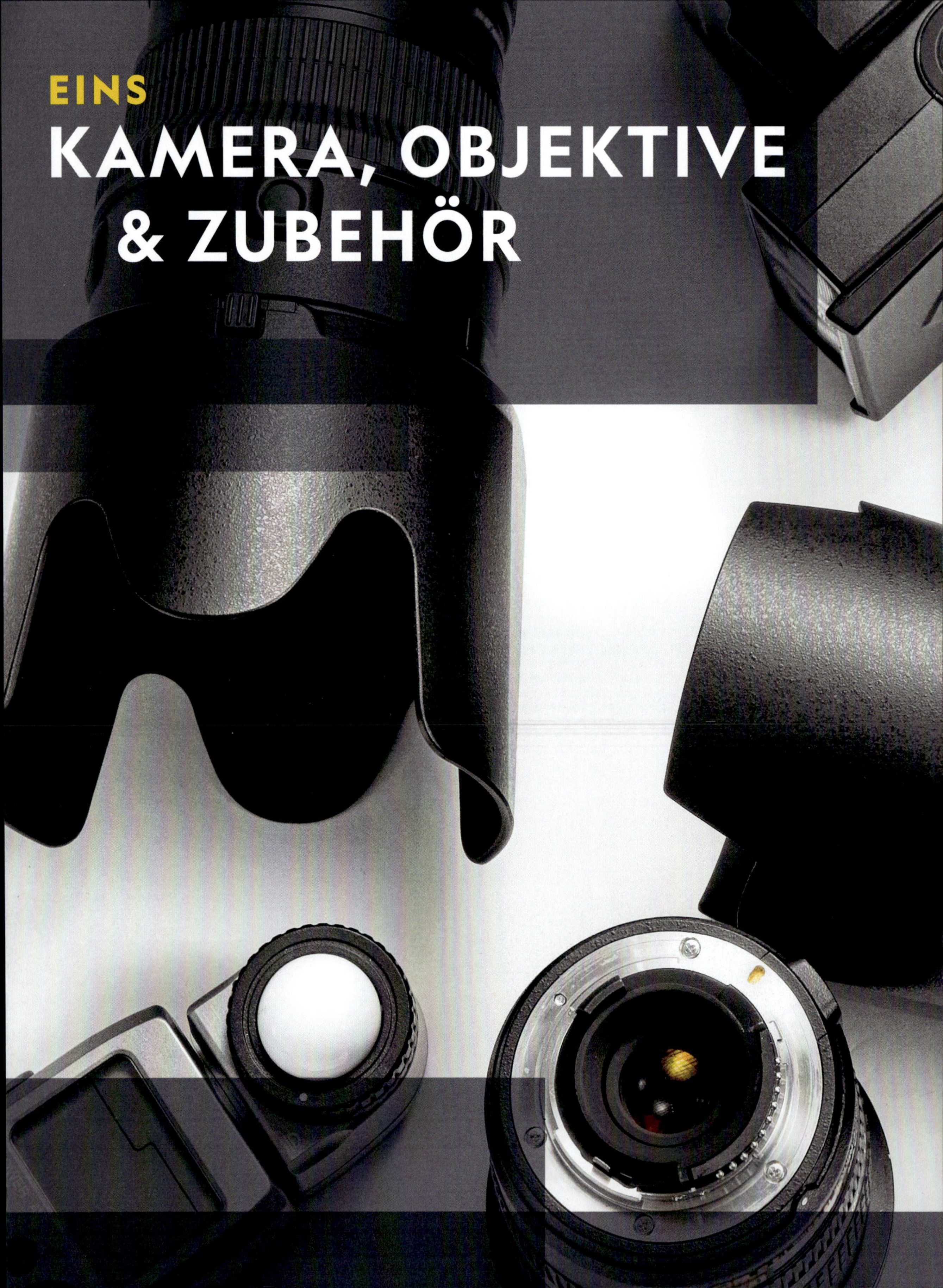

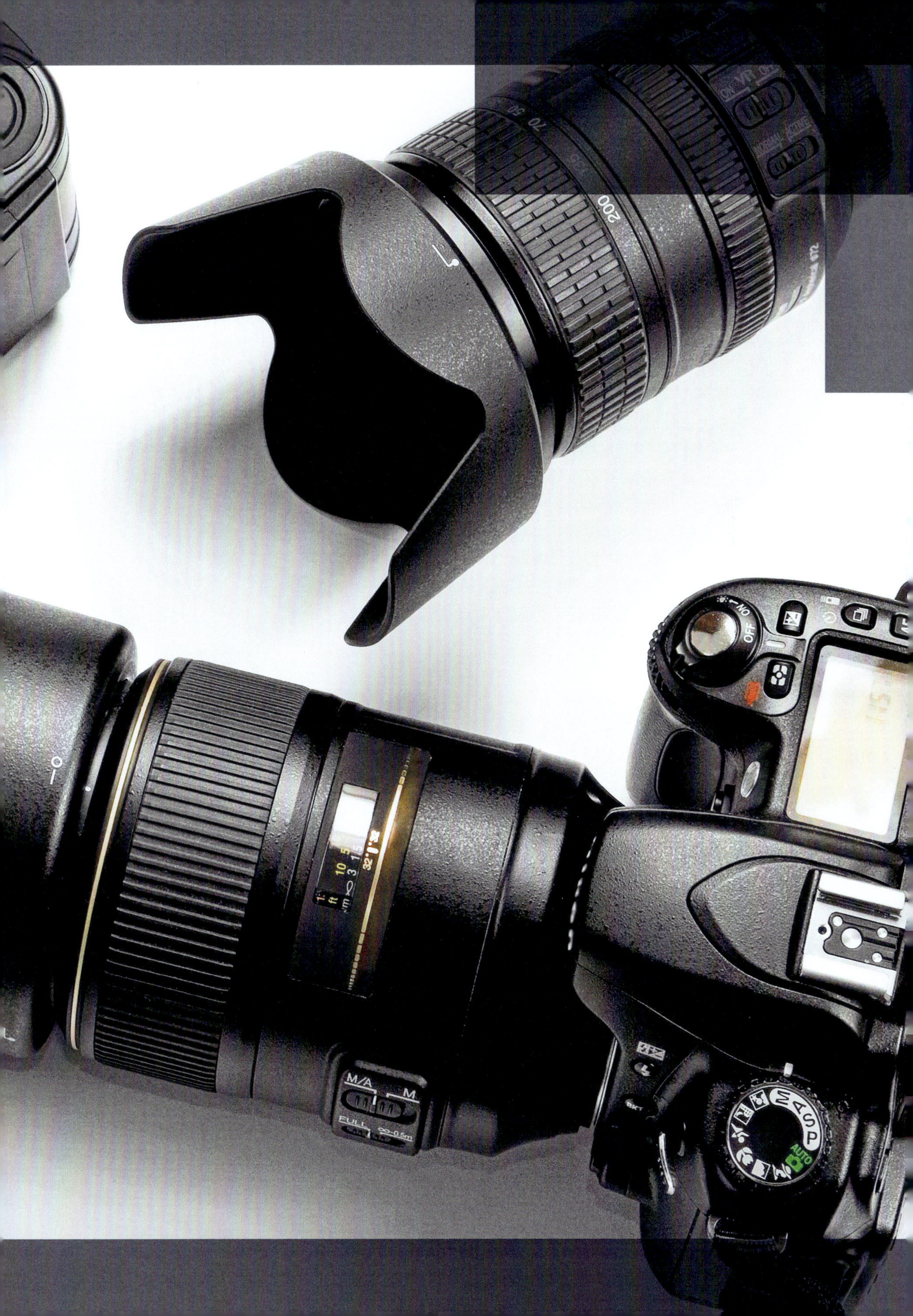
200
ON
OFF
M/A
M
FULL
AUTO

DIE GRUND-AUSSTATTUNG

Als professioneller Fotograf ist man oft mit ausgefallenem Equipment unterwegs – von der Taucherausrüstung bis zum Klettergurt. Und bei mir hat sich im Laufe der Zeit auch noch jede Menge Kurioses angesammelt, darunter etwa ein altes Paar Stiefel, das im Hawai'i-Volcanoes-Nationalpark von Lava angeschmolzen wurde, sowie eine spezielle Box zum Fotografieren von Schlangen.

Im Grunde passt aber alles, was man braucht, um für so gut wie jedes Fotoabenteuer gerüstet zu sein, in einen Rucksack: eine Kamera, mit der man sich auskennt, ein, zwei Objektive, zusätzliche Speicherkarten, Ersatzakkus, ein Ladegerät und ein Putztuch für die Objektive (wobei man dafür im Notfall auch einfach ein sauberes T-Shirt verwenden kann). Je nachdem, was man fotografieren will und wo man unterwegs ist, kann auch ein externer Blitz nicht schaden.

Auf den folgenden Seiten finden Sie grundlegende Hinweise zu verschiedenen Kameratypen und anderem Zubehör. Beim Zusammenstellen der Ausrüstung sollte man sich überlegen, was man fotografieren und wie viel man ausgeben möchte, und wirklich nur das kaufen, was man braucht. Am besten geht man dafür in ein Fachgeschäft, lässt sich beraten und probiert verschiedene Kameras und anderes Zubehör aus, um herauszufinden, was zu einem selbst und den Fotos, die man machen möchte, passt. Wenn Sie dafür nicht viel brauchen: umso besser! Vertrauen Sie auf Ihr Bauchgefühl und schleppen Sie kein unnötiges Zubehör mit sich herum. Denn wie in fast allen Bereichen klappt es auch mit dem Fotografieren am besten, wenn man sich selbst treu bleibt.

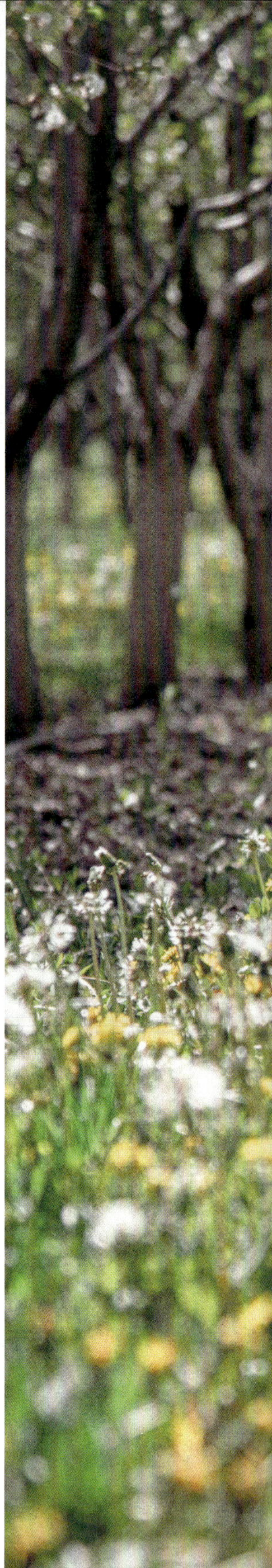

An einem Frühlingsmorgen fotografiert eine Frau eine üppige Blumenwiese.

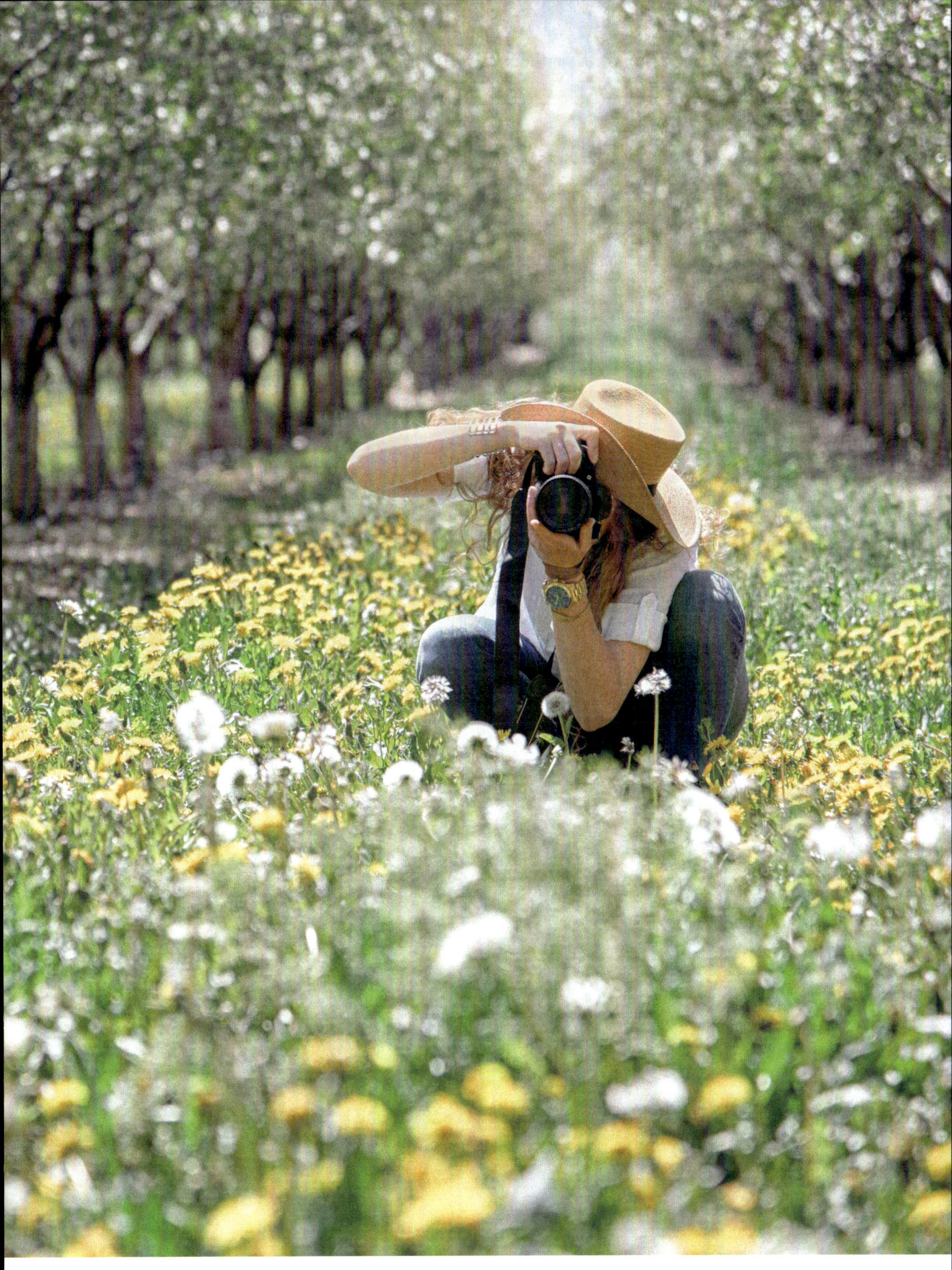

SPIEGELREFLEXKAMERA

Egal, welche Kamera man verwendet: Wenn man versteht, was technisch vor sich geht, während man fotografiert, ist es viel leichter, sich mit der eigenen Ausrüstung vertraut zu machen.

Eine digitale Spiegelreflexkamera, auch DSLR-Kamera, ist für alle, die sich langfristig mit Fotografie beschäftigen möchten, sicherlich die beste Wahl. Die verschiedenen Komponenten einer Spiegelreflexkamera, die hier beschrieben werden, finden sich aber auch bei den meisten anderen Kameratypen.

1 BLITZ

Ein kleiner eingebauter Blitz ist bei Spiegelreflex- und Kompaktkameras Standard.

2 SUCHER

Der Sucher zeigt einem den Bildausschnitt, auf den die Kamera gerichtet ist. Eine Spiegelreflexkamera hat einen optischen Sucher, durch den man genau das sieht, was die Kamera „sieht".

3 BILDSENSOR

Wenn sich der Verschluss öffnet, gelangt Licht durch das Objektiv auf den Bildsensor, der es in digitale Daten umwandelt. Daraus setzt sich dann das Foto zusammen. Die Auflösung wird durch die Anzahl der Megapixel des Sensors bestimmt.

4 SPIEGEL

Bei Spiegelreflexkameras lenkt ein kleiner Spiegel das auf das Objektiv treffende Licht in den Sucher.

5 ZOOMRING

Bei einem Zoomobjektiv kann man, indem man an diesem Ring dreht, die Brennweite verändern. Die Brennweite bestimmt dabei den Bildwinkel, also die Größe des Bildausschnitts, der abgebildet wird, und damit auch, wie nah ein Motiv erscheint (Zoom).

6 OBJEKTIV

Die Linsen im Objektiv sammeln Licht, um ein genaues Abbild des Motivs zu erzeugen. Besonders wichtig ist dabei die Blende - eine runde Öffnung, die man vergrößern und verkleinern kann, um zu bestimmen, wie viel Licht auf den Bildsensor trifft.

7 MANUELLER FOKUS

Mit dem Fokusring kann man bestimmen, auf welche Bereiche des Bildausschnitts scharf gestellt, also fokussiert, werden soll. Manche Fotografen arbeiten immer mit dem manuellen Fokus, meist nutzt man ihn aber nur zum Korrigieren des Autofokus.

8 AUSLÖSER

In der Kamera versteckt befindet sich der Verschluss - das ist eine Art Tür zwischen Objektiv und Bildsensor. Drückt man auf den Auslöser, öffnet sich der Verschluss und Licht gelangt über das Objektiv auf den Bildsensor.

9 MODUSWAHLRAD

Hier kann man die verschiedenen Kameramodi einstellen. Meist gibt es einen vollautomatischen und einen manuellen Modus sowie halbautomatische Modi, bei denen die Kamera bestimmte Einstellungen übernimmt, während man andere manuell vornehmen kann.

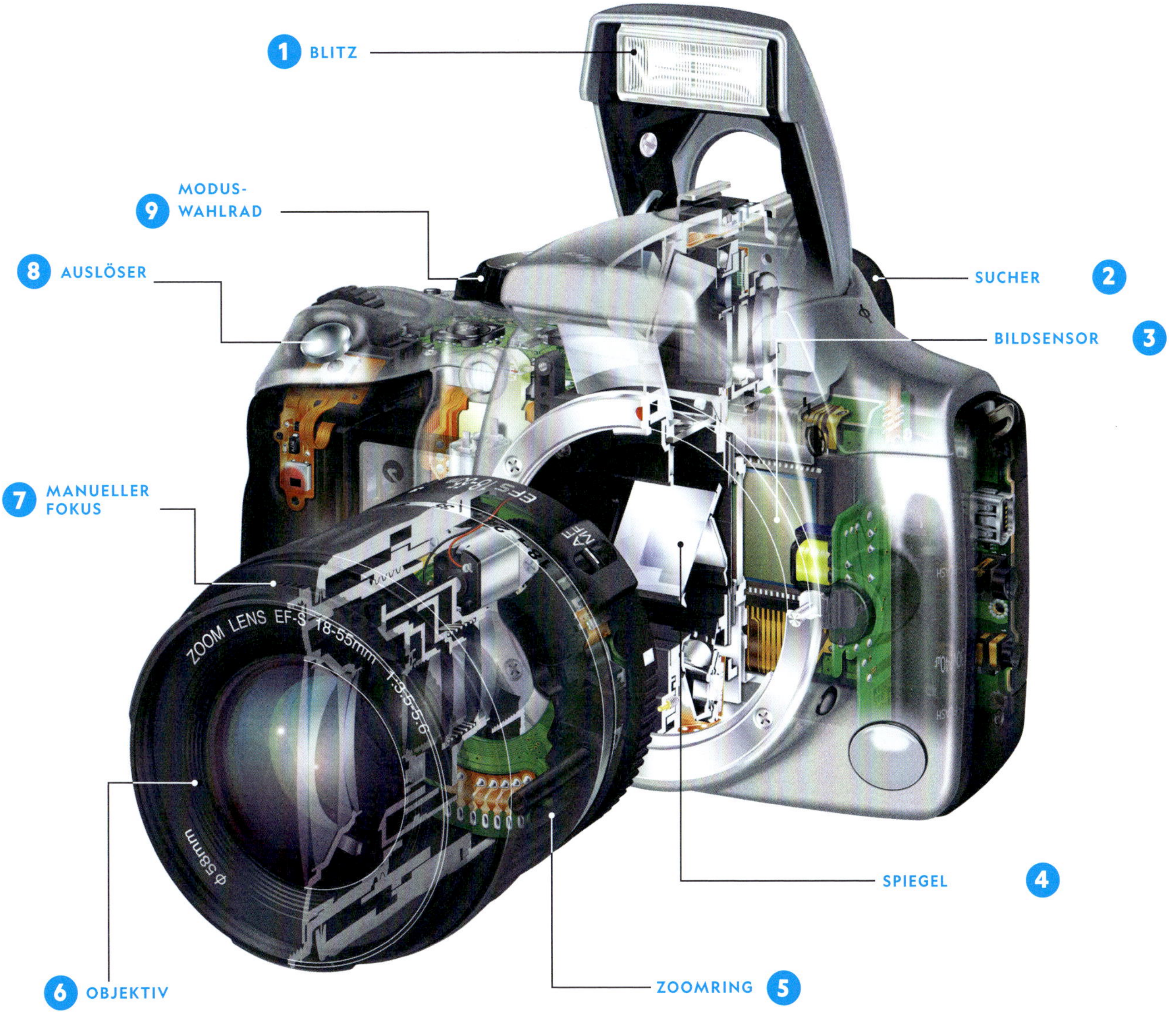
1 BLITZ
2 SUCHER
3 BILDSENSOR
4 SPIEGEL
5 ZOOMRING
6 OBJEKTIV
7 MANUELLER FOKUS
8 AUSLÖSER
9 MODUS-WAHLRAD
ZOOM LENS EF-S 18-55mm 1:3.5-5.6
ø 58mm

DIE WICHTIGSTEN EINSTELLUNGEN

Die drei wichtigsten Kameraeinstellungen sind die Blende, die Verschlusszeit und die ISO. Zu Beginn fotografiert man am besten mit einem der voreingestellten Modi, aber für wirklich professionelle Fotos sollte man wissen, wie man alle Einstellungen auch manuell vornimmt.

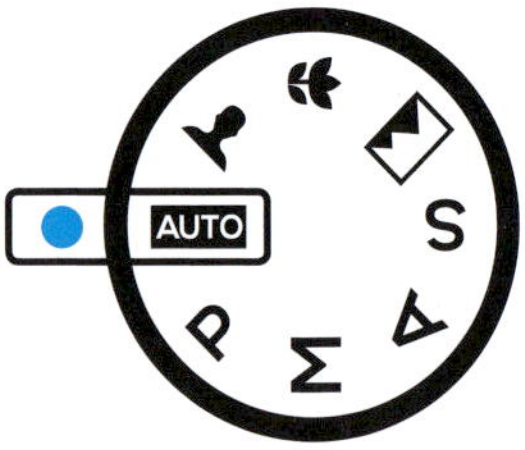

AUTO

Bei diesem vollautomatischen Modus kontrolliert die Kamera Blende, ISO, Verschlusszeit, Blitz – einfach alles. Er ist damit perfekt für Einsteiger und Schnappschüsse.

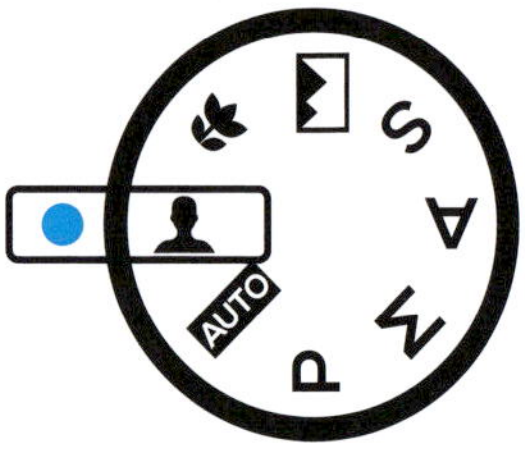

PORTRÄT

Für perfekte Porträts wird hier die Blende weit geöffnet, sodass die fotografierte Person vor einem unscharfen Hintergrund freigestellt wird. Manchmal gibt es in diesem Modus auch eine automatische Gesichtserkennung.

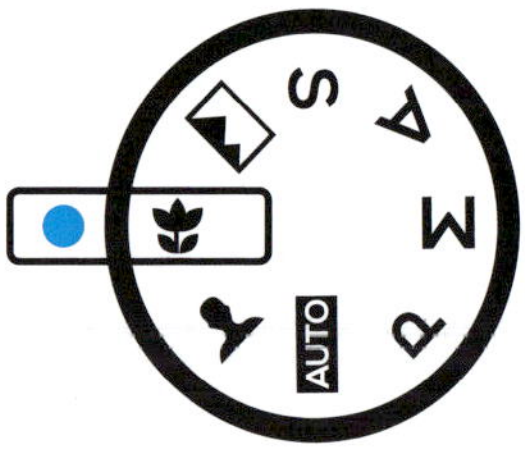

MAKRO

Dieser Modus ist speziell für Nahaufnahmen, etwa von Blüten, Insekten oder anderen Motiven, an die man ganz nahe herangehen will, geeignet.

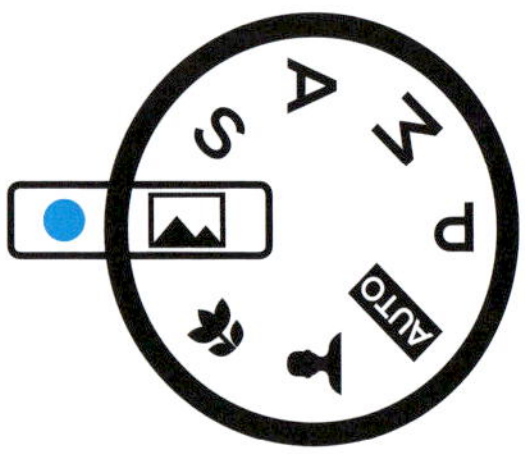

LANDSCHAFT

Bei diesem Modus wird eine kleine Blende gewählt. So kann man eine ganze Szene – oder „Landschaft" – und auch weiter entfernte Objekte scharf abbilden.

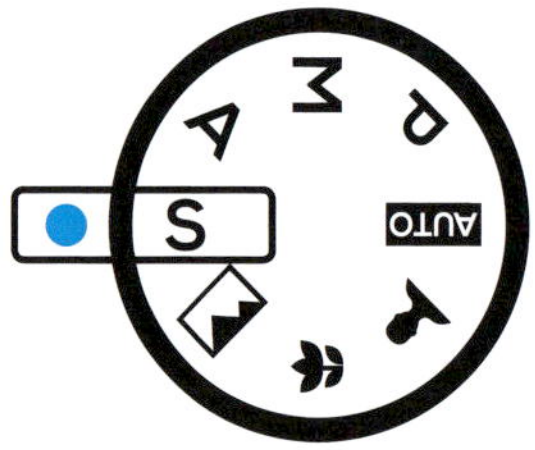

BLENDEN-AUTOMATIK

Bei diesem Modus werden ISO-Wert und Verschlusszeit manuell eingestellt, und die Kamera wählt automatisch die passende Blendeneinstellung für eine korrekte Belichtung.

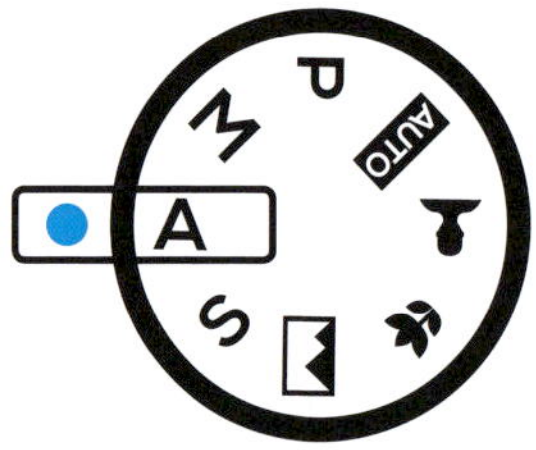

ZEITAUTOMATIK

Hier werden Blende und ISO-Wert manuell eingestellt, und die Kamera ermittelt automatisch die korrekte Verschlusszeit, um ein perfekt belichtetes Bild einzufangen.

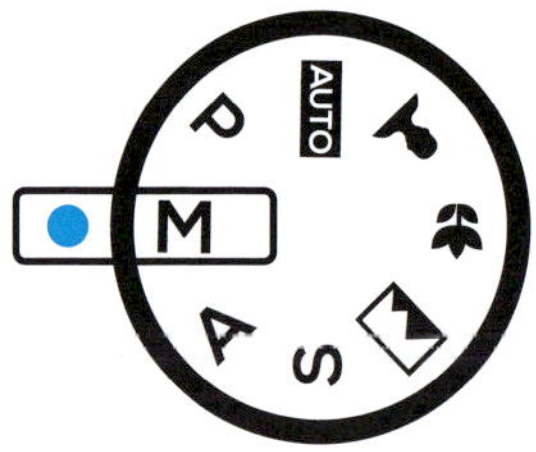

MANUELLER MODUS

Im manuellen Modus stellt man alles selbst ein: Verschlusszeit, Blende, ISO, Blitz usw. Perfekt, um in jeder Situation das gewünschte Ergebnis zu erhalten!

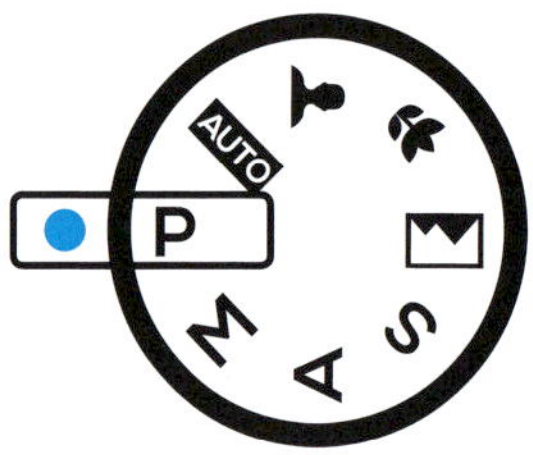

PROGRAMM-AUTOMATIK

Die Einstellung von Verschlusszeit und Blende übernimmt die Kamera, manuell kann man bestimmte andere Werte, wie etwa ISO, Weißabgleich und Blitz, einstellen.

BLENDE

Die Blende ist eine in der Größe verstellbare Öffnung im Objektiv, die bestimmt, wie viel Licht auf den Bildsensor gelangt. Dazu verändert man die Blendenzahl (auch f-Stop-Wert): Je höher diese Zahl ist, desto kleiner ist die Öffnung und desto weniger Licht trifft auf den Sensor. Eine Blende von f/22 ist sehr klein und lässt nur wenig Licht auf den Bildsensor, bei f/2.8 ist die Blende weit geöffnet, sodass viel Licht auf den Bildsensor gelangt.

MEHR INFOS ZU METADATEN AUF SEITE 228

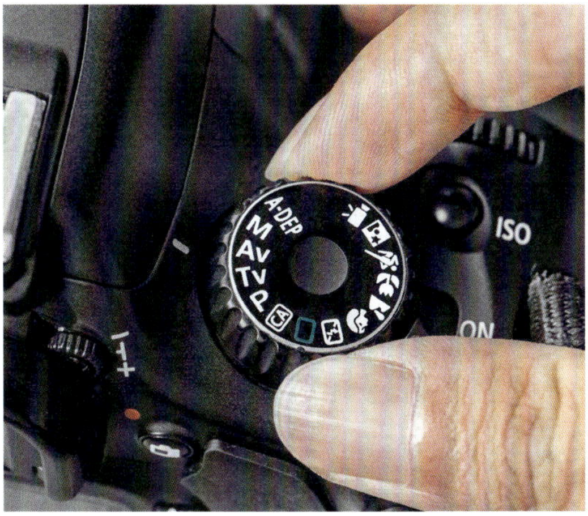

Voreingestellte Kameramodi sind praktisch, beim manuellen, aber auch beim Blenden- und Zeitautomatik-Modus hat man jedoch deutlich mehr Einfluss auf das Endergebnis.

Bei hellem Sonnenlicht reicht eine kleine Blende, da ohnehin genug Licht auf den Sensor gelangt. In einem schwach beleuchteten Raum hilft eine weite Blende, möglichst viel Licht einzufangen. Die Blende bestimmt zudem auch die Tiefenschärfe (mehr dazu auf Seite 70).

VERSCHLUSSZEIT

Die Verschlusszeit ist die Zeitspanne, die der Verschluss geöffnet ist, sodass Licht auf den Bildsensor gelangen kann – man nennt sie daher auch Belichtungszeit. Sie wird in Sekundenbruchteilen gemessen, also 1 für eine Sekunde, 1/2 für eine halbe usw. Bei sehr langen Verschlusszeiten kann es zu Unschärfen kommt, vor allem, wenn ein Motiv in der Bewegung fotografiert oder die Kamera selbst bewegt wird, während der Verschluss offen ist. Dieser Effekt kann gezielt eingesetzt werden, falls das nicht gewünscht ist, sollte man die Verschlusszeit verringern oder ein Stativ zur Stabilisierung der Kamera verwenden. Bei Verschlusszeiten von 1/250 oder kürzer werden selbst schnelle Bewegungen scharf eingefangen bzw. „eingefroren“.

Blende und Verschlusszeit sind vergleichbar mit einem Wasserhahn, der kontrolliert, wie viel Wasser (Blende) für wie lange (Verschlusszeit) ins Waschbecken fließt. Am besten nimmt man diese Einstellungen daher gemeinsam vor: Bei kurzen Verschlusszeiten braucht man eine weitere Blende, um genug Licht einzufangen – und andersherum.

ISO

Der ISO-Wert bestimmt die Lichtempfindlichkeit der Kamera. Je höher die ISO, desto mehr strengt sich der Bildsensor an, Licht zu sammeln. An einem sonnigen Tag ist das nicht so wichtig, meist reicht ein ISO-Wert von 100 völlig aus. In einem schwach beleuchteten Raum sorgt eine ISO von 800 oder mehr dafür, dass der Sensor genug Licht sammelt.

KAMERAMODI

Bei Kompaktkameras (das sind die meisten gängigen Digitalkameras) werden diese Einstellungen meist automatisch von der Kamera vorgenommen. Bei Spiegelreflexkameras gibt es einen vollautomatischen und einen rein manuellen Modus sowie halbautomatische Modi, bei denen man bestimmte Einstellungen selbst vornehmen kann.

AUFGABE: KAMERA KENNENLERNEN

Machen Sie mehrere Fotos vom gleichen Motiv und experimentieren Sie mit verschiedenen Blenden-, Verschlusszeit- und ISO-Einstellungen. Wenn Sie die Einstellungen auf Karteikarten schreiben und mit abfotografieren, können Sie jederzeit nachsehen, was verschiedene Einstellungen bewirken. Bei Digitalkameras werden alle Einstellungen automatisch als Metadaten mit jedem Foto gespeichert.

KAMERATYPEN

Es gibt ein altes Sprichwort unter Fotografen: Die beste Kamera ist die, die man gerade dabei hat. Es gibt also im Grunde nicht „die" beste Kamera, sondern nur verschiedene Kameratypen für unterschiedliche Anforderungen, Ansprüche und Budgets. Mit einer Spiegelreflexkamera hat man die absolute Kontrolle, aber auch mit günstigeren Digitalkameras kann man heutzutage tolle Fotos machen.

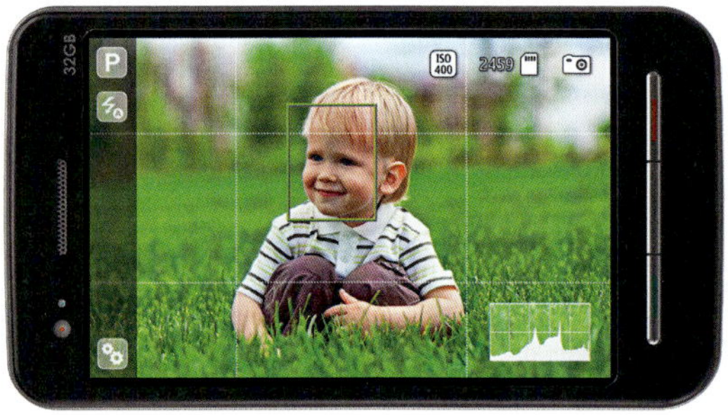

<< SMARTPHONE-KAMERA

Die meisten Smartphones verfügen mittlerweile über hochwertige Kameras, die zudem auch im Hinblick auf die Bildqualität und die zur Verfügung stehenden Einstellungen immer besser werden. Das Handy hat man immer dabei, es ist damit perfekt für Schnappschüsse.

KOMPAKTKAMERA >>

Der Vorteil einer Kompaktkamera, das ist im Grunde jede einfache Digitalkamera, ist, dass sie klein, leicht und praktisch ist. Blende und Blitz sind fest verbaut, das heißt, man hat im Hinblick auf diese Einstellungen weniger Spielraum. Kompaktkameras haben aber einen größeren Bildsensor und mehr Speicherkapazität als Smartphones und sind damit perfekt, wenn man unterwegs ist und nicht nur Schnappschüsse fotografieren möchte.

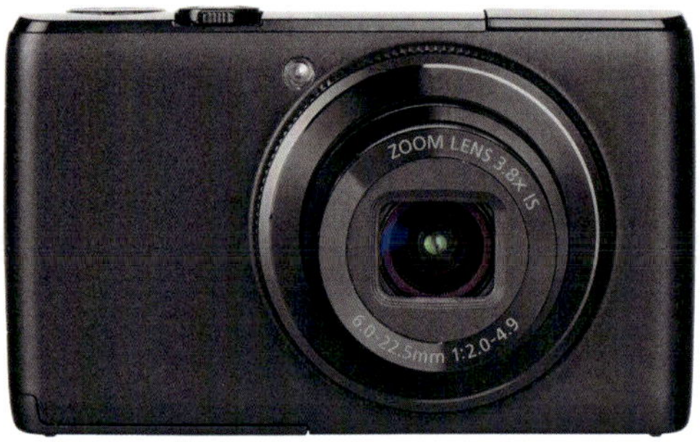

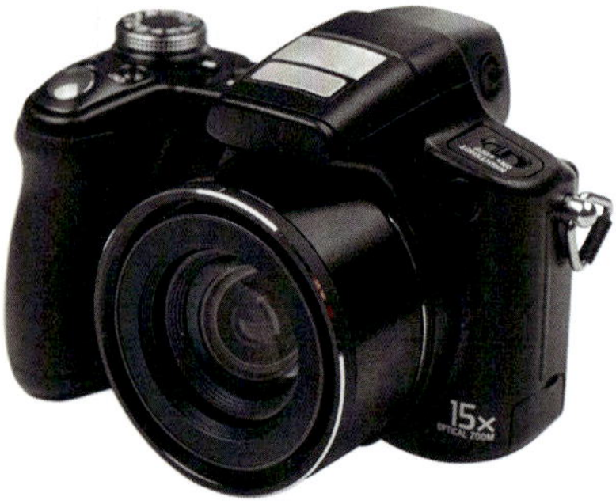

<< BRIDGEKAMERA

Bridgekameras sind ebenfalls relativ leicht und klein, verfügen aber über mehr verschiedene Einstellungen und ermöglichen so qualitativ hochwertigere Fotos. Das Objektiv ist hier zwar fest verbaut, die meisten Modelle verfügen aber über einen leistungsstarken Zoom, sodass sich verschiedene Brennweiten einstellen lassen. Vorteil: Man braucht keine Wechselobjektive!

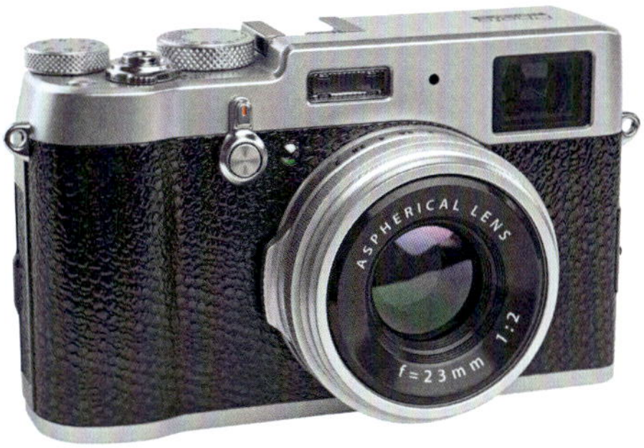

<< SPIEGELLOSE KAMERA

Eine spiegellose Kamera ist eine digitale Kamera, die ohne Spiegel und optischen Sucher arbeitet und dadurch leichter und kompakter ist als eine Spiegelreflexkamera. Meist handelt es sich dabei um Systemkameras, bei denen man das Objektiv austauschen kann. Anstatt des optischen Suchers hat man hier einen elektronischen: Das bedeutet, dass das, was die Kamera „sieht", auf einem kleinen LCD-Bildschirm angezeigt wird. Spiegellose Kameras sind zwar relativ teuer, aber aufgrund der guten Bildqualität und des lautlosen Auslösers auch bei professionellen Fotografen beliebt.

SPIEGELREFLEXKAMERA >>

Bei einer digitalen Spiegelreflexkamera (auch DSLR-Kamera) kann man - im manuellen Modus - alle Einstellungen selbst vornehmen und auch das Objektiv selbst wählen. Einsteigersets bestehen meist aus der Kamera und einem Zoomobjektiv, das für verschiedenste Situationen geeignet ist. Nach und nach kann man dann aber auch gezielt andere Objektive dazukaufen, wie etwa ein Tele- oder ein Makroobjektiv.

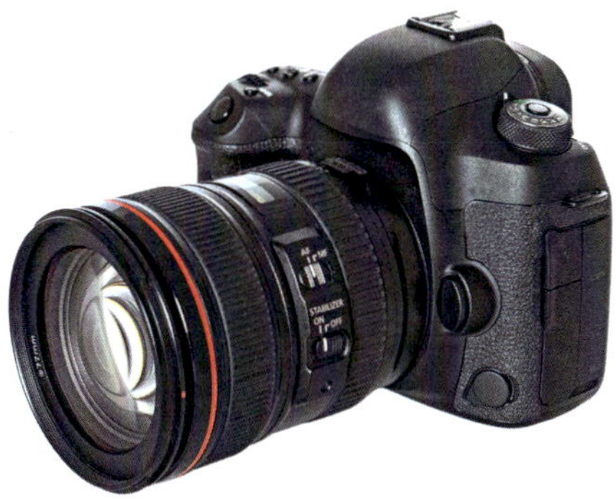

TIPP DIE RICHTIGE KAMERA FINDEN

Schlussendlich kommt es bei der Wahl der Kamera immer darauf an, wie und was man fotografieren möchte. Möchte man schnell und unkompliziert einfach losfotografieren, ist eine simple digitale Kompaktkamera perfekt. Um detailgetreue Nahaufnahmen von Blüten zu machen oder bei Sonnenuntergang ein Rudel Löwen in der Savanne zu fotografieren, braucht man eine Spiegelreflexkamera, da man nur bei dieser die entsprechenden Einstellungen vornehmen kann und die richtigen Objektive hat, dass das perfekt gelingt. Gehen Sie am besten in ein Fachgeschäft, probieren Sie verschiedene Kameras aus und fragen Sie sich dabei: Was will ich fotografieren? Wie viel Gewicht kann und will ich mit mir herumtragen? Was kann ich mir überhaupt leisten?

BRENNWEITE

Die Brennweite des Objektivs wirkt sich auf unterschiedliche Aspekte aus: vom Bildwinkel, also der Größe des Bildausschnitts, und damit auch dem Zoom, bis hin zur Tiefenschärfe. Sie ist damit einer der wichtigsten Faktoren, die das Erscheinungsbild und die Atmosphäre eines Fotos beeinflussen.

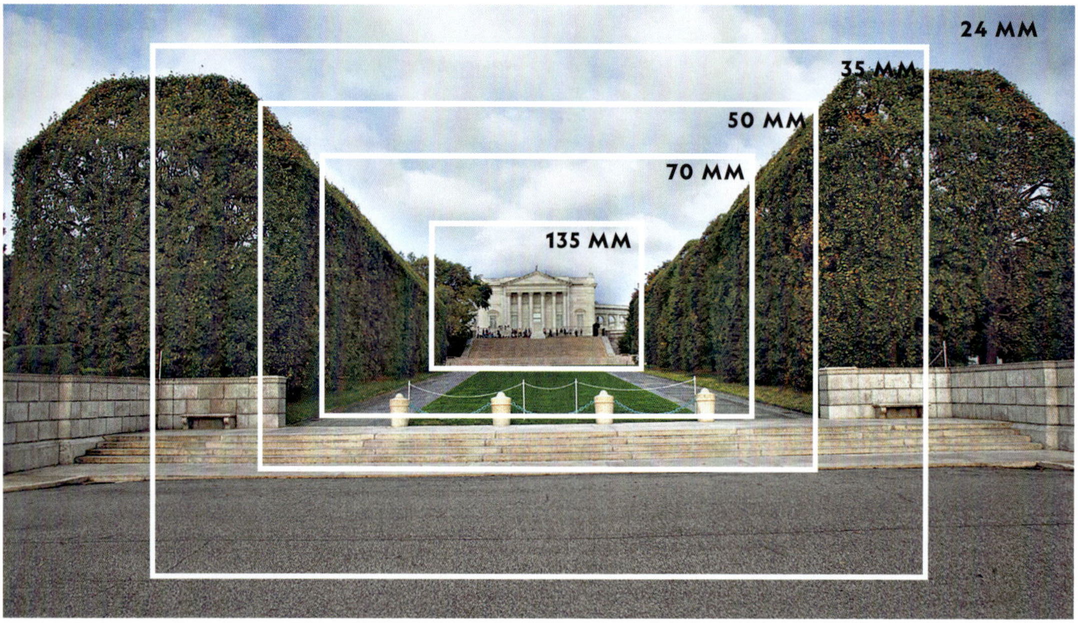

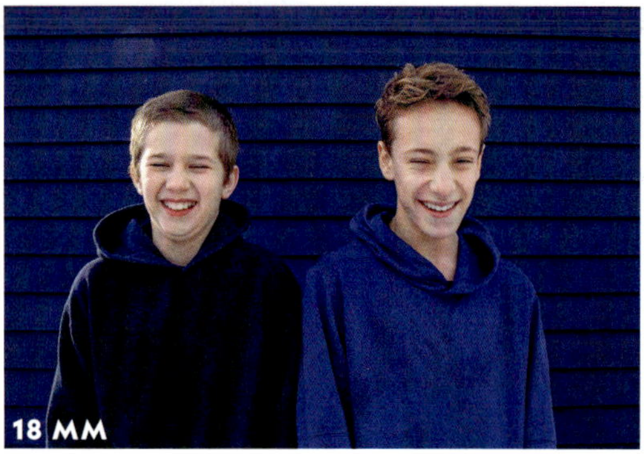

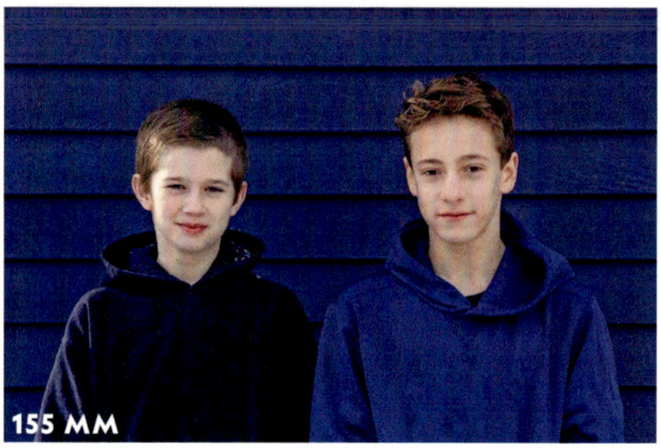

Oben: Die weißen Rechtecke zeigen, wie das fertige Foto mit verschiedenen Brennweiten fotografiert aussehen würde, ohne dass dafür die Kamera bewegt wird. Je geringer die Brennweite ist, desto größer ist der Bildwinkel, das heißt, desto mehr vom Motiv ist auf dem Bildausschnitt zu sehen. Je größer die Brennweite, desto kleiner der Bildwinkel und desto größer der Vergrößerungsfaktor (Zoom). Unten: Bei diesen beiden Fotos wird deutlich, wie die Brennweite die Wirkung eines Fotos verändern kann. Bei einer geringeren Brennweite (links) sieht das Foto etwas verzerrt aus, ist dafür aber ganz scharf. Bei einer größeren Brennweite (rechts) sehen die Gesichter viel natürlicher aus und der Hintergrund ist nicht verzerrt, dafür aber leicht unscharf.

MEHR INFOS ZUR TIEFENSCHÄRFE AUF SEITE 70
MEHR INFOS ZUR MAKROFOTOGRAFIE AUF SEITE 124

Technisch gesehen ist die Brennweite der Abstand in Millimetern zwischen Linse und Bildsensor, wenn das Bild scharfgestellt ist. Es gibt verschiedene Objektive mit unterschiedlichen Brennweiten.

Je größer die Brennweite ist, desto kleiner ist der Bildwinkel und desto größer ist der Vergrößerungsfaktor. Mit einem Objektiv mit großer Brennweite kann man so auch weit entfernte Motive, etwa einen Vogel auf einer Stromleitung, fotografieren. Bei Objektiven mit geringerer Brennweite ist der Bildwinkel und damit auch der abgebildete Bildausschnitt deutlich größer, das heißt, man würde nicht nur den Vogel und ein Stück Stromleitung, sondern auch die Strommasten, die Straße, die Felder im Hintergrund usw. auf dem Foto sehen. Zudem bieten Objektive mit mehr Brennweite auch mehr Tiefenschärfe, das heißt, mehr von der ganzen Szene wird scharf abgebildet.

Es gibt Festobjektive, die nur eine Brennweite haben, etwa 35 mm, und Objektive, bei denen ein ganzer Bereich angegeben wird, zum Beispiel 70–200 mm. Das sind Zoomobjektive, bei denen man verschiedene Brennweiten einstellen kann.

DIE RICHTIGE BRENNWEITE

Welche Brennweite man braucht, hängt davon ab, was man fotografieren möchte. Objektive mit einer Brennweite von 35 bis 50 mm nennt man Normalobjektive. Hier entspricht der Bildwinkel in etwa unserem Sehfeld, das heißt, sie geben das Motiv und die Größenverhältnisse so wieder, wie wir sie mit bloßem Auge sehen. Für Einsteiger ist ein 24–70-mm-Zoomobjektiv die perfekte Wahl, denn so hat man sozusagen ein Normalobjektiv mit etwas zusätzlichem Spielraum.

Um sehr weit entfernte Motive zu fotografieren, etwa eine Blume auf einer Bergwiese oder eine Eule auf einem Ast, braucht man ein Objektiv mit sehr großer Brennweite und damit einem besonders hohen Vergrößerungsfaktor. Objektive, mit denen das möglich ist, nennt man auch Teleobjektive.

Für Fotos in Innenräumen, in denen man nicht genügend Abstand hat, um mehr auf den Bildausschnitt zu bekommen, sowie für Landschaftsaufnahmen eignet sich ein Weitwinkelobjektiv – also eines mit geringer Brennweite –, mit dem man einen größeren Bildwinkel erhält. Da Elemente am Rand des Fotos dabei leicht verzerrt aussehen können, sollte man darauf achten, das Hauptmotiv mittig zu platzieren. Auch bei einem sehr geringen Abstand zwischen Kamera und Motiv kann es zu Verzerrungen kommen.

Für Nahaufnahmen von sehr kleinen Motiven, wie etwa Insekten oder Blüten, eignet sich ein Makroobjektiv, bei dem alles scharf abgebildet wird, selbst wenn man ganz nah rangeht.

SMARTPHONE-TIPP: BRENNWEITE

Die Brennweite von Smartphone-Kameras liegt je nach Hersteller und Modell meist zwischen 24 und 30 mm. Aufgrund des größeren Bildwinkels sind Smartphone-Kameras damit besser für Landschaftsaufnahmen als für Porträt- oder Makrofotos geeignet. Je nach Smartphone-Modell gibt es aber auch aufsteckbare Makroobjektive oder spezielle Porträtmodi.

OBJEKTIVE

Es gibt zwei unterschiedliche Arten von Objektiven: Festobjektive mit unveränderlicher Brennweite und Zoomobjektive, bei denen man die Brennweite variieren kann. Manche Objektive bilden ein Motiv in etwa so ab, wie wir es sehen - und mit anderen lassen sich einzigartige Effekte erzielen.

NORMALOBJEKTIV

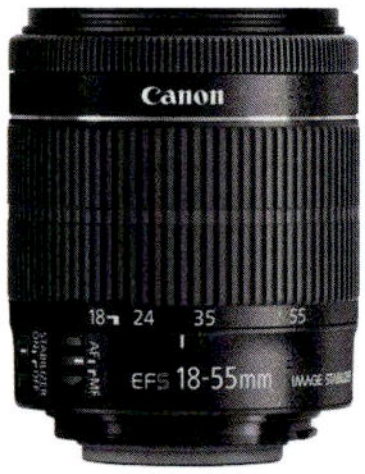

Normal- oder Standardobjektive haben eine Brennweite zwischen 35 und 50 mm, wobei der Bildwinkel in etwa unserem Sehfeld entspricht. Sie sind damit für unterschiedlichste Motive - von Porträts bis Landschaftsansichten - geeignet. Spiegelreflexkamera-Einsteigersets enthalten meist ein Zoomobjektiv, das diese Brennweiten abdeckt.

FISCHAUGENOBJEKTIV

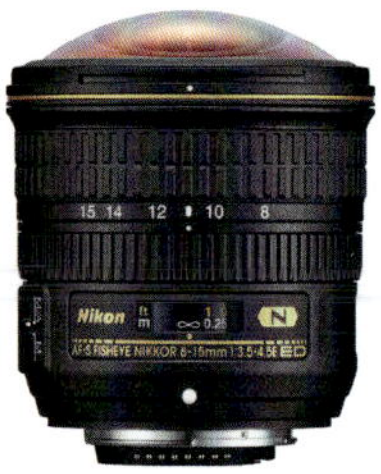

Ein Fischaugenobjektiv ist perfekt, um sehr weite Bildwinkel einzufangen. Aufgrund der extrem geringen Brennweite (12 mm oder weniger) sieht das Bild leicht gekrümmt aus und es kann zu deutlich sichtbaren Verzerrungen kommen.

MAKROOBJEKTIV

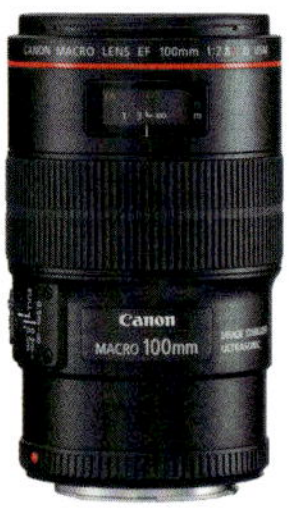

Makroobjektive sind geeignet, um kleine Motive detailgetreu zu vergrößern und auch bei geringem Abstand zwischen Kamera und Motiv scharf darzustellen. Sie haben meist eine geringe Tiefenschärfe, wodurch nur ein kleiner Bereich in der Mitte des Fotos scharf dargestellt wird.

WEITWINKELOBJEKTIV

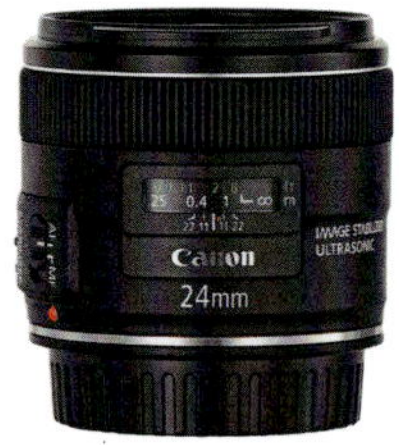

Weitwinkelobjektive haben eine geringe Brennweite, meist zwischen 14 und 24 mm, wodurch der Bildwinkel sehr groß - größer als unser Sehfeld! - ist. Daher sind sie besonders für Landschaftsaufnahmen oder Fotos in Innenräumen, wo man nicht genügend Abstand hat, um den Bildwinkel zu vergrößern, geeignet. Sie bieten mehr Tiefenschärfe, aufgrund der geringen Brennweite kann es aber an den Rändern oder wenn man nahe an das Motiv herangeht zu Verzerrungen kommen.

TELEOBJEKTIV

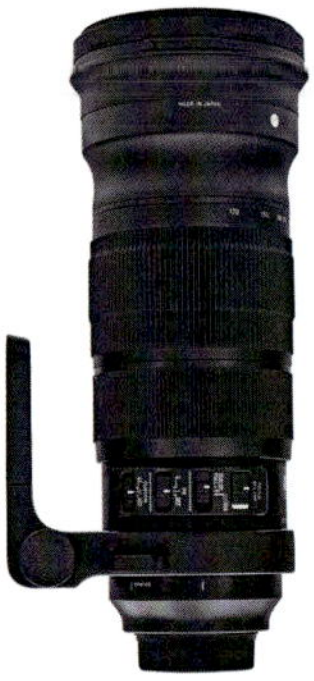

Teleobjektive haben Brennweiten von 200 mm oder mehr - und sind damit die perfekte Wahl für sehr weit entfernte Motive, etwa Wildtiere, aber auch die Sportfotografie. Aufgrund der eher geringen Tiefenschärfe werden Details rund um das Hauptmotiv weniger scharf dargestellt, und der Hintergrund erscheint oft unscharf verschwommen. Dadurch ist ein Teleobjektiv auch eine gute Wahl für Porträtfotografien, wobei man allerdings darauf achten sollte, dass man genügend Abstand zwischen Motiv und Kamera einhält.

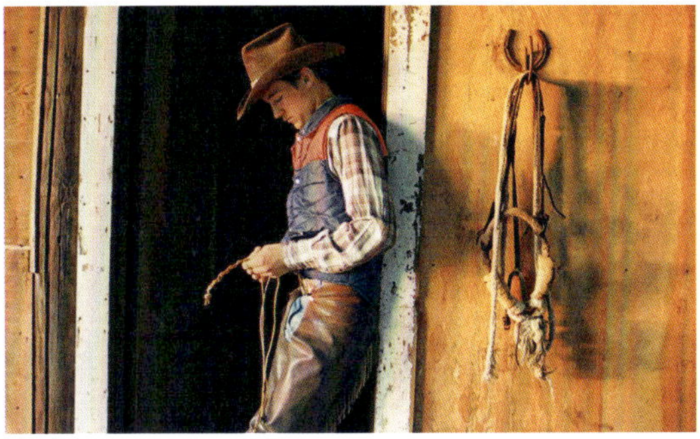

Normalobjektiv

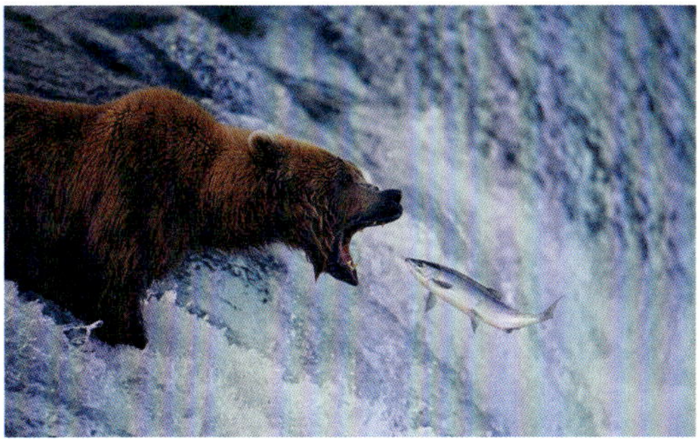

Teleobjektiv

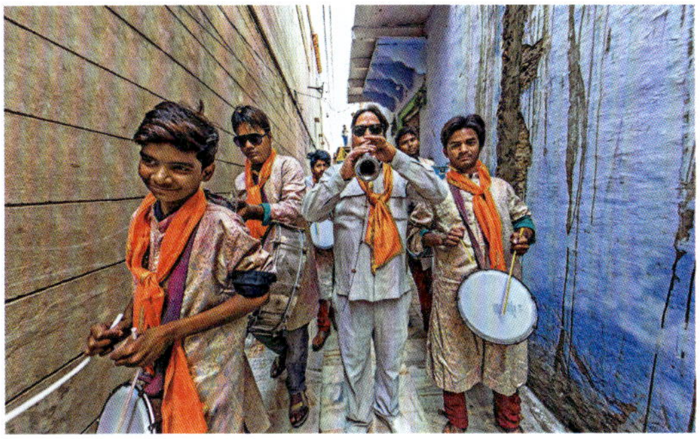

Weitwinkelobjektiv

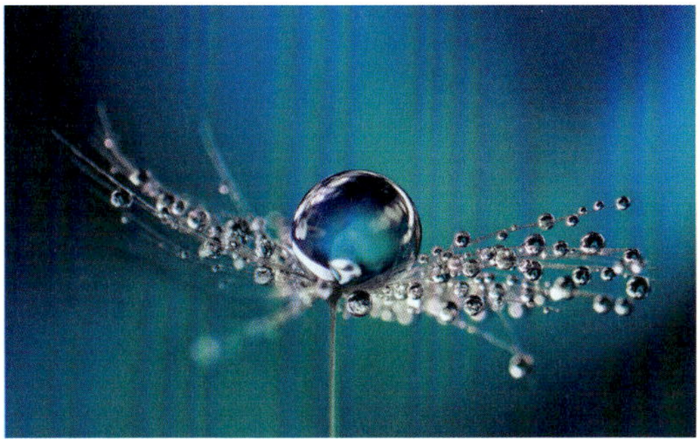

Makroobjektiv

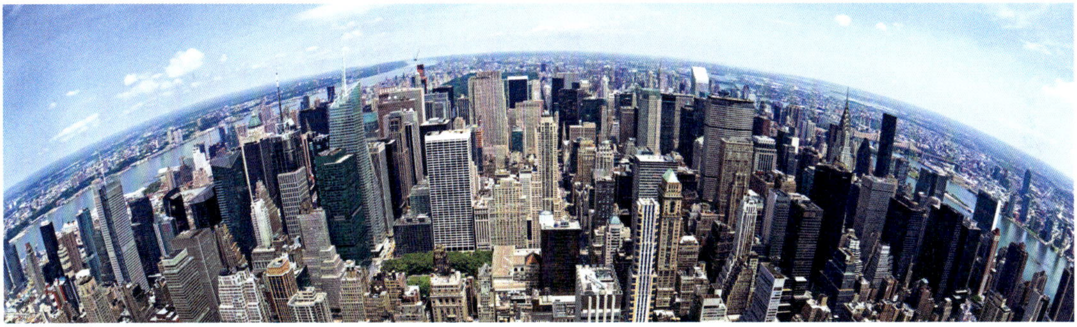

Fischaugenobjektiv

TIPP FESTOBJEKTIV VS. ZOOMOBJEKTIV

Bei Festobjektiven kann man die Brennweite nicht verändern - und damit auch nicht zoomen. Hier „zoomt" man mit den Beinen: Um ein Motiv größer darzustellen, muss man näher hin. Bei Zoomobjektiven kann man die Brennweite verändern, das ist ein bisschen so, als hätte man mehrere Objektive in einem. Ein 24-70-mm-Zoomobjektiv ist eine gute Wahl, da man damit so viel sieht wie mit bloßem Auge und dann noch ein bisschen mehr. Damit sind die etwas teureren Zoomobjektive deutlich praktischer, vor allem, weil man nur ein Objektiv transportieren muss, um in jeder Situation perfekte Fotos zu schießen.

SUCHER & DISPLAY

Mithilfe des optischen Suchers lässt sich der Bildausschnitt perfekt bestimmen, auf dem Display findet man zudem viele wertvolle Informationen und kann die vorgenommenen Einstellungen überprüfen.

Um den Bildausschnitt zu bestimmen, verwendet man am besten den optischen Sucher - ein kleines Fenster, durch das man hindurchblicken kann, wobei man das sieht, was die Kamera „sieht". Um die Einstellungen zu überprüfen, sollte man dann noch einen Blick auf das LCD-Display auf der Rückseite der Kamera werfen, auf dem eine Vorschau des digitalen Bildes angezeigt wird. Hier finden sich zudem verschiedene Anzeigen, die wertvolle Informationen liefern. Bei den meisten Kameras wird Folgendes angezeigt:

1 BELICHTUNGSMESSUNG

Hier wird angezeigt, wo die Belichtungssensoren der Kamera im aktuellen Bildausschnitt Licht erfassen.

2 VERSCHLUSSZEIT

Hier kann man die Verschlusszeit ablesen. Die Zahl 125 entspricht dabei einer Verschlusszeit von 1/125 Sekunde.

3 BLENDENZAHL/F-STOP-WERT

Hier wird die aktuelle Blendeneinstellung angezeigt. In diesem Fall ist die Blende mit f/5.6 relativ weit.

4 BELICHTUNGSKORREKTUR

Diese Anzeige greift auf die Belichtungsmessung der Kamera zu, die man hier manuell korrigieren kann. Korrigiert man die Belichtung in Richtung Plus, heißt das, die Kamera lässt mehr Licht auf den Sensor und das Bild wird heller. Bei Minuskorrekturen wird das Bild dunkler.

5 ANZAHL DER EINZELBILDER

Hier sieht man, wie viele Fotos man noch aufnehmen kann, bis die Speicherkarte voll ist.

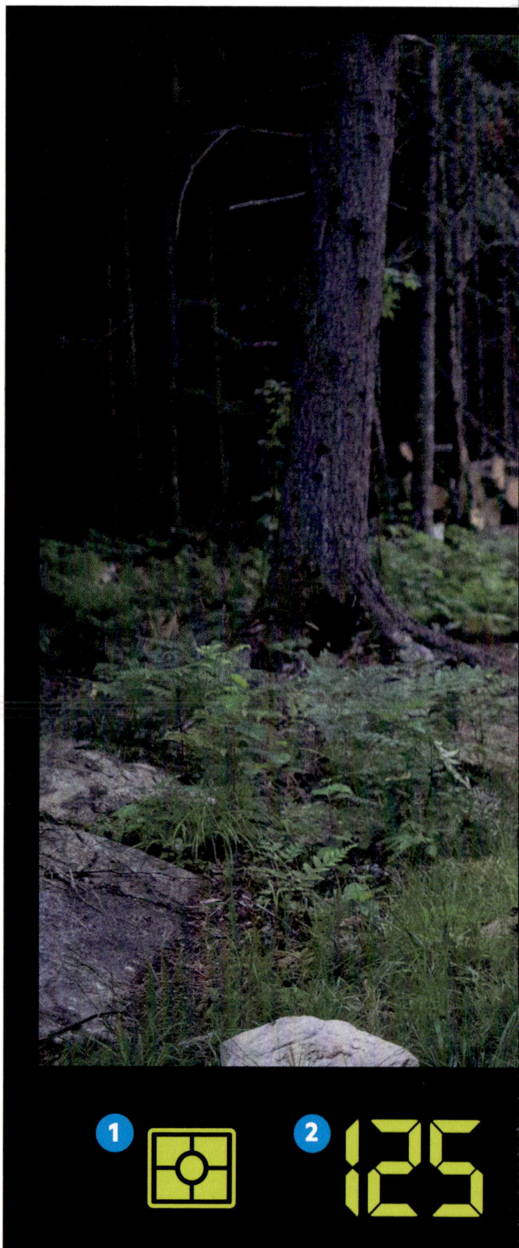

MEHR INFOS ZUR BELICHTUNG AUF SEITE 64

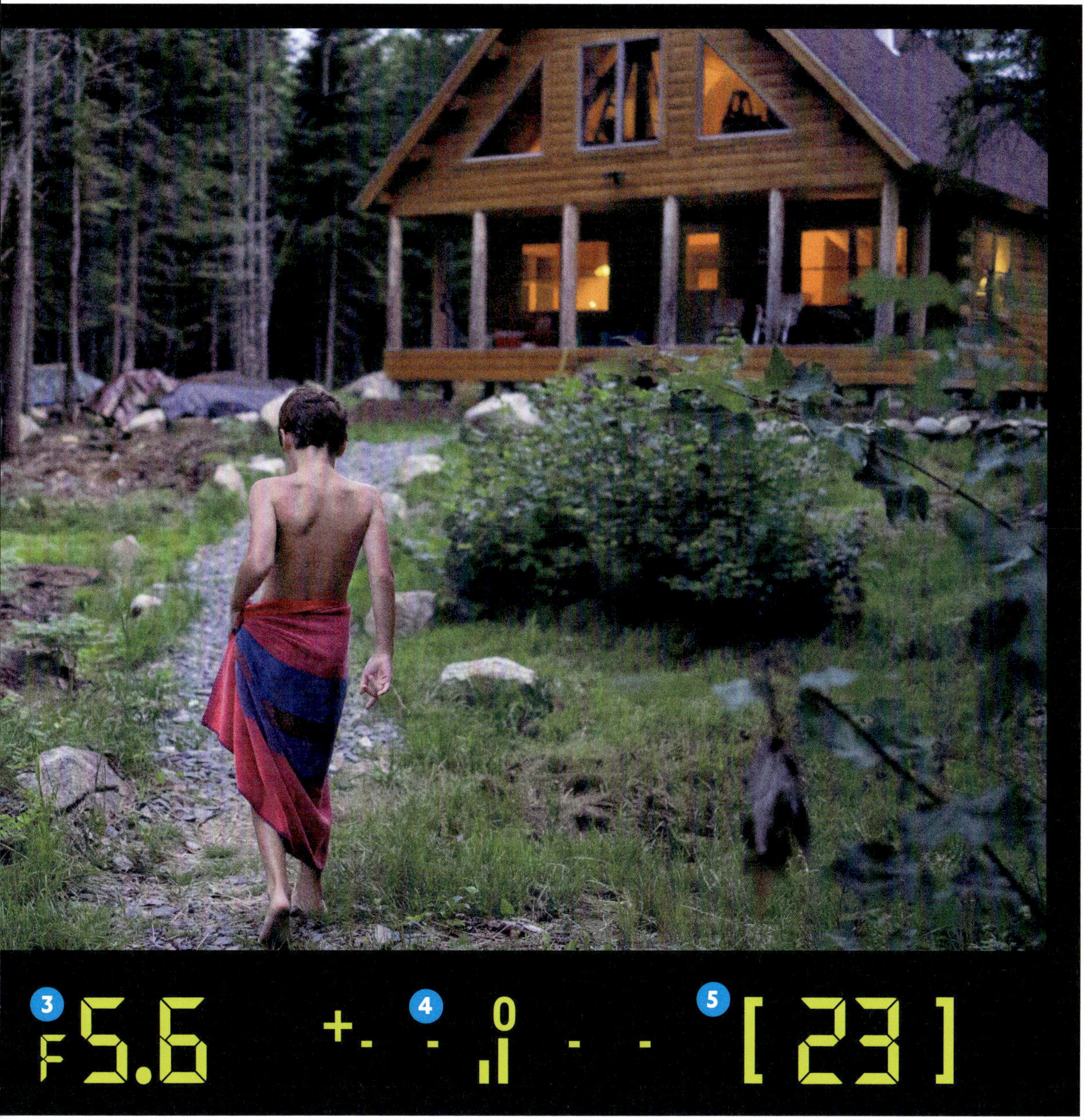

Ein Junge ist nach einem Sprung in einen See im Norden Maines im Morgengrauen auf dem Weg zurück zur Blockhütte.

KAMERA STABILISIEREN

Besonders wenn man mit langen Verschlusszeiten experimentieren möchte, ist es wichtig, die Kamera ganz still zu halten beziehungsweise zu stabilisieren, damit das Bild nicht verwackelt.

Es ist nicht immer einfach, die Kamera absolut still zu halten. Es gibt zwar einige Tricks, um sicherzustellen, dass Fotos nicht verwackeln - man kann sich etwa gegen einen Türrahmen lehnen, beim Abdrücken die Luft anhalten oder die Kamera abstellen und das Objektiv mithilfe eines Bohnensackstativs oder eines Kirschkernkissens stabilisieren -, und viele Objektive verfügen zudem auch über eine eingebaute Bildstabilisierung. Aber besonders bei langen Verschlusszeiten ist ein Stativ meist die beste Wahl. Wenn man unterwegs ist und nicht so viel tragen möchte, kann man aber auch auf das Stativ verzichten: Dann sucht man sich am besten einen ebenen Untergrund, um die Kamera abzustellen und so zu stabilisieren.

UNERWÜNSCHTE VERWACKLER VERMEIDEN

Es gibt Situationen, in denen man dafür sorgen muss, dass die Kamera absolut still gehalten wird: wenn man bei schwachem Licht fotografiert, wenn man auf ein weit entferntes oder sehr kleines Motiv fokussiert und wenn man Motive, die sich bewegen, etwa fließendes Wasser, die Lichter vorbeifahrender Autos oder Fahrgeschäfte, fotografieren möchte.

Bei wenig Licht braucht man eine weite Blende oder eine lange Verschlusszeit. Dabei ist es wichtig, die Kamera zu stabilisieren, da die Fotos sonst verschwommen oder unscharf werden können.

Wenn man mit einem Tele- oder einem Makroobjektiv mit geringer Tiefenschärfe auf ein kleines Motiv scharfstellt, können selbst minimale Verwackler zu ungewollten Unschärfen führen.

Und vor allem, wenn man mit langen Verschlusszeiten experimentiert, muss die Kamera absolut ruhig gehalten werden. Dadurch bleibt der Hintergrund scharf, während Bewegungen - etwa ein Wasserfall oder eine beleuchtete Achterbahn bei Nacht - verschwommen dargestellt werden.

TIPP SITUATIONEN, IN DENEN MAN DIE KAMERA STABILISIEREN SOLLTE

- Sie sind in den Bergen unterwegs und sehen in der Ferne eine Gämse auf einem Felsvorsprung. Am besten verwendet man ein Stativ, alternativ kann man die Kamera abstellen und das Objektiv auf einem Stein abstützen, um ein absolut scharfes Foto zu schießen - vor Freude zitternde Hände sind so kein Problem!
- Ein Freund bittet Sie, ihn bei seinem nächsten Fußballspiel zu fotografieren. Ein Monopod ist perfekt, um sich flexibel an der Seitenlinie hin- und herzubewegen und so jede Bewegung problemlos einzufangen.
- Sie möchten Ihr Kind bei seinem ersten großen Wettlauf fotografieren, dabei soll mithilfe einer langen Verschlusszeit die Bewegung der jungen Läufer unscharf vor einem scharfen Hintergrund abgebildet werden. Ein Stativ ist eine gute Wahl, man kann die Kamera aber auch auf dem Handlauf der Tribüne abstützen.

KLEINE STATIV-KUNDE

Hier finden Sie drei gängige Stativ-Modelle, die für unterschiedliche Situationen und Umgebungen geeignet sind.

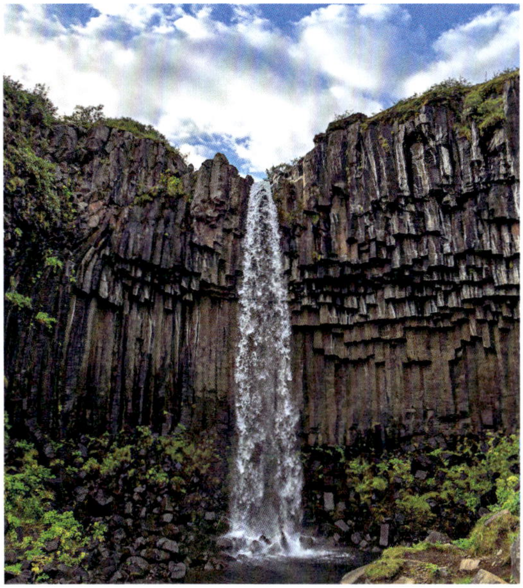

Bei einer kurzen Verschlusszeit wird das Wasser des Wasserfalls Svartifoss in Island im Fallen „eingefroren".

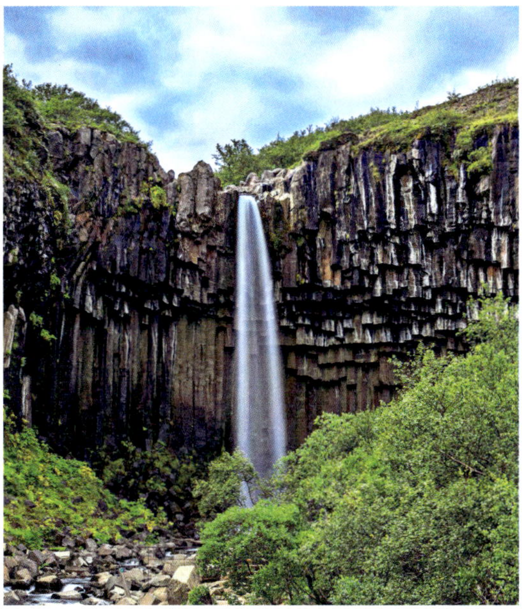

Mithilfe einer langen Verschlusszeit wird die Fließbewegung des Wassers auf dem fertigen Foto sichtbar.

STANDARDSTATIV

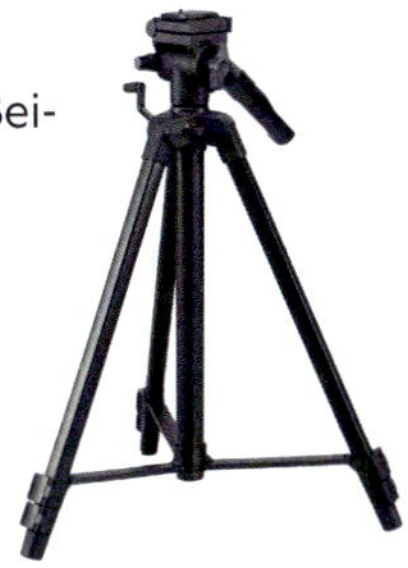

Das Standardmodell mit drei Beinen (daher auch Dreibeinstativ) ist ein echter Alleskönner. Die Beine sind verstellbar, sodass dieses Stativ für jeden Untergrund geeignet ist. Perfekt ist ein stabiles Modell, das dennoch leicht genug ist, sodass man es problemlos transportieren kann.

MINI-STATIV

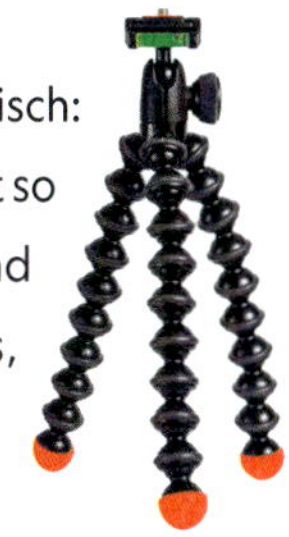

Mini-Stative sind besonders praktisch: Sie passen in jede Tasche, sind nicht so unhandlich wie normale Stative und zudem perfekt für Makrofotos, wenn man ganz nahe an ein kleines Motiv heran muss. Einige Modelle haben biegsame Beine, so kann man sie auch in einer beengten Umgebung problemlos ausrichten. Achten Sie auf die Traglast des Modells: Nicht alle Mini-Stative sind für eine große Spiegelreflexkamera plus Objektiv geeignet.

MONOPOD

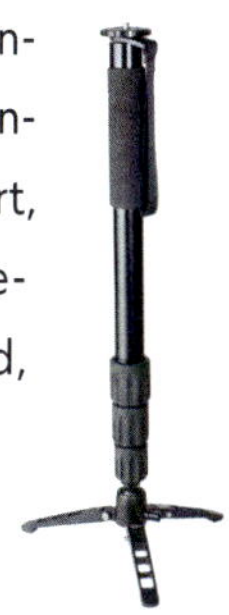

Ein Monopod hat ein einziges, höhenverstellbares Bein (daher auch Einbeinstativ) – so wird die Kamera stabilisiert, aber man hat trotzdem viel Bewegungsfreiheit. Das ist der Grund, warum man diese Art Stativ auch oft in den Händen von Sportfotografen an den Seitenlinien sieht.

BELEUCHTUNGSZUBEHÖR

Das Licht, ganz egal, ob natürlich oder künstlich, ist einer der wichtigsten Aspekte in der Fotografie. Dieses Zubehör ist geeignet, wenn das natürliche Licht einmal nicht ganz perfekt ist – für umso perfektere Fotos in jeder Situation!

INTEGRIERTER BLITZ >>

Fast alle Kompakt- und Spiegelreflexkameras verfügen über einen eingebauten internen Blitz. Er ist klein und nicht besonders stark, wodurch er oft mehr Schaden anrichtet, als dass er nützt: Da er sich direkt über dem Objektiv befindet, kann es zum Rote-Augen-Effekt kommen (er wird von der Augennetzhaut reflektiert, wodurch die Augen rot leuchten), und die Fotos sehen oft aus wie billige Schnappschüsse. Am besten schaltet man ihn aus!

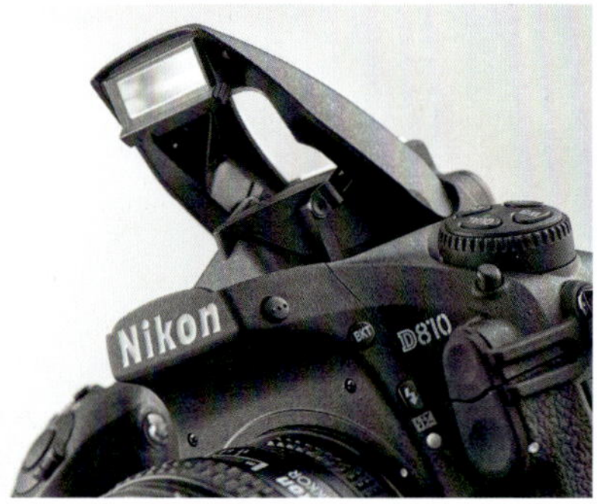

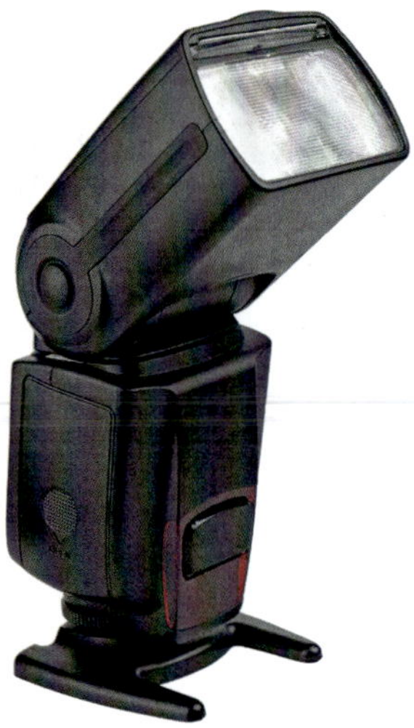

<< EXTERNER BLITZ

Mit einem externen Blitz hat man mehr Kontrolle über die Stärke und die Richtung des Blitzes. Externe Blitz sind zudem leistungsstärker als der in die Kamera integrierte Blitz, und da der Kopf neigbar ist, kann man ihn variabel ausrichten, wodurch nicht nur der Rote-Augen-Effekt verhindert wird, sondern das Licht auch weicher und diffuser wirkt und die Fotos natürlicher aussehen.

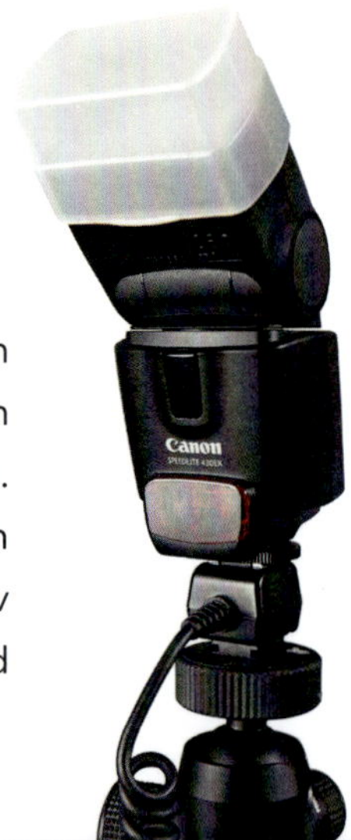

BLITZDIFFUSOR >>

Ein Diffusor (auch Softbox) ist ein „Lichtformer", den man auf einen externen Blitz aufstecken kann. Er sorgt dafür, dass der konzentrierte Lichtblitz, den ein leistungsstarker externer Blitz generiert, zerstreut und diffuser wird. Damit ist das Licht weicher und flächiger, und sehr dunkle Schatten, die durch einen direkten Blitz entstehen können, werden abgeschwächt. Alternativ kann man auch einfach ein Taschentuch über den externen Blitz legen und es mit einem Gummiband fixieren: Fertig ist der DIY-Blitzdiffusor!

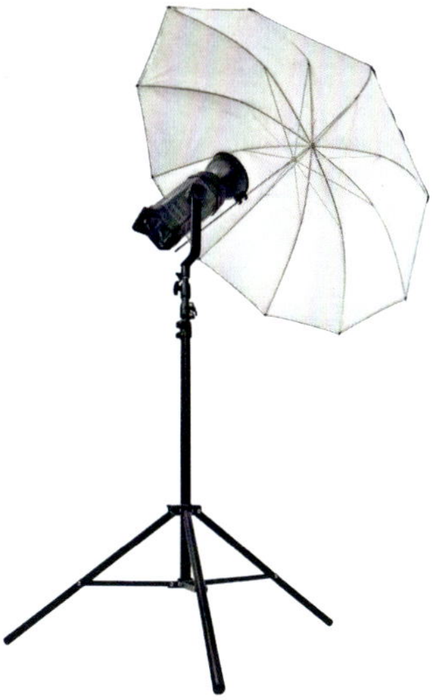

<< BLITZSCHIRM

Ein Blitzschirm ist ein weißer Schirm, in den man den Blitz richten kann, wodurch die Lichtquelle vergrößert und das Motiv weicher ausgeleuchtet wird – womit er besonders für Porträtfotos geeignet ist. Einen ähnlichen Effekt erreicht man, wenn man den Blitz auf einen Reflektor, eine weiße Pinnwand oder einfach eine weiße Wand oder die Decke richtet. Man kann auch einen durchsichtigen Schirm verwenden und durch diesen hindurchblitzen (anstatt das Blitzlicht abzulenken). Ähnlich wie beim Blitzdiffusor erhält man so weicheres, gleichmäßigeres Licht.

REFLEKTOR >>

Mithilfe eines Reflektors lässt sich das vorhandene Licht gezielt auf ein Motiv lenken. Man kann spezielle Fotografiereflektoren kaufen, aber auch eine weiße Hartschaumplatte oder sogar ein T-Shirt wirken ähnlich. Nicht vergessen sollte man dabei, dass die Farbe des verwendeten Reflektors einen Einfluss auf die Farbe des abgelenkten Lichts hat. Weiße Reflektoren sorgen für neutrales Licht, silberne für kühle und goldene für warme Farbtöne.

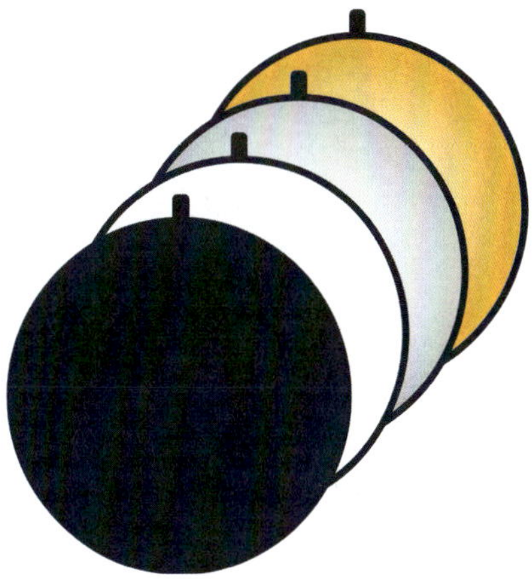

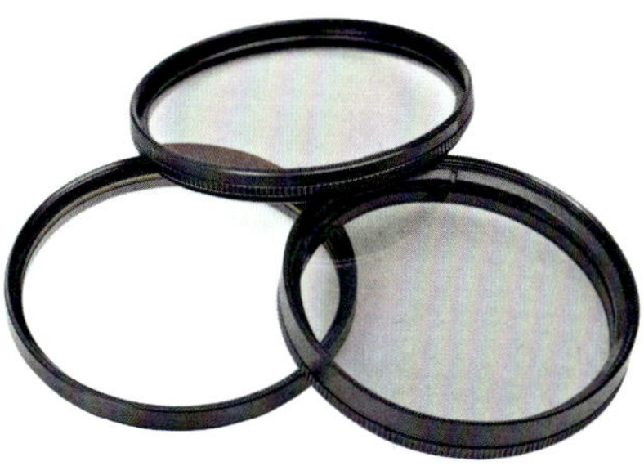

<< OBJEKTIVFILTER

Grundsätzlich sollte man immer einen Schutzfilter auf das Objektiv setzen, um es vor Staub und Kratzern zu schützen. Zudem gibt es Filter, mit denen man bestimmte Effekte erzielen kann. Polarisationsfilter sorgen etwa dafür, dass der Himmel nicht zu hell dargestellt wird, und reduzieren das oft grelle Licht, das von reflektierenden Oberflächen wie Wasser gespiegelt wird. Filter wirken sich aber immer auch auf die Belichtung aus, sodass man sie nur ganz gezielt einsetzen sollte. Die meisten Filtereffekte kann man auch nachträglich mithilfe eines Bildbearbeitungsprogramms hinzufügen (siehe dazu auch Kapitel 10), sodass man nicht unbedingt in spezielle Objektivfilter investieren muss.

SONSTIGES ZUBEHÖR

Neben Objektiven und Beleuchtungszubehör gibt es noch viele weitere Hilfsmittel, die das Fotografenleben leichter machen können. Man sollte sich dabei aber auf das beschränken, was wirklich notwendig ist und was man, auch wenn man länger unterwegs ist, problemlos transportieren kann.

ZUSÄTZLICHE SPEICHERKARTEN >>

Nichts ist frustrierender, als ein tolles Motiv zu entdecken und dann festzustellen, dass man keinen Platz mehr auf der Speicherkarte hat. Ein paar zusätzliche Speicherkarten sind daher ein absolutes Muss. Je nach Kameramodell braucht man CompactFlash(CF)-, SD-, microSD- oder andere Speicherkarten sowie das passende Kartenlesegerät, um die Fotos auf den Computer zu übertragen. Speicherkarten sollten immer im Vorhinein formatiert und an einem warmen, trockenen Ort aufbewahrt werden.

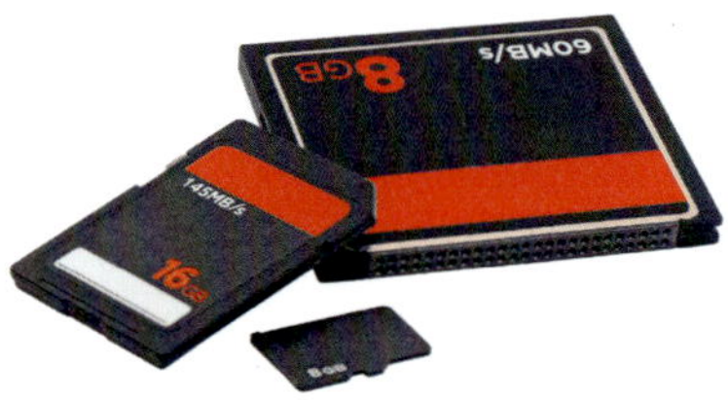

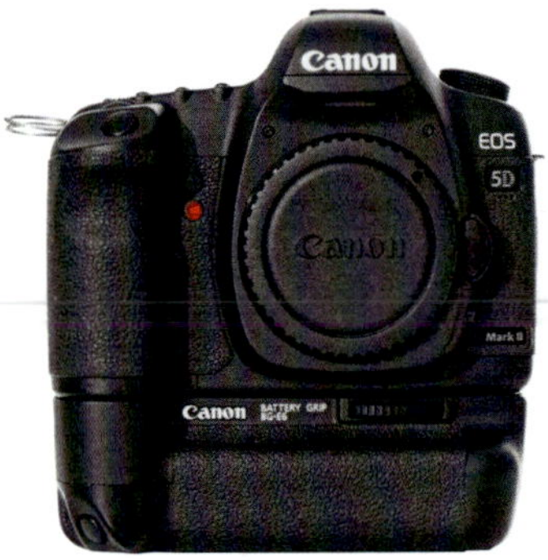

<< BATTERIEGRIFF

Ein Batteriegriff bietet Platz für zusätzliche Akkus und zudem eine zweite Grifffläche mit Auslöser, wodurch es leichter ist, hochformatige Fotos zu machen. Man kann ihn meist ganz einfach an der Unterseite der Spiegelreflexkamera in das Stativgewinde schrauben. Die Kamera wird dadurch aber auch etwas unhandlicher und schwerer, man sollte ihn also nur verwenden, wenn man ihn wirklich braucht.

GEGENLICHTBLENDE >>

Sind Ihnen auf Fotos schon einmal runde Lichtkreise aufgefallen? Diese sogenannten Blendenflecken entstehen, wenn Licht schräg auf das Objektiv auftrifft und reflektiert wird. Mit einer Gegenlichtblende lässt sich dieser Effekt verhindern, man kann aber auch einfach das Objektiv mit der Hand, etwa gegen sehr helles Sonnenlicht, abschirmen oder den Standort leicht verändern. Ich habe meine Gegenlichtblende vor Jahren verloren und nie Ersatz gekauft – es ist ein nützliches Hilfsmittel, aber es geht auf jeden Fall auch ohne!

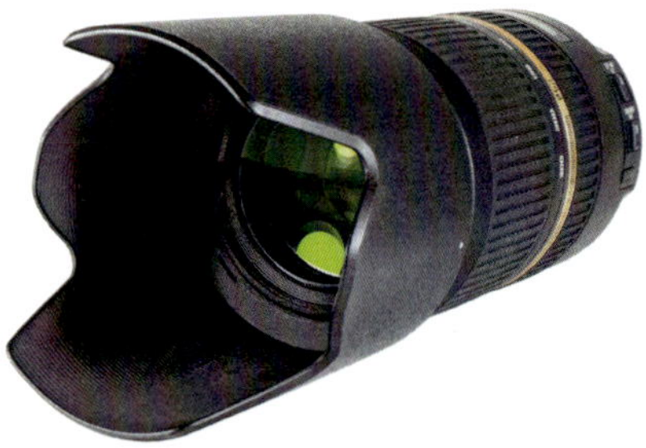

ZUBEHÖRTASCHE >>

Besonders wenn man reist, muss man das ganze Zubehör irgendwie gut verstaut transportieren. Dafür gibt es viele verschiedene Modelle: von Rucksäcken über Tragetaschen bis hin zu Brustgurten und Kamerawesten. Am besten geht man in ein Fachgeschäft und probiert verschiedene Modelle aus. Bei der Auswahl sollte man sich daran orientieren, wie und wo man fotografieren möchte und welches Zubehör man wann wie schnell herausnehmen können muss.

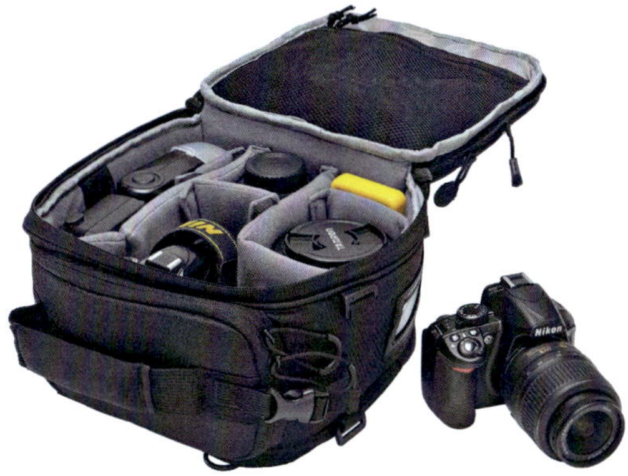

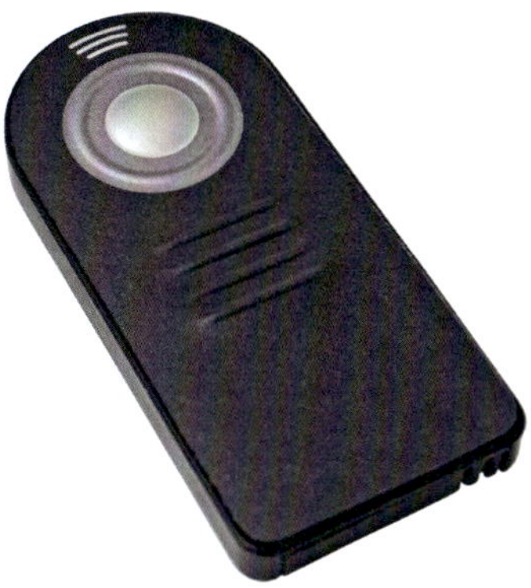

<< FERNAUSLÖSER

Mit diesem praktischen Hilfsmittel kann man Fotos schießen, ohne auf den Auslöser der Kamera zu drücken. Besonders nützlich ist ein Fernauslöser, wenn die Kamera auf einem Stativ oder anderweitig stabilisiert ist oder wenn es schlicht unmöglich ist, den Auslöser selbst zu drücken - etwa bei Selbstporträts. Es gibt Modelle, die mit einem Kabel an die Kamera angesteckt werden, aber auch kabellose Fernauslöser mit Funk-, Wi-Fi- oder Bluetoothsignal, wichtig ist nur, dass das jeweilige Modell mit der verwendeten Kamera kompatibel ist. Bevor man einen Fernauslöser kauft, sollte man aber auch mit der Selbstauslöserfunktion der Kamera experimentieren: Einfach die Kamera auf einem ebenen Untergrund abstellen und den Selbstauslöser aktivieren - das funktioniert oft genauso gut.

ERSATZAKKUS/-BATTERIEN >>

Besonders wenn man unterwegs ist, sollte man sicherstellen, dass man nicht plötzlich mit einem leeren Kameraakku oder ohne frische Batterien dasteht. Sorgen Sie dafür, immer zusätzliche Batterien oder geladene Ersatzakkus und ein Ladegerät für die Kamera, aber auch zusätzliche Batterien für etwaiges Zubehör dabeizuhaben.

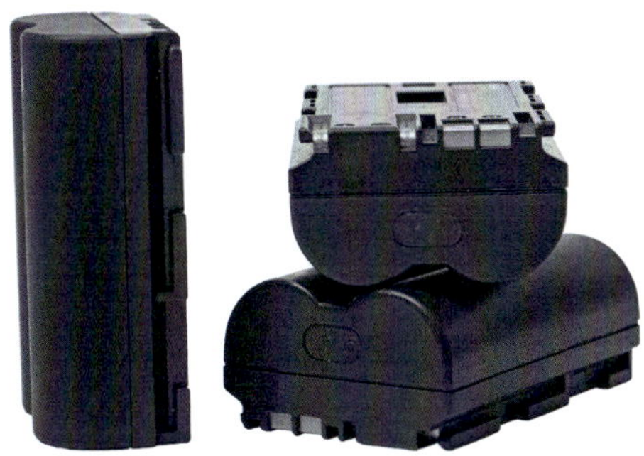

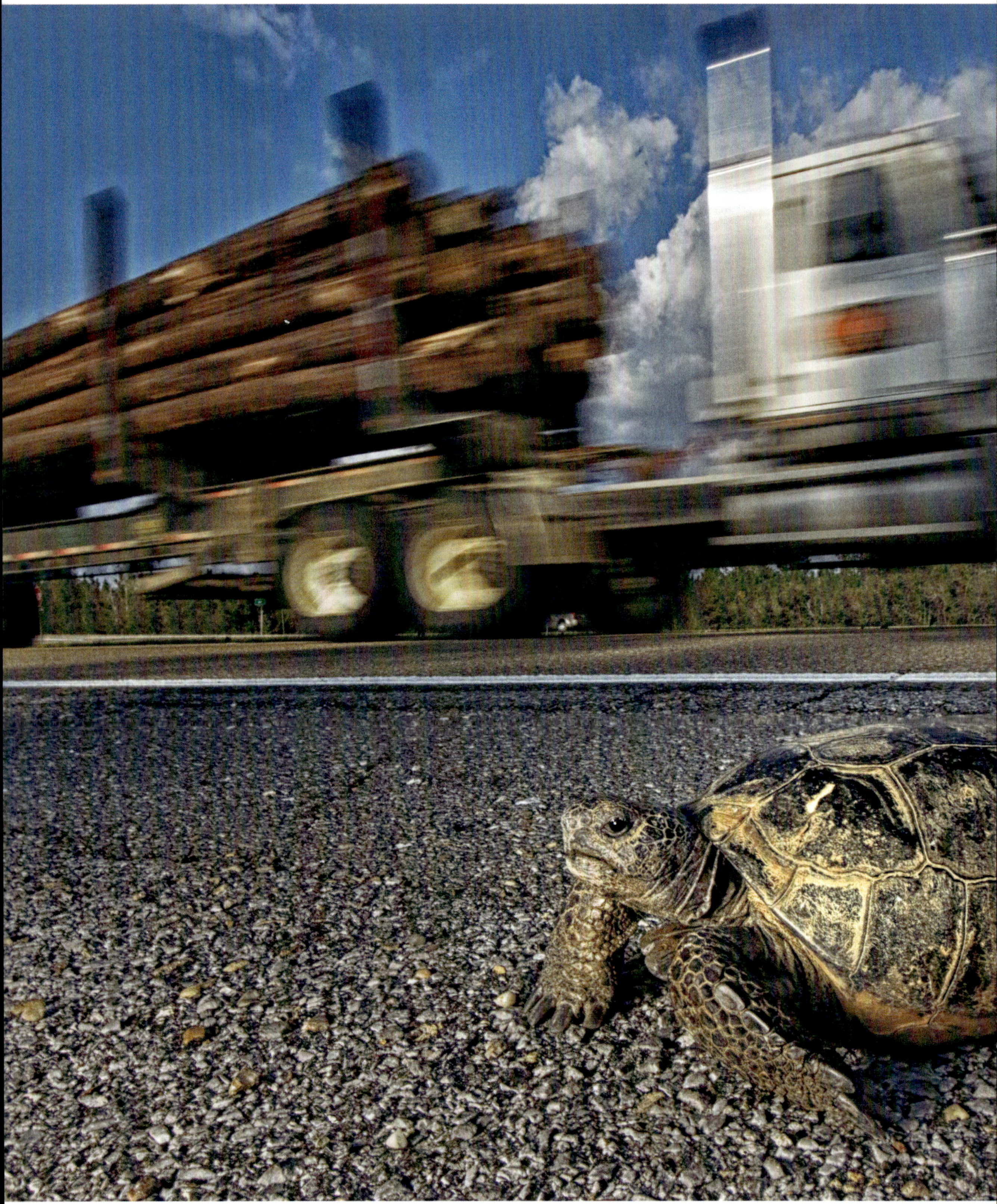

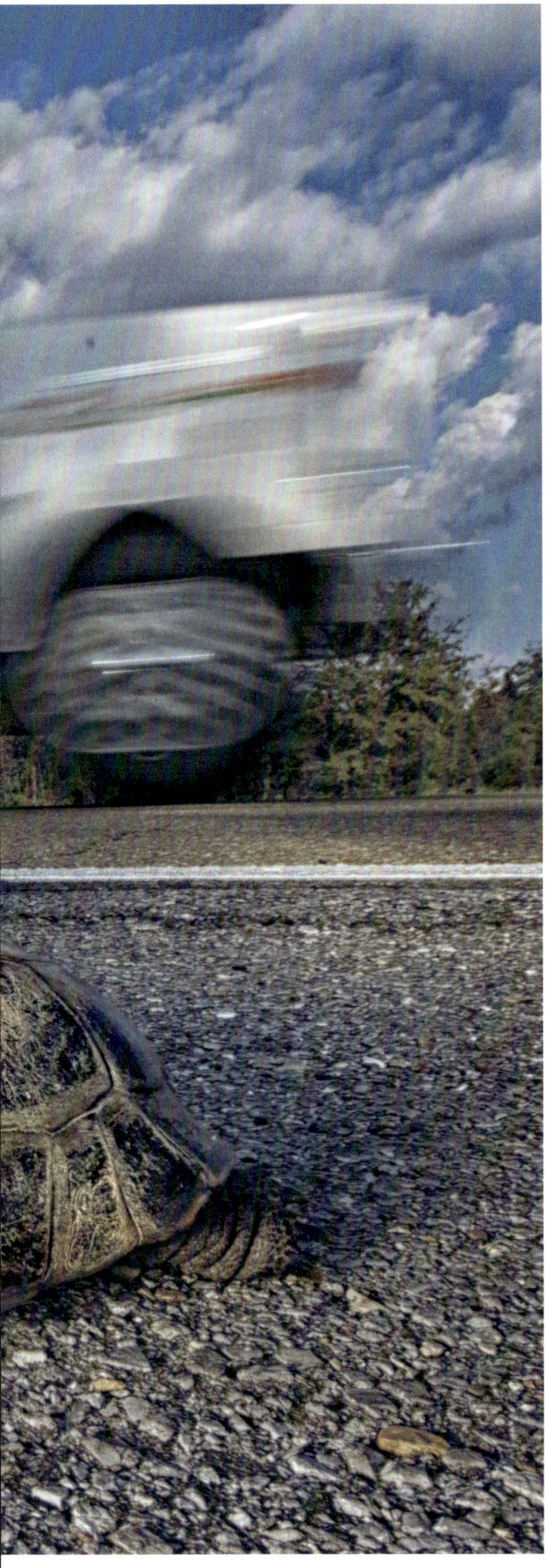

LANGSAM UND RUHIG

Dieses Foto einer Gopherschildkröte habe ich neben einer vierspurigen Schnellstraße in der Nähe von Wiggins, Mississippi, aufgenommen - dadurch wollte ich zeigen, welches Risiko diese bedrohte Tierart auf ihren Wanderungen auf sich nimmt. Zum Glück sind Schildkröten ja nicht die schnellsten, und ich konnte warten, bis ich den perfekten Bildausschnitt vor der Kamera hatte. Ich machte mehrere Fotos mit vorbeifahrenden Autos, aber das beste ist das hier mit einem Holzlaster im Hintergrund, das zudem eine weitere Bedrohung für diese Art zeigt: das Abholzen.

DIE RICHTIGE PERSPEKTIVE Ich verwendete ein Weitwinkelobjektiv, weil ich wusste, dass ich auch den hektischen Straßenverkehr im Hintergrund einfangen und die Schildkröte so in einem größeren Kontext zeigen wollte. Für das Foto bin ich außerdem mit der Kamera auf die Höhe der Schildkröte gegangen, sodass sie groß im Vordergrund ist und man einen Eindruck davon bekommt, wie bedrohlich der Verkehr aus ihrer Perspektive wirkt.

IN BEWEGUNG Um den Lastwagen im Hintergrund in der Bewegung verschwommen darzustellen und gleichzeitig dafür zu sorgen, dass die Schildkröte scharf zu sehen ist, habe ich hier mit einer etwas längeren Verschlusszeit gearbeitet. Zudem habe ich einen Aufhellblitz verwendet, sodass sich die Schildkröte deutlich von der Straße abhebt und gestochen scharf abgebildet wird.

BEDEUTUNG VERLEIHEN Der Verkehr und die Abholzung sind mitverantwortlich dafür, dass die Gopherschildkröte zu den bedrohten Tierarten gehört. Ich wollte all das zeigen, um dem Foto eine tiefere Bedeutung zu verleihen und zum Schutz dieser wunderbaren Art beizutragen.

ZWEI

KOMPOSITION

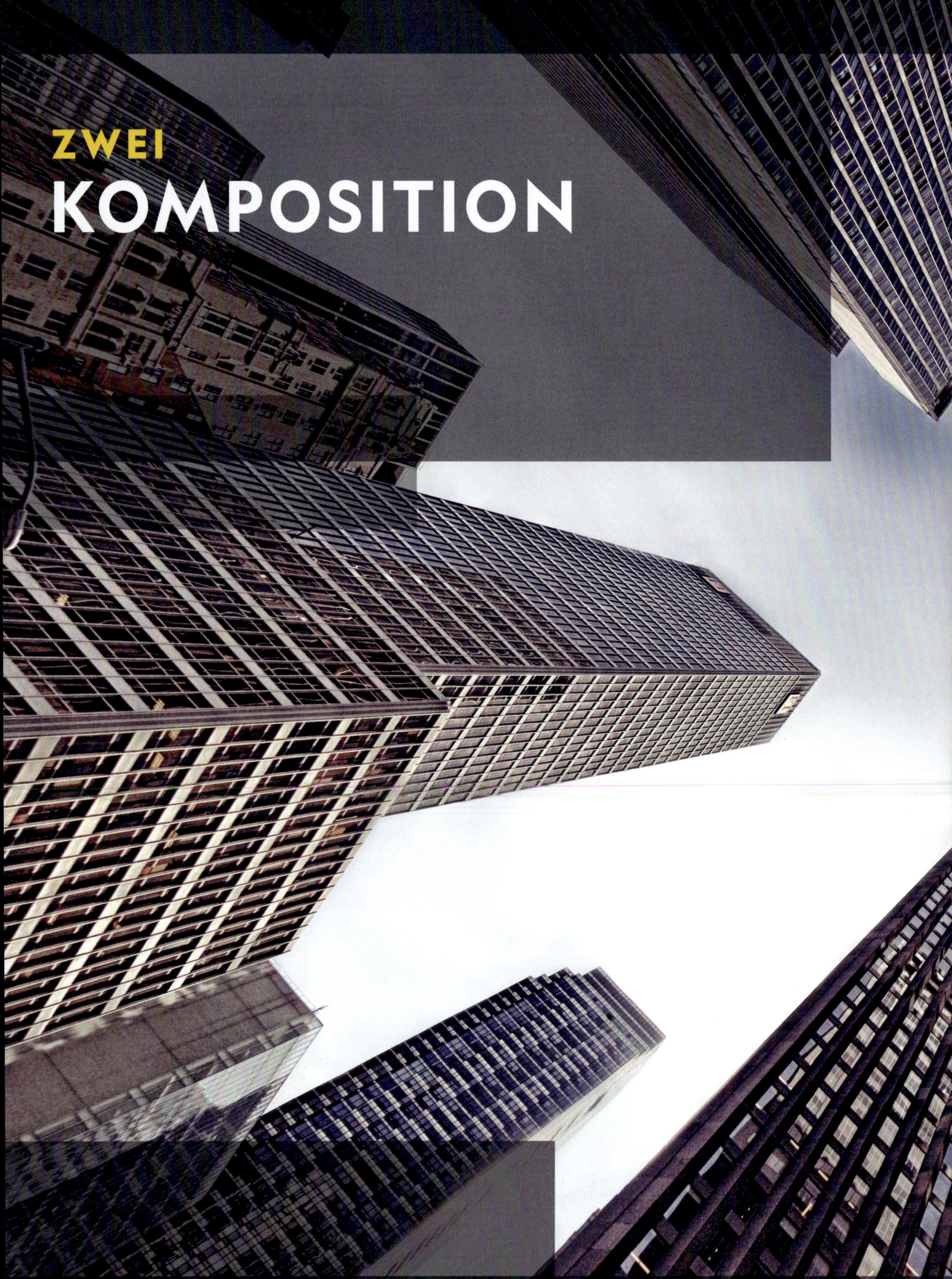

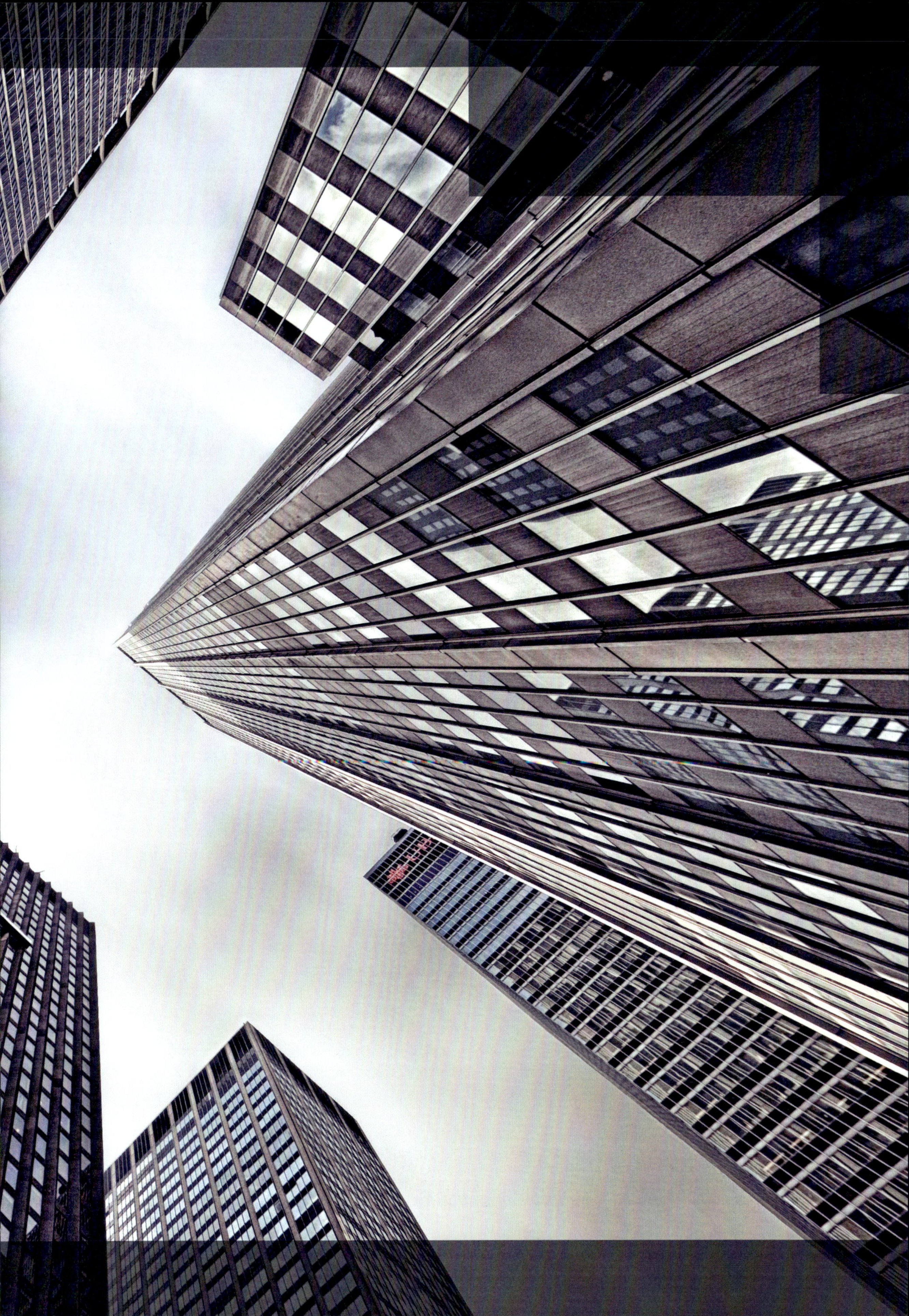

DIE PERFEKTE KOMPOSITION

Mindestens genauso wichtig wie der richtige Umgang mit der Kamera ist der richtige Blick fürs Motiv und die Bildkomposition. Man kann alle Einstellungen der Kamera in- und auswendig kennen, aber wenn man nicht weiß, wohin man schauen muss, und wie man das, was man sieht, perfekt in Szene setzt, dann werden die Fotos nicht so gut, wie sie es sein könnten. Der richtige Blick umfasst dabei mehr als nur das Motiv – auch das Licht, der Hintergrund und der Raum rund um das zentrale Motiv spielen eine wichtige Rolle. Jeder Aspekt sollte dabei für sich und zugleich in Harmonie mit den anderen wirken, sodass sich eine überzeugende Bildsprache ergibt. Genau das ist es, worum es bei der Bildkomposition letztendlich geht.

Im besten Fall wirken alle Elemente – Licht, Fokus, Belichtung usw. – in der Komposition zusammen, um eine Geschichte zu erzählen. Dafür braucht man viel Geduld, vorausschauendes Denken und eine gute Portion ehrliche Selbstkritik.

Manche Motive sind so perfekt, dass man bei der Komposition nicht viel falsch machen kann – denken Sie etwa an einen Baby-Panda oder einen Klippenspringer. Die wahre Kunst besteht aber darin, auch das Alltägliche einzigartig in Szene zu setzen, und dabei ist die Bildkomposition ein wesentlicher Faktor.

In diesem Kapitel geht es um die wichtigsten Kompositionstechniken – vom Finden des richtigen Bildausschnitts bis hin zur Anordnung von Motiven. Eines sollte man dabei immer im Hinterkopf behalten: Alles, was man auf dem fertigen Foto sieht, kann es besser oder schlechter machen.

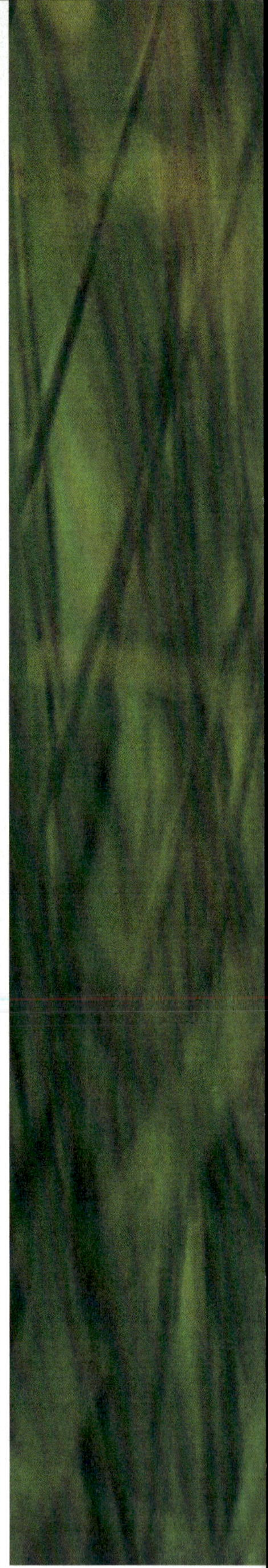

Dieser Schreikranich wird vom hohen Gras in seinem Revier im Süden Wisconsins perfekt eingerahmt.

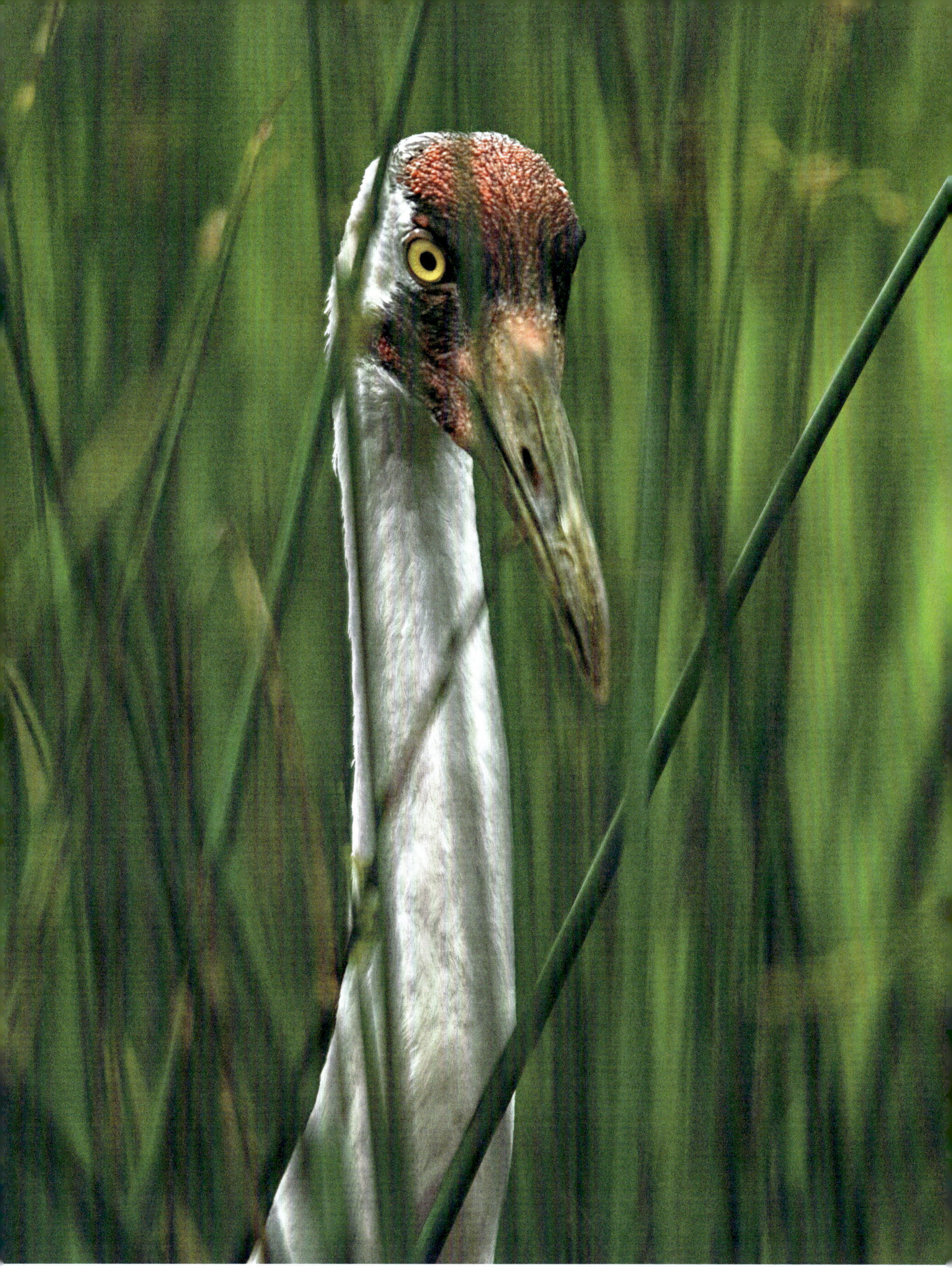

DRITTEL-REGEL

Dieses einfache Grundprinzip ist ein tolles Hilfsmittel, um harmonische Fotos zu komponieren. Indem man wichtige Motive und Elemente im Hintergrund mithilfe eines einfachen Rasters aus neun Feldern ausrichtet, entsteht eine visuelle Spannung, der sich der Betrachter kaum entziehen kann.

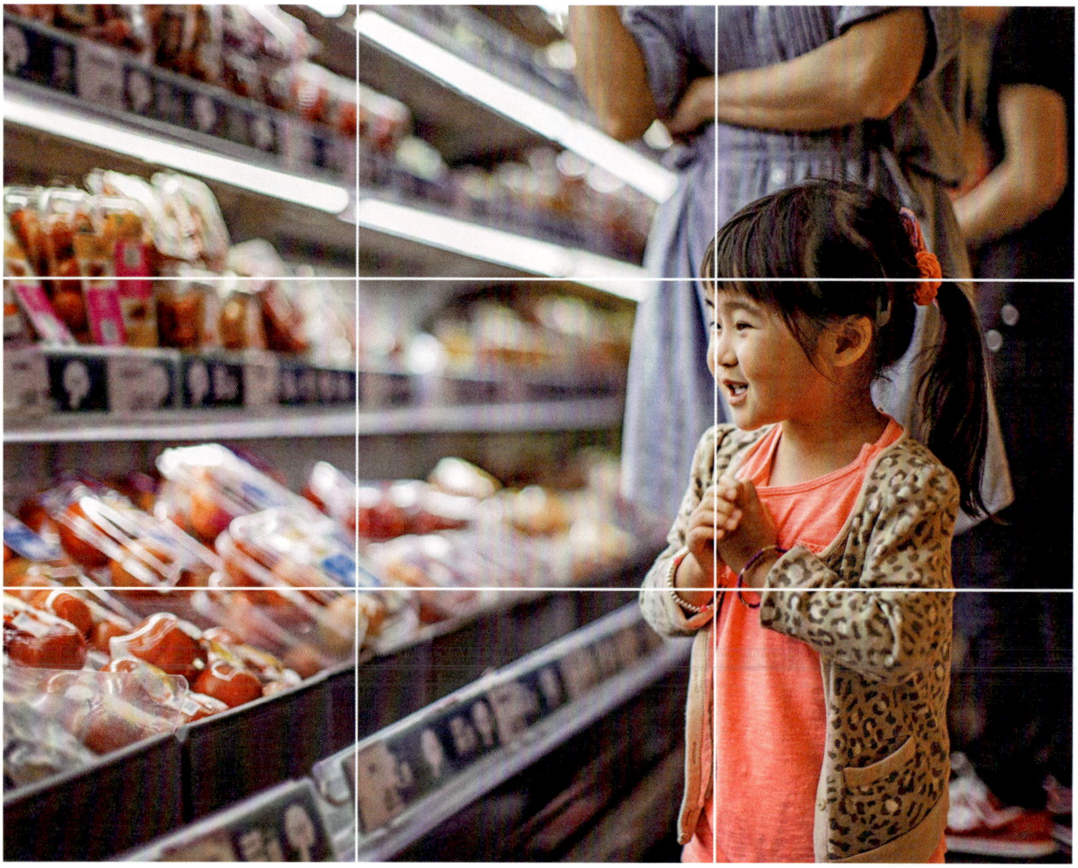

Mithilfe eines Rasters aus neun Rechtecken über dem gewünschten Bildausschnitt findet man ganz einfach die richtige Position für das Hauptmotiv: nämlich an einem der vier Rasterschnittpunkte. Bei vielen Kameras kann man sich ein Raster einblenden lassen, aber mit der Zeit braucht man es oft gar nicht mehr, sondern entwickelt selbst den richtigen Blick für die Platzierung des Motivs und damit auch eine gelungene Bildkomposition.

Stellen Sie sich vor, Sie zeichnen ein Drei-gewinnt-Spielfeld über den gewünschten Bildausschnitt und platzieren Ihr Hauptmotiv dann an einem der vier Schnittpunkte. Schon haben Sie die Drittel-Regel angewendet! Mithilfe dieser Kompositionstechnik, die bereits seit hunderten von Jahren bekannt ist, werden Fotos nicht nur interessanter für das Auge, sondern es bleibt auch genug Platz, um das Motiv in einem größeren Kontext zu zeigen – was zudem für visuelle Spannung sorgt.

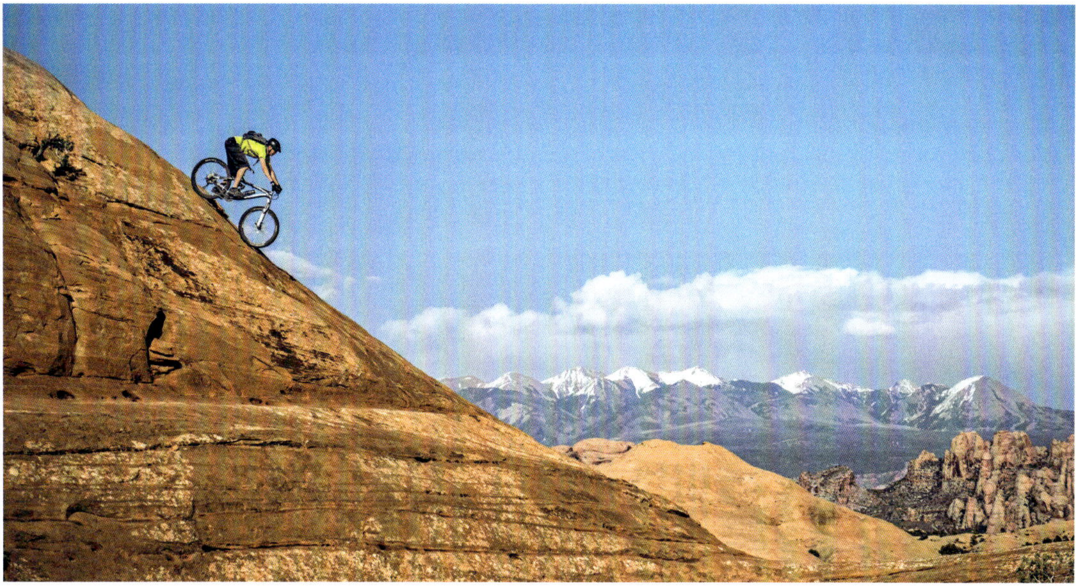

Ein abenteuerlustiger Mountainbiker auf dem Slickrock-Trail in der Nähe von Moab, Utah. Durch den Einsatz der Drittel-Regel ist dieses Bild besonders ausgewogen komponiert: Das Hauptmotiv (der Mountainbiker) wird in einem größeren Kontext (die Berge) gezeigt, und der Negativraum rechts oben sorgt für „Bewegungsfreiheit“ und zusätzliche Spannung.

AUSGEWOGENE KOMPOSITION

Wenn man das Hauptmotiv nicht direkt im Zentrum des Fotos platziert, sollte man besonders darauf achten, was sonst noch im gewählten Bildausschnitt zu sehen ist. Ein Kontrapunkt an einem schräg gegenüberliegenden Rasterschnittpunkt kann für eine ausgewogene Komposition sorgen.

Stellen Sie sich vor, Sie fotografieren eine Freundin in einer kleinen Gasse. Mithilfe der Drittel-Regel platzieren Sie sie im oberen rechten Bereich des Bildausschnitts, allerdings ist nun in der linken unteren Ecke ein voller Mülleimer zu sehen. Das ist zwar ein Kontrapunkt, aber der macht das Foto alles andere als besser. Platzieren Sie Ihre Freundin aber in der unteren rechten Ecke des Fotos, rückt oben links ein Balkon mit bunten Blumen in den Bildausschnitt. Das sorgt nicht nur für Kontext (man sieht jetzt auch mehr von der Gasse im Hintergrund), sondern es entsteht auch visuelle Spannung (durch die Farben der Blumen) und damit eine ausgewogene Komposition.

Bei der Drittel-Regel sollte man also immer besonders darauf achten, ob die gewählte Komposition das Foto besser oder schlechter macht. Und wie das oft bei Regeln der Fall ist: Manchmal muss man sie auch brechen!

AUFGABE: SPAZIEREN GEHEN

Gehen Sie spazieren, suchen Sie sich ein Motiv und platzieren Sie es mithilfe der Drittel-Regel an verschiedenen Stellen im Bildausschnitt. Gehen Sie dann andersherum vor: Suchen Sie sich einen ausgewogenen Hintergrund, vor dem Sie dann ein Motiv platzieren. Achten Sie auf Spannung und Harmonie und analysieren Sie die Bilder anschließend dahingehend, was funktioniert hat und was nicht.

SCHWERPUNKT

Der Schwerpunkt ist das Herzstück eines Fotos. Egal, ob man ein einzelnes Motiv oder eine ganze Szene abbildet: Man braucht einen Schwerpunkt, der den Blick des Betrachters festhält.

Jedes Foto braucht einen Schwerpunkt, etwas, das die Aufmerksamkeit des Betrachters auf einen bestimmten Punkt in der Komposition lenkt, an dem sich der Blick festhalten kann, anstatt ungerichtet über den Bildausschnitt zu wandern. Meist ist das das Hauptmotiv, das als inhaltlicher Schwerpunkt zudem die Geschichte des Fotos bestimmt. Die Drittel-Regel eignet sich, um das Hauptmotiv perfekt zu platzieren und zudem weitere Elemente zu inkludieren, die helfen, eine bestimmte Geschichte zu erzählen. Dabei sollte man sich aber auf wenige wesentliche Elemente konzentrieren, damit das Hauptmotiv vor lauter Details nicht Gefahr läuft unterzugehen.

KLEINER BILDWINKEL

Verliert sich das Motiv in einer geschäftigen Szene, heißt es: Näher ran! Wenn man mit einem Normalobjektiv arbeitet, muss man mit den Beinen „zoomen", also ein, zwei Schritte in Richtung des Hauptmotivs machen, um es näher heranzuholen. Alternativ kann man dafür auch ein Objektiv mit mehr Brennweite verwenden. Durch einen engeren Bildwinkel kann man zudem Elemente

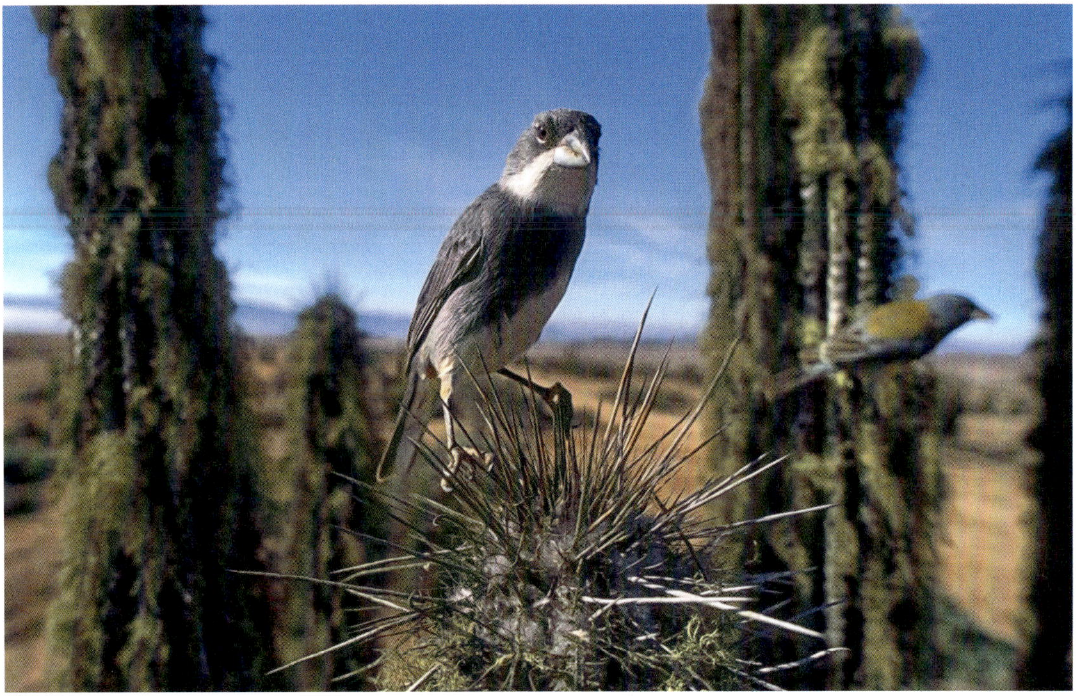

Ein Braunsteißdiuca auf einem Kaktus. Durch eine geringe Tiefenschärfe verschwimmt der Hintergrund und das Hauptmotiv, der Vogel, ist ganz eindeutig der Schwerpunkt. Die Kakteen sorgen für eine tolle Rahmung.

MEHR INFOS ZUR TIEFENSCHÄRFE AUF SEITE 70

eliminieren, die nicht unbedingt notwendig sind, um die gewünschte Geschichte zu erzählen.

SCHLICHTE KOMPOSITION

Ein Trick, um sicherzugehen, dass das Hauptmotiv besonders hervorgehoben wird, ist die Nutzung von Negativraum. Zudem sollten keine Elemente zu sehen sein, die das Motiv überlagern oder das Auge vom Schwerpunkt ablenken. Oft reicht es, die eigene Position etwas zu verändern, um das Motiv wieder in den Mittelpunkt zu rücken!

Achten Sie immer darauf, was das Foto noch besser machen könnte, und experimentieren Sie bei jeder Szene mit unterschiedlichen Schwerpunkten, um herauszufinden, was in der jeweiligen Situation am besten funktioniert.

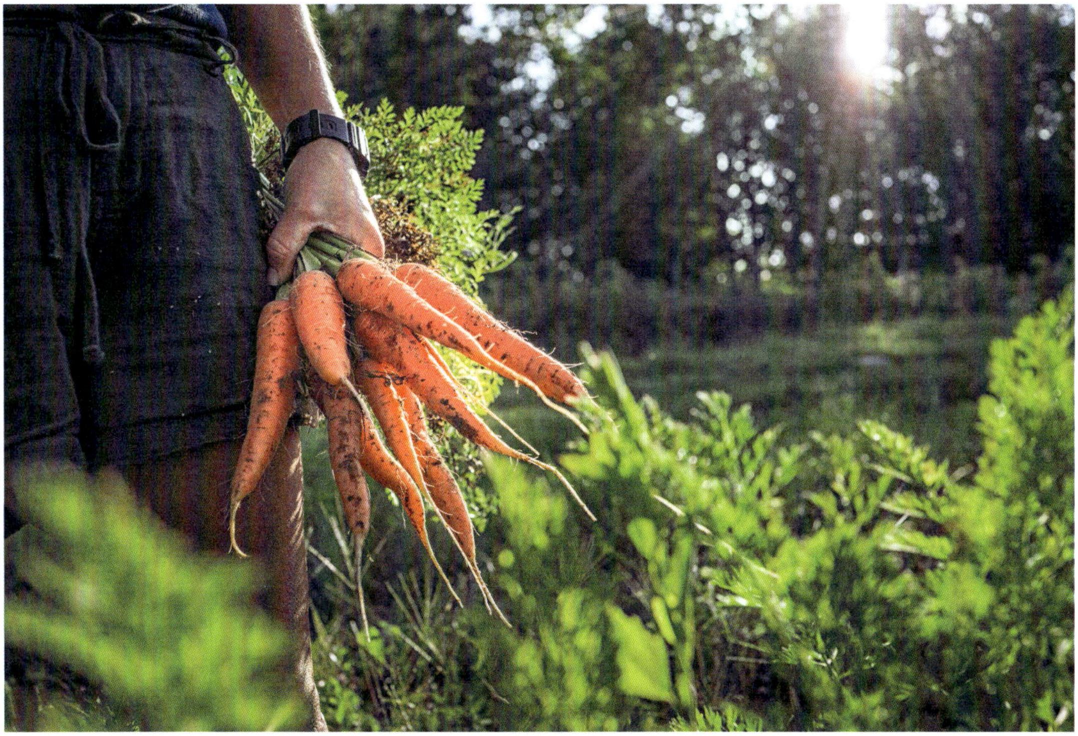

Die leuchtend orangen Karotten heben sich deutlich vom hauptsächlich grünen Hintergrund ab. Die schlichte Komposition und der Negativraum im oberen rechten Bereich des Bildausschnitts lenken den Blick auf das Hauptmotiv.

TIPP FOTOGRAFIEREN, FOTOGRAFIEREN, FOTOGRAFIEREN!

Um den Blick für die Komposition zu schärfen, muss man wirklich *viele* Fotos machen – von jedem einzelnen Motiv! Verändern Sie jedes Mal eine Kleinigkeit und haben Sie keine Angst vor schlechten Fotos, denn nur durch Fehler lernt man. Wenn ich einen Auftrag für *National Geographic* fotografiere, schafft es am Ende nur etwa ein Zehntelprozent aller Fotos bis zur Publikation, denn bei vielen Fotos experimentiere ich und versuche, mit dem zu arbeiten, was mir der Moment bietet. Wenn also eines von 1000 Bildern richtig gut wird, sind Sie auf dem richtigen Weg!

HINTERGRUND

Das Hauptmotiv ist das Herzstück jedes Fotos. Aber auch der Rest des Bildausschnitts, der Hintergrund, sollte nicht vernachlässigt werden: Er sorgt für Kontext und ist der richtige Ort für Details.

Für einzigartige Fotos reicht es nicht, das Hauptmotiv perfekt zu platzieren, man muss auch darauf achten, was sonst noch im Bildausschnitt zu sehen ist. Ein schlecht gewählter, unruhiger Hintergrund kann selbst das perfekteste Motiv ruinieren. Umgekehrt sorgt ein schlichter Hintergrund dafür, dass nichts den Blick vom Schwerpunkt des Fotos ablenkt. Und im besten Fall – und mit sehr viel Übung – schafft man es, vielschichtige Fotos mit mehreren Ebenen und vielen Details zu kreieren.

FOTOS AUFBAUEN

Wenn nicht gerade etwas Spontanes passiert, sodass man unbedingt sofort abdrücken muss, sollte man sich etwas Zeit nehmen, um den gesamten Bildausschnitt inklusive Hintergrund gründlich zu analysieren und so das Foto Stück für Stück aufzubauen. Dafür blickt man durch den Sucher und sieht sich alles außer dem Hauptmotiv ganz genau an. Gibt es Elemente, die unschön ins Auge stechen? Häufige „Problemkinder" sind Objekte, die das Foto überladen wirken lassen, aber nicht zur Geschichte beitragen, sowie

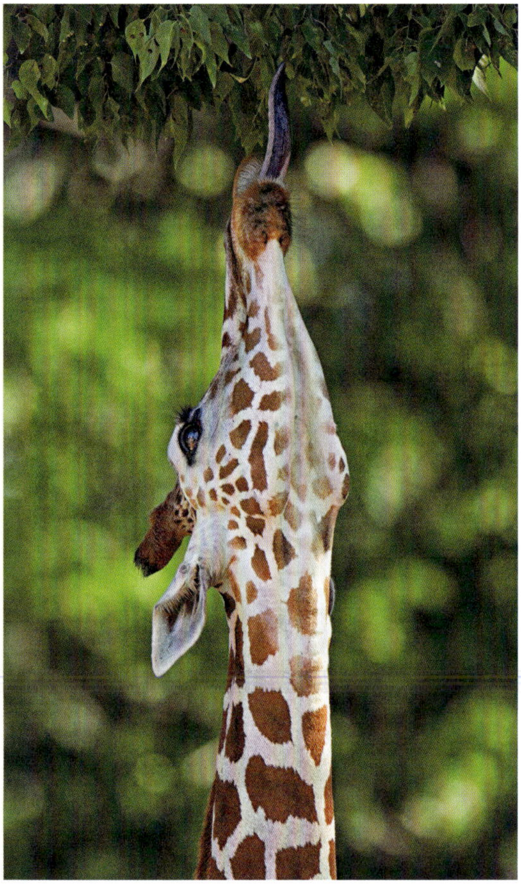

Der verschwommene grüne Hintergrund rückt die Giraffe (und ihre Essgewohnheiten) perfekt in den Mittelpunkt.

TIPP VISUELLE PROBLEME LÖSEN

Denken Sie daran: Alles, was man auf einem Foto sieht, kann es besser oder schlechter machen. Um störende Elemente zu eliminieren, muss man manchmal kreativ werden: Bewegen Sie das Motiv an eine andere Stelle, ändern Sie die Perspektive, wechseln Sie das Objektiv oder gehen Sie näher ran. Achten Sie zudem darauf, etwas Platz zwischen verschiedenen Elementen zu lassen, das sorgt für eine schlichtere Komposition. Und: Alles, was man auf dem Foto sieht, sollte zu sehen sein, weil Sie es wollen, und nicht, weil es Probleme gab, die Sie nicht lösen konnten.

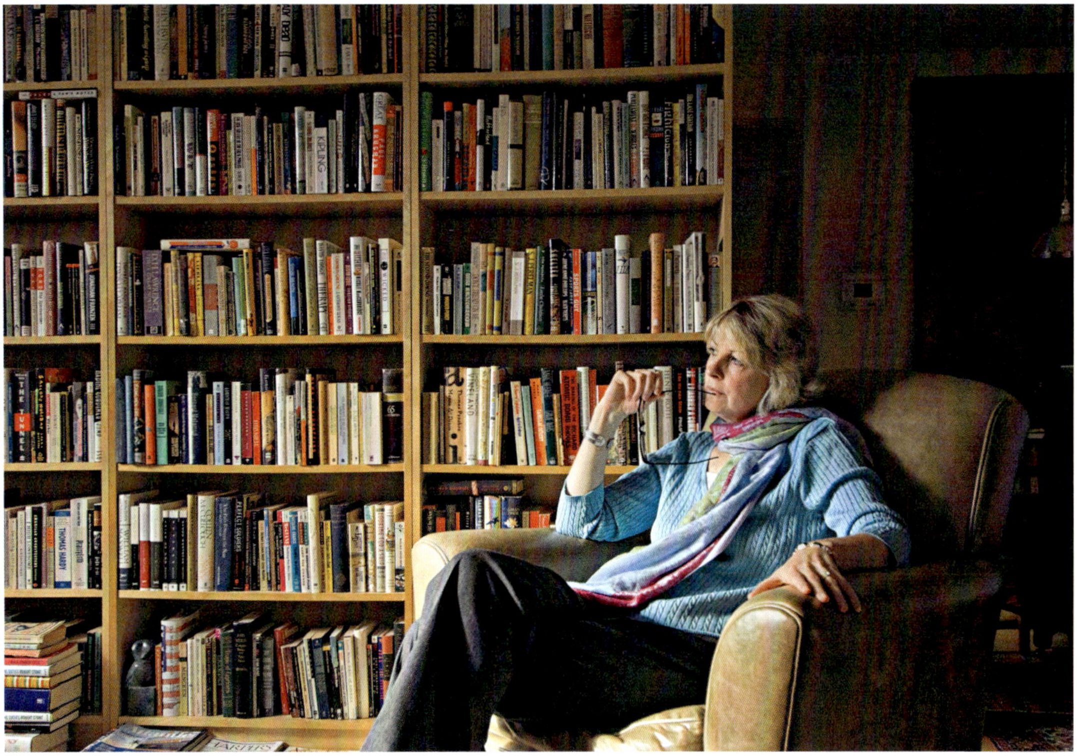

Auf diesem Porträt meiner Frau Kathy ist der Hintergrund scharf abgebildet und sorgt für visuelle Spannung. Er liefert aber zudem auch Kontext, also zusätzliche Informationen über die porträtierte Person – in diesem Fall, dass sie gerne liest!

ungünstig platzierte Elemente, die für komische Effekte sorgen, wie etwa ein Telefonmast, der aus dem Kopf einer Person ragt.

Um diese Elemente im Hintergrund zu eliminieren, gibt es einige Tricks. Man kann zuerst einmal versuchen, einen anderen Standort zu wählen, sodass die problematische Stelle nicht mehr zu sehen ist. Oft kann auch eine andere Perspektive helfen: Knien Sie sich hin, steigen Sie auf einen Stuhl oder legen Sie sich auf den Boden!

Man kann auch aktiv eingreifen und den Hintergrund einfach verändern: Schließen Sie Türen, räumen Sie herumliegendes Spielzeug weg, halten Sie störende Zweige aus dem Bild, alles ist erlaubt – außer, Sie sind Fotojournalist, dann gelten derartige Veränderungen als unethisch!

NUTZEN, WAS DA IST

Oft lassen sich natürliche Elemente in Ihrer Umgebung nutzen. Rauch, Nebel oder Staub machen nicht nur das Licht weicher, sondern sorgen auch dafür, dass das Hauptmotiv besonders hervorgehoben wird. Denken Sie daran, wenn Sie das nächste Mal Ihre Kinder beim Feuerwerkschauen, einen Traktor auf einer staubigen Straße oder einen rauchenden Geysir fotografieren.

Der Hintergrund kann zudem für Kontext sorgen, also zusätzliche Informationen liefern. Für Porträtfotos ist etwa das eigene Zuhause perfekt, da es auch immer etwas über die Person selbst aussagt – fotografieren Sie jemanden, der es liebt zu lesen, vor seinem Bücherregal und einen leidenschaftlichen Hobbykoch in der Küche!

PERSPEKTIVE

Der Winkel, aus dem ein Foto aufgenommen wird, sagt viel über das Motiv und darüber, wie man es darstellen möchte, aus. Verschiedene Perspektiven wirken unterschiedlich, und ungewöhnliche Aufnahmewinkel können helfen, eine ganz bestimmte Geschichte zu erzählen.

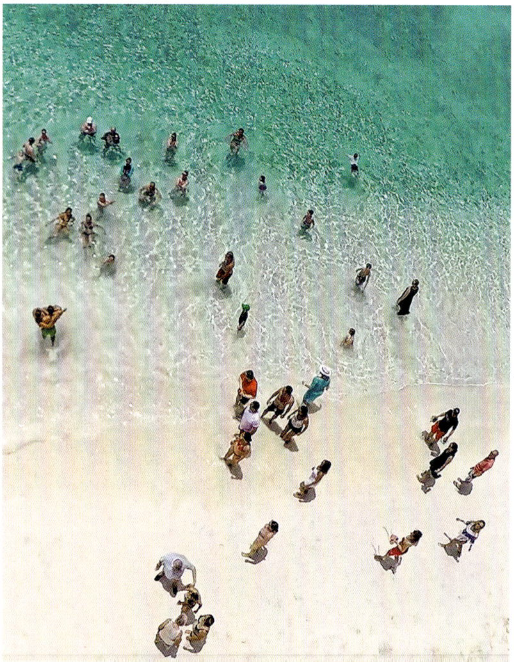

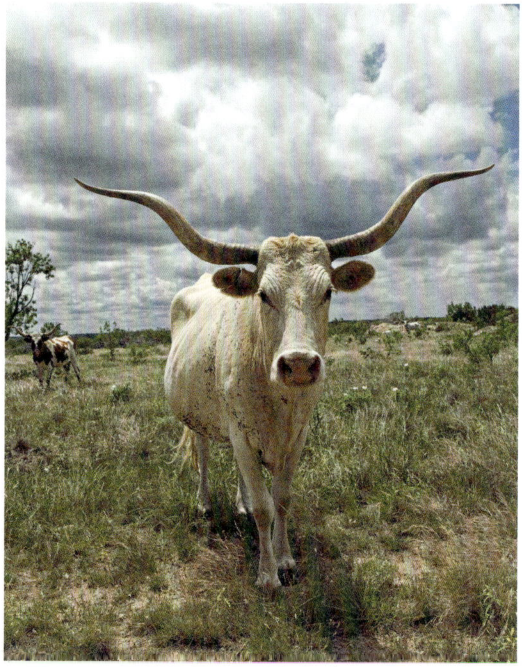

Links: Durch den Blick von oben aus einem Hotelzimmer auf diesen Strand auf den Bahamas wirken die Urlauber wie geschäftige Ameisen. Rechts: Durch den Aufnahmewinkel von unterhalb der Augenhöhe türmen sich die Hörner dieses Texanischen Longhorns über dem Horizont auf, wodurch es imposant und erhaben wirkt.

Wie überall im Leben kann auch in der Fotografie eine neue Perspektive dafür sorgen, dass man die die Dinge ganz anders wahrnimmt. Technisch gesehen ist die Perspektive ganz einfach die Art und Weise, wie ein dreidimensionales Objekt auf einem zweidimensionalen Foto dargestellt wird. Zum anderen spiegelt die gewählte Perspektive aber auch immer eine persönliche Betrachtungsweise wider, in die alle unsere Erfahrungen einfließen, die wiederum beeinflussen, wie wir die Welt sehen und welche Bilder wir (uns) von ihr machen.

SCHAUEN SIE SICH UM

Achten Sie, etwa auf dem Weg in die Arbeit oder beim Spazierengehen, auf all die kleinen alltäglichen Momente. Was zieht Ihre Aufmerksamkeit auf sich, was inspiriert Sie? Das müssen nicht immer einzigartige Motive sein, wie etwa ein atemberaubender Sonnenaufgang, ein neugeborenes Baby

AUFGABE: PERSPEKTIVE VARIIEREN

Fotografieren Sie ein Motiv aus verschiedenen Perspektiven. Bewegen Sie sich um das Motiv herum, fotografieren Sie es von oben, von unten – aus so vielen unterschiedlichen Aufnahmewinkeln wie nur möglich. Achten Sie darauf, wie sich der Bildausschnitt mit jedem Positionswechsel verändert und wie sich das auf die Geschichte, die das Foto erzählt, auswirkt.

oder ein tolles Gericht. Fotografieren Sie einfach alles, was Ihren Blick auf sich zieht: Oft liegt so viel Schönheit in den alltäglichen Dingen und Situationen, man muss nur richtig hinsehen.

Um dabei eine interessante Perspektive zu finden, lohnt es sich, mit verschiedenen Aufnahmewinkeln zu experimentieren. Am einfachsten ist das, indem man die eigene Position zum Motiv verändert, also etwa auf dem Bauch liegend oder auf einem Stuhl stehend fotografiert. Wie wird die Stimmung am besten eingefangen?

Um ein Gefühl dafür zu bekommen, wie Perspektiven wirken, sucht man sich am besten einen Raum mit einem potenziell interessanten Hintergrund und dreht sich durch den Sucher blickend einmal um 360 Grad. Wo ist das Licht am besten? Welche Details sorgen für den richtigen Kontext? Ist der perfekte Standpunkt gefunden, kann man einen Freund in den Raum bitten und ihn aus unterschiedlichen Perspektiven – auf Augenhöhe, von oben und von unten – fotografieren. Selbst wenn man nur übt: So entstehen oft tolle Porträts!

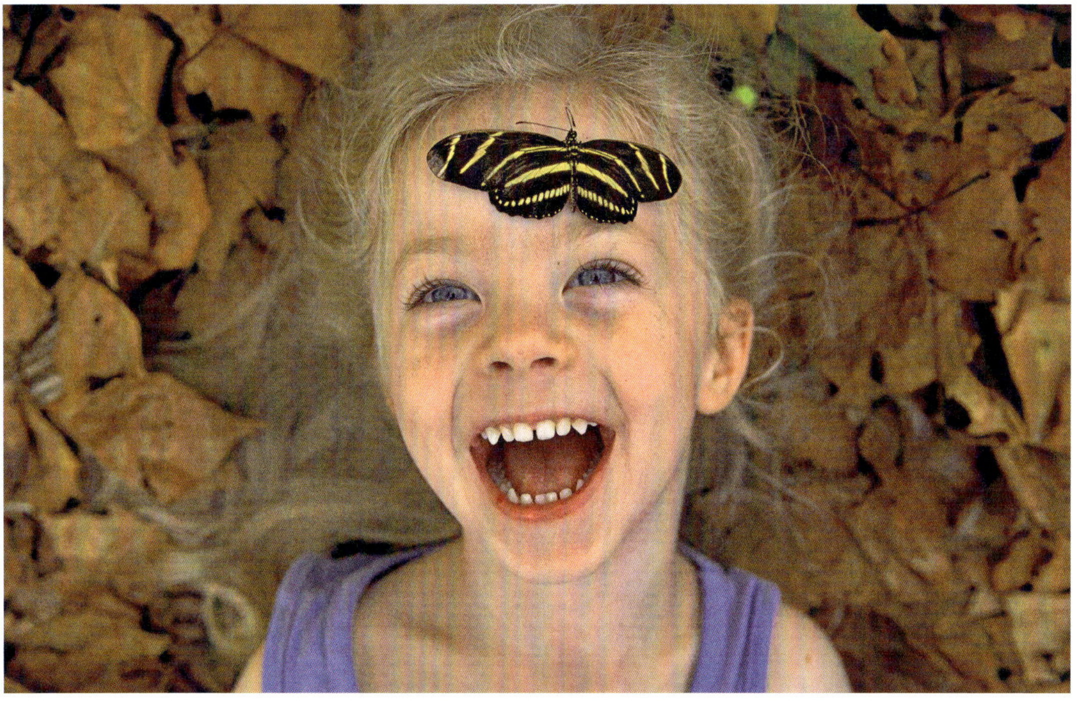

Kurz bevor ich abdrückte, landete ein Schmetterling auf der Stirn meiner Tochter Ellen im Lincoln Children's Zoo. Der kleine Bildwinkel und das Querformat sorgen für ein simples, aber sehr persönliches Foto mit verschiedenen Ebenen – dazu mehr in der nächsten Lektion!

LAYERING: EBENEN

Auf Fotos sorgen verschiedene Ebenen für mehr Tiefe, Spannung und Kontext. Die Technik, verschiedene Elemente im Vorder-, Mittel- und Hintergrund anzuordnen, nennt man auch Layering.

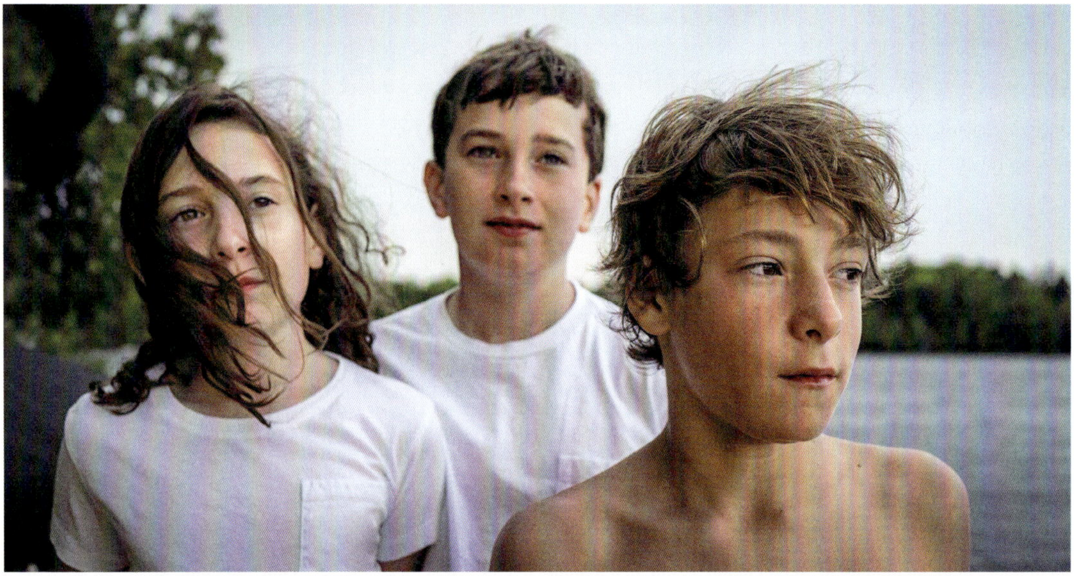

Dadurch, dass diese drei Kinder leicht versetzt sind, entstehen ganz natürlich verschiedene Bildebenen. Den Schwerpunkt bilden hier die Augen: Von ganz hinten wird der Blick des Betrachters durch sie von einem Gesicht zum nächsten und schließlich hinaus in die Welt, die sie betrachten, gelenkt.

Neben dem Hintergrund und der Perspektive gibt es viele weitere Komponenten, die man in die Bildkomposition miteinbeziehen kann. Besonders gut gelingt das über die Arbeit mit verschiedenen Bildebenen. Beim sogenannten Layering werden interessante Elemente auf verschiedenen Ebenen, im Vorder-, Mittel- und Hintergrund, angeordnet, wodurch Fotos mehr Spannung, Tiefe und Kontext erhalten und dem Betrachter im besten Fall eine noch umfassendere Geschichte erzählen.

MIT EBENEN ARBEITEN

Mit mehreren Ebenen zu arbeiten, ist gar nicht so einfach, da im Grunde jede einzelne Ebene, ähnlich wie der Hintergrund, für sich betrachtet und stimmig komponiert werden sollte. Das heißt, man muss sich immer wieder aufs Neue fragen, welche Elemente man zeigen möchte und wo die Schwerpunkte liegen.

Besonders Landschaftsaufnahmen profitieren von unterschiedlichen Ebenen. Indem man etwa eine auf den ersten Blick erkennbare Sehenswürdigkeit, wie die Golden Gate Bridge oder die Oper in Sydney, ganz im Hintergrund platziert, erhält man im Handumdrehen einen tollen Kontext.

Eine Kompositionstechnik, die dabei helfen kann, einzelne Ebenen aufzubauen, ist das Framing – dazu mehr in der nächsten Lektion.

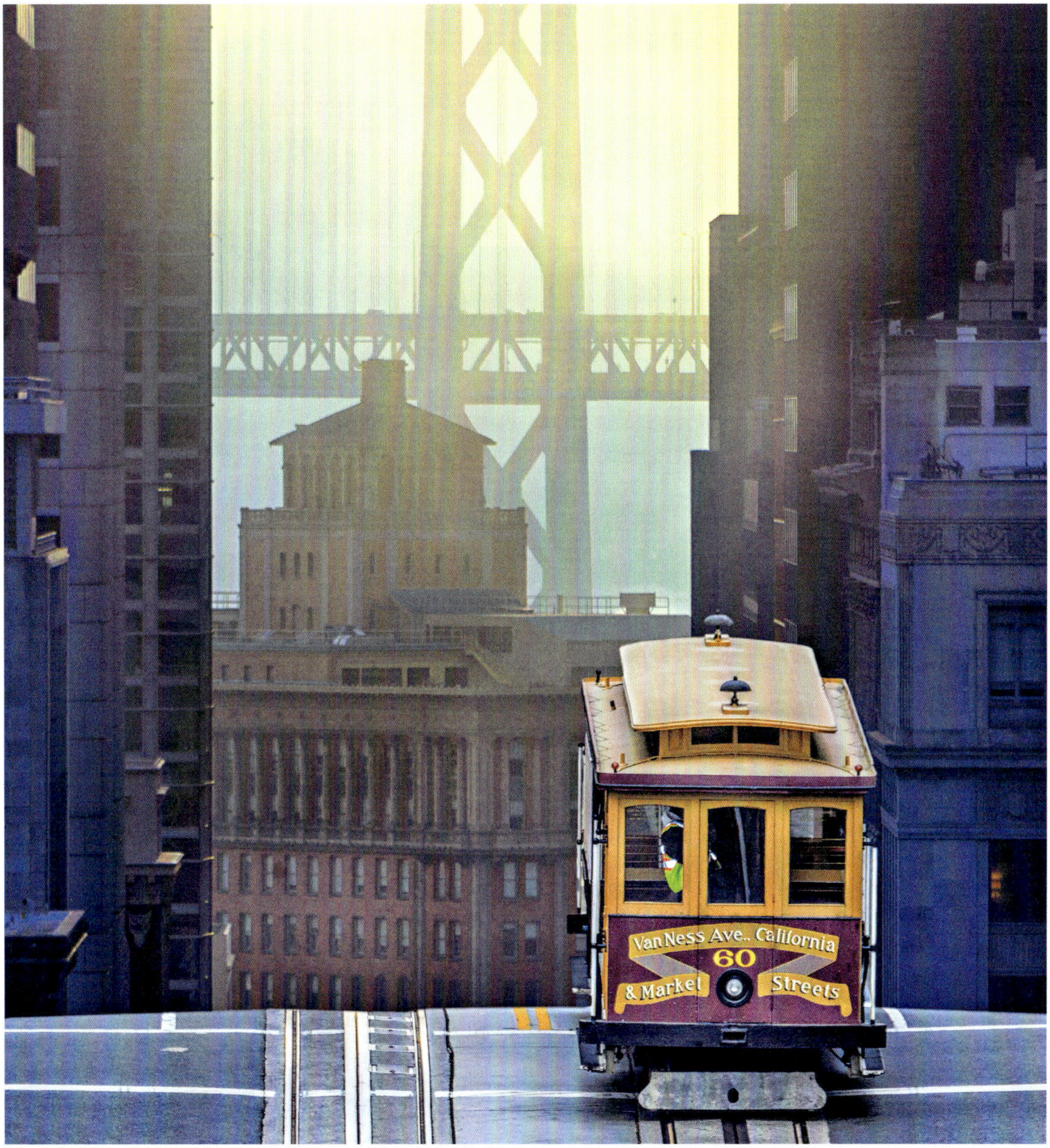

Auf dieser für San Francisco so typischen Szene sind die einzelnen Ebenen gut zu erkennen: Im Vordergrund sieht man eines der berühmten Cable Cars, im Mittelgrund die Gebäude eines Häuserblocks und im Hintergrund die Bay Bridge.

ÜBUNG MACHT DEN MEISTER

Durch Layering entstehen komplexe, einzigartige Fotos. Das ist zwar gerade zu Beginn nicht ganz einfach, aber mit etwas Übung klappt es ganz sicher. Das Wichtigste dabei ist, dass man keine Angst hat, Fehler zu machen, und die eigenen Fotos immer wieder analysiert, um zu sehen, was wann funktioniert – und warum. Mit der Zeit trainiert man den Blick, sodass man bald überall verschiedene Ebenen erkennt.

FRAMING: RAHMEN

Beim Framing geht es im ersten Schritt darum, eine dynamische Komposition im Bildausschnitt („frame") einzufangen. Zudem bezeichnet man damit aber auch eine Technik, bei der andere Elemente, die im Bildausschnitt zu sehen sind, genutzt werden, um das Hauptmotiv zu rahmen.

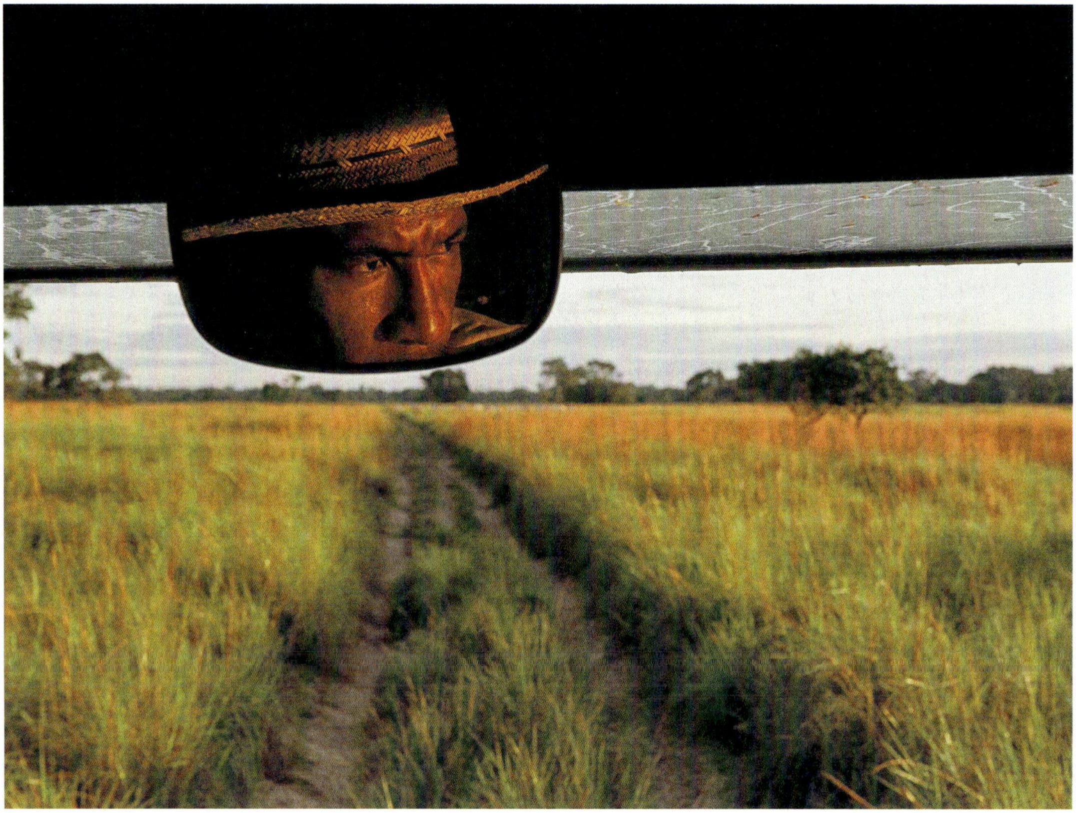

Auf diesem im Pantanal, Brasilien, aufgenommenen Foto wird das Gesicht eines Wildhüters im Rückspiegel perfekt gerahmt. Das erlaubt es dem Betrachter, gleichzeitig nach vorn, in die Umgebung, die für den richtigen Kontext sorgt, durch den Spiegel aber auch nach hinten auf den Wildhüter zu blicken, der hier das Hauptmotiv darstellt.

Im Zusammenhang mit Fotografie denkt man bei *Rahmen* (engl. „frame") wahrscheinlich als Erstes an einen Bilderrahmen. Das Arbeiten mit Rahmen – oder Framing – ist aber auch eine Kompositionstechnik, die tatsächlich irgendwie auch ein bisschen etwas mit dem wortwörtlichen Bilderrahmen zu tun hat. Ganz allgemein geht es beim Framing nämlich darum, was man auf dem Foto sieht, also um die Wahl des richtigen Bildausschnitts. Dabei gilt es, den „Bilderrahmen" mit interessanten Elementen zu füllen, ohne dass diese abgeschnitten werden oder verzerrt aussehen.

Jedes echte Kunstwerk gehört in einen Rahmen, und damit sind wir auch schon bei der zweiten

Bedeutung von Framing: Man kann das Motiv (das Kunstwerk!) *innerhalb* des Bildausschnitts nochmals rahmen, um es hervorzuheben und für noch mehr Tiefe und Kontext zu sorgen. Im Grunde ist das Framing damit auch eine spezielle Art des Layering. Als Rahmen eignen sich vor allem visuelle Elemente, die das Motiv natürlich umgeben.

RAHMEN FINDEN

Stellen Sie sich vor, Ihre Kinder spielen draußen im Schnee und Sie fotografieren sie von drinnen durchs Fenster. Dann gehen Sie einen Schritt zurück, sodass auch der Fensterrahmen zu sehen ist - voilà: ein perfekter Rahmen, der zugleich in der Geschichte des Fotos eine weitere Ebene eröffnet: Vielleicht warten Sie mit heißer Schokolade, bis die Kinder genug von der Kälte haben? Oder Sie gehen auch gleich hinaus zu ihnen? So oder so, der Betrachter kann sich eine ganze Geschichte zu diesem Wintertag vorstellen!

Um den perfekten Rahmen zu finden, ist einiges zu beachten: Er sollte sich in die natürliche Umgebung einfügen, am besten ein Teil von ihr sein, das Motiv nicht überdecken und zur Geschichte beitragen. Wichtig ist zudem auch die richtige Tiefenschärfe: Ist der Rahmen selbst Teil des Motivs, sollte er scharf sein - etwa, wenn abstrakte Architekturelemente zu sehen sind. Geht es nur um zusätzlichen Kontext, wie beim Wintertag-Fenster-Beispiel, kann er ruhig unscharf sein.

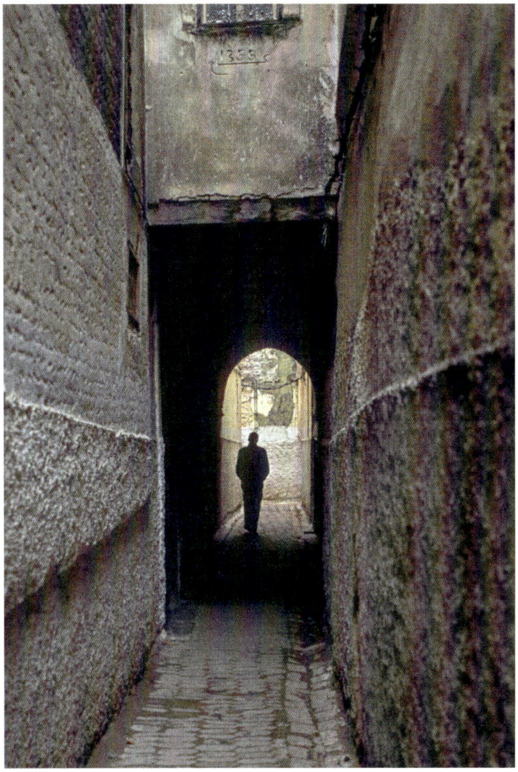

Besonders simple, aber dennoch eindrucksvolle Rahmen sind Türrahmen oder Torbögen, wie hier in Fez, Marokko.

Einige Rahmen sind offensichtlich, etwa Fenster oder Torbögen. Aber auch Bäume, Brücken, Höhleneingänge, ja sogar ein Donut kann ein Rahmen sein. Im Auto ist nicht nur die Windschutzscheibe, sondern auch der Rückspiegel ein interessanter Rahmen - und dazu kommt hier auch noch die Spiegelung, wodurch der Betrachter gleichzeitig nach vorn und nach hinten schauen kann.

AUFGABE: UNGEWÖHNLICHE RAHMEN FINDEN

Experimentieren Sie mit verschiedenen, möglichst ungewöhnlichen Rahmen. Fotografieren Sie etwa jemanden am Tisch sitzend als Reflexion in einem Serviettenhalter. Oder aktivieren Sie den Selbstauslöser, platzieren Sie die Kamera im Kühlschrank und fotografieren Sie jemanden, der sich gerade eine Flasche Wasser herausnimmt - eingerahmt von der Kühlschranktür und den Lebensmitteln!

FÜHRUNGSLINIEN

Sobald auf einem Foto Linien zu sehen sind, kann das Auge nicht anders, als ihnen zu folgen. Man kann sie daher auch als Kompositionselemente nutzen, um den Blick des Betrachters ins Bild zu lenken - und dann dorthin, wo wichtige Bildelemente zu sehen sind.

Eine Führungslinie ist im Grunde jede Art von Linie, die den Betrachter in den Bildausschnitt „führt" und ihn so noch tiefer in die Bildkomposition eintauchen lässt. Führungslinien wirken dabei zugleich ein bisschen wie Pfeile, die auf den Schwerpunkt des Fotos hinweisen. Manche Führungslinien sind offensichtlich, klassische Beispiele sind etwa Straßen und Schienen. Aber man muss sich nicht strikt an die Definition einer Linie halten: Führungslinien können gekrümmt, geschwungen, menschengemacht oder sogar Teil der Natur sein - auch ein Zaun auf einer Wiese, eine Baumreihe oder mehrere Rinder, die hintereinander über einen Hügel gehen, können Linien entstehen

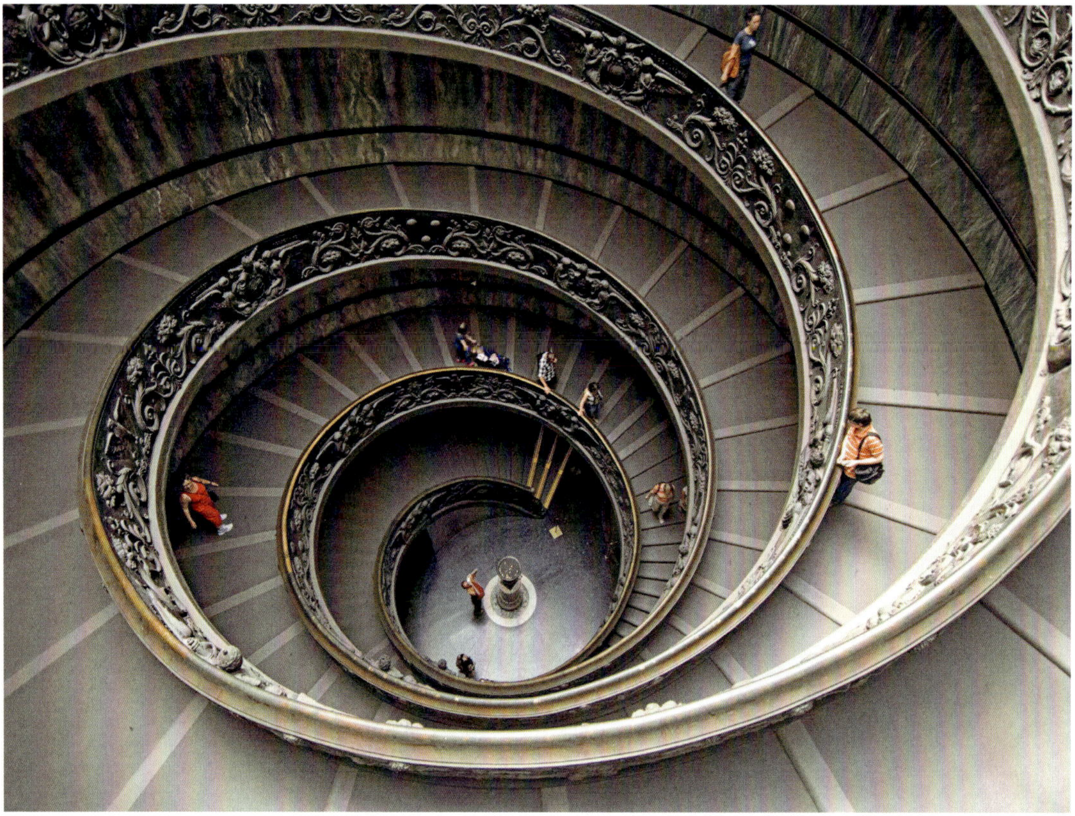

Führungslinien müssen nicht unbedingt gerade sein. Betrachtet man dieses Bild einer Treppe im Vatikan, folgt der Blick ganz automatisch dem spiralförmigen Treppengeländer bis ganz unten, zum visuellen Schwerpunkt dieses Fotos.

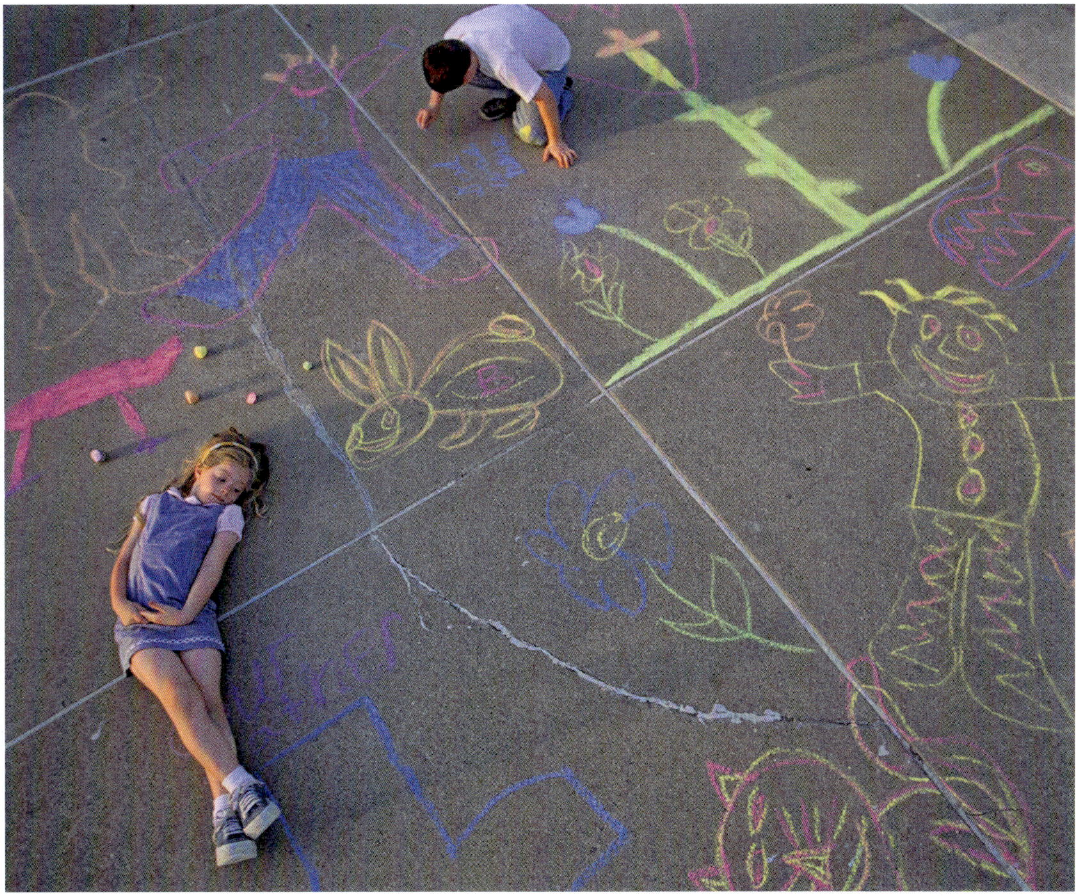

Indem man den Kreidestrich so platziert, dass er von rechts unten nach links oben diagonal durch das ganze Bild führt, wird der Blick ganz automatisch von dem Mädchen unten links zu dem Jungen oben rechts gelenkt.

lassen. Der gezielte Einsatz dieser Linien ist eine weitere Technik der Bildkomposition, mit deren Hilfe man den Betrachter in das Geschehen auf dem Bild hineinziehen kann.

LINIEN VERSTEHEN

Wie bei allen Techniken der Bildkomposition sollte man auch beim Einsatz von Führungslinien strategisch vorgehen und sie immer im Zusammenspiel mit den anderen Elementen wirken lassen. Eine Führungslinie kann etwa Teil einer Ebene sein oder aus einer interessanten Perspektive in das Bild führen. Besonders effektiv sind Linien, die mithilfe der Drittel-Regel ausgerichtet werden, etwa, indem sie in einer Ecke beginnen und diagonal durch die Rasterschnittpunkte in die gegenüberliegende Ecke führen.

Achten Sie beim Blick durch den Sucher auf alle Linien, die im Bildausschnitt zu sehen sind, und darauf, wie sie wirken. Sie sollten den Blick des Betrachters weder verwirren noch ihn an eine Stelle lenken, wo nichts zu sehen ist. Denken Sie dabei immer daran: Wenn eine Linie das Foto nicht besser macht, hat sie dort auch nichts verloren.

DER HORIZONT

Wenn man unter freiem Himmel fotografiert, sollte man immer darauf achten, wo sich die Horizontlinie befindet und wie sie sich auf die Bildkomposition auswirkt.

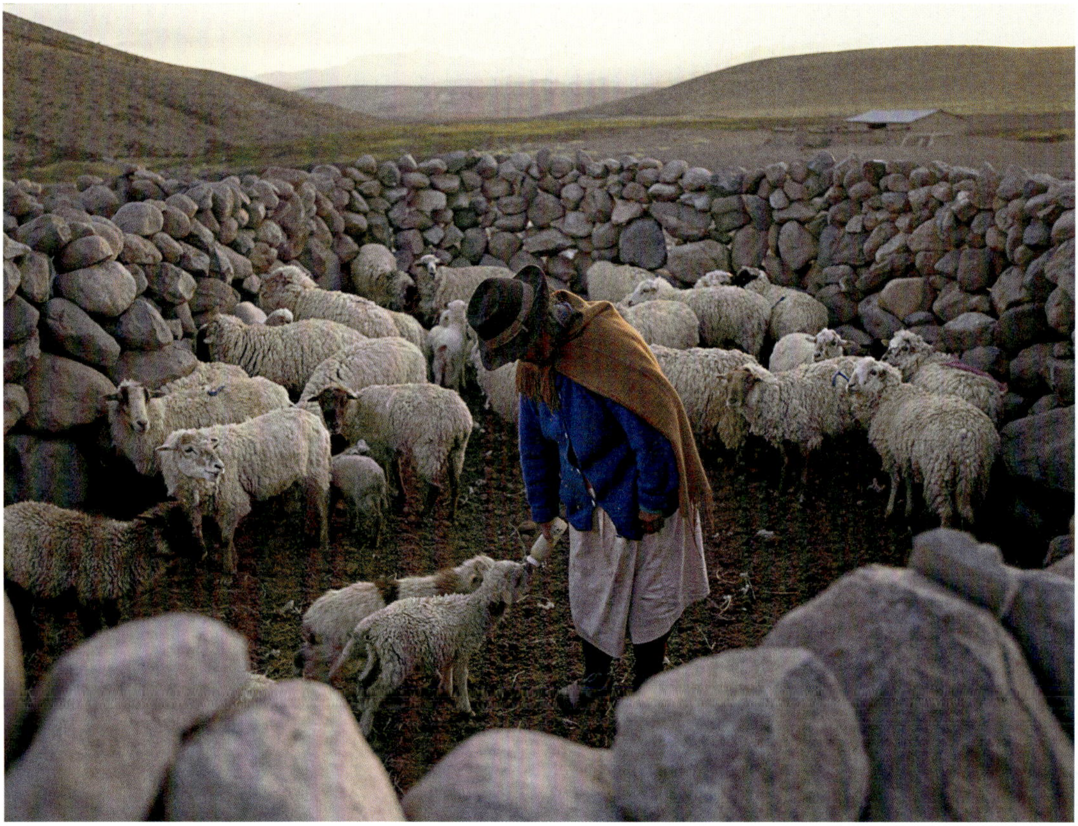

Das Hauptmotiv, eine Schäferin in den Anden, wurde hier von schräg oben fotografiert, wodurch sich die Horizontlinie relativ weit oben befindet und wenig Himmel zu sehen ist. Das ist eine bewusste Entscheidung: Die Schäferin, die von ihrer Herde – ihrer Lebensgrundlage – umgeben ist, steht so im Mittelpunkt, zugleich wird die Weite der Landschaft deutlich.

Ein weiteres Element, das einen wesentlichen Einfluss auf die Bildkomposition hat, ist die Horizontlinie, die für eine ganz besondere Stimmung sorgen kann, wenn man sie gezielt platziert. Und auch bei der Auswahl des Hintergrunds und bei der Arbeit mit unterschiedlichen Bildebenen spielt der Horizont eine wichtige Rolle.

ALLES IST RELATIV

Egal, ob es sich um eine gerade Linie handelt, an der Himmel auf Land trifft, oder um eine Skyline: Der Horizont sollte auf einer Höhe möglichst gerade durch das Foto führen, sonst läuft man Gefahr, dass der Blick abgelenkt wird und das Bild unharmonisch wirkt.

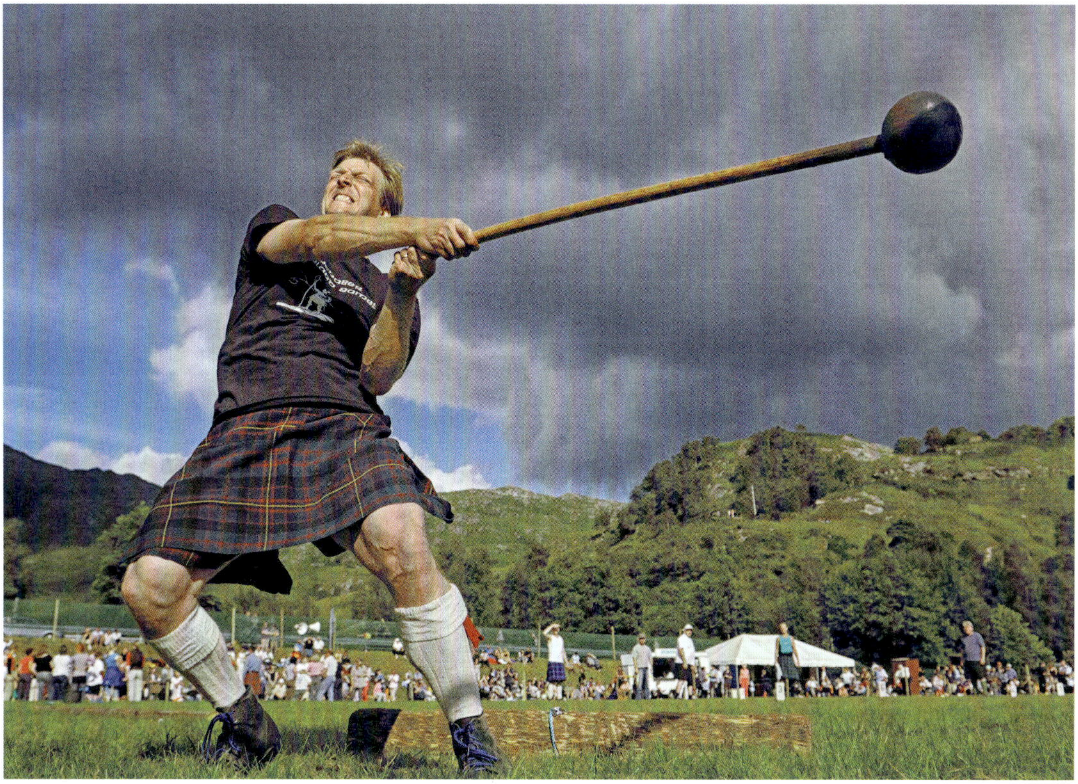

Dieser schottische Hammerwerfer wurde von unten fotografiert, sodass sich der Horizont unterhalb des Oberkörpers befindet, wodurch er besonders eindrucksvoll wirkt. Die dramatischen Wolken sind ein toller Hintergrund für den schweren Hammer.

Grundsätzlich sollte der Horizont den Blick nicht vom Hauptmotiv ablenken, ansonsten ist er aber ein tolles Hilfsmittel, das die gesamte Perspektive verändern kann, je nachdem, wo im Bildausschnitt er platziert wird. Möchte man das Hauptmotiv imposant wirken lassen, sollten die Schultern oberhalb des Horizonts platziert werden. Befindet sich die Horizontlinie hingegen über dem Hauptmotiv, wirkt es automatisch kleiner. Um die Horizontlinie im Bildausschnitt auf einer bestimmten Höhe zu platzieren, arbeitet man am besten mit der eigenen Position, etwa, indem man auf dem Bauch liegend oder auf einem Stuhl stehend fotografiert.

Achten Sie also immer ganz genau auf die Platzierung des Horizonts, denn damit lassen sich unterschiedlichste Effekte erzielen.

SMARTPHONE-TIPP: RASTER

Auch viele Smartphone-Kameras verfügen über eine Rasterfunktion, sodass man sich ein Raster mit neun Feldern einblenden lassen kann, um Linien zu platzieren, die Drittel-Regel anzuwenden und sicherzustellen, dass der Horizont gerade durch das Foto führt.

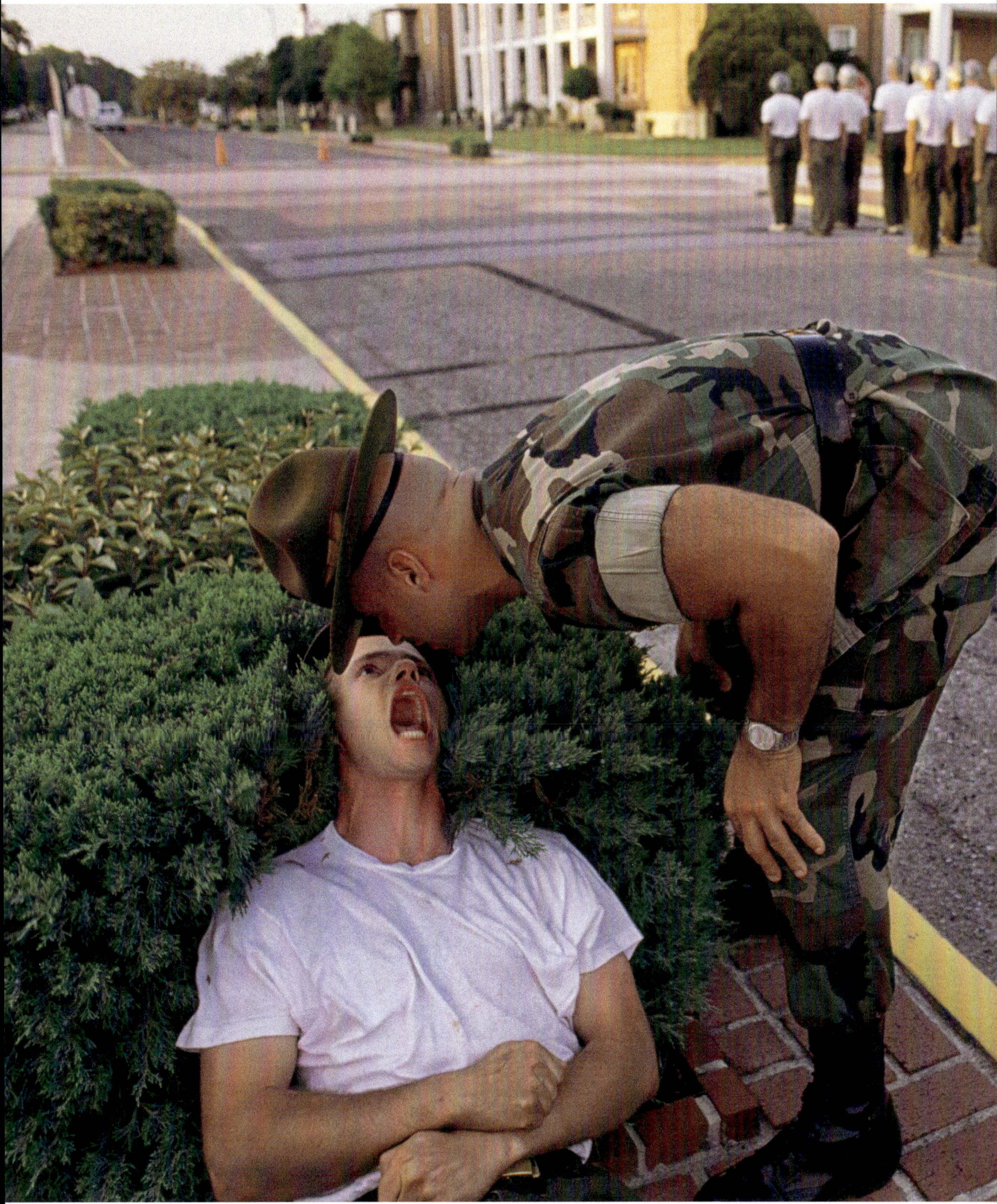

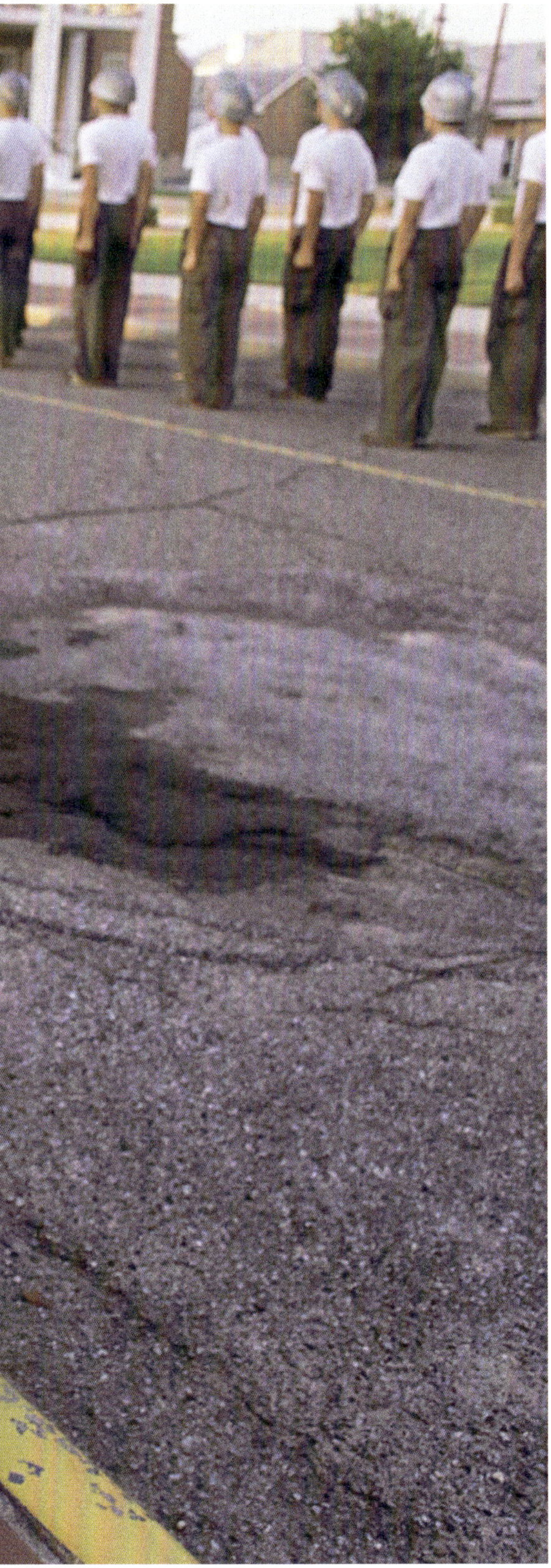

PERFEKTE KOMPOSITION

Die Bildkomposition trägt wesentlich dazu bei, welche Geschichte ein Foto erzählt – wie man hier eindrucksvoll sieht. Dadurch, dass der Rekrut am unteren Rand des Fotos zu sehen und sein Kopf tief ins Gebüsch gedrückt ist, sieht er klein und schwach aus. Ganz im Gegensatz zum Ausbilder, der sich bedrohlich über ihm erhebt. Der Horizont befindet sich weit oben, sodass die Straße, auf der die anderen Rekruten in Reih und Glied stehen, noch länger aussieht. Sie blicken in die Ferne – und sind wahrscheinlich erleichtert, dass es nicht sie getroffen hat. Durch all diese Elemente erzählt das Foto die Geschichte eines unangenehmen und zugleich komischen Moments.

EINE GESCHICHTE ERZÄHLEN Man sieht hier Rekruten der Naval Air Station Pensacola in Florida. In der ersten Woche ihrer Ausbildung, der sogenannten „hell week" (Höllenwoche), werden sie besonders hart rangenommen – und genau das, die Intensität dieser ersten Woche, wollte ich auf einem einzigen Foto einfangen.

REGELN BEACHTEN Die Platzierung der Bildelemente entspricht hier ungefähr der Drittel-Regel, beim Fotografieren habe ich mich aber ganz auf das Geschehen im Vordergrund und darauf, den passenden Kontext zu vermitteln, konzentriert. So entstand fast automatisch ein ausgewogen komponiertes Bild mit viel visueller Spannung.

AUF DETAILS ACHTEN Ich habe viele Aufnahmen von dieser Szene gemacht, aber das hier ist mein Favorit: Der Gesichtsausdruck des Rekruten ist hier besonders ausdrucksstark, seine zu Fäusten geballten Hände und die Tatsache, dass die Köpfe so nah beieinander sind, spiegeln die Intensität des Moments wieder. Die übrigen Soldaten sorgen für Kontext – und als Betrachter fragt man sich, warum es wohl gerade den einen getroffen hat.

DREI

BELICHTUNG

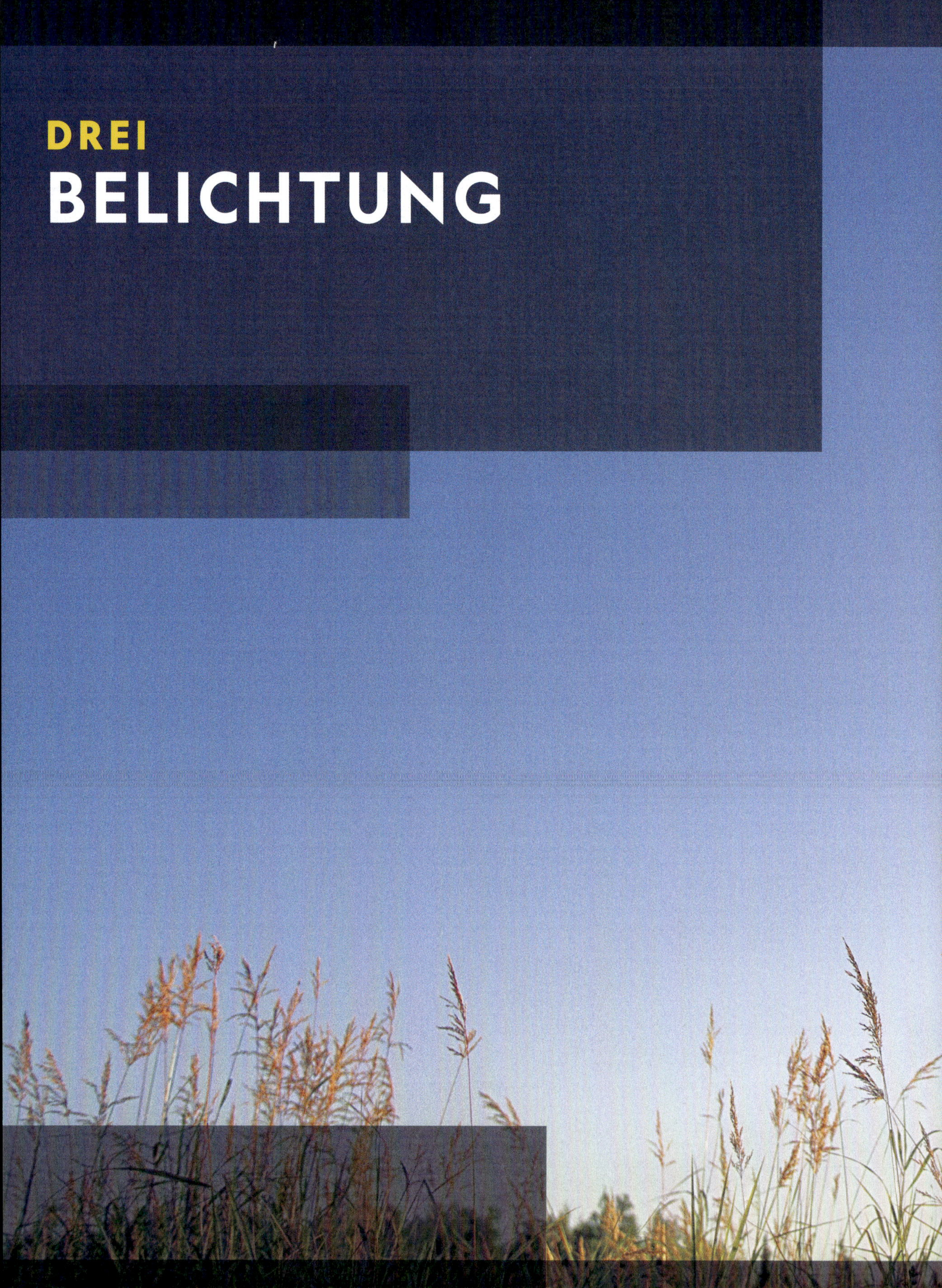

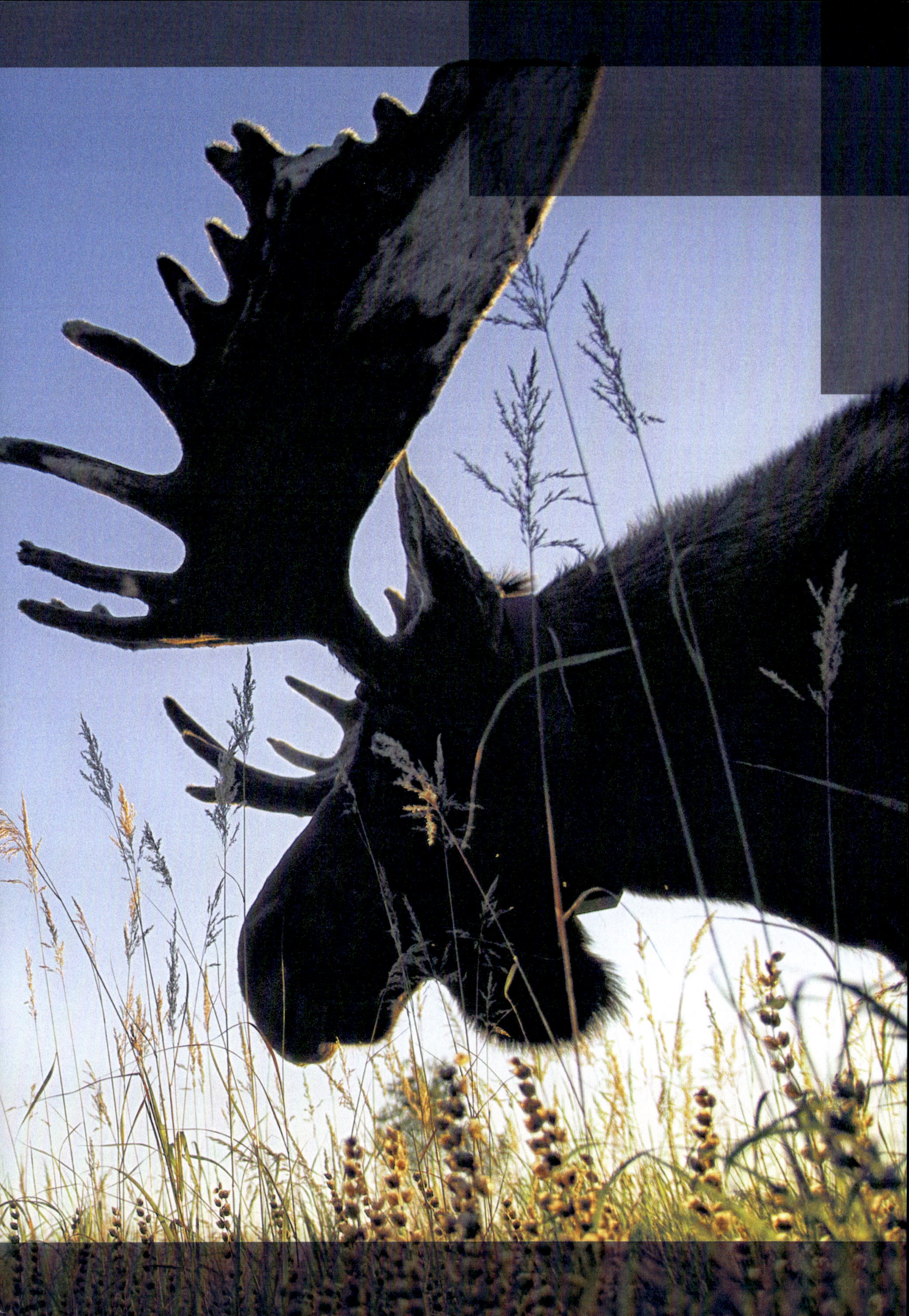

FOTOS RICHTIG BELICHTEN

Die Belichtung ist einer der wichtigsten Aspekte in der Fotografie. Technisch gesehen geht es dabei um die Menge an Licht, die auf den Bildsensor trifft, und ausschlaggebend dafür sind wiederum Blende und Verschlusszeit. Dabei bestimmt die Größe der Blende, wie viel Licht auf den Bildsensor gelangt, und die Verschlusszeit ist die Zeitspanne, die der Verschluss geöffnet ist, sodass überhaupt Licht auf den Sensor gelangen kann. Diese beiden Einstellungen zusammen sind damit grundlegend für die richtige Belichtung.

Eine Kamera funktioniert ähnlich wie unsere Augen. Die Blende ist die Pupille, die sich weitet oder verengt und bestimmt, wie viel Licht auf die Rezeptoren trifft. Die Lider sind der Verschluss, der sich immer wieder öffnet und schließt. Unsere Augen können sich an jede Lichtsituation anpassen, um Bilder korrekt zu „belichten" – genauso wie die Kamera.

Man kann die Kamera diese Einstellungen vornehmen lassen, aber für fortgeschrittenes, kreatives Fotografieren sollte man die Belichtung selbst einstellen. Daher geht es in diesem Kapitel neben der Blende und der Verschlusszeit auch noch um einen dritten wesentlichen Aspekt, die ISO, und darum, wie diese drei Grundeinstellungen zusammenwirken. Wir beschäftigen uns außerdem aber auch mit der Tiefenschärfe und dem Fokus und damit, wie man mit unterschiedlichen Einstellungen die gewünschten Ergebnisse erreicht – von gestochen scharfen Actionfotos bis hin zu Bewegungsunschärfen. Der Schlüssel zum Erfolg ist dabei – wie so oft im Leben – die richtige Balance!

Diese Frau „bemalt" mithilfe einer Taschenlampe Säulen in einem Park in Nebraska mit Licht.

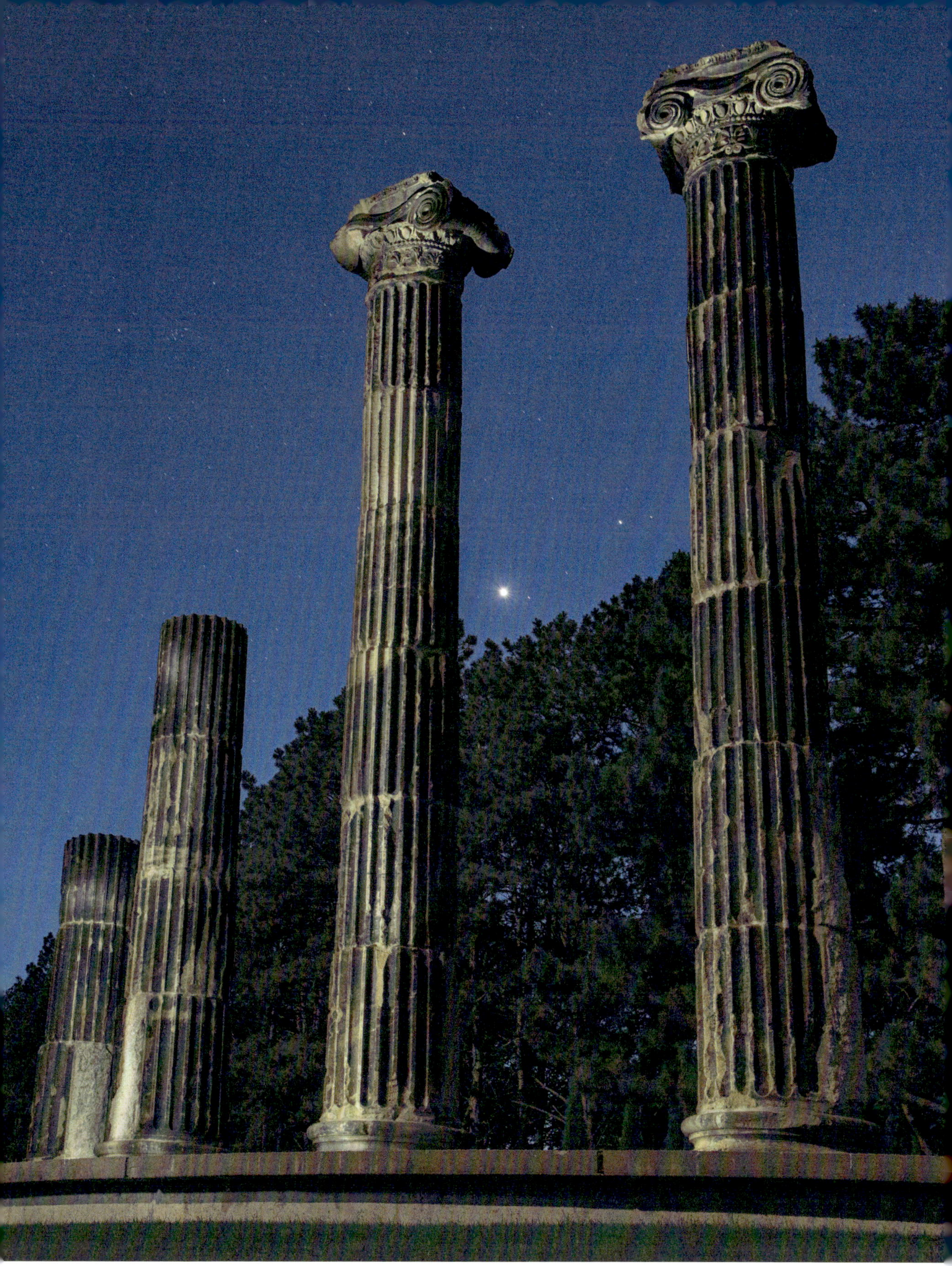

GRUNDEINSTELLUNGEN DER BELICHTUNG

Die Belichtung wird durch drei Grundeinstellungen bestimmt: Blende, Verschlusszeit und ISO. Diese muss man verstehen und richtig anwenden, um Fotos wirklich kreativ in Szene zu setzen.

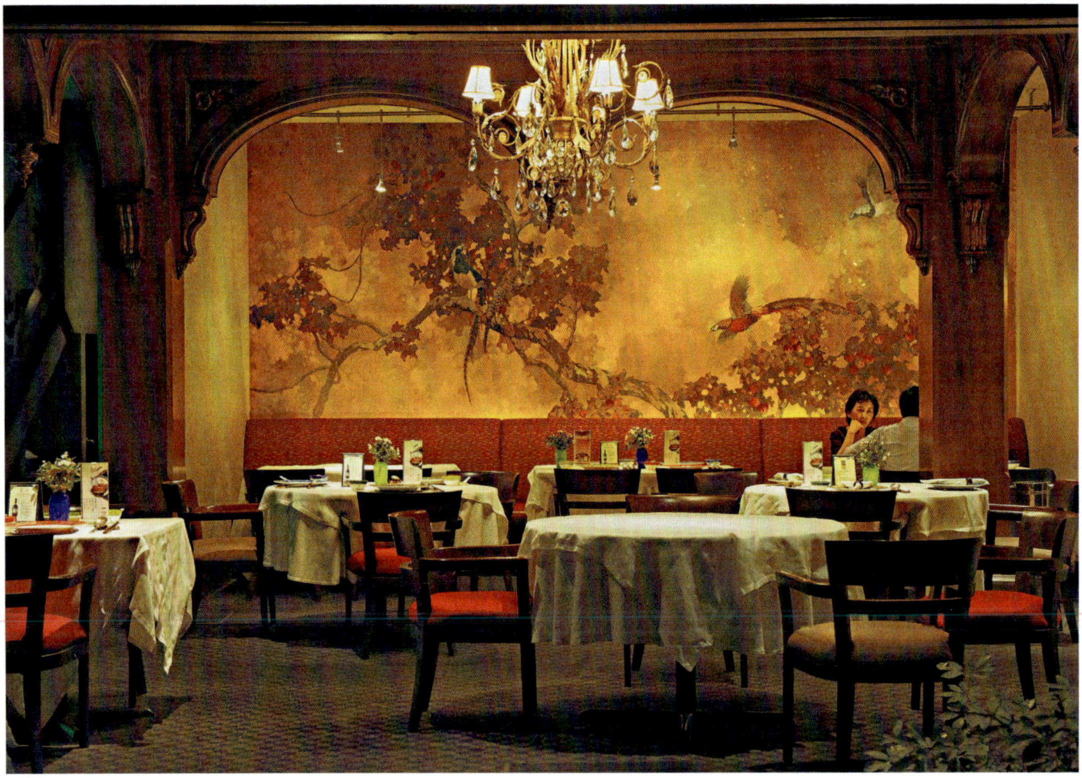

Auf diesem Foto eines kleinen Restaurants sorgen die vielen Schatten für eine geheimnisvolle und authentische Atmosphäre. Vielleicht ist das Lokal ein echter Geheimtipp unter Einheimischen?

Die richtige Belichtung ist ein bisschen wie Kuchenbacken. Damit ein Kuchen perfekt wird, muss er bei einer bestimmten Temperatur für eine bestimmte Zeit in den Ofen. Die Kamera einzustellen ist wie den Ofen einzustellen, nur dass man hier eben Licht (Blende) und Zeit (Verschlusszeit) bestimmt. Blende und Verschlusszeit sollte man immer zusammen einstellen. Durch eine weite Blende gelangt viel Licht auf den Bildsensor, eine kurze Verschlusszeit sorgt dabei dafür, dass das Licht nicht zu lange auf den Sensor trifft. Bei einer kleinen Blende erreicht weniger Licht den Sensor, man braucht also eine lange Verschlusszeit, damit das Licht dafür für längere Zeit auf den Sensor gelangt.

MEHR INFOS ZUR BLENDE AUF SEITE 66

KORREKT BELICHTEN

„Richtig" zu belichten bedeutet, dass man die Einstellungen findet, die ein Foto genau so werden lassen, wie man es haben möchte. Für ein Foto in einer schummrigen Bar ist es perfekt, wenn Schatten das Bild dominieren. Fotografiert man eine Hochzeit am Strand, sollten die Hauptpersonen in sanftes Licht getaucht und lieber weniger Schatten zu sehen sein. Die richtige Belichtung ist daher nicht zuletzt auch immer eine Frage des Anlasses.

Ein paar Grundprinzipien gilt es aber immer zu beachten. Trifft zu viel Licht auf den Bildsensor, sieht das Foto verwaschen aus. Man spricht von *Überbelichtung*, das heißt, die Weißtöne sind „zu weiß", wodurch alle anderen Informationen in hellen Bereichen des Fotos verloren gehen. Gelangt zu wenig Licht auf den Sensor, wird das Bild zu dunkel oder *unterbelichtet,* das heißt, dunkle Bereiche und Schatten schlucken alle Informationen. Um Fotos perfekt zu belichten, muss man wissen, was man will und wie man die Einstellungen in die richtige Balance bringt.

Am besten funktioniert es mit der richtigen Belichtung aber durch viel Übung. Experimentieren Sie mit verschiedenen Einstellungen und analysieren Sie die Ergebnisse (viele Digitalkameras haben ein LCD-Display, auf dem man sich die fertigen Fotos anzeigen lassen kann!). Wenn man mit dem Zusammenspiel von ISO, Blende und Verschlusszeit vertraut ist, weiß man irgendwann auch genau, wie man das Licht, das man hat, am besten kreativ zum Einsatz bringt.

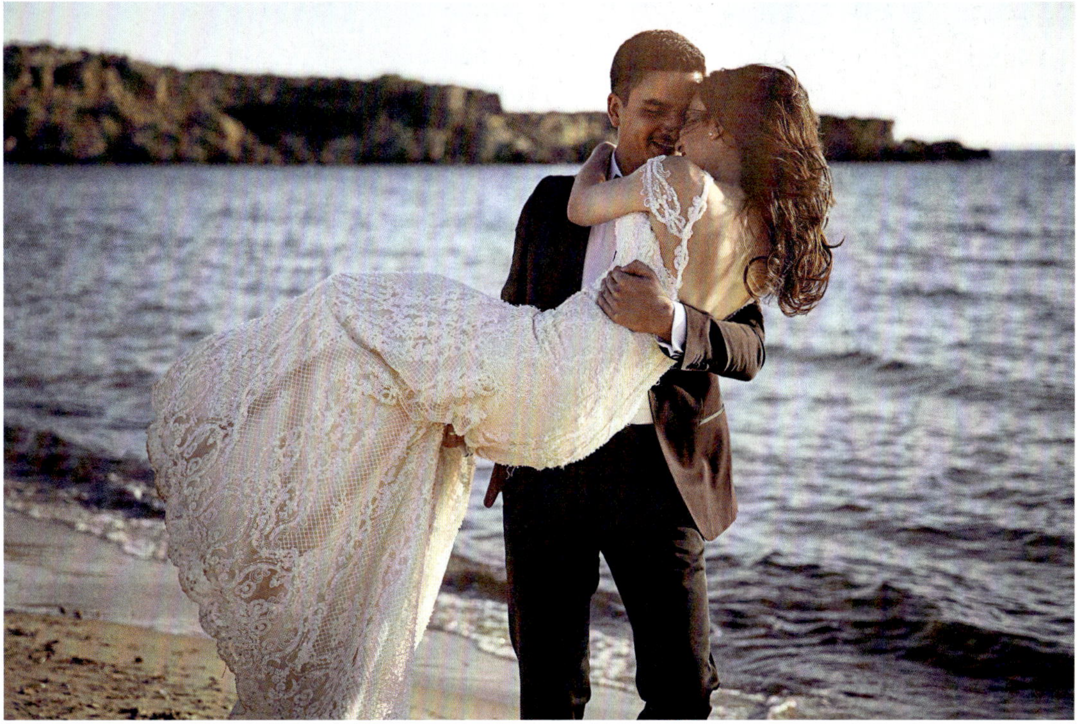

Dieses Hochzeitspaar ist in ein wunderbar goldenes Licht getaucht – genau richtig für eine einzigartige Erinnerung an eine Traumhochzeit am Strand.

BLENDE

Die Blende ist eine größenverstellbare Öffnung, die steuert, wie viel Licht auf den Bildsensor gelangt. Sie bestimmt außerdem die Tiefenschärfe und damit, was auf dem Bild scharf abgebildet wird.

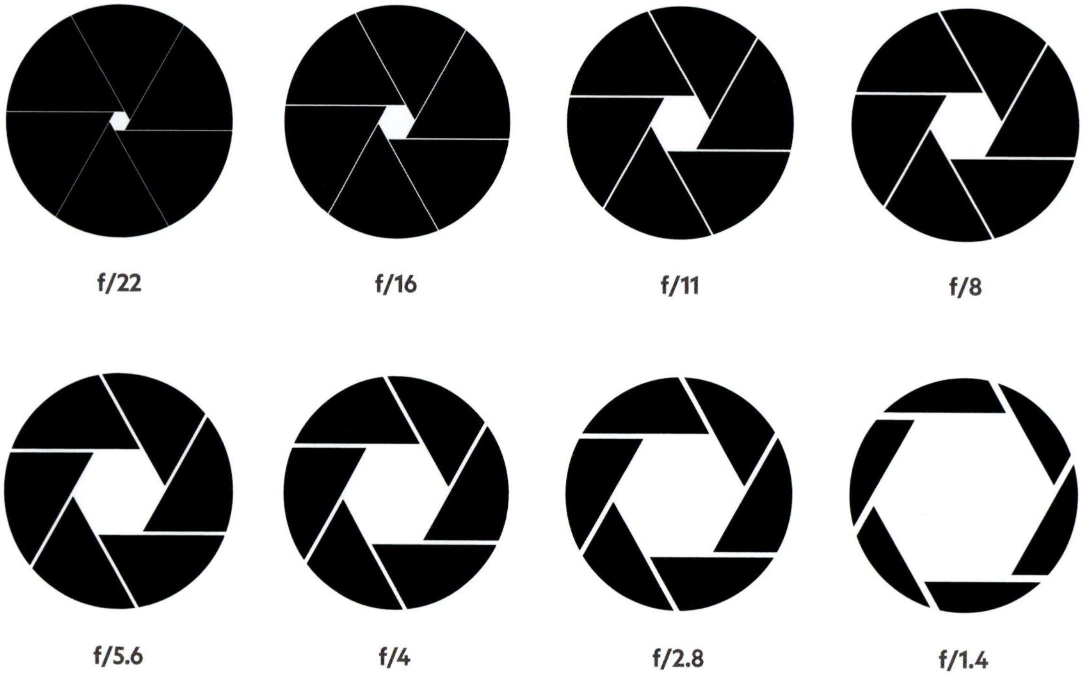

Die Blende lässt sich - ähnlich wie die Pupille im Auge - verkleinern und vergrößern, so lässt sich bestimmen, wie viel Licht auf den Bildsensor gelangt. Die Blendeneinstellung wird in f-Stops oder Blendenzahlen angegeben, wobei gilt: Je größer die Zahl, desto kleiner die Öffnung. Eine Einstellung von f/22 bedeutet, dass die Blende sehr klein ist und wenig Licht auf den Sensor lässt. Eine Blendenzahl von f/2.8 sorgt dafür, dass die Blende relativ weit offen ist und viel Licht durchlässt.

DIE RICHTIGE BLENDE

An einem hellen, sonnigen Tag ist eine kleine Blende (f/11 oder mehr) die richtige Wahl, da ohnehin genug Licht da ist, um das Foto perfekt zu belichten. In einem schwach beleuchteten Raum braucht man eine weitere Blende (f/5.6 oder weniger), um so viel Licht wie möglich einzufangen.

Die Blende bestimmt aber nicht nur, wie viel Licht auf den Sensor trifft, sondern sie ist auch für die Tiefenschärfe verantwortlich. Genaueres dazu erfahren Sie in der entsprechenden Lektion, vorerst genügt es zu wissen, dass eine weite Blende (kleine Blendenzahl) zu einer geringen Tiefenschärfe führt, was bedeutet, dass nur ein bestimmter Bereich des Fotos scharf abgebildet wird. Das ist gut zu wissen, wenn man möchte, dass sich das Hauptmotiv deutlich und scharf von

MEHR INFOS ZU PRIORITÄTSMODI AUF SEITE 80

einem chaotischen Hintergrund abhebt. Stellen Sie sich vor, Sie machen ein Porträtfoto in einer geschäftigen Straße mitten in New York. Anstatt einfach alles auf dem Foto - Häuser, Straßenschilder, Passanten - scharf darzustellen, kann man mithilfe einer weiten Blende dafür sorgen, dass nur das Hauptmotiv scharf dargestellt wird und damit ganz im Mittelpunkt steht, während der Hintergrund kunstvoll verschwimmt und so nicht vom Hauptmotiv ablenkt. Um das Gegenteil zu erreichen, etwa, wenn man ein Stillleben auf dem Küchentisch fotografiert und alle Details scharf abgebildet werden sollten, wählt man einfach eine kleinere Blende (höhere f-Stop-Einstellung), wodurch man mehr Tiefenschärfe erhält.

TIPP EINE EINSTELLUNG HÖHER

Bei vielen Objektiven werden die Fotos bei der kleinsten Blendeneinstellung verwaschen und unscharf. Am besten wählt man daher lieber eine Einstellung höher, sodass auf den Fotos keine ungewollten Unschärfen zu sehen sind.

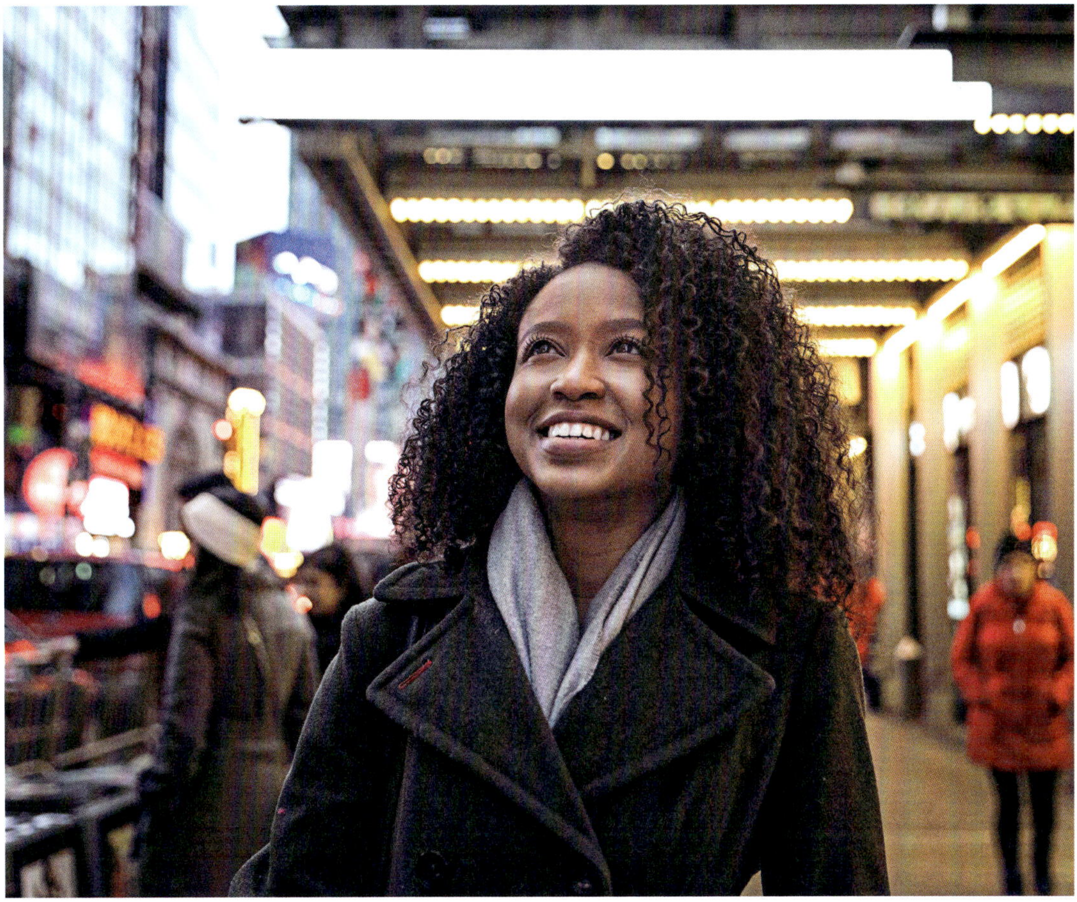

Durch eine relativ weite Blende (f/4) und damit eine geringe Tiefenschärfe wird das Hauptmotiv, die Frau im Vordergrund, scharf vor der leicht verschwommenen, chaotischen Marktszene im Hintergrund dargestellt.

FOKUS

Der Fokus ist das, was auf einem Foto scharf abgebildet und dadurch besonders hervorgehoben wird. Die wichtigsten Faktoren, die den Fokus bestimmen, sind die Brennweite des Objektivs und die Tiefenschärfe, die es dadurch bietet, sowie die gewählte Blendeneinstellung.

Bei der Wahl des Objektivs ging es schon einmal um die Brennweite. Mit einem Objektiv mit großer Brennweite kann man einen weit entfernten Punkt in der Landschaft ganz nah heranholen, hat aber eine geringere Tiefenschärfe, das heißt, es wird weniger scharf dargestellt. Objektive mit geringer Brennweite erlauben es, einen größeren Bildwinkel scharf abzubilden, da man dadurch eine größere Tiefenschärfe hat.

BRENNWEITE UND FOKUS

Wie hängen aber nun Brennweite, Fokus und Blende zusammen? Bei Objektiven mit geringerer Brennweite sieht man auf dem Foto nicht nur mehr, sondern durch die größere Tiefenschärfe ist auch mehr im Fokus: Es wird mehr scharf dargestellt. Mit einem Objektiv mit großer Brennweite kann man weiter entfernte Motive fotografieren, dafür hat man aber eine geringere Tiefenschärfe und damit

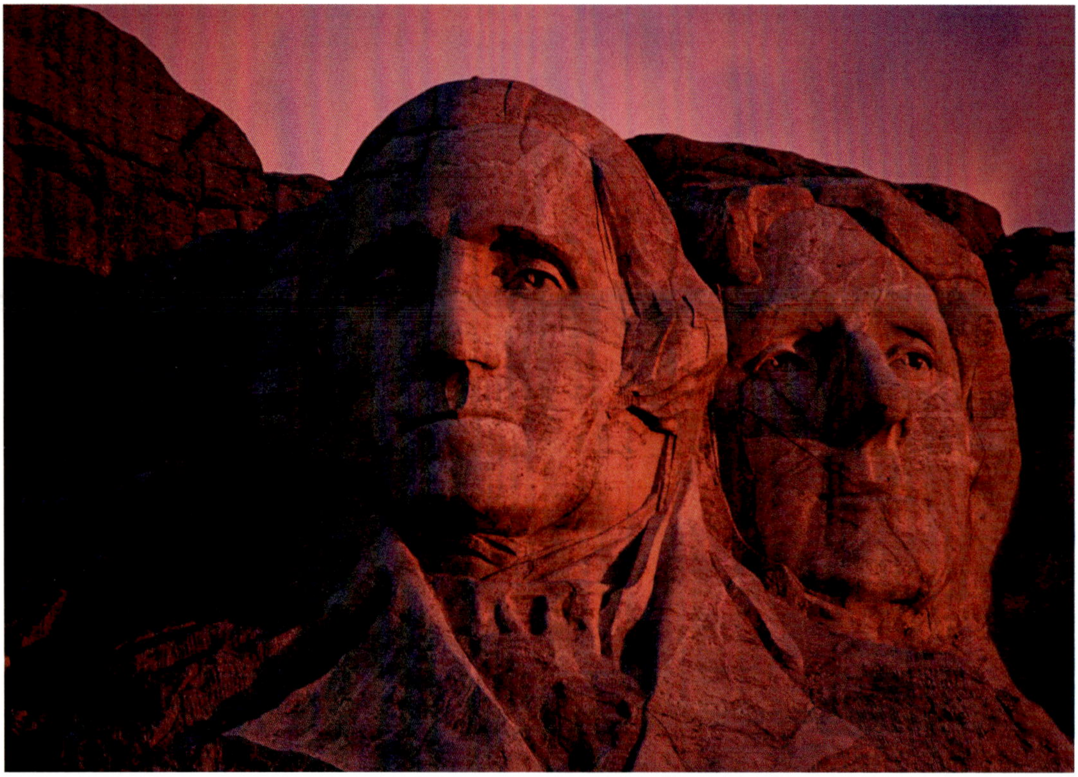

Mit einem Objektiv mit großer Brennweite lassen sich die weit entfernten Gesichter des Mount Rushmore ganz nah heranholen und, indem man eine kleine Blende wählt, auch scharf abbilden. Es muss allerdings relativ hell sein, um mit einem Teleobjektiv mit einer kleinen Blende und dadurch maximalem Fokus zu fotografieren.

MEHR INFOS ZUR BRENNWEITE AUF SEITE 24
MEHR INFOS ZUR VERSCHLUSSZEIT AUF SEITE 72

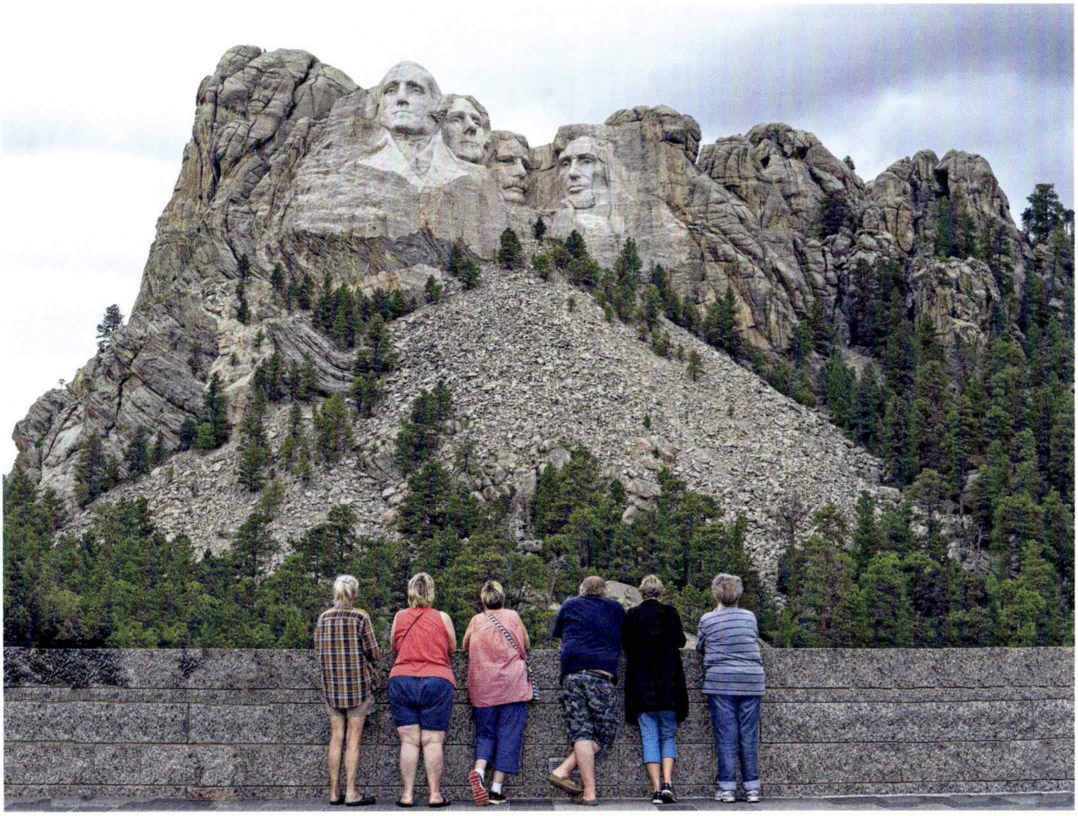

Mit einem Weitwinkelobjektiv lässt sich eine ganze Szene, hier im Mount Rushmore Memorial Park, einfangen und alles – von den Gesichtern der Präsidenten bis hin zu den Besuchern – ist im Fokus und wird scharf abgebildet.

auch einen kleineren Fokus: Das Motiv wird scharf dargestellt, alles darum herum verschwimmt. Indem man die Blende verkleinert, kann man bei einem Objektiv mit großer Brennweite den Fokus, also den Bereich, der scharf dargestellt wird, zusätzlich vergrößern.

Wenn man die Blende verändert, sollte man nicht vergessen, dass auch die Verschlusszeit angepasst werden muss, um das Foto richtig zu belichten. Das heißt, wenn man bei einem Objektiv mit großer Brennweite eine Blendeneinstellung von f/22 für einen maximalen Fokusbereich wählt, braucht man eine längere Verschlusszeit, um genug Licht einzufangen. Mit der Verschlusszeit beschäftigen wir uns später noch eingehender.

Bei jedem Foto muss man sich entscheiden: Möchte man auf ein kleines Detail fokussieren? Ist genügend Licht vorhanden? Dann eignet sich ein Objektiv mit großer Brennweite, wodurch man eine geringe Tiefenschärfe erhält. Soll ein größerer Bereich im Fokus sein? Oder ist weniger Licht vorhanden, da man etwa bei Sonnenuntergang fotografiert? Dann ist ein Weitwinkelobjektiv die bessere Wahl. Mit einem Zoomobjektiv tut man sich noch leichter, weil man hier die Brennweite nach Bedarf einstellen kann.

TIEFENSCHÄRFE

Die Tiefenschärfe bestimmt, wie viel auf einem Foto scharf dargestellt wird. Mit einer geringen Tiefenschärfe lässt sich ein kleines Detail vor einem sanft verschwommenen Hintergrund hervorheben, bei mehr Tiefenschärfe ist mehr vom Bildausschnitt scharf. Die wichtigste Einstellung ist dabei die Blende.

Der Fokus sorgt dafür, dass das hervorgehoben wird, was der Betrachter auf einem Foto als Erstes sehen soll. Der Blick wird dabei ganz automatisch auf das gelenkt, was scharf ist, den Rest „übersieht" man. Die Tiefenschärfe bezeichnet im Grunde die Ausdehnung des Fokusbereichs innerhalb des Bildausschnitts. Bei einer geringen Tiefenschärfe ist dieser Bereich sehr klein, je mehr Tiefenschärfe, desto größer der Fokusbereich.

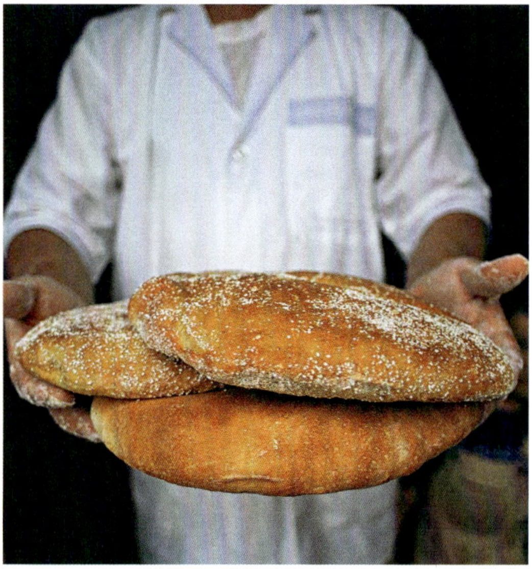

Das Brot ist im Fokus, während der Bäcker im Hintergrund aufgrund der geringen Tiefenschärfe sanft verschwimmt.

BRENNWEITE UND BLENDE

Die Tiefenschärfe wird einerseits durch die Brennweite des Objektivs bestimmt: Je größer die Brennweite ist, desto geringer ist die Tiefenschärfe, und je geringer die Brennweite ist, desto größer ist die Tiefenschärfe und damit der Fokusbereich.

Andererseits kann man die Tiefenschärfe auch durch die Blendeneinstellung verändern: Je kleiner die Blende ist, desto mehr Tiefenschärfe erhält man, und je weiter die Blende geöffnet ist, desto geringer ist die Tiefenschärfe. Die Tiefenschärfe kann man im Sucher und auf dem Display leider nicht sehen. Einige Kameras verfügen zwar über eine Tiefenschärfe-Vorschau-Taste, aber auch damit ist es nicht immer einfach, das Ergebnis wirklich verlässlich vorherzusehen. Daher macht man am besten immer mehrere Fotos mit verschiedenen Blendeneinstellungen (wobei man

AUFGABE: MIT TIEFENSCHÄRFE EXPERIMENTIEREN

Fotografieren Sie ein Motiv, ohne die Kameraposition zu verändern, mit jeder Blendeneinstellung einmal – von f/2.8 bis f/22. Sehen Sie sich dann die fertigen Fotos an und achten Sie darauf, wie sich dabei auch die Tiefenschärfe verändert: Sie werden feststellen, dass sich der Fokusbereich mit jedem Foto vergrößert und immer mehr Elemente scharf dargestellt werden.

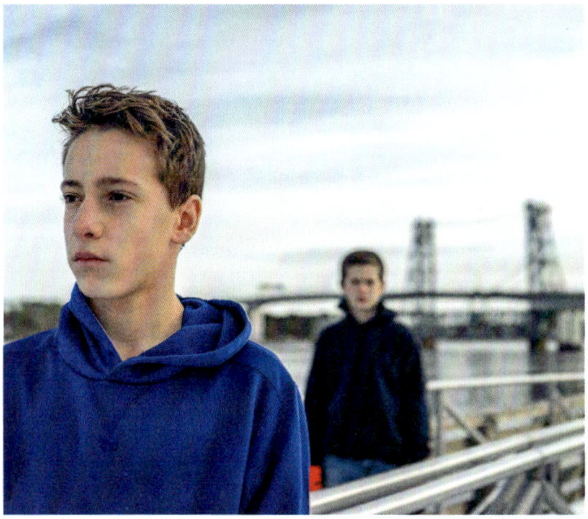

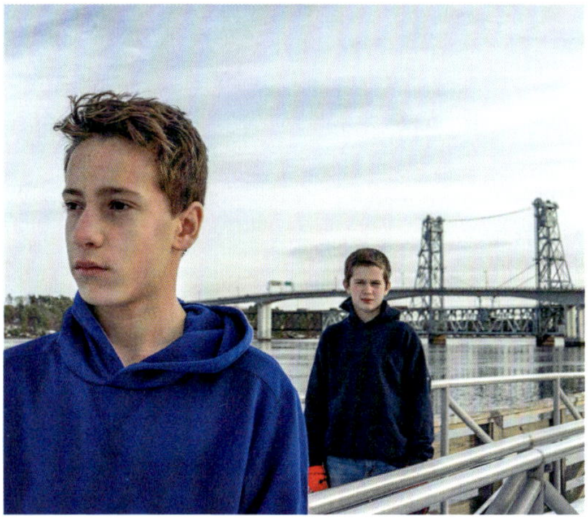

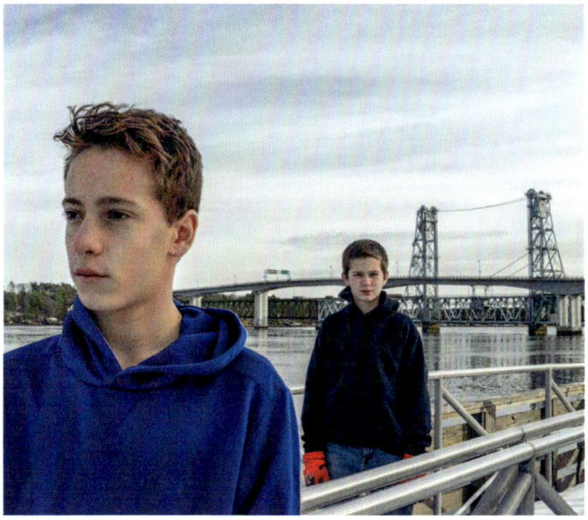

die Verschlusszeit entsprechend anpassen muss), sieht sich diese dann auf dem Display an und wählt anschließend die entsprechende Blendeneinstellung. Mit der Zeit weiß man intuitiv, welche Tiefenschärfe man bei welcher Blendeneinstellung erwarten kann, sodass man gleich die geeigneten Einstellungen vornehmen kann.

DIE RICHTIGE KOMBINATION

Wie bei der Belichtung ist es auch hier die richtige Kombination der verschiedenen Einstellungen, die einen kreativen Einsatz der Tiefenschärfe ermöglicht. Mit einem Weitwinkelobjektiv und einer kleinen Blende erhält man mehr Tiefenschärfe, der ganze Bildausschnitt wird scharf abgebildet und alle Details sind gut zu erkennen. Mit einem Objektiv mit großer Brennweite und einer weiten Blende erhält man eine geringere Tiefenschärfe: Das Hauptmotiv wird hervorgehoben, alles darum herum wird verschwommen dargestellt.

Schlussendlich können aber auch verschwommene Bereiche wichtige Informationen liefern. Erinnern Sie sich an das Wintertag-Fenster-Motiv? Sieht man verschwommen im Vordergrund eine dampfende Teetasse, gibt das der Geschichte noch mehr Kontext: Man sieht die Kinder, die draußen im Schnee spielen, kann aber zudem erahnen, dass drinnen im Warmen jemand auf sie wartet.

Diese Fotos zeigen deutlich, wie sich die Tiefenschärfe bei unterschiedlichen Blendeneinstellungen verändert. Bei einer Blende von f/2.8 (oben) wird nur der Junge im Vordergrund scharf abgebildet. Bei f/8 (Mitte) werden beide Jungen scharf dargestellt, aber der Hintergrund bleibt verschwommen. Bei f/22 (unten) wird alles scharf abgebildet: die beiden Jungen, aber auch die Brücke im Hintergrund.

VERSCHLUSSZEIT

Wenn sich der Verschluss öffnet, gelangt Licht auf den Bildsensor, die Zeitspanne, die er geöffnet bleibt, nennt man Verschlusszeit. Um eine korrekte Belichtung zu erhalten, muss die Verschlusszeit auf die Blende abgestimmt werden, mit ihrer Hilfe lassen sich aber auch einzigartige kreative Effekte erzielen.

Erinnern Sie sich noch an den Wasserhahn-Vergleich? Öffnet man den Wasserhahn weit, füllt sich das Waschbecken schnell mit Wasser, dreht man ihn nur ein bisschen auf, dann kommt das Wasser nur tröpfchenweise heraus. In der Fotografie ist das Licht vergleichbar mit dem Wasser, und die Verschlusszeit ist die Zeitspanne, wie lange man den Wasserhahn offen lässt.

Die Verschlusszeit ist ein weiteres kreatives Hilfsmittel, das man nutzen kann, um unterschiedlichste Effekte zu erzielen – denn es kann einen deutlichen Unterschied machen, ob Licht eine Sekunde oder 1/250 Sekunde lang auf den Bildsensor trifft. Mithilfe der richtigen Verschlusszeit kann so aus einem Schnappschuss eine einzigartige Momentaufnahme werden, die ein Ereignis wirklich unvergesslich werden lässt.

LANG ODER KURZ?

Wenn man in einer hellen Umgebung fotografiert, sorgt eine kurze Verschlusszeit (in Kombination mit der entsprechenden Blendeneinstellung) dafür, dass das Foto nicht überbelichtet wird – denn so wird die Menge an Licht, die den Bildsensor erreicht, reduziert. Eine kurze Verschlusszeit sorgt aber zudem auch dafür, dass man für einen kurzen Moment die Zeit stillstehen lassen kann – das ist perfekt, wenn man den Wasserstrahl eines Gartenschlauchs, einen Hund, der einen Frisbee im Sprung fängt, oder den Gesichtsausdruck der Glücklichen, die gerade den Brautstrauß fängt, festhalten möchte.

Bei wenig Licht sorgt eine lange Verschlusszeit dafür, dass Fotos nicht unterbelichtet werden, da der Sensor mehr Zeit hat, um Licht aufzunehmen. Zudem kann man so auch Bewegung fotografisch darstellen, denn eine lange Verschlusszeit macht alles, was sich bewegt, unscharf – perfekt für Autolichter oder Sterne am Nachthimmel. Zudem ist es bei langen Verschlusszeiten möglich, mit Licht, etwa einer Taschenlampe oder Wunderkerze, in die Luft zu „malen". Ein Stativ hilft, die Kamera auch bei langen Verschlusszeiten absolut still zu halten.

Um mit verschiedenen Verschlusszeiten kreative Effekte zu erzielen (dazu mehr in den nächsten zwei Lektionen), braucht man viel Geduld und Übung – aber die einzigartigen Ergebnisse sind das in jedem Fall wert.

SMARTPHONE-TIPP: VERSCHLUSSZEIT

Normalerweise passt die Smartphone-Kamera die Verschlusszeit automatisch an die jeweiligen Lichtverhältnisse an, und oft kann man die Verschlusszeit auch gar nicht selbst einstellen. Es gibt aber Apps, die es einem erlauben, die Verschlusszeit zu variieren, sodass man im Grunde einen Blendenautomatik-Modus erhält.

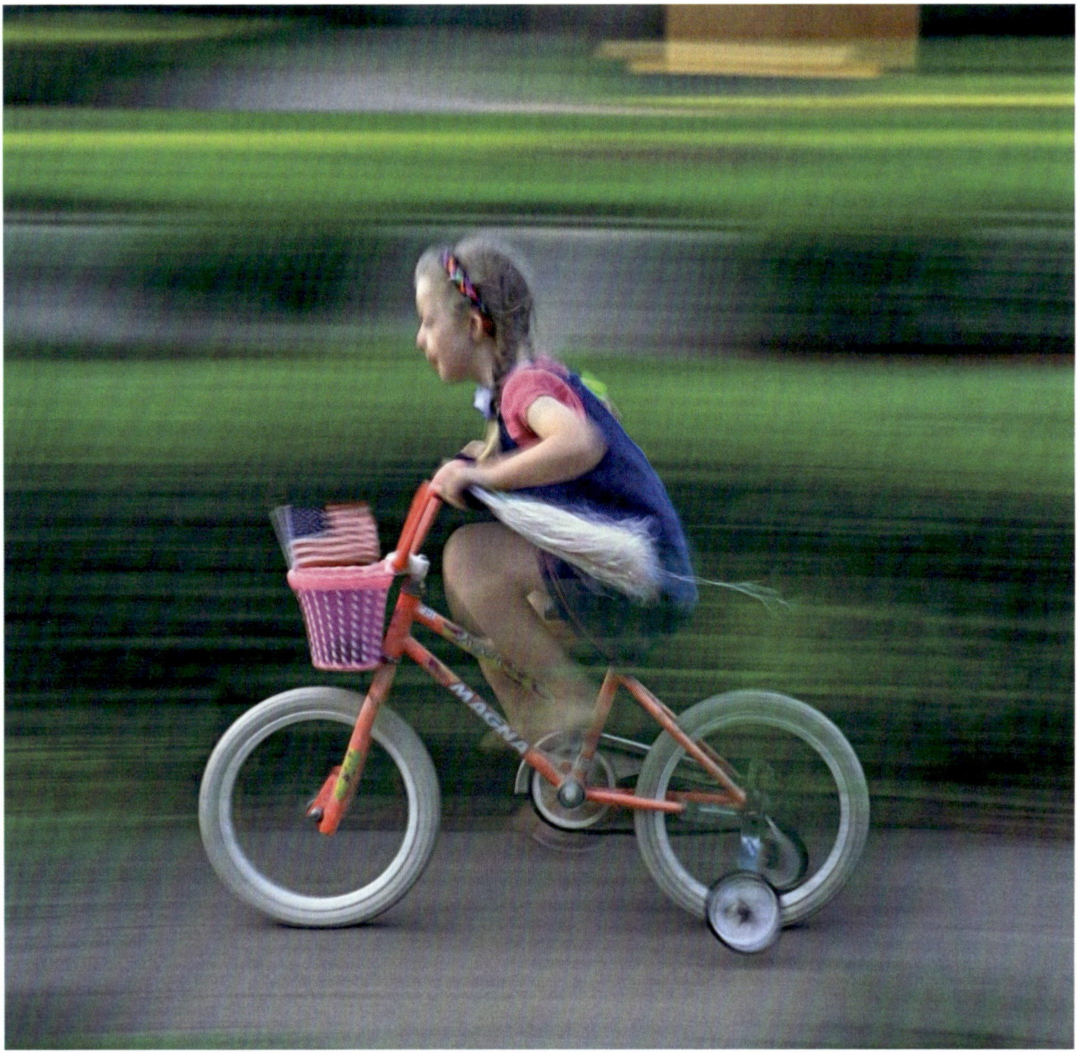

Obwohl sie sich schnell bewegt, ist diese junge Radfahrerin vor dem verschwommenen Hintergrund relativ deutlich zu sehen. Das gelingt mithilfe einer Technik namens Mitziehen: Dafür bewegt man die Kamera bei offenem Verschluss in etwa in der Geschwindigkeit, mit der sich das Motiv bewegt, mit diesem mit: Dadurch wird es teilweise scharf dargestellt.

VERSCHLUSSZEITEN		
LANG	MITTEL	KURZ
Perfekt bei wenig Licht oder um Motiv oder Hintergrund verschwommen darzustellen. Die Kamera sollte hier unbedingt stabilisiert werden.	Geeignet für Motive, die sich nicht zu schnell bewegen, sowie bei durchschnittlich guten Lichtverhältnissen im Freien.	Perfekt bei sehr hellem Licht und um sich schnell bewegende Objekte in der Bewegung einzufrieren.
1/4 Sekunde	**1/125 Sekunde**	**1/800 Sekunde**
1/8 Sekunde	**1/250 Sekunde**	**1/1000 Sekunde**
1/15 Sekunde	**1/320 Sekunde**	**1/2000 Sekunde**

KURZE VERSCHLUSSZEIT

Mit einer kurzen Verschlusszeit kann man ein sich schnell bewegendes Motiv, wie etwa einen Schmetterling oder einen Sprinter beim Zieleinlauf, in der Bewegung „einfrieren". Dafür braucht man eine gute Beobachtungsgabe, vorausschauendes Denken und viel Übung.

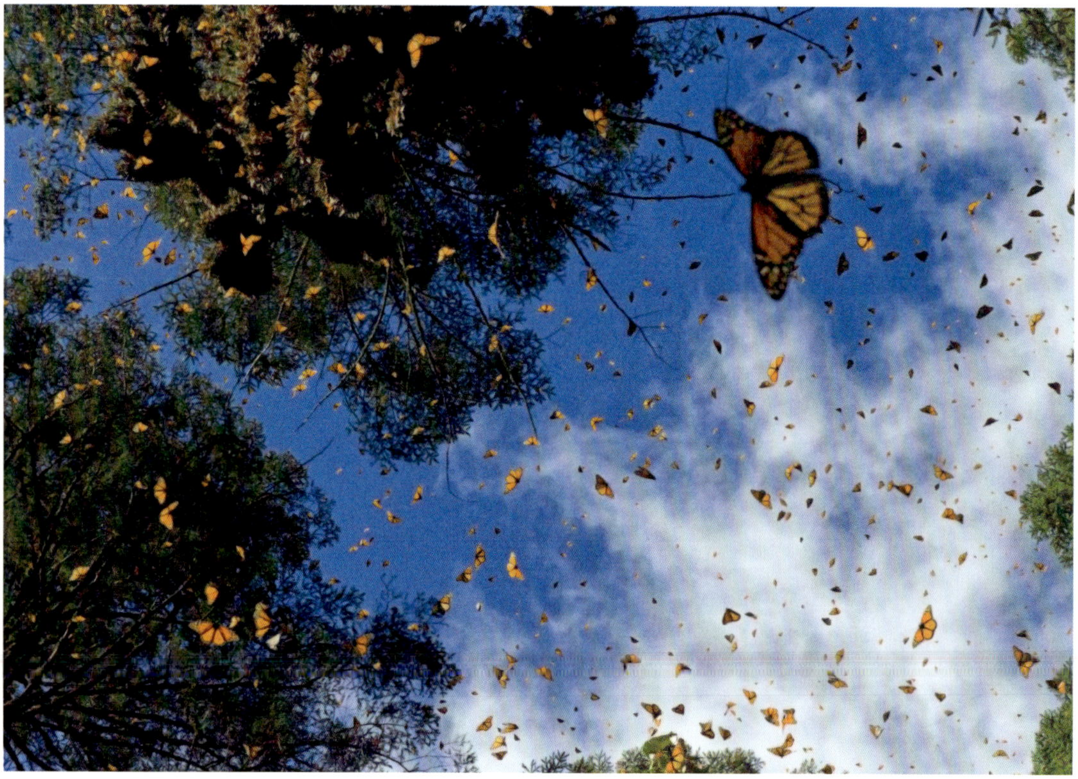

Mit einer kurzen Verschlusszeit lässt sich ein einzelner Moment, wie hier der Flug der Monarchfalter, einfangen. Indem man deren Bewegungen einfriert, erkennt man die unglaubliche Anzahl der Schmetterlinge in absoluter Schärfe.

Bei kurzen Verschlusszeiten (1/800 Sekunde oder weniger) ist der Verschluss nur sehr kurz geöffnet. Die Zeitspanne entspricht dabei kaum einem Blinzeln und ist perfekt, um Bewegungen einzufrieren. Je schneller sich das Motiv bewegt, desto kürzer sollte dabei die Verschlusszeit sein.

Ein sich sehr schnell bewegendes Motiv zu fotografieren, ist gar nicht so einfach, weil man vorausschauend denken muss und eine gute Beobachtungsgabe braucht, um genau im richtigen Moment abzudrücken und die Bewegung am Höhepunkt einzufangen. Denn wenn man den Moment *sieht,* hat man die Chance, ihn auf einem Foto festzuhalten, leider auch schon verpasst. Gibt es die Möglichkeit, dass sich dieser Moment wiederholt, etwa, wenn man sich brechende Wel-

AUFGABE: WASSER FOTOGRAFIEREN

Suchen Sie sich ein Wassermotiv, egal, ob Fluss, Wasserfall oder Wasserhahn, um mit verschiedenen Verschlusszeiten zu experimentieren. Machen Sie mehrere Aufnahmen und verändern Sie dabei die Verschlusszeit bei jedem Foto, um zu sehen, was sich verändert. Bei einer Verschlusszeit von 1/500 Sekunde werden einzelne Wassertropfen in der Luft eingefroren. Bei einer Verschlusszeit von 1/10 Sekunde wird das Wasser aufgrund der Bewegung unscharf dargestellt. Und ab einer Verschlusszeit von 1/60 Sekunde sollte man mit einem Stativ arbeiten oder die Kamera anderweitig stabilisieren.

len am Strand fotografieren möchte, sollte man das Geschehen einfach eine Weile beobachten, um ein Gefühl dafür zu bekommen, wann man abdrücken muss, um die Bewegung der Welle im genau richtigen Moment einzufrieren.

RICHTIG BELICHTEN

Grundsätzlich gilt: Je kürzer die Verschlusszeit ist, desto weiter muss die Blende sein, um das Foto perfekt zu belichten. Um mit verschiedenen Verschlusszeiten zu experimentieren, eignet sich am besten der Blendenautomatik-Modus (meist „S" oder „Tv"), denn dadurch kann man die gewünschte Verschlusszeit wählen, während die Kamera die Blende automatisch an die Lichtsituation anpasst. So kann man sich ganz darauf konzentrieren, wann man abdrücken muss, ohne auch noch an die richtige Blendeneinstellung zu denken.

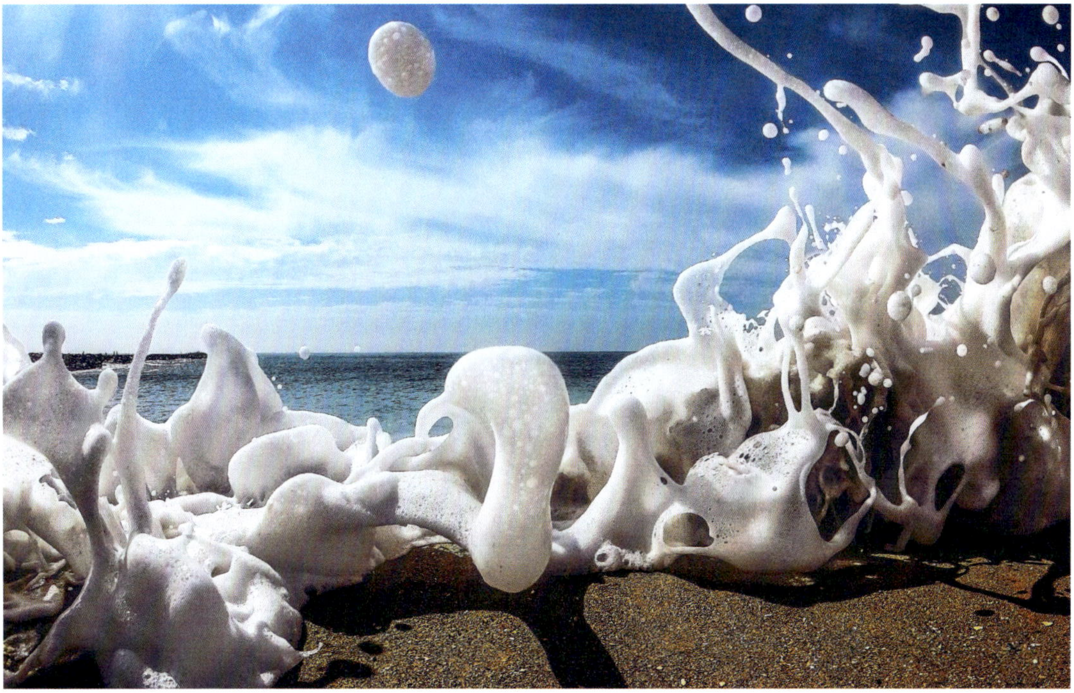

Durch eine kurze Verschlusszeit werden die Wellen hier perfekt eingefroren, und da viel Licht vorhanden ist, kann zudem die Blende relativ klein bleiben. Das Ergebnis sind deutlich zu sehende Wassertropfen und ein ebenso scharfer Hintergrund.

LANGE VERSCHLUSSZEIT

Mit langen Verschlusszeiten kann man Bewegung fotografisch darstellen, da alles, was sich bewegt, verwischt dargestellt wird. Dabei ist es besonders wichtig, die Kamera zu stabilisieren, damit es nicht zu ungewünschten Unschärfen kommt. Viel Geduld und Übung können natürlich auch nicht schaden.

Lange Verschlusszeiten, wobei der Verschluss 1/8, 1/4, 1/2 oder sogar eine ganze Sekunde offen bleibt, eröffnen eine ganze Welt voller kreativer Möglichkeiten. Da die Zeitspanne, in der Licht auf den Bildsensor der Kamera gelangt, so verlängert wird, kann man zudem auch bei wenig Licht problemlos fotografieren, etwa später am Abend, bei Sonnenuntergang oder in schwach beleuchteten Innenräumen.

BEWEGUNG

In einer halben Sekunde passiert oft mehr, als man glaubt, und viele Motive bewegen sich, sodass sie unscharf dargestellt werden. Diesen Effekt kann man sich mithilfe einer langen Verschlusszeit zunutze machen: So vermittelt das Foto dem Betrachter das Gefühl von Bewegung – wie bei der Tänzerin rechts mit dem verwischten Rock oder einem Wasserfall.

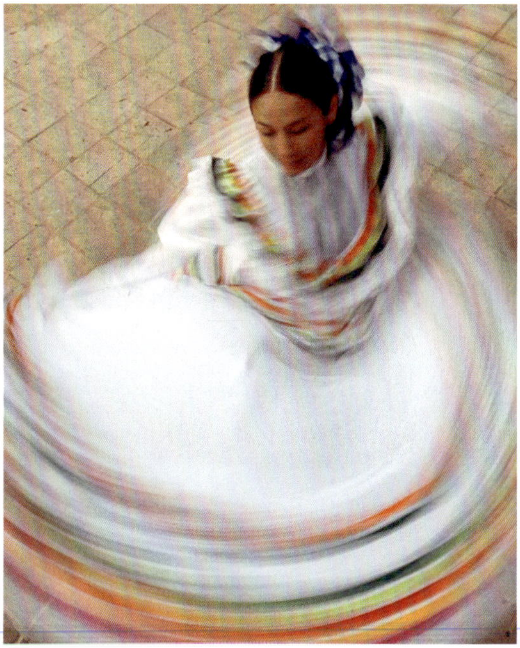

Durch eine lange Verschlusszeit wird der Rock der Tänzerin in der Bewegung unscharf abgebildet. Um den Hintergrund scharf abzubilden, sollte die Kamera stabilisiert werden.

Eine lange Verschlusszeit ist außerdem perfekt für Motive wie Autolichter, Fahrgeschäfte, Blitze, Feuerwerk oder Sterne. Das vom Motiv ausgehende Licht wird dabei als Lichtspur dargestellt, und der Betrachter bekommt ein Gefühl für die verstrichene Zeit.

TIPP MITZIEHEN

Das Mitziehen ist eine Technik, bei der man einem sich bewegenden Motiv mit der Kamera folgt – sie mitzieht –, sodass dieses teilweise scharf abgebildet wird, während alles andere verschwimmt. Um diesen Effekt zu erreichen, wird die Kamera, während der Verschluss geöffnet ist, in annähernd der Geschwindigkeit „mitgezogen", in der sich das Motiv – etwa ein Fußball im Flug oder ein Rennpferd – bewegt. So entsteht ein äußerst dynamisches Foto, bei dem der Betrachter ein Gefühl für die Bewegung des Motivs bekommt.

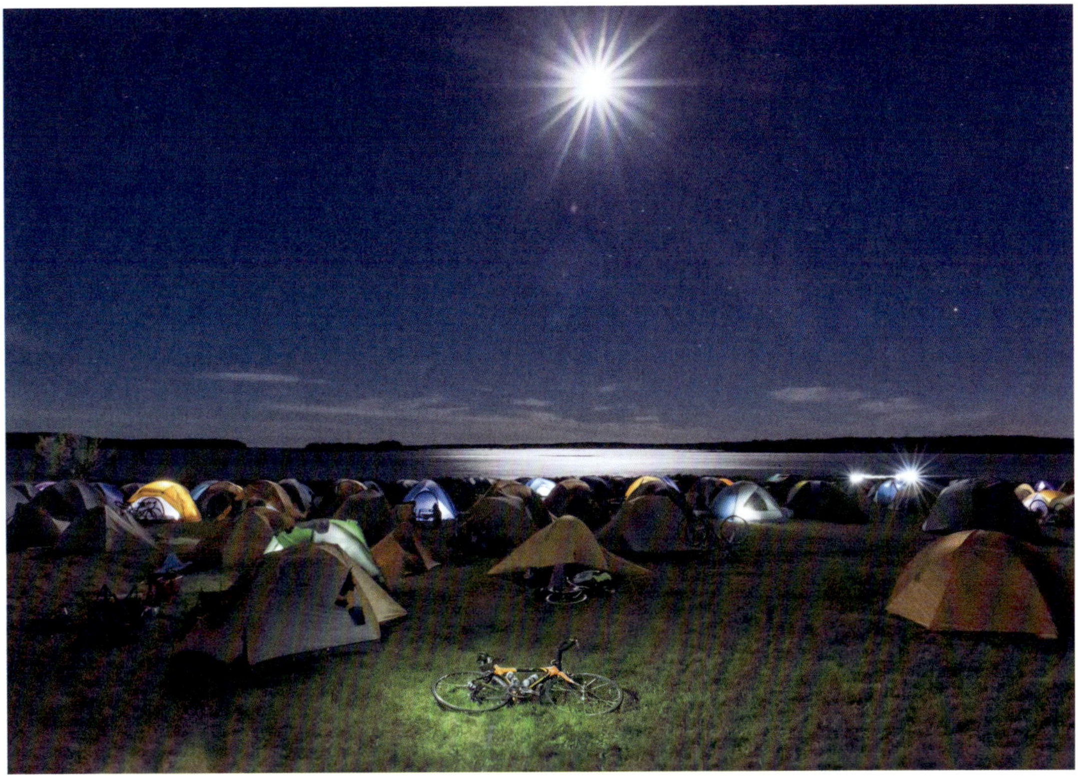

Bei sehr langen Verschlusszeiten, wie bei diesem Foto (20 Sekunden), braucht man unbedingt ein Stativ. Ein Highlight ist hier der Scheinwerfereffekt, für den bei offenem Verschluss das Fahrrad im Vordergrund kurz mit einer Taschenlampe angeleuchtet wurde. Diesen Effekt kann man sich auch zunutze machen, um mit Licht zu „malen" (Light Painting).

KAMERA STABILISIEREN

Es ist so gut wie unmöglich, die Kamera mit der Hand komplett ruhig zu halten - selbst für 1/20 Sekunde. Man braucht also etwas Stabilisierungshilfe: Lehnen Sie sich gegen eine Wand oder stützen sie den Arm auf einem ebenen Untergrund ab. Bei Verschlusszeiten von 1/60 Sekunde oder länger sollte man ein Stativ verwenden.

Außerdem muss man natürlich immer darauf achten, das Foto korrekt zu belichten. Die richtige Blendeneinstellung sorgt dafür, dass auch bei langen Verschlusszeiten nicht *zu viel* Licht den Bildsensor erreicht. Darauf sollte man besonders an sonnigen Tagen achten, da Fotos sonst schnell überbelichtet sein können. Um das zu verhindern, kann man auch einen Filter auf das Objektiv setzen, um etwas Licht abzuhalten, oder man fotografiert einfach etwas später am Tag, wenn das natürliche Licht weniger grell ist.

SMARTPHONE-TIPP: UNSCHÄRFE

Wenn die automatische Verschlusszeit nicht mit schnellen Bewegungen mithalten kann, kann man das kreativ nutzen: Integrieren Sie Unschärfen und verschwommene Bereiche in den Bildausschnitt, um dynamische Fotos von geschäftigen Szenen zu machen.

ISO

Der dritte wesentliche Faktor im Hinblick auf die Belichtung ist der ISO-Wert, der bestimmt, wie lichtempfindlich die Kamera ist. Wenn man weiß, wie die natürlichen – oder künstlichen – Lichtverhältnisse einzuschätzen sind, fällt es leichter, den richtigen ISO-Wert für jede Situation zu bestimmen.

Der ISO-Wert bezeichnet die Lichtempfindlichkeit der Kamera. Je höher dieser Wert ist, desto mehr bemüht sich die Kamera, alles verfügbare Licht einzufangen. An einem hellen, sonnigen Tag ist sowieso genügend Licht verfügbar: Es reicht ein niedriger ISO-Wert von 100 oder 200. In Innenräumen und nach Sonnenuntergang braucht man eine höhere ISO, um möglichst viel des wenigen verfügbaren Lichts einzufangen – am besten beginnt man mit einem Wert von 800.

ZUSÄTZLICHES LICHT

Die ISO ist ein Weg, sich ein bisschen zusätzliches Licht zu „erkaufen", ohne Blende und Verschlusszeit verändern zu müssen. Stellen Sie sich vor, Sie fotografieren bei einem Fußballspiel am späten Nachmittag. Sie möchten die Bewegungen einfrieren und möglichst viele Spieler scharf abbilden. Bei einer Verschlusszeit von 1/350 und einer Blende von f/11 stellen Sie aber fest, dass nicht genügend Licht vorhanden ist, um das Foto richtig zu belichten. Jetzt kommt die ISO ins Spiel: Indem man einen ISO-Wert von 400, 600 oder 800 wählt, wird das Foto perfekt belichtet, ohne dass man an den anderen Einstellungen etwas verändern muss.

DIE RICHTIGE BALANCE

Es gibt verschiedene Lichtsituationen, in denen die Kamera Probleme hat, genug Licht zu erfassen, und in denen man mit geringen Veränderungen des ISO-Werts tolle Ergebnisse erzielt. Es mag verlockend erscheinen, immer mit einem hohen ISO-Wert zu fotografieren – so könnte man schließlich Blende und Verschlusszeit in jeder Situation vollkommen frei wählen. Dabei ist allerdings zu beachten, dass es bei sehr hohen ISO-Werten zu Qualitätseinbußen kommen kann: Man „erkauft" sich zusätzliches Licht – und das hat eben seinen Preis. Um Fotos perfekt zu belichten, sollte man daher immer versuchen, unter den gegebenen Umständen die richtige Balance zu finden.

HOHE ISO-WERTE

Bei sehr wenig Licht, etwa in einer Konzerthalle oder nachts im Freien, hat man meist keine Wahl, als sich mit einem hohen ISO-Wert zu behelfen. Dadurch kann es allerdings zum sogenannten ISO-Rauschen kommen: Die Fotos sehen plötzlich seltsam körnig aus. Die Bildsensoren werden zwar immer besser und mittlerweile machen viele Kameras auch bei schlechtem Licht gute Fotos, aber dieser Effekt ist dennoch relativ häufig.

Es gibt Bildbearbeitungsfilter und -techniken, die helfen können, das ISO-Rauschen zu reduzieren, das kann allerdings zulasten der Schärfe des Fotos gehen. Man kann das ISO-Rauschen bei wenig Licht aber auch als stilistisches Element einsetzen: Manchmal sorgen schummriges Licht und ISO-Rauschen für genau die richtige Stimmung, die zum Motiv passt!

MEHR INFOS ZUR BILDBEARBEITUNG AUF SEITE 236

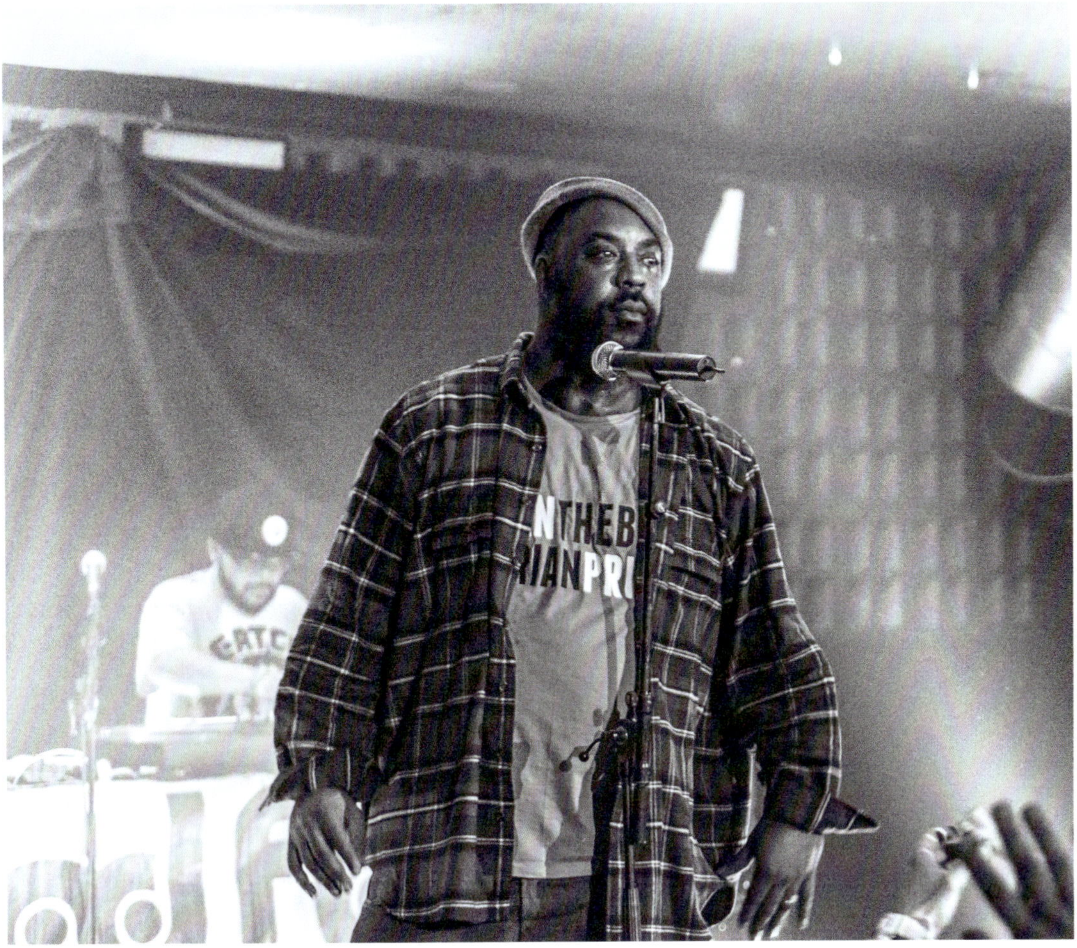

Hier sieht man den amerikanischen Rapper Sean Price bei einem Auftritt im Carpe Noctem in Münster, Deutschland. Ein hoher ISO-Wert ermöglichte es, im Dunkeln zu fotografieren, aber der Hintergrund sieht körnig aus – das ist das ISO-Rauschen. Diesen Effekt gilt es eigentlich zu vermeiden, wenn es nicht anders geht, kann man ihn aber auch kreativ nutzen.

ISO-WERTE

NIEDRIG	MITTEL	HOCH
Wann: an sonnigen Tagen, in gut beleuchteten Innenräumen Vorteile: gute Bildqualität, kein Rauschen Nachteile: Es muss genügend Licht vorhanden sein.	Wann: an bewölkten Tagen, im Schatten Vorteile: gute Bildqualität, etwas mehr Spielraum für kürzere Verschlusszeiten oder kleinere Blendeneinstellungen	Wann: nach Sonnenuntergang, in schwach beleuchteten Innenräumen Vorteile: Auch längere Verschlusszeiten und eine kleinere Blende sind möglich. Nachteile: körnige Fotos, ISO-Rauschen
100	400	800
200	500	1000
300	600	1200+

PRIORITÄTSMODI

Bei sogenannten Prioritätsmodi kann man den gewünschten ISO-Wert sowie die Blende (Zeitautomatik) oder die Verschlusszeit (Blendenautomatik) manuell einstellen, den Rest erledigt die Kamera. Vor allem in Situationen, in denen sich das Licht schnell verändert, kann das eine echte Erleichterung sein!

Viele Kameras verfügen über Einstellungen, die einem helfen, mit den gegebenen Lichtverhältnissen umzugehen. Im Auto-Modus übernimmt die Kamera alle Einstellungen – ISO, Blende und Verschlusszeit – und sorgt so für eine Belichtung, die sie als korrekt erachtet.

Bei einem Prioritätsmodus kann man bestimmte Werte manuell einstellen, die restlichen Einstellungen für die korrekte Belichtung des Fotos übernimmt die Kamera.

ZEITAUTOMATIK

Bei diesem Modus, meist mit „A" oder „Av" bezeichnet, kann man ISO und Blende manuell wählen, während die Kamera die passende Verschlusszeit ermittelt. Er ist besonders geeignet, wenn die Tiefenschärfe wichtig ist, etwa bei Porträtfotos im Freien. Hier braucht man eine geringe Tiefenschärfe, damit das Gesicht der Person scharf vor einem verschwommenen Hintergrund abgebildet wird. Da genügend Licht vorhanden ist,

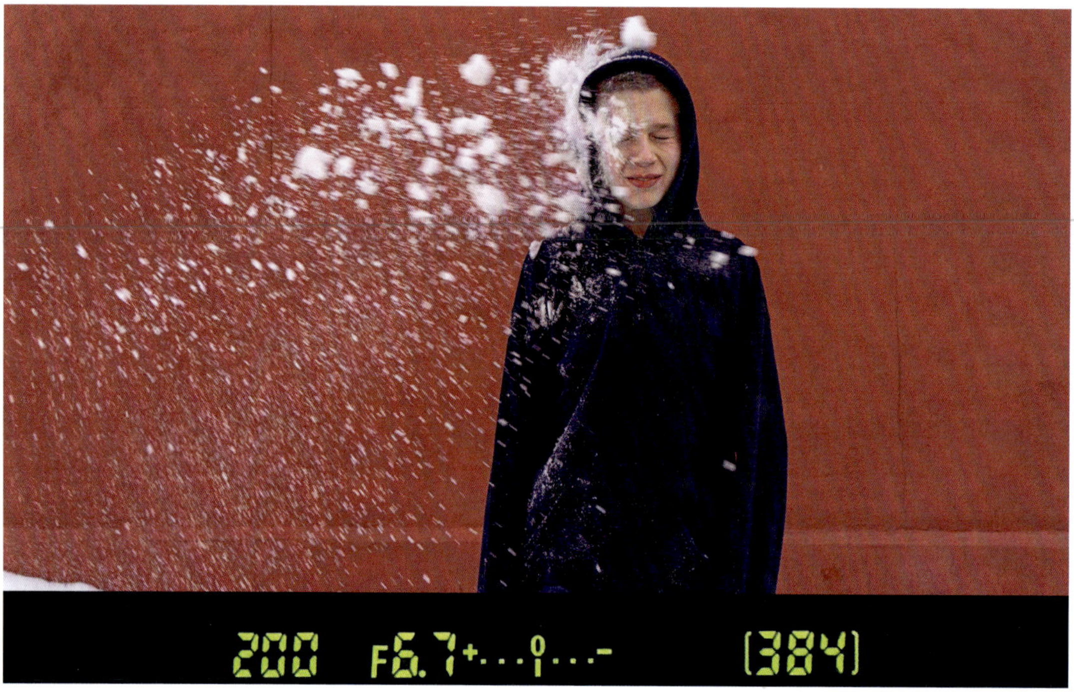

Beide Fotos auf dieser Doppelseite wurden im Zeitautomatik-Modus mit einer Blendeneinstellung von f/6.7 fotografiert. Bei dieser Aufnahme war es bewölkt, daher wählte die Kamera eine Verschlusszeit von 1/200, um das Foto perfekt zu belichten.

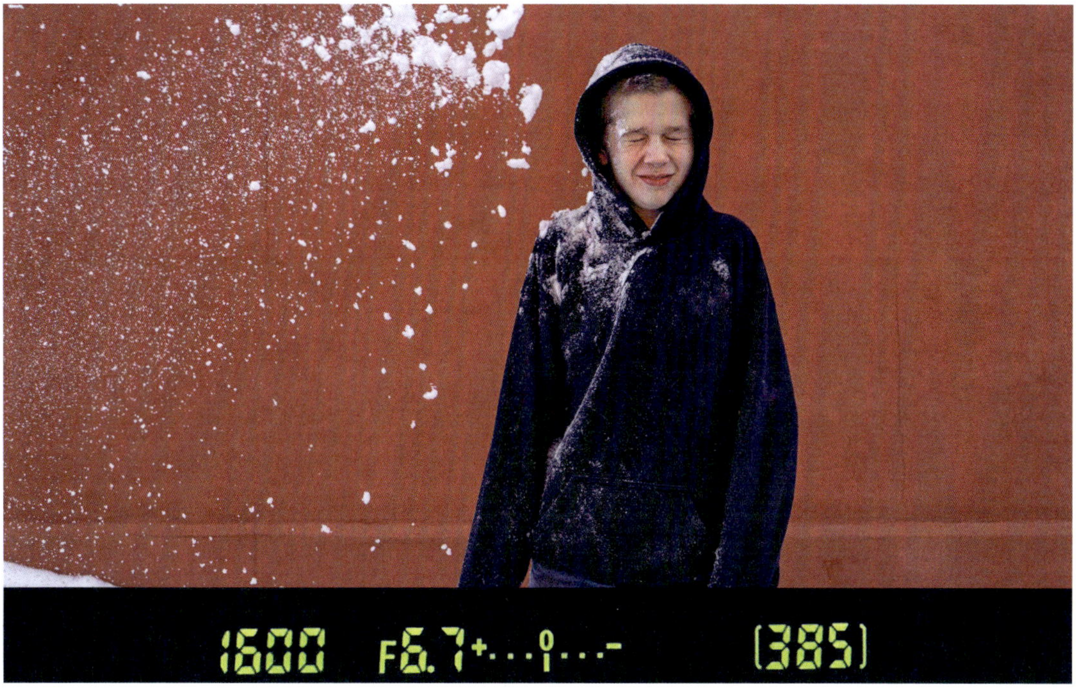

Einige Minuten nach der Aufnahme links kam die Sonne heraus, wodurch plötzlich mehr Licht zur Verfügung stand. Dementsprechend änderte die Kamera die Verschlusszeit automatisch auf 1/1600 Sekunde. Das merkt man auch daran, dass der Schneeball jetzt etwas schärfer abgebildet wird.

beginnt man mit ISO 200 und einer Blende von f/4, die Kamera wählt dazu eine Verschlusszeit von 1/350 Sekunde. Schiebt sich nun eine Wolke vor die Sonne, erkennt die Kamera, dass eine längere Verschlusszeit, etwa 1/125 oder 1/60 Sekunde, jetzt besser wäre. Stellt man fest, dass die Verschlusszeit *zu* lang ist, kann man den ISO-Wert manuell erhöhen, um sich mehr Licht zu „erkaufen". Da die Kamera die Verschlusszeit selbst an die Lichtverhältnisse anpasst, kann man sich ganz auf das Porträt konzentrieren und muss sich keine Sorgen wegen einer etwaigen Unterbelichtung, etwa durch Wolken oder Schatten, machen.

BLENDENAUTOMATIK

Bei diesem Modus, auf dem Modusrad meist „S" oder „Tv", wählt man ISO und Verschlusszeit manuell, und die Kamera ermittelt die passende Blende. Er ist perfekt für sich bewegende Motive: Wenn sich die Lichtverhältnisse verändern, gleicht die Kamera das über die Blende aus und man kann sich ganz darauf konzentrieren, die Bewegung einzufangen. Auch hier kann man sich durch einen höheren ISO-Wert etwas mehr Licht erkaufen, wenn die Blende bereits sehr weit ist.

MANUELLER MODUS

Bei diesem Modus, meist „M", stellt man ISO, Blende und Verschlusszeit mithilfe des Belichtungsmessers der Kamera manuell ein. Dabei beschäftigt man sich intensiv mit der Belichtung – und lernt, welche Einstellungen bei welchen Lichtverhältnissen geeignet sind, um das gewünschte Ergebnis zu erhalten.

DIE PERFEKTE BELICHTUNG

Fotos sollten korrekt belichtet sein, aber zu einem gewissen Ausmaß ist die Belichtung auch eine Frage der gewünschten Ästhetik: Manche bevorzugen Schatten und Kontraste, andere helles Weiß und mehr Licht. Experimentieren Sie mit den verschiedenen Einstellungen, bis Sie für Sie perfekte Ergebnisse erzielen.

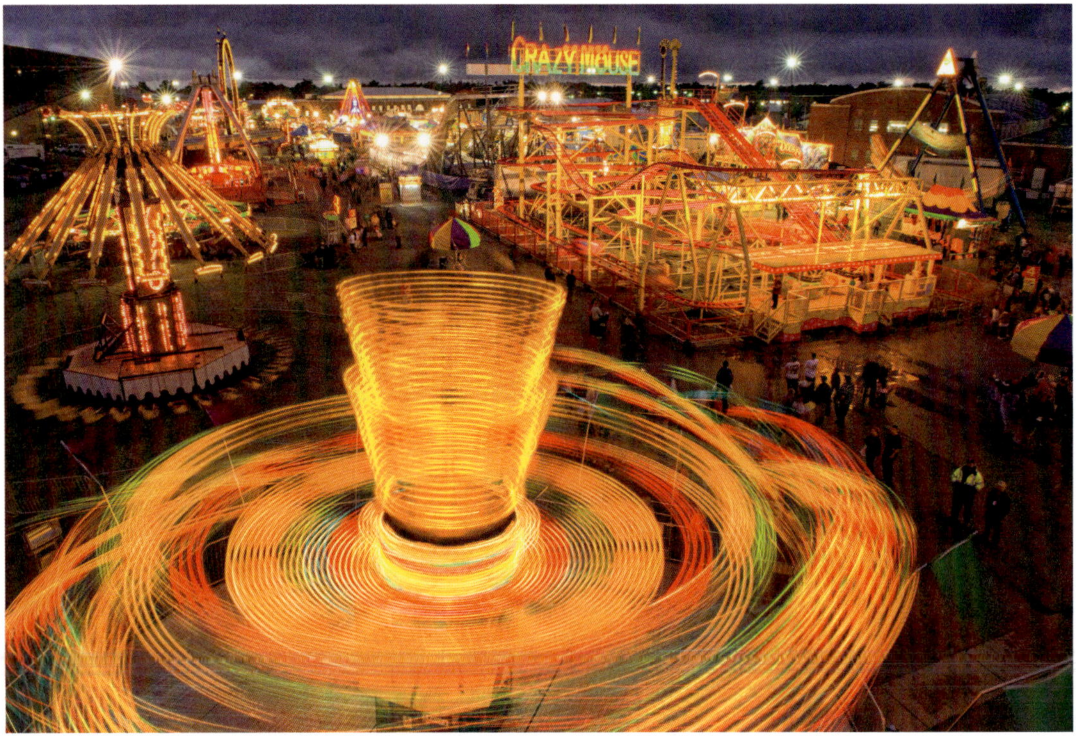

Bei diesem Foto der Fahrgeschäfte auf der Kansas State Fair sorgt eine lange Verschlusszeit dafür, dass alle Lichter verwischen und so gut wie nichts scharf abgebildet wird – perfekt, um die energiegeladene Stimmung zu transportieren.

Wie fast immer im Leben kommt es auch in der Fotografie darauf an, die richtige Balance zwischen den eigenen Vorstellungen und den gegebenen Umständen zu finden. Blende, Verschlusszeit, ISO, Tiefenschärfe, Fokus – das sind ziemlich viele Dinge, auf die man achten muss, da ist das mit der Balance teilweise gar nicht so einfach. Man kann das Fotografieren mit dem Lernen einer Fremdsprache vergleichen: Am besten lernt man, wenn man voll und ganz in die Materie eintaucht. Die technischen Einstellungen zu verstehen ist wichtig, aber genauso wichtig ist es, ins kalte Wasser zu springen und einfach loszufotografieren.

KREATIVE ENTSCHEIDUNGEN

Man muss wissen, wie man Fotos korrekt belichtet, aber zum Glück gibt es einige Werkzeuge, die einen dabei unterstützen. Das Wichtigste ist der Belichtungsmesser der Kamera. Besonders im manuellen Modus ist er unverzichtbar, um die richtigen Einstellungen zu wählen. Beim Prioritätsmodus werden einige Einstellungen automatisch vorgenommen, das ist vor allem bei sich verändernden Lichtverhältnissen hilfreich. Was man dabei aber nie vergessen sollte, ist, dass die Kamera keine *kreativen* Entscheidungen treffen kann. Die eigenen Vorstellungen sollten das Aussehen und die Stimmung der Fotos bestimmen – daher kann es manchmal notwendig sein, sich über die Vorschläge der Kamera hinwegzusetzen. Die Kamera hat eben keinen eigenen Stil, sie ist nur ein Werkzeug, das gezielt eingesetzt werden muss.

VON ANDEREN LERNEN

Um eine eigene fotografische Handschrift zu entwickeln, hilft es, sich die Arbeiten anderer Fotografen anzusehen. Und das war noch nie einfacher als heute, wo man im Internet unzählige Fotogalerien findet, die man als Inspiration nutzen kann. Machen Sie sich Notizen zu den Fotos, die Ihnen gefallen, und analysieren Sie diese im Hinblick auf die Komposition und die Belichtung: Was sieht man auf dem Foto? Wo sind die Lichtquellen? Mit welcher Tiefenschärfe wurde gearbeitet? Welche Hinweise finden sich im Hinblick auf die Verschlusszeit? Was funktioniert und was nicht?

EINFACH LOSLEGEN

Keine Sorge, wenn Ihnen das Fotografieren zu Beginn nicht ganz so leicht von der Hand geht. Experimentieren Sie, seien Sie kreativ und erlauben Sie es sich, Fehler zu machen – oft entstehen so ganz überraschend wirklich tolle Fotos! Das Wichtigste ist, dass man weiß, was die verschiedenen Einstellungen bewirken und wie man sie gezielt einsetzt. Dann kann man sich auf seinen Blick verlassen und auf sein Herz hören, um wirklich einzigartige Fotos zu kreieren.

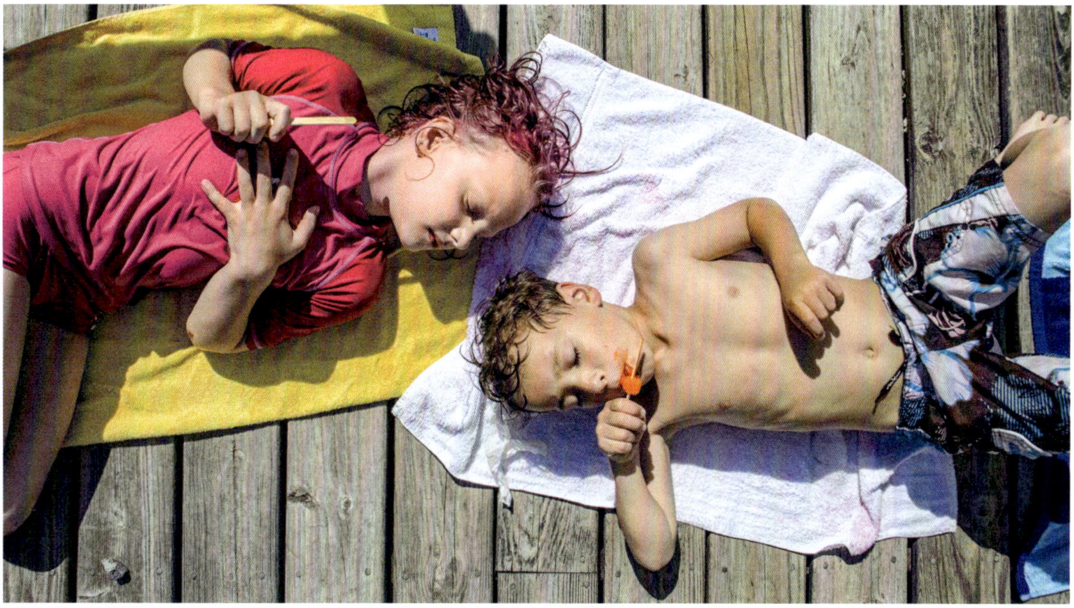

Bei einer kurzen Pause vom Herumtollen unter dem Rasensprenger verlieren sich diese zwei Nachbarskinder an einem heißen Sommertag mit ihrer eiskalten Abkühlung völlig im Moment.

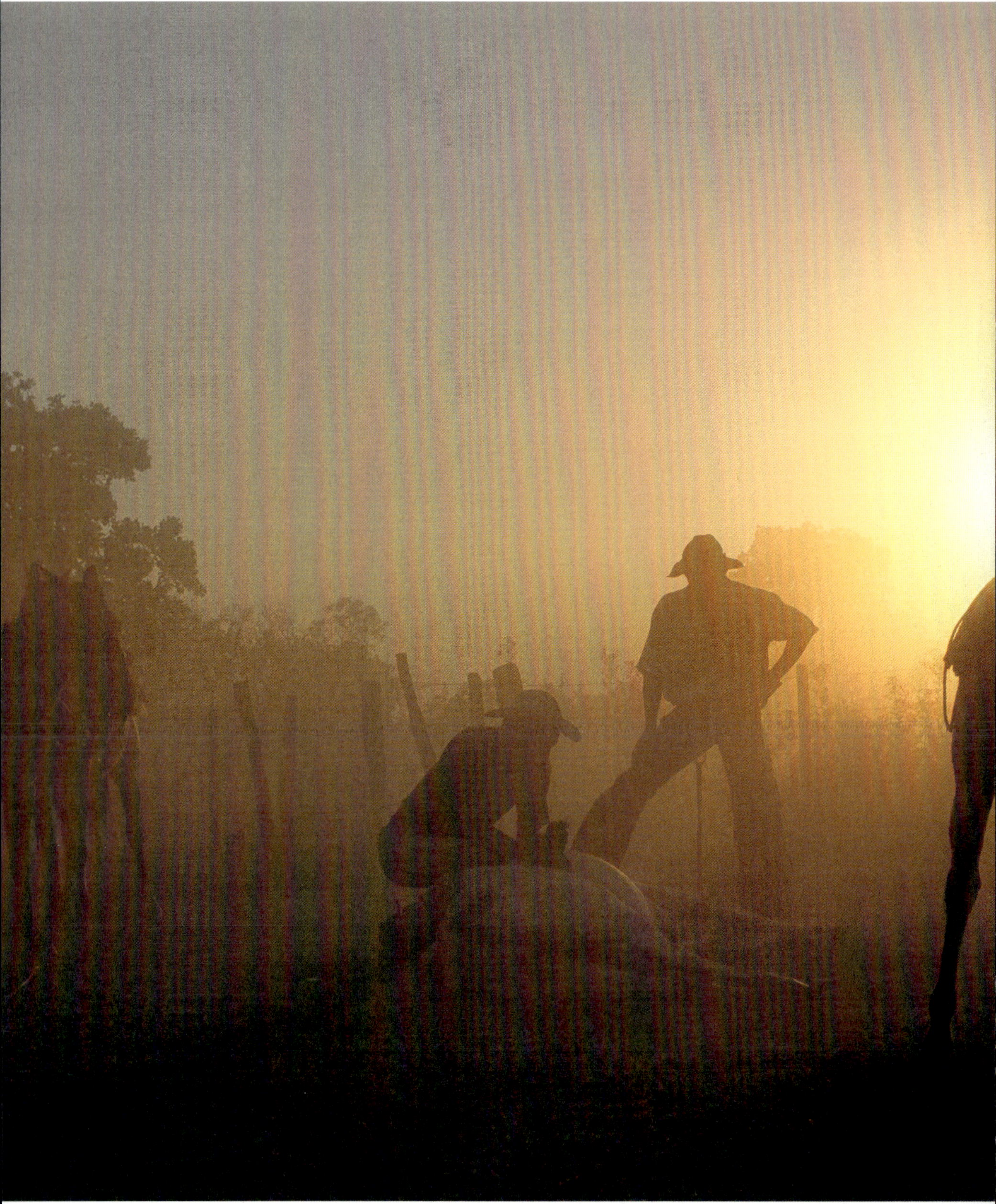

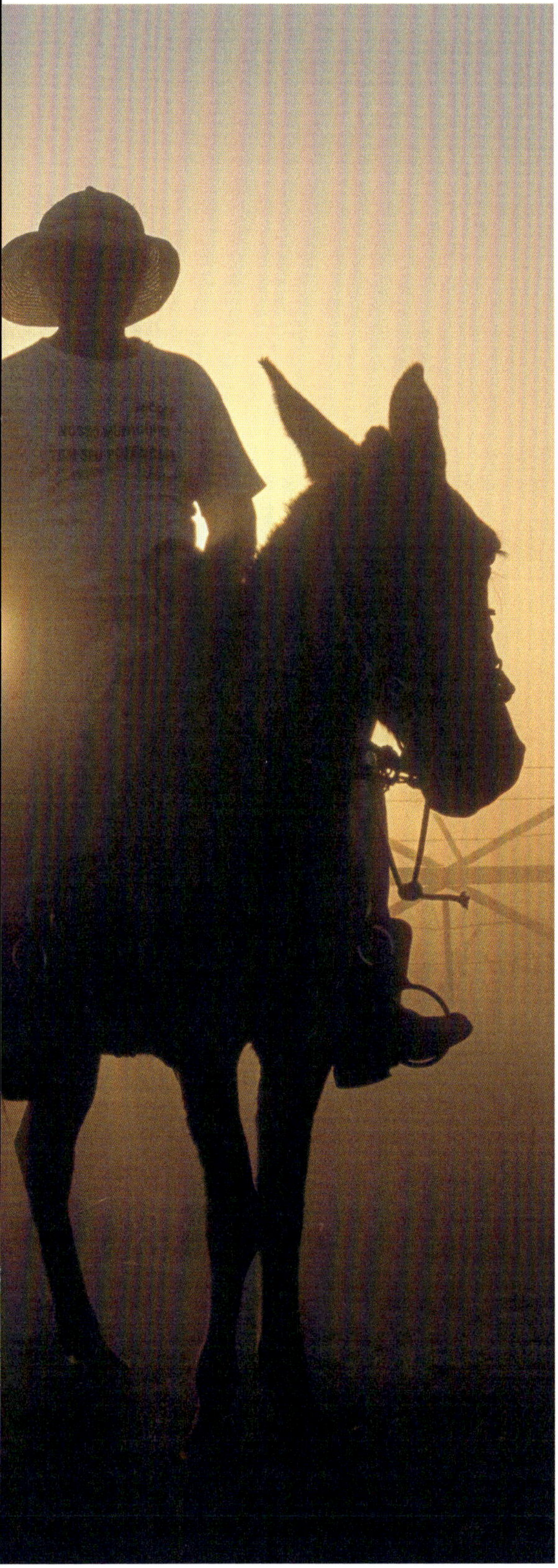

COWBOYS BEI DER ARBEIT

Wenn die Sonne untergeht, heißt es nach einem langen Tag für die Viehtreiber im Pantanal in Brasilien endlich Feierabend. Das Pantanal ist ein Sumpfgebiet, das immer wieder überflutet wird: Mal ist es kaum passierbar, mal staubtrocken – und immer ein tolles Motiv.

STAUB ALS DIFFUSOR Bei diesem Foto dreht sich alles um den Staub: Er ist einfach überall – nicht ganz so angenehm für die Augen, aber umso besser zum Fotografieren! All die kleinen Partikel in der Luft machen das Licht wunderbar weich und sorgen für eine fast surreal wirkende Stimmung wie im Film. Es kann kaum etwas schiefgehen, man braucht nur ein gutes Motiv und die richtige Komposition, damit es sich nicht im Staub verliert. Diese Viehtreiber bei der Arbeit sind ein tolles Motiv: Wer hier kein gutes Foto macht, hat sich schlicht nicht genug Mühe gegeben!

GEGENLICHT Die Silhouetten der Viehtreiber heben sich vor dem staubigen Hintergrund deutlich ab. Um das zu erreichen, habe ich direkt gegen die Sonne fotografiert, dabei aber darauf geachtet, immer einen der Viehtreiber zwischen Kamera und Sonne zu platzieren, wofür ich mich mit den Männern bewegt habe.

BLENDE UND VERSCHLUSSZEIT Da genügend Licht zur Verfügung stand, konnte ich eine kleine Blende von f/11 wählen, das sorgt für viel Tiefenschärfe. Zudem wählte ich eine lange Verschlusszeit, um den blassen, pastellfarbenen Himmel korrekt zu belichten, vor dem die Silhouetten der Cowboys zudem umso deutlicher hervortreten. Und dann musste alles sehr schnell gehen, denn der Moment war rasch wieder vorbei: Was gut ist, währt eben meist nicht lange!

VIER
LICHT

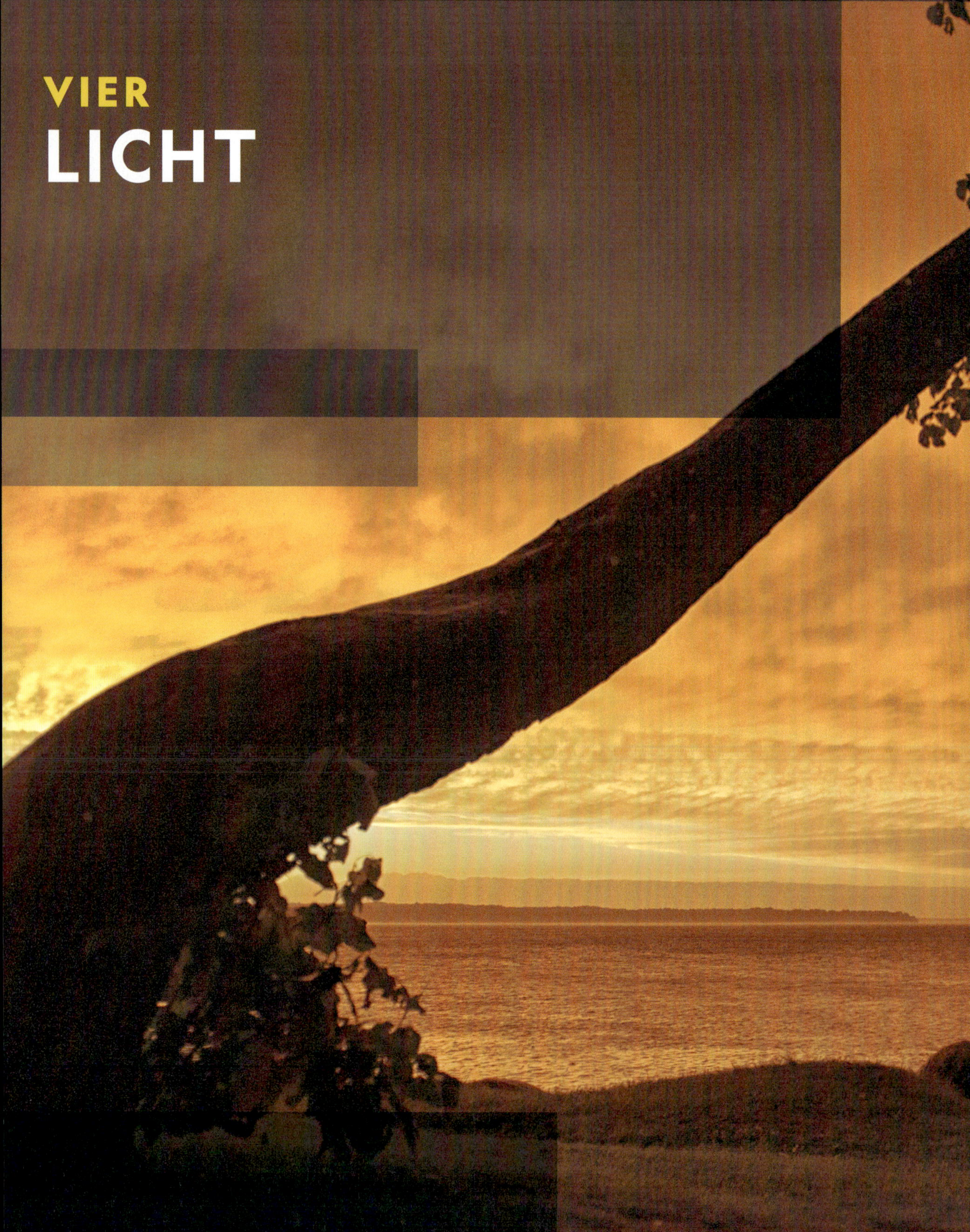

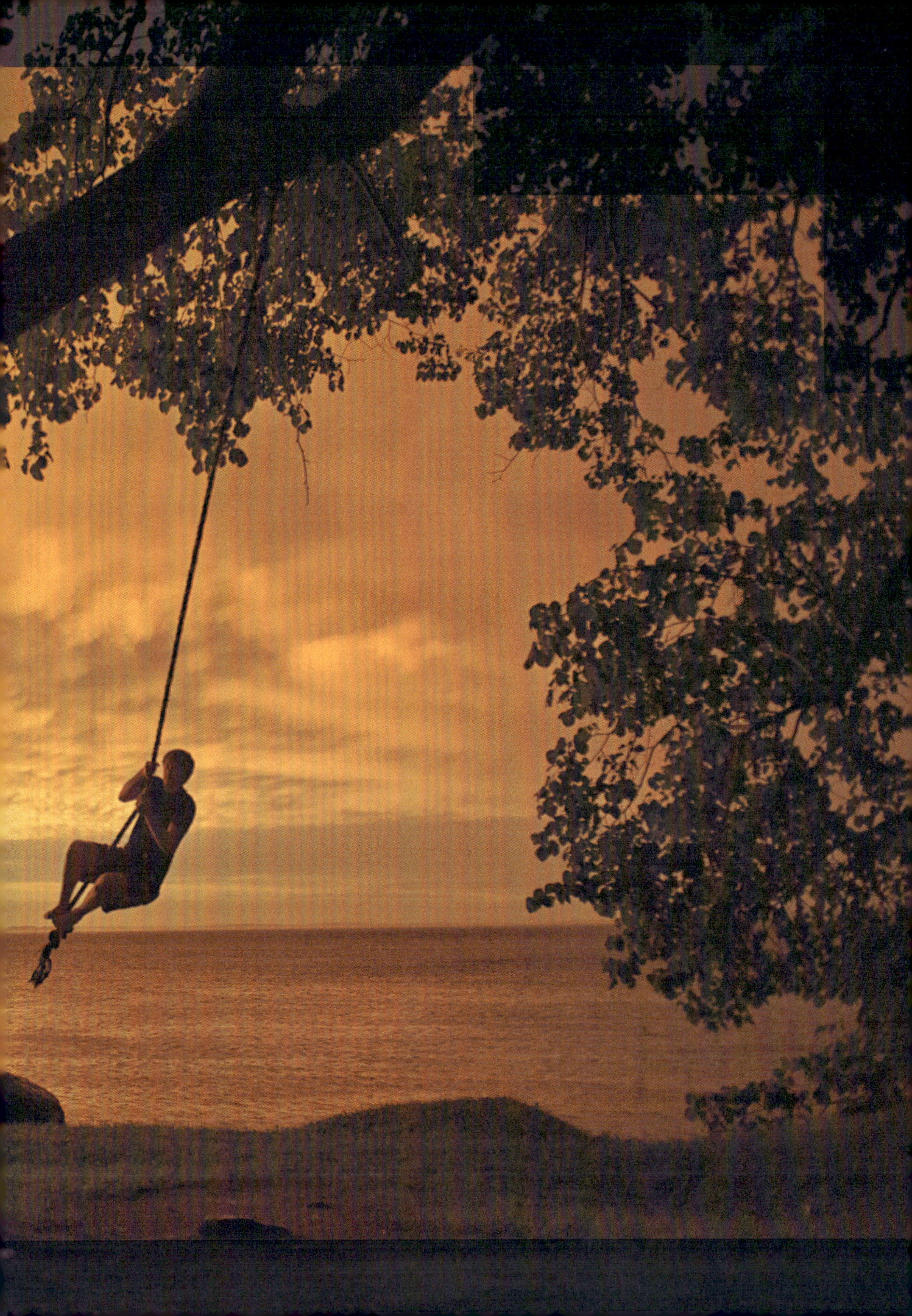

DEM LICHT AUF DER SPUR

Das Licht ist der wichtigste Aspekt in der Fotografie – und das wortwörtlich, denn wenn kein Licht auf den Bildsensor trifft, gibt es kein Foto. Sobald Licht vorhanden ist, kann man sich an das halten, was Jim Stanfield, ein erfahrener Fotograf, der mir zu meinem ersten Auftrag beim *National Geographic*-Magazin verhalf, immer sagte: „Es geht nicht nur um das Licht an sich, sondern auch darum, wo im Licht man sich befindet."

In diesem Kapitel geht es um die vielen verschiedenen Arten von Licht und darum, wie man sich diese zunutze macht. Dabei beschäftigen wir uns mit der Lichtqualität und dem Unterschied zwischen „hartem" und „weichem" Licht, aber auch mit dem Umgebungslicht, also dem Licht, das man nicht beeinflussen kann, und damit, wie man drinnen und im Freien das perfekte Licht findet. Und schließlich geht es auch um Lichtfarben und darum, wie warmes und kaltes Licht die Stimmung auf einem Foto beeinflussen kann. Und da man manchmal einfach doch mehr Licht braucht, lernen Sie hier zudem auch, richtig mit dem Blitz umzugehen.

In allen Lektionen geht es dabei immer darum, wie man das vorhandene Licht am besten für sich arbeiten lässt, wo im Licht man sich dafür am besten befindet und was bei den Kameraeinstellungen zu beachten ist.

Die gute Nachricht ist, dass es kaum Lichtsituationen gibt, in denen man nicht fotografieren kann – es ist nur manchmal nicht ganz so leicht. Mit den verschiedensten Herausforderungen umgehen zu können, ist aber schlussendlich das, was einen wirklich guten Fotografen ausmacht.

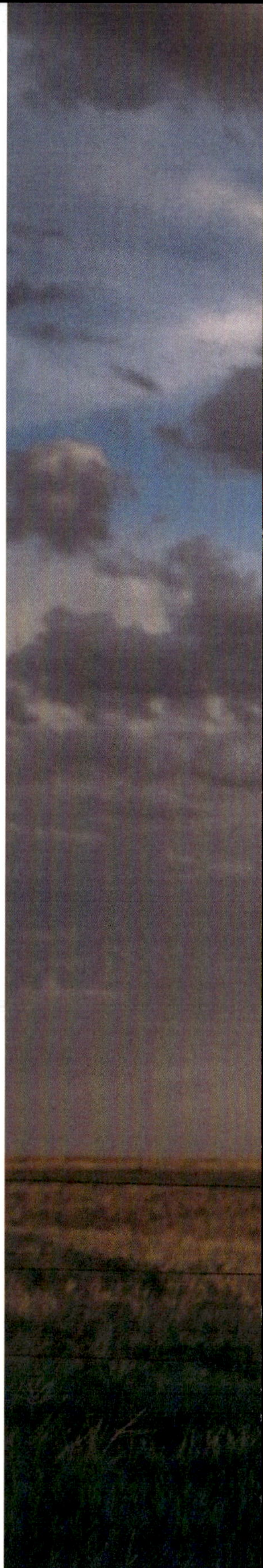

Ein Pferd bei Sonnenuntergang auf einer Koppel in Howes, South Dakota.

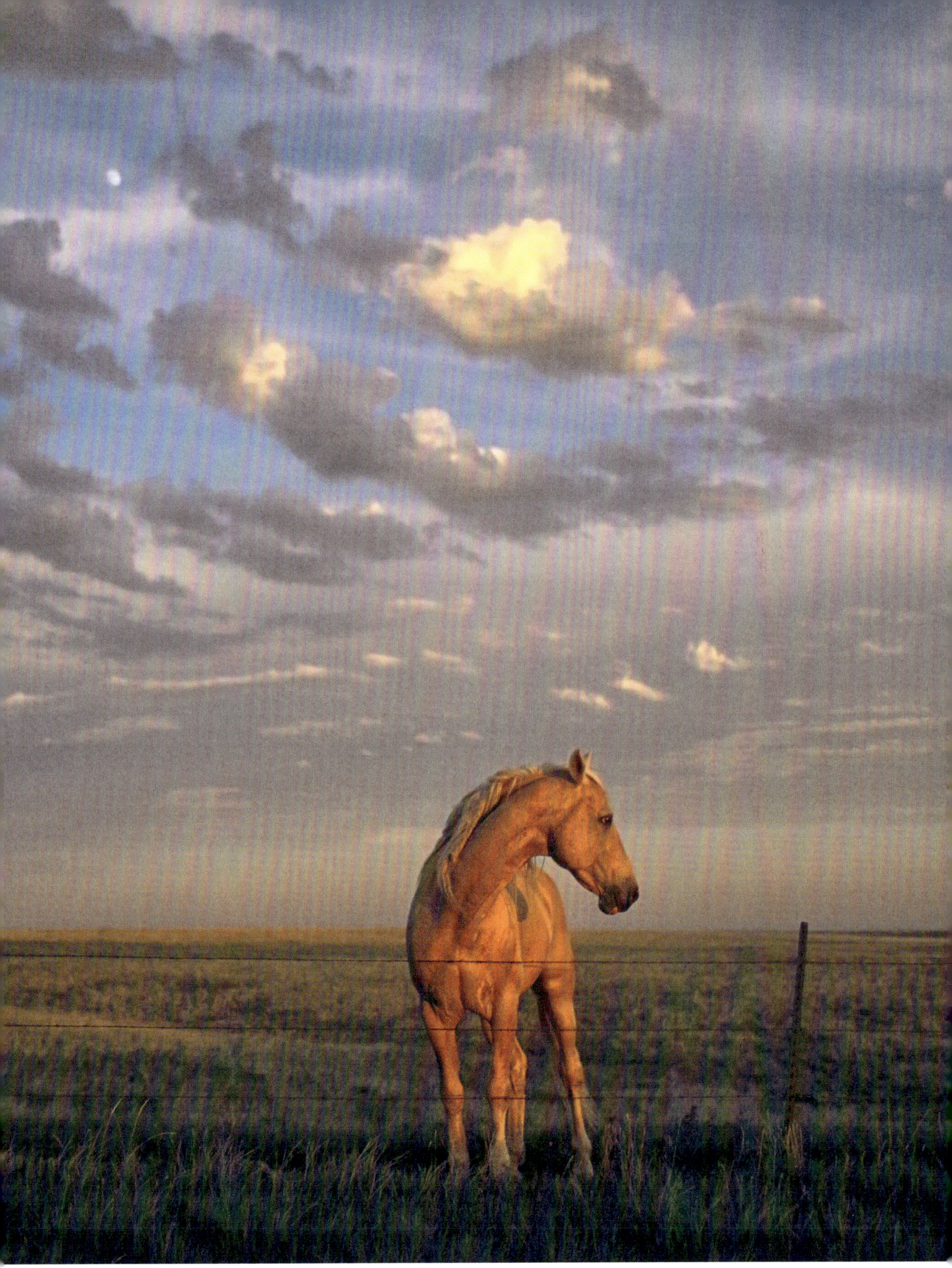

LICHTQUALITÄT

Die Qualität des zur Verfügung stehenden Lichts ändert sich ständig – jede geografische Region, jede Jahreszeit, jeder Tag, ja sogar jede Tageszeit ist durch einzigartige Lichtverhältnisse gekennzeichnet.

Licht an sich scheint nicht besonders kompliziert zu sein, aber wenn man darauf achtet, bemerkt man, dass es sich ganz unterschiedlich verhalten kann. Schafft man es, das spezielle Licht an einem bestimmten Ort oder während einer bestimmten Jahreszeit einzufangen, trägt das dazu bei, die Geschichte des Ortes oder der Jahreszeit ein Stück weit vollständiger zu erzählen. Dabei ist es zunächst wichtig zu wissen, mit welcher Art von Licht man es zu tun hat und wie man damit umgeht. Man spricht oft von *hartem* und *weichem* Licht – aber was heißt das eigentlich?

HARTES LICHT

Hartes Licht kommt meist von einer einzelnen, hellen Lichtquelle, etwa der Mittagssonne, einem Scheinwerfer oder einer Glühbirne. Derartige Lichtquellen leuchten ein Motiv komplett aus und sorgen für hohe Kontraste, das heißt, helle Farbtöne sind wirklich hell und dunkle ganz dunkel. Ein gutes Beispiel dafür ist strahlender Sonnenschein an einem wolkenlosen Tag: Man sieht tief-

SMARTPHONE-TIPP: LICHTMESSUNG

Das Smartphone misst das Licht dort, wo sich der Fokus befindet. Richten Sie den Fokus bei grellem Licht im Bildausschnitt auf einen Mitteltonbereich, also einen Bereich, der weder sehr hell noch sehr dunkel ist, damit der Belichtungsmesser die richtige Belichtung erfassen kann.

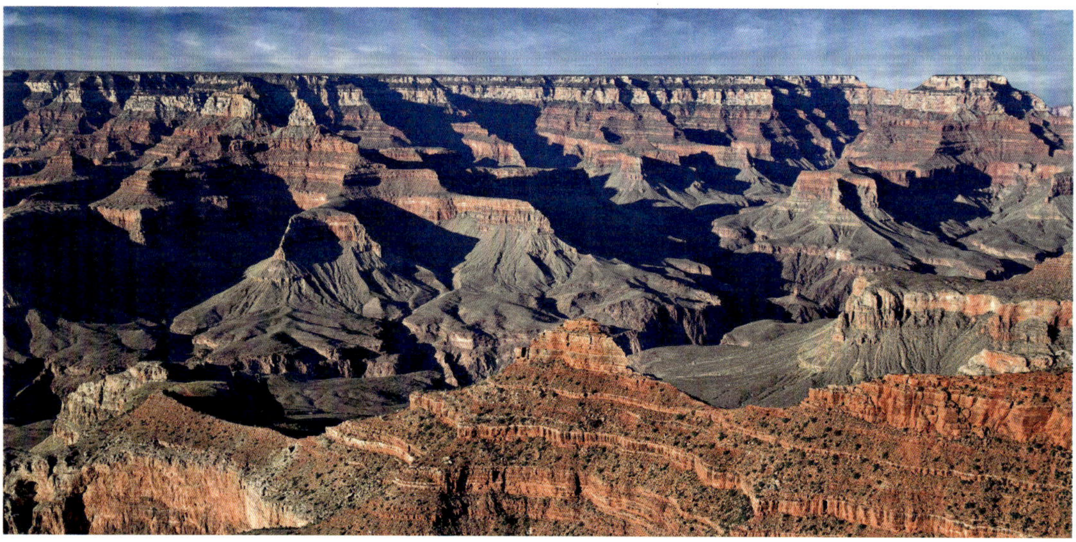

Hier sieht man den Grand Canyon in der Morgensonne. Anhand der Schatten kann man erkennen, dass das Licht von einer einzigen hellen Lichtquelle kommen muss: der Sonne, die links von der Kamera steht und für deutliche Kontraste sorgt.

schwarze Schatten mit sehr scharfen Kanten vor hell erleuchteten Bereichen.

Manchmal ist dieser Effekt perfekt: Er kann für Dramatik und Spannung sorgen und lässt das Motiv deutlich vor dem Hintergrund hervortreten. Aber bei zu hohem Kontrast schlucken sehr helle und sehr dunkle Bereiche viele Details. Sehr grelles Licht sollte man daher abschwächen – oder man nutzt die Lichtrichtung strategisch (dazu später in diesem Kapitel mehr).

WEICHES LICHT

Weiches Licht ist flächig – es kommt nicht aus einer bestimmten Richtung, sondern hüllt das ganze Motiv ein. So entstehen nicht nur ganz helle oder dunkle Bereiche, sondern diese verschmelzen miteinander. Der Vorteil dabei ist, dass auch die Farbtöne satter und lebensnaher sind.

Viele Fotografen bevorzugen weiches Licht, aber es gibt nicht die eine Lichtqualität, die in jeder Situation passt. Je nachdem, welches Motiv man fotografiert und welche Geschichte man erzählen möchte, sind unterschiedliche Lichtqualitäten geeignet: So ist etwa weiches Licht eher friedlich, hartes erzeugt dafür mehr Spannung.

HARTES LICHT WEICH MACHEN

Ist das Licht zu hart, kann ein Diffusor, mit dem man es zerstreuen, oder ein Reflektor, mit dem man es ablenken kann, hilfreich sein. Ein Diffusor ist eine Art Weichzeichner, ein Filter, durch den das Licht hindurchgeht, bevor es auf das Motiv trifft. Man kann spezielle Diffusoren kaufen, die man zwischen Lichtquelle und Motiv hält, ein ähnlicher Effekt lässt sich aber auch mit einem dünnen Stoff erzielen. Als Reflektor eignet sich so gut wie jede helle, reflektierende Oberfläche, über die man das von der Lichtquelle kommende harte Licht ablenken kann – das kann auch ein weißes T-Shirt sein. So lassen sich etwa harte Schatten auf dem Motiv vermeiden.

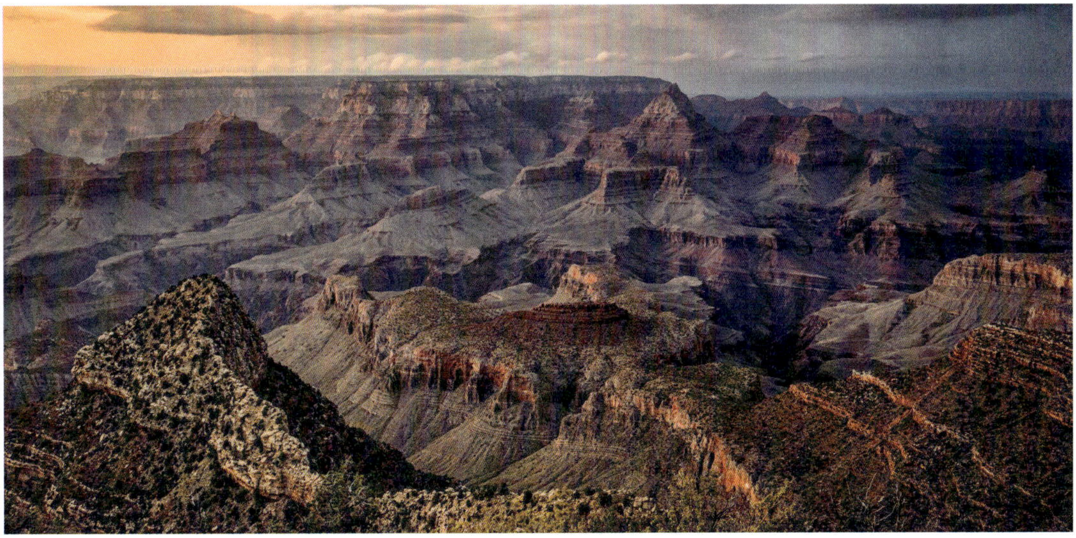

Auch hier sieht man den Grand Canyon, diesmal aber während gerade ein Gewitter aufzieht. Die Wolken zerstreuen das Sonnenlicht, machen es weicher und flächiger, schwächen harte Schatten ab und lassen die Felsen diffus leuchten.

UMGEBUNGSLICHT

Egal, ob draußen oder drinnen, tagsüber oder nachts: Das Umgebungslicht, also das Licht, das bereits vorhanden ist, hilft, die Lichtstimmung einer Situation authentisch wiederzugeben.

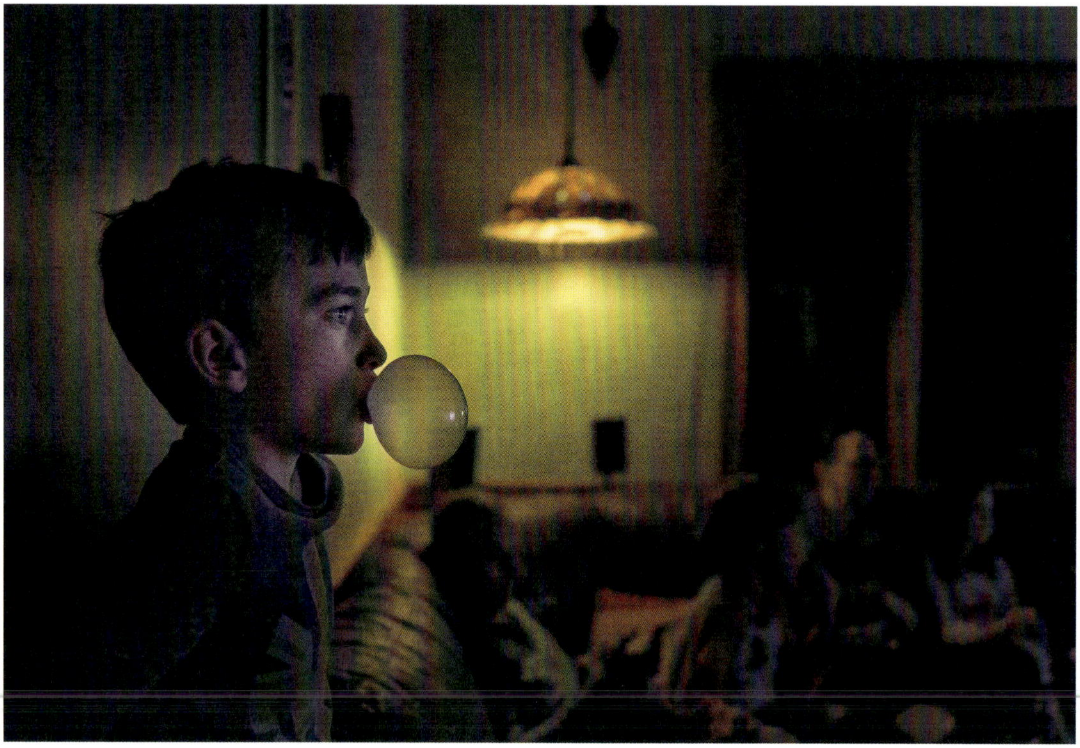

Hier dämpft der Lampenschirm das Licht der Glühbirne. Im richtigen Winkel fotografiert, scheint das weiche Licht durch die Kaugummiblase des Jungen im Vordergrund, während sein Gesicht durch den Fernseher, auf den er blickt, zusätzlich gespenstisch erleuchtet wird.

Umgebungslicht („Available Light", also „vorhandenes Licht") kann alles von einer Lampe bis zum Sonnenlicht im Garten sein. Nur mit dem Umgebungslicht zu fotografieren, hat einige Vorteile: So braucht man kein Zubehör, um das Motiv künstlich auszuleuchten, und kann die tatsächliche Lichtstimmung authentisch wiedergeben. Da man das Umgebungslicht aber oft nicht steuern kann, hat es auch ein paar Nachteile.

MIT DEM ARBEITEN, WAS DA IST

Für das Auge ist weiches Licht fast immer angenehmer als hartes. Daher kann etwa das Fotografieren in der Mittagssonne zu einer echten Herausforderung werden. Wenn das Umgebungslicht nicht ganz perfekt ist, kann man versuchen, die eigene Position zu verändern, das Motiv an einer anderen Stelle zu platzieren oder das Licht an sich zu beein-

MEHR INFOS ZUR GOLDENEN STUNDE AUF SEITE 106

flussen. Man kann etwa mit der Kamera in den Schatten gehen, um dem grellen Sonnenlicht zu entgehen, oder ein Stück dünnen Stoff als Diffusor zwischen die Lichtquelle und das Motiv halten, um das Licht etwas weicher zu machen.

Am besten geht man, bevor man fotografiert, einmal um das Motiv herum, um herauszufinden, wo das Licht am besten ist. Dabei sollte man auch auf die Farbtöne und die Stimmung achten und immer geduldig und offen für alles sein: Manchmal verändert sich das Licht ganz von selbst und alle Probleme sind auf einen Schlag gelöst.

AB NACH DRAUSSEN

Ein bedeckter Himmel sorgt für das perfekte Licht, um im Freien zu fotografieren, denn die Wolken wirken wie ein Diffusor, sodass alles in weiches, gleichmäßiges Licht getaucht wird. Ist der Himmel durch die Wolken sehr hell oder sogar weiß, kann das die Kamera aber auch verwirren: Es kann sein, dass sie im Auto-Modus vorschlägt, die Blende zu verringern oder die Verschlusszeit zu erhöhen, um den Himmel nicht überzubelichten, wodurch es aber sein kann, dass das Motiv zu dunkel wird.

Wenn das passiert, kann man versuchen, den Aufnahmewinkel zu verändern, also das Motiv etwa von oben fotografieren, sodass der Himmel nicht zu sehen ist, oder näher zum Motiv hingehen, sodass es den Bildausschnitt ganz ausfüllt. Man kann das Licht auch mit einem Reflektor auf das Motiv lenken, um es ebenfalls heller zu belichten. Und kreativ in Szene gesetzt hat sogar ein überbelichteter Himmel seinen Reiz.

Auch die Zeit kurz vor Sonnenuntergang ist perfekt zum Fotografieren. Das Licht ist golden und wirkt unglaublich friedlich. Die sogenannte

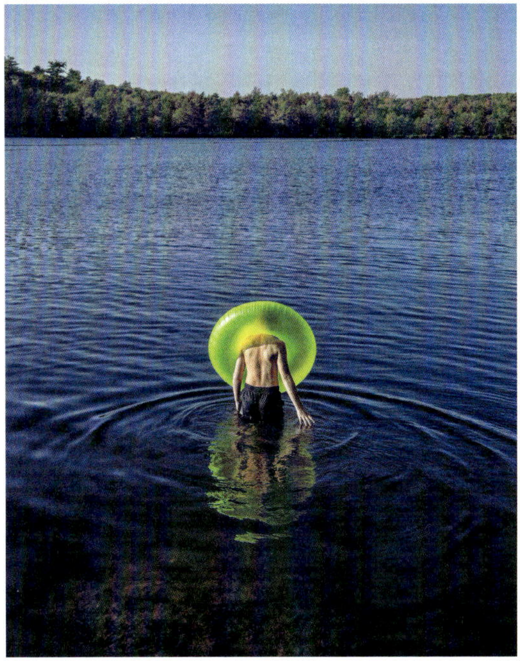

Die Nachmittagssonne bringt den Schwimmreifen um den Hals eines Jungen in einem See in Maine regelrecht zum Leuchten. Indem man das Foto absichtlich unterbelichtet, wird der leuchtende Reifen zum absoluten Blickfang.

„goldene Stunde“, wie man diese Zeit auch nennt (siehe dazu auch Seite 106), ist besonders flüchtig, man muss also gut vorbereitet und schnell sein, um das Licht, das sie bietet, optimal zu nutzen.

LICHT IN INNENRÄUMEN

Auch in Innenräumen gibt es Lichtquellen, die für tolles Umgebungslicht sorgen: So erzeugen Lampenschirme oft ein stimmungsvolles, weiches Licht, und dünne Vorhänge wirken für das hereinfallende Sonnenlicht wie ein Diffusor.

Grundsätzlich sollte man aber bedenken, dass in Innenräumen meist weniger Licht verfügbar ist als im Freien. Für scharfe Fotos braucht man daher einen höheren ISO-Wert, zudem sollte man die Kamera stabilisieren, etwa mithilfe eines Stativs.

KONTRASTUMFANG

Jedes Motiv hat eine hellste und eine dunkelste Stelle – alle Helligkeitsabstufungen dazwischen ergeben den Kontrastumfang. Das Ziel ist es, auf jedem Foto einen möglichst breiten Kontrastumfang darzustellen, sodass keine Details verloren gehen.

In Kapitel 3 ging es bereits um die Extreme der Belichtung: Trifft zu wenig Licht auf den Sensor, werden manche Bereiche sehr dunkel oder sogar schwarz dargestellt. Bei zu viel Licht kann es sein, dass helle Bereiche verwaschen oder einfach nur weiß abgebildet werden. Dort, wo die Kamera nur noch Weiß oder Schwarz erfasst, kann man mit bloßem Auge noch Details erkennen, denn wir können eine größere Bandbreite an Helligkeitsunterschieden – einen größeren Kontrastumfang – wahrnehmen als der Bildsensor der Kamera, der nur über einen sogenannten Dynamikumfang verfügt, also nur eine bestimmte Bandbreite an Helligkeitsunterschieden erfassen kann. Um zu verstehen, was der Bildsensor „sieht", hilft ein Blick auf den Belichtungsmesser und das Histogramm.

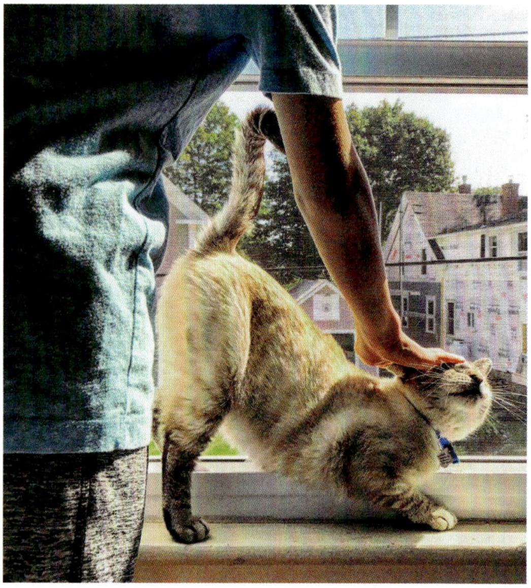

Dieses Foto eines Jungen, der seine auf dem Fensterbrett sitzende Katze streichelt, bildet einen weiten Kontrastumfang ab – mit Schatten, aber auch sehr hellen Bereichen. Der Star des Fotos, die Katze, ist dabei perfekt belichtet.

BELICHTUNGSMESSER

Der Belichtungsmesser der Kamera ist in jedem Modus aktiv. Standardmäßig handelt es sich dabei um eine Skala (Plus – Null – Minus), auf der man die Belichtung ablesen und korrigieren kann, sobald man die Kamera auf das gewählte Motiv richtet. Dabei zeigen vertikale Linien in Richtung des Minus an, dass das Foto unterbelichtet ist, Linien in Richtung Plus bedeuten hingegen, dass das Foto überbelichtet ist. Um die Belichtung

TIPP ABSICHTLICHE ÜBER- ODER UNTERBELICHTUNG

Mit der „korrekten" Belichtung erzielt man nicht immer das gewünschte Ergebnis. Wenn man auf einen bestimmten Bereich belichtet, kann es sein, dass dafür Details in anderen sehr dunklen oder sehr hellen Bereichen verloren gehen, beispielsweise bei hohen Kontrasten oder wenn ein dunkles Motiv vor einem hellen Hintergrund – oder andersherum – fotografiert wird. Stellen Sie sich ein Kind vor, das in der Sonne am Strand spielt. Die Kamera belichtet dabei auf den hellen Sand, wodurch das Gesicht des Kindes zu dunkel ist. Um das zu verhindern, kann man die Blende vergrößern und den Sand absichtlich überbelichten, um dafür das Gesicht korrekt darzustellen.

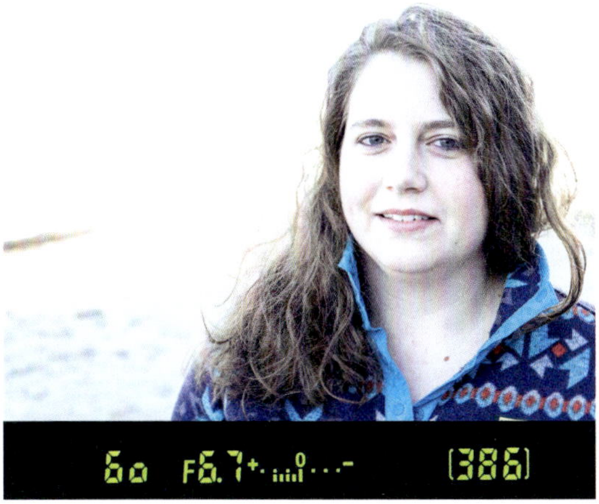

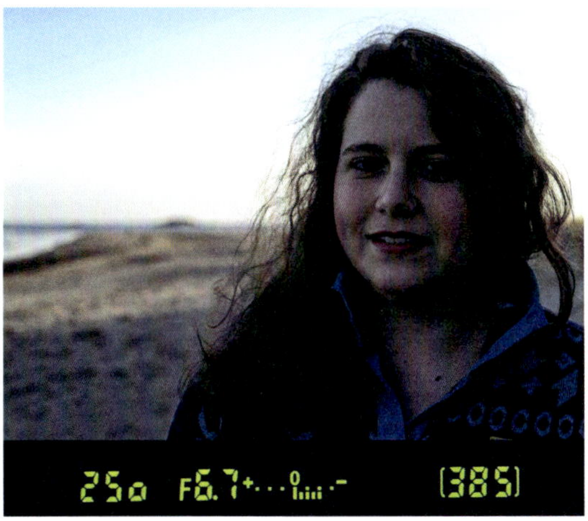

anzupassen, variiert man nun Blende und Verschlusszeit, bis nur noch ein Strich unterhalb der Null zu sehen ist: Das bedeutet, dass das Foto korrekt belichtet ist. Es gibt zudem verschiedene Messmethoden, bei denen der Belichtungsmesser entweder die durchschnittliche Belichtung (Matrixmessung) oder die Belichtung an einem Punkt (Spotmessung) anzeigt.

HISTOGRAMM

Das Histogramm ist eine Grafik, die den Dynamikumfang, also die Helligkeitsunterschiede, die der Bildsensor im Bildausschnitt erfasst, anzeigt. Dabei stehen Balken links für dunkle Stellen oder Schatten, jene rechts für sehr helle Bereiche. Befinden sich an einem Ende des Histogramms sehr viele Balken, wurde im Bildausschnitt sehr viel Schwarz oder Weiß erkannt - das sind meist unter- oder überbelichtete Bereiche, in denen Details verloren gehen. Korrigiert man die Belichtung, sollten nach und nach immer mehr Balken in der Mitte des Histogramms und damit im Mitteltonbereich, den der Sensor am besten erfassen kann, zu sehen sein. Wenn man eine Glockenkurve in der Mitte des Histogramms sieht, ist das Foto perfekt belichtet.

Egal, was man durch den Sucher *sieht:* Nur das Histogramm gibt zuverlässig Aufschluss darüber, wie viele Details schlussendlich auf einem Foto zu erkennen sind. Bei den meisten Spiegelreflexkameras kann man sich das Histogramm im Sucher oder auf dem Display anzeigen lassen. Richtet man die Kamera auf helle oder dunkle Bereiche, sieht man, wie sich die Anzeige in Echtzeit verändert.

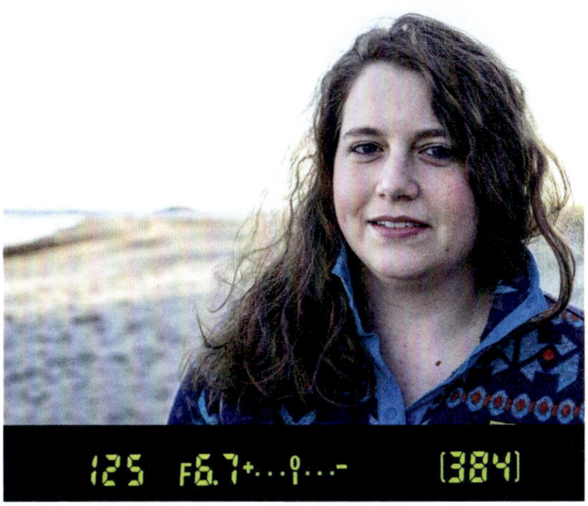

Mit der Verschlusszeit ändert sich auch die Belichtung bei diesen drei Fotos: von überbelichtet bei 1/60 über unterbelichtet bei 1/250 bis hin zu perfekt bei 1/125. Das lässt sich auch am Belichtungsmesser unten in der Mitte ablesen.

ZUSÄTZLICHES LICHT

Wenn das Umgebungslicht nicht reicht, kann man mit künstlichen Lichtquellen für zusätzliches Licht sorgen – dadurch ergeben sich zahlreiche Möglichkeiten, aber auch einige Schwierigkeiten.

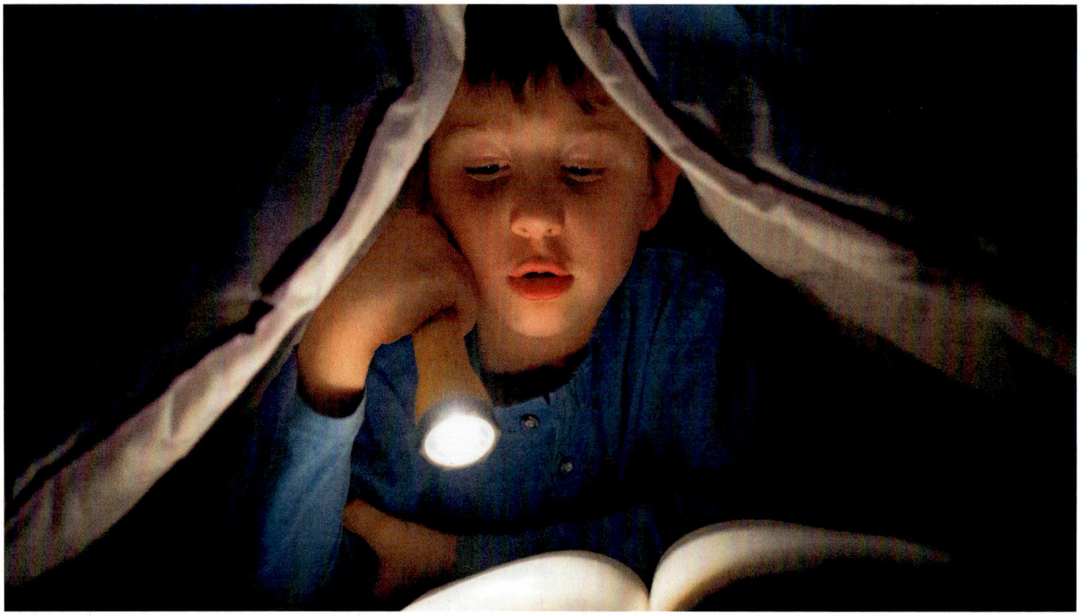

Ein Junge liest mithilfe einer Taschenlampe unter der Bettdecke, die Buchseiten reflektieren weiches Licht auf sein Gesicht. Dieses Foto zeigt eindrucksvoll, dass man für perfektes Licht nicht unbedingt spezielles Beleuchtungszubehör braucht.

Manchmal reicht das Umgebungslicht nicht aus, um das gewünschte Ergebnis zu erzielen. Lässt sich das Problem nicht einfach lösen, etwa, indem man die Vorhänge aufzieht, braucht man zusätzliches Licht. Dafür eignet sich zum Beispiel eine Stehlampe, eine Studioleuchte oder auch ein Blitz.

DAUERLICHT

Licht, das unverändert bleibt, nennt man Dauerlicht. Dabei kann es sich um eine Lampe, eine Studioleuchte oder sogar die Rücklichter eines Autos handeln – hier darf man ruhig kreativ werden! Der Vorteil von Dauerlicht im Gegensatz

SMARTPHONE-TIPP: BLITZ

Bei den meisten Smartphones befindet sich der Blitz direkt neben der Linse und ist einfach nur eines: extrem hell. Die gute Nachricht ist, dass Smartphone-Kameras auch bei wenig Licht ohne Blitz relativ gute Fotos machen. Daher ist es grundsätzlich am besten, den Blitz auszuschalten. Und wenn es doch zu dunkel ist? Dann legen Sie das Handy einfach weg und genießen stattdessen den Moment!

TIPP RICHTIG BLITZEN

Die besten Ergebnisse mit einem Blitz erreicht man, wenn er abgeschwächt wird und sich nicht direkt über dem Objektiv befindet, weshalb der interne Blitz der Kamera meist nicht ideal ist. Am besten investiert man in einen externen Blitz, der für ein natürlicheres Licht sorgt, und denkt zudem an Folgendes:

- Ein Blitzdiffusor (auch Softbox) ist ein sogenannter „Lichtformer". Er wird auf den Blitz aufgesteckt und sorgt dafür, dass das harte Blitzlicht etwas weicher wird. Je näher man außerdem an das Motiv herangeht, desto weicher wird das Licht. Einen ähnlichen Effekt erreicht man, indem man ein Taschentuch oder ein Stück dünnen Stoff über den Blitz legt und mit einem Gummiband fixiert.
- Indem man den Blitz auf eine Wand, die Decke oder ein T-Shirt richtet, erhält man indirektes Licht. Dabei darf man nicht vergessen, dass die Kamera auch die Farbe dessen, was das Licht reflektiert, abbildet.
- Eine Verschlusszeit von 1/250 ist die kürzestmögliche Verschlusszeit, bei der eine Kamera mit Blitz fotografieren kann - man nennt sie auch Blitzsynchronzeit.

zum Blitz ist, dass man sich besser vorstellen kann, wie das fertige Foto aussehen wird. Im Grunde schafft man sich so einfach etwas mehr zusätzliches Umgebungslicht.

Auch ein Reflektor ist ein einfaches, aber wirkungsvolles Hilfsmittel, um dafür zu sorgen, dass ein Motiv besser ausgeleuchtet wird, denn damit kann man das Licht einfach dorthin lenkt, wo man es braucht. Reflektoren sind online oder im Fachhandel erhältlich, man kann aber auch einfach eine weiße Hartschaumplatte oder eine andere helle, reflektierende Oberfläche verwenden.

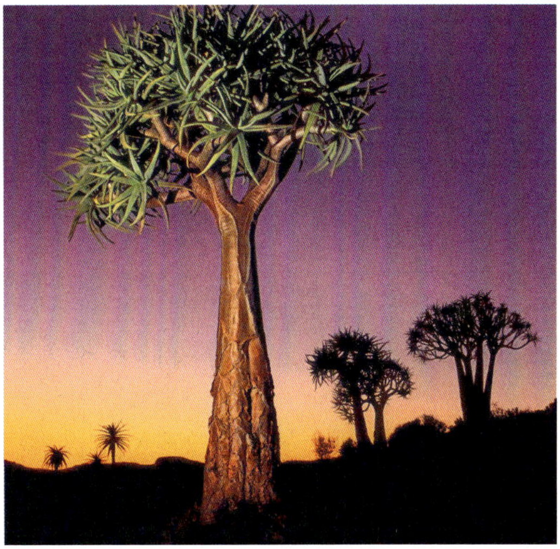

Bei diesem Foto wurden Blende und Verschlusszeit so gewählt, dass der pastellfarbene Himmel korrekt belichtet wird. Der Köcherbaum im Vordergrund wird durch einen Blitz zusätzlich erhellt.

BLITZ

Auch mit dem Blitz kann man für zusätzliches Licht sorgen. Wie der Name schon sagt, ist ein Blitz *kein* Dauerlicht, sondern sorgt nur für einen kurzen Licht*blitz*, wodurch das Ergebnis weniger gut vorherzusehen ist. Es gibt verschiedene Blitzmodelle, die in der Stärke und hinsichtlich der Art, wie sie ausgelöst werden, variieren. Da die Reichweite meist nicht mehr als drei Meter beträgt, muss der Blitz zudem nah am Motiv platziert werden. Am besten sieht man sich mit Blitz fotografierte Fotos immer wieder auf dem Display an, um zu überprüfen, wie das Motiv durch den Blitz belichtet wurde.

Das Fotografieren mit Blitz (siehe dazu auch die folgenden zwei Lektionen) ist zwar nicht ganz einfach - es gibt nicht umsonst ganze Bücher nur darüber! -, aber keine Sorge: Man braucht nur etwas Geduld und Übung, um auch mit Blitz perfekte Ergebnisse zu erzielen.

FOTOGRAFIEREN MIT BLITZ

Mithilfe eines Blitzes lassen sich in Innenräumen sowie im Freien einzigartige Ergebnisse erzielen – dafür braucht man jedoch Geduld, viel Übung und einiges an Feingefühl.

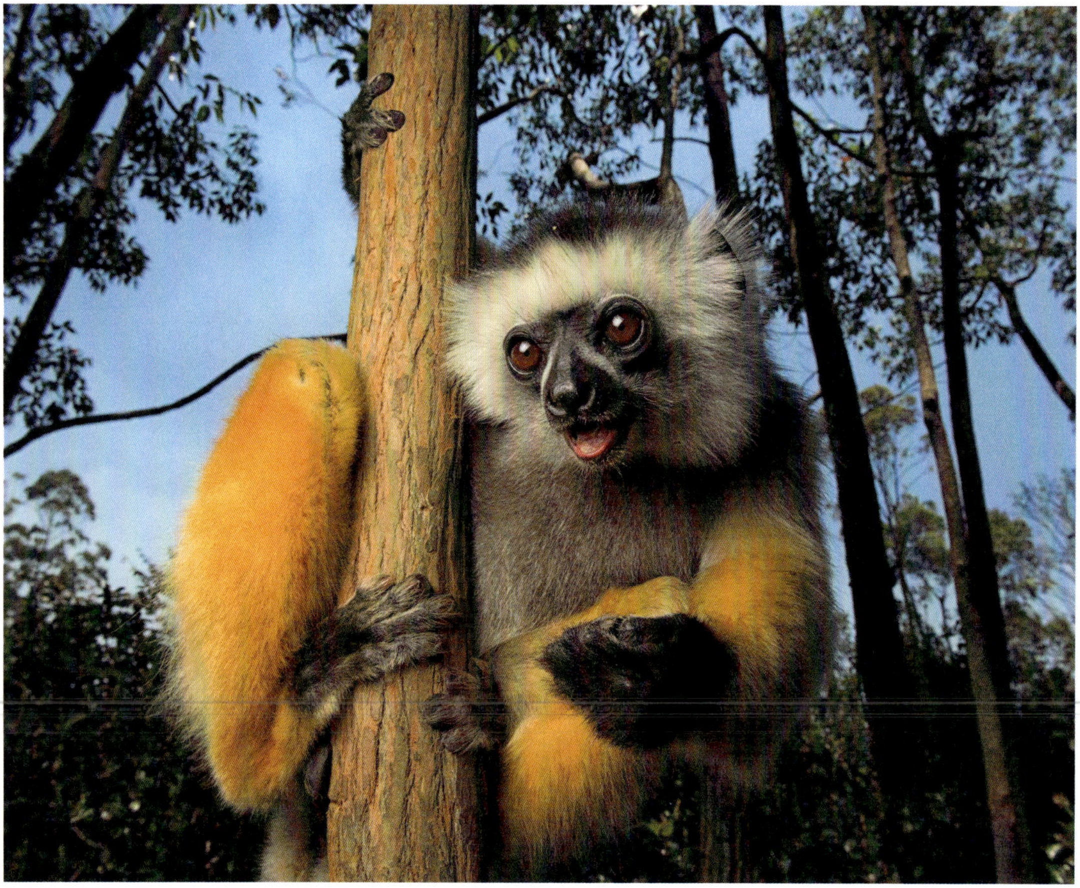

Selbst bei Tageslicht lohnt es sich manchmal, einen Blitz zu verwenden, wie man hier sieht: Durch den Aufhellblitz wird der Diademsifaka, eine auf Madagaskar lebende Lemurenart, perfekt ausgeleuchtet und hebt sich deutlich vom Hintergrund ab.

Die größte Herausforderung beim Fotografieren mit Blitz ist es, ihn mit den anderen Belichtungseinstellungen optimal zu kombinieren, ohne diese aus dem Gleichgewicht zu bringen. Dafür muss man sich ganz genau überlegen, was man mit dem Blitz erreichen will: Soll er für Akzente sorgen, Schatten abmildern oder das Motiv hervorheben? Oder handelt es sich dabei um die einzige Lichtquelle, die man zur Verfügung hat und die damit die gesamte Belichtung bestimmt?

AUFHELLBLITZ

Ein Aufhellblitz ist perfekt, um Schatten abzuschwächen und das Motiv hervorzuheben. Dabei werden Blende und Verschlusszeit so gewählt, dass der Bildausschnitt mit dem zur Verfügung stehenden Umgebungslicht perfekt belichtet wird, während der Aufhellblitz für etwas mehr Licht sorgt, das das Motiv hervorhebt. Dabei ist allerdings zu beachten, dass es bei den meisten Kameras eine kürzestmögliche Verschlusszeit gibt, bei der man mit Blitz fotografieren kann (Blitzsynchronzeit; siehe dazu den Tipp auf Seite 97). Das heißt, es kann sein, dass man die Verschlusszeit entsprechend verlängern muss – und dann die Blende verkleinern, um die längere Verschlusszeit auszugleichen. Die gewählte Blende bestimmt, wie stark der Blitz sein muss und in welchem Abstand zum Motiv er platziert werden sollte.

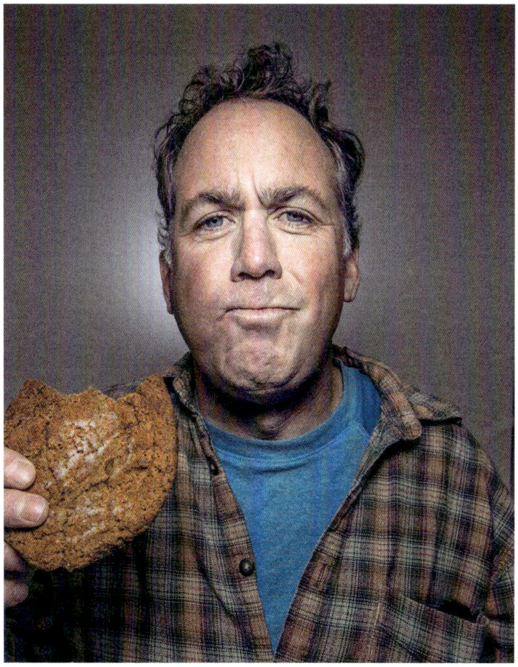

Dieses Porträtfoto wurde in einem Fotostudio mit dem Blitz als einziger Lichtquelle aufgenommen – so kann der Fotograf die Belichtung ganz nach Wunsch steuern.

NUR BLITZ

In einem Fotostudio ist der Blitz oft die einzige Lichtquelle, die einem zur Verfügung steht. Am besten wählt man dabei eine Verschlusszeit von 1/250, also genau die Blitzsynchronzeit, und stimmt die Blitzstärke auf die gewählte Blende ab. Die Belichtung kann man zudem durch den Abstand des Motivs zum Hintergrund sowie verschiedenes Beleuchtungszubehör, wie etwa einen Diffusor oder einen Reflektor, beeinflussen.

TTL-BLITZMESSUNG

Die meisten externen Blitze verfügen über eine TTL-Blitzmessung. Dabei wird die Belichtung durch das Objektiv („through the lens" – TTL) gemessen und so die richtige Blitzstärke bestimmt. Dadurch kann man Blende und Verschlusszeit frei wählen und hat immer den perfekten Blitz, sodass man sich ganz auf das Motiv konzentrieren kann.

ANPASSUNGEN VORNEHMEN

Durch einen zu starken Blitz sieht man auf dem Foto rote Augen, dunkle Schatten und hohe Kontraste. Damit das nicht passiert, blitzt man am besten indirekt oder abgeschwächt – mithilfe eines Reflektors, eines Blitzschirms, eines Diffusors oder auch eines dünnen Stücks Stoff, das zwischen Motiv und Blitz gehalten wird. Die größte Herausforderung beim Fotografieren mit Blitz ist, dass man erst beim fertigen Foto sieht, wie der Blitz wirkt. Am besten macht man daher immer mehrere Aufnahmen mit Blitz, sieht diese immer wieder an und nimmt wenn nötig Anpassungen vor.

LICHTRICHTUNG

Auch die Richtung, aus der das Licht auf das Motiv trifft, sorgt für eine bestimmte Wirkung. Platziert man die Lichtquelle gezielt, kann man durch die Lichtrichtung die Stimmung eines Foto und sogar das Aussehen des Motivs grundlegend verändern. Perfekt für ausdrucksstarke Porträtfotos!

Meist fotografiert man ganz automatisch mit der Sonne im Rücken - logisch, denn so wird das Motiv fast immer perfekt ausgeleuchtet. Im Hinblick auf die Lichtrichtung spricht man hier von Front- oder Direktbeleuchtung. Steht die Sonne tief, erhält man so zudem warme, satte Farbtöne und lange Schatten. Steht sie sehr hoch oder scheint sehr stark, kann das Foto aber flach und langweilig wirken, weil es so stark ausgeleuchtet wird, dass alle Schatten verschwinden. Welche anderen Möglichkeiten im Hinblick auf die Lichtrichtung gibt es also, um einzigartige Ergebnisse zu kreieren?

- **ÜBERKOPFBELEUCHTUNG** Hier kommt das Licht von oben. Das ist vor allem bei Porträts äußerst effektiv, wobei der Kopf der fotografierten Person leicht nach oben zum Licht gewandt sein sollte, um zu verhindern, dass sich unschöne Schatten auf das Gesicht legen. Ein Reflektor unterhalb des Gesichts hilft zudem, ungewollte Schatten unter Kinn, Nase und Augenbrauen abzuschwächen.
- **UNTERBELEUCHTUNG** Bei dieser Art der Beleuchtung sieht es so aus, als würde man sich eine Taschenlampe unters Gesicht halten - wie man es vom Erzählen von Gruselgeschichten kennt. Das von unten kommende Licht ist weniger schmeichelhaft, aber perfekt, wenn man eine unheimliche Stimmung erzeugen möchte.
- **REMBRANDT-BELEUCHTUNG** Dieser Beleuchtungsstil ist nach dem berühmten Maler Rembrandt van Rijn benannt, in dessen Gemälden sich dieser Stil häufig findet. Hier fällt das Licht im 45-Grad-Winkel schräg auf das Motiv, bei einem Porträt trifft es also vor allem von der Seite und ein bisschen von vorn auf das Gesicht. So ist eine Gesichtshälfte perfekt ausgeleuchtet, während auf der anderen weiche Schatten zu sehen sind, die für eine tolle subtile Dramatik sorgen.
- **SEITENBELEUCHTUNG** Hier wird eine helle Lichtquelle von links oder rechts seitlich auf das Motiv gerichtet, die andere Seite liegt komplett im Schatten. Bei einem Porträt sorgt das für düstere Dramatik.
- **HINTERGRUNDBELEUCHTUNG** Bei dieser Art der Beleuchtung befindet sich die Lichtquelle hinter dem Motiv, man spricht auch von Gegenlicht. Damit lassen sich feine Details hervorheben, die sonst verschwinden, wie etwa feines Babyhaar. Diese Beleuchtung ermöglicht zudem einen weiteren Lichteffekt, den man Silhouette oder Schattenriss nennt: Belichtet man auf die Lichtquelle, hebt sich das Motiv als schwarzer Umriss vor einem sehr hellen Hintergrund ab.

Um mit der Lichtrichtung zu experimentieren, eignet sich eine künstliche Lichtquelle, wie etwa ein Blitz, am besten, da man diese bewegen und so ganz nach Wunsch ausrichten kann. Bei einer natürlichen Lichtquelle, wie etwa der Sonne, muss man Motiv und Kamera richtig platzieren, um den gewünschten Effekt zu erzielen.

AUFGABE: LICHTRICHTUNG VARIIEREN

Um mit der Wirkung verschiedener Lichtrichtungen und -effekte zu experimentieren, eignet sich eine helle Lichtquelle, wie ein Fenster, eine Lampe oder ein externer Blitz. Schießen Sie mehrere Fotos und bewegen Sie dabei die Lichtquelle oder das Motiv, um möglichst viele Lichtrichtungen abzudecken. Welchen Einfluss haben die verschiedenen Lichteffekte auf die Stimmung des Fotos?

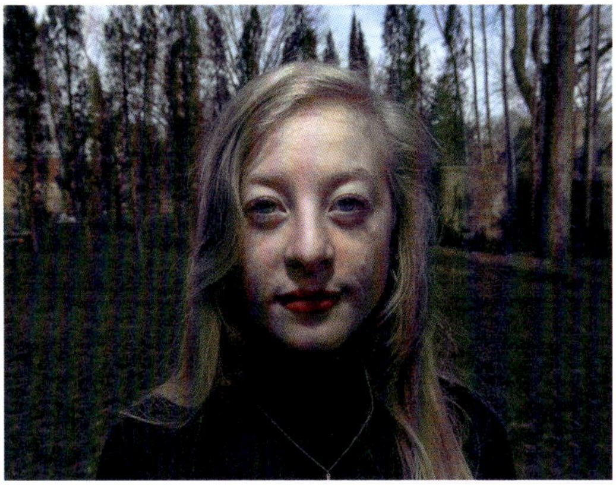

Überkopfbeleuchtung

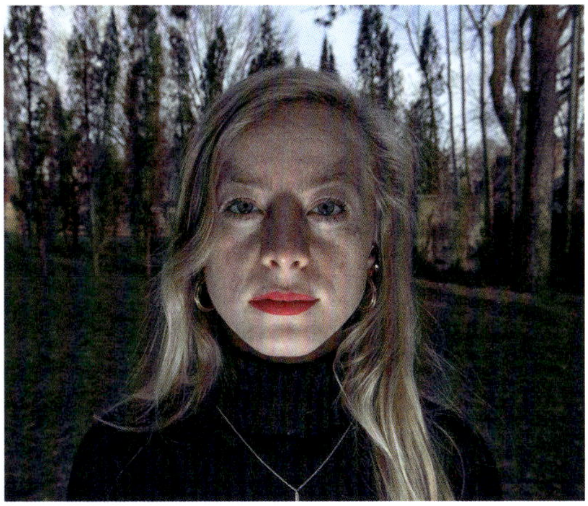

Unterbeleuchtung

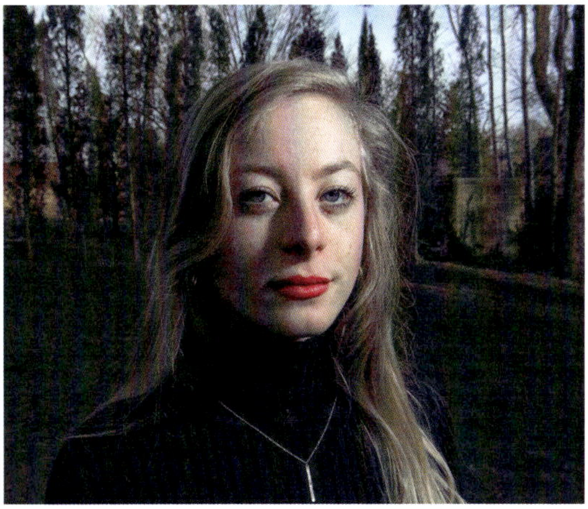

Rembrandt-Beleuchtung

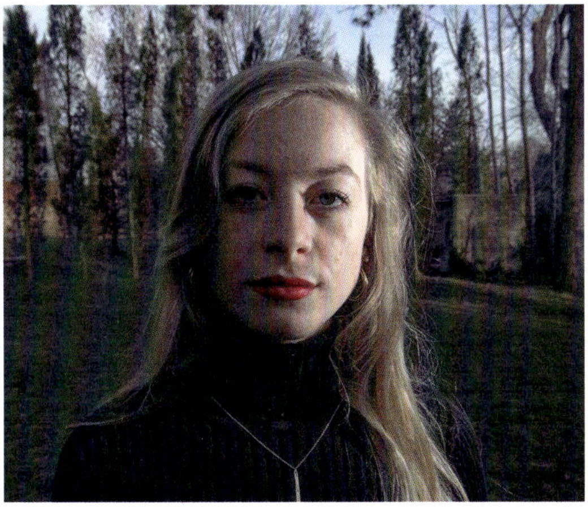

Seitenbeleuchtung

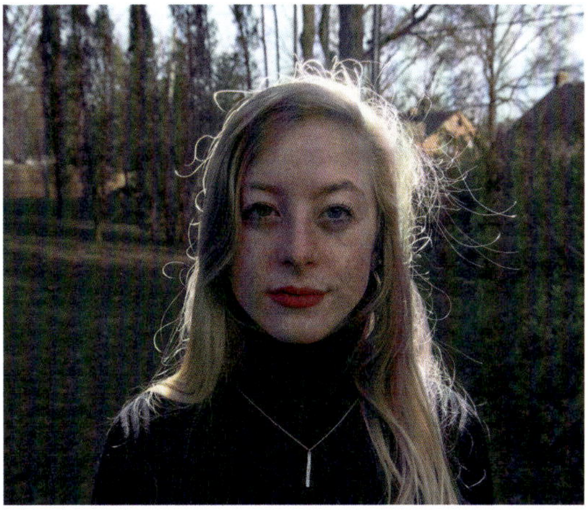

Hintergrundbeleuchtung oder Gegenlicht

LICHTFARBE

Licht ist meist nicht wirklich weiß, sondern hat eine Farbe – oder besser: eine Farbtemperatur. Diese wird anhand eines Spektrums von warmen (Rot-/Gelbtöne) bis kalten Farbtönen (Blau-/Lilatöne) beschrieben und sorgt nicht nur für eine bestimmte Farbgebung, sondern beeinflusst auch die Stimmung eines Fotos.

Auf der Suche nach tollen Motiven bleibt der Blick oft an jenen mit kräftigen Farben hängen. Aber nicht nur die Farben des Motivs bestimmen die Farbpalette eines Fotos, sondern die Farbgebung wird meist auch durch die Farbe des Lichts beeinflusst. Mit dem richtigen Blick für verschiedene Lichtfarben kann man beeinflussen, welche Stimmung das Foto vermittelt.

AUGEN VS. KAMERA

Haben Sie schon einmal an einem Wintertag fotografiert und plötzlich sah alles auf dem Foto irgendwie blau aus? Oder drinnen bei Kerzenlicht und auf einmal war alles gelb? Das liegt daran, dass die Kamera die Farbe des Lichts mit abbildet. Wir tun uns hingegen schwerer, Lichtfarben überhaupt zu erkennen, da unser Gehirn dabei gegen uns arbeitet: Es greift ständig korrigierend ein, damit das, was wir sehen, damit übereinstimmt, wie etwas unserer Erfahrung nach aussehen *sollte*. Und da für unser Gehirn alles Licht weiß ist, sehen wir Licht eben immer weiß. Um zu verstehen, welche Lichtfarben die Kamera in welchen Situationen erfasst, sieht man sich am besten verschiedene

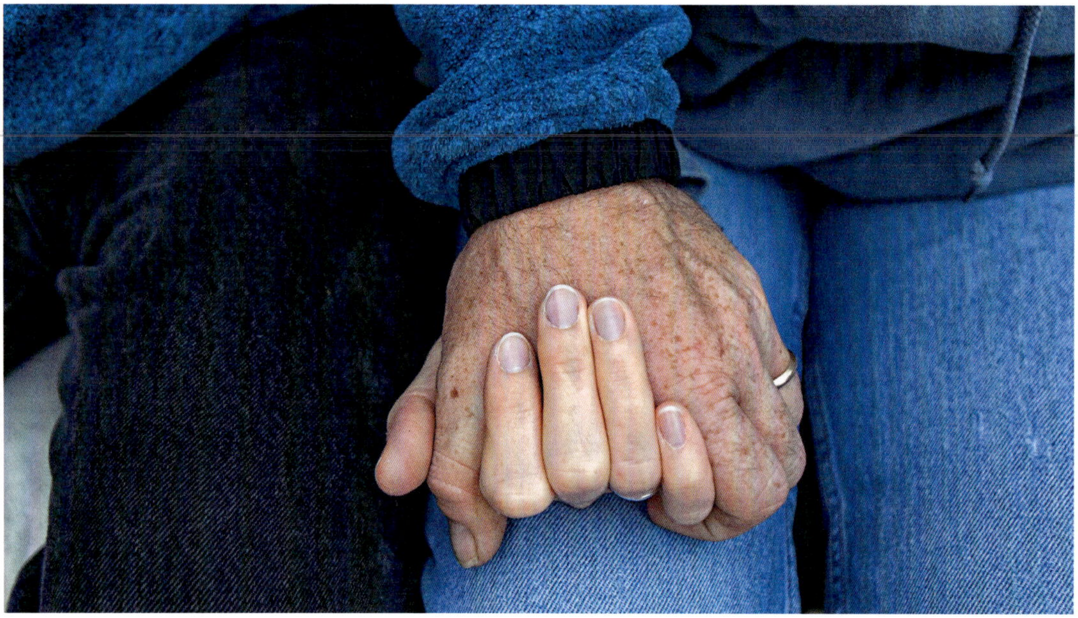

Hier sieht man mich und meine Frau Kathy Händchen halten. Das spätabendliche Licht um uns herum wird auf dem Foto als Blauton dargestellt, der eine entspannte, ruhige Stimmung vermittelt und perfekt für diesen intimen Moment ist.

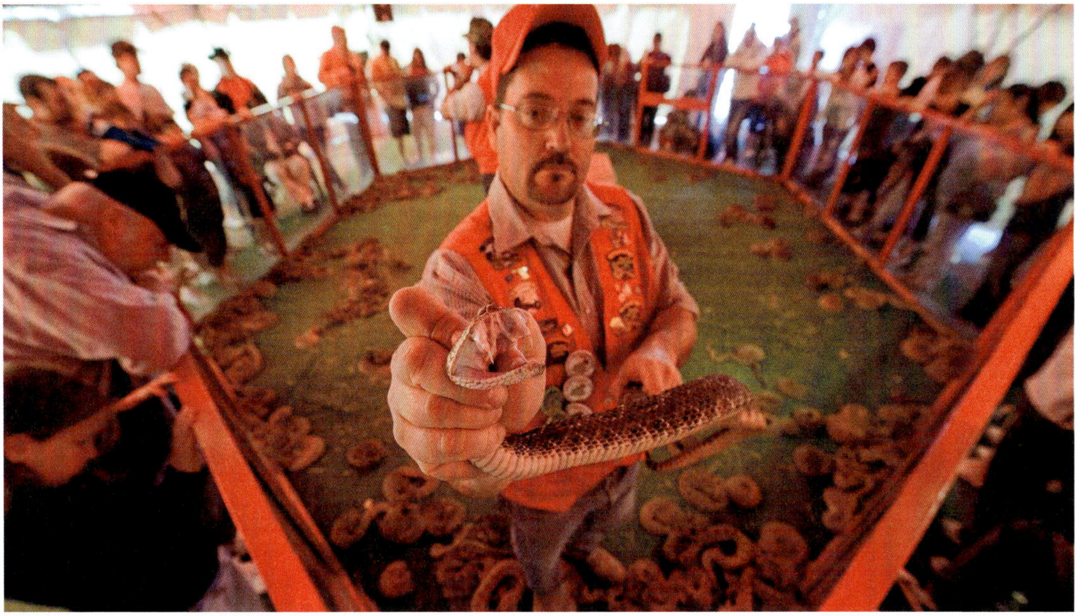

Der warme Rotton, in den diese Szene beim Klapperschlangen-Festivals in Magnum, Oklahoma, getaucht ist, sorgt für eine geheimnisvolle und leicht bedrohliche Stimmung.

Fotos, die man in unterschiedlichen Lichtverhältnissen aufgenommen hat, an. Mit der Zeit lernt man, sein Gehirn auszutricksen und zu erahnen, welche Lichtfarbe in einer bestimmten Situation vorherrscht.

FARBE UND STIMMUNG

Die Lichtfarbe und das Motiv wirken zusammen und erzeugen eine bestimmte Stimmung. Ein in bläuliches Licht getauchtes Pärchen auf einer Bank sieht ruhig und friedlich aus. Ein Foto von jemandem, der durch blaues Computerlicht angestrahlt wird, wirkt hingegen bedrohlich. Wird ein tanzendes Pärchen von warmem rotem Licht umgeben, erzeugt das eine romantische Stimmung – während eine rot beleuchtete Arena voller Klapperschlangen noch bedrohlicher wirkt. Die Lichtfarbe ist damit ein weiteres Werkzeug, das man nutzen kann, um mit einem Foto eine ganz bestimmte Geschichte zu erzählen.

TIPP FARBTEMPERATUR

Oft wird Licht als *kalt* oder *warm* beschrieben, wobei Blautöne häufig mit Kälte und Rottöne mit Wärme assoziiert werden. In der Fotografie bezieht man sich aber auf die *tatsächliche* Farbtemperatur, die in Kelvin gemessen wird und bei der genau das Gegenteil der Fall ist. „Heißes" Licht enthält viel weißes Licht – so wie das Sonnenlicht, das an einem wolkenlosen Tag eine Farbtemperatur von bis zu 20.000 Kelvin erreicht. Eine geringe Farbtemperatur sorgt für mehr rote Farbtöne, das ist etwa bei einem heruntergebrannten Lagerfeuer der Fall. Das letzte Licht bei Sonnenuntergang hat eine Farbtemperatur von etwa 2.000 Kelvin.

WEISSABGLEICH

Durch den Weißabgleich wird die Kamera auf die Farbtemperatur des vorhandenen Lichts sensibilisiert. Man hilft der Kamera sozusagen, zu erkennen, was für das Auge weiß aussieht, und sie passt die restlichen Farben automatisch an, sodass alle Farben auf dem Foto so dargestellt werden, wie wir sie sehen.

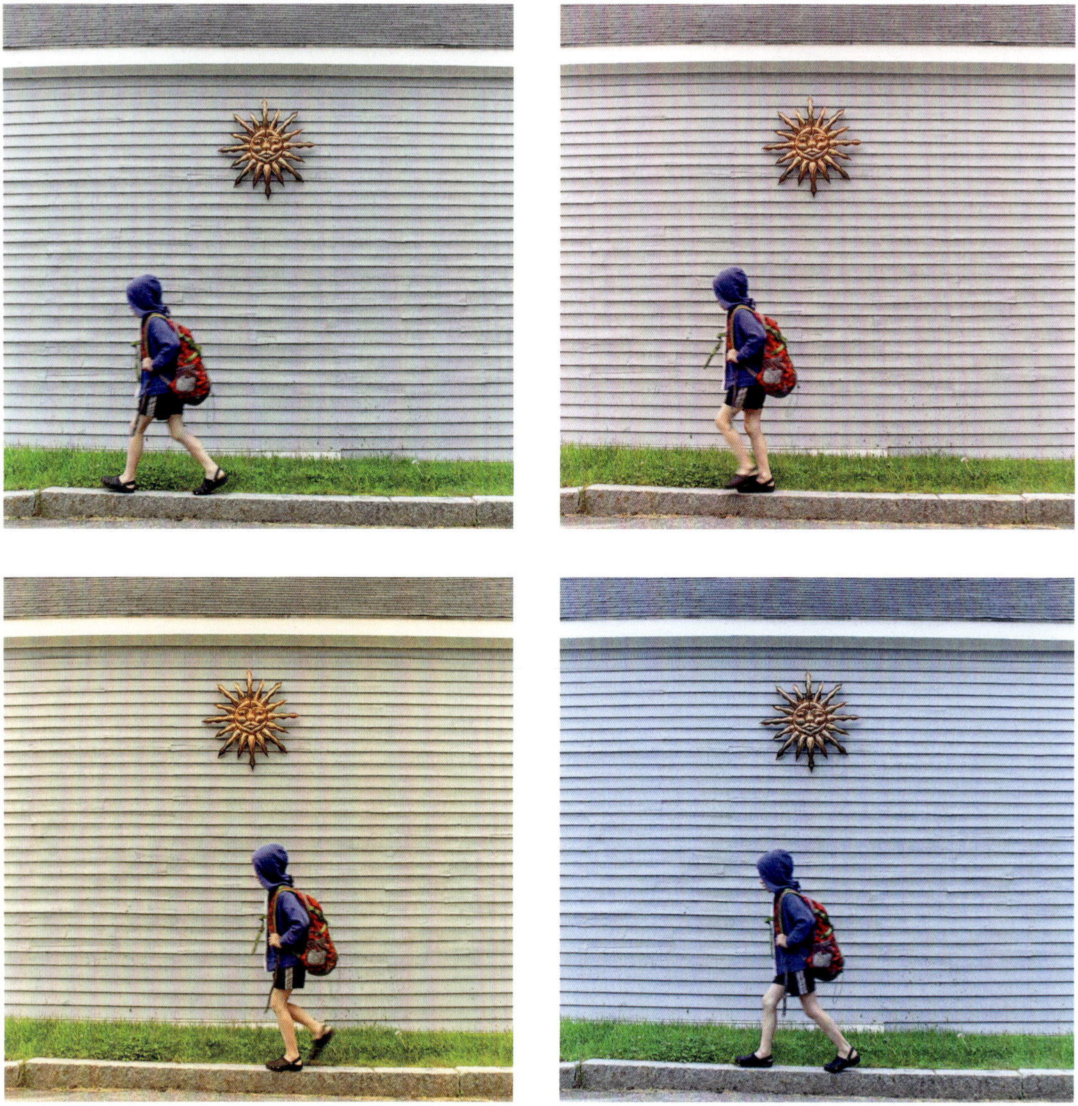

Es gibt unterschiedliche Weißabgleicheinstellungen, wobei die Kamera jeweils von einer Farbtemperatur ausgeht, die für bestimmte Beleuchtungssituationen typisch ist. „Tageslicht" (oben links) sorgt für eine natürliche Farbgebung bei im Freien aufgenommenen Fotos. „Kunstlicht von Leuchtstoffröhren" (oben rechts) sorgt für mehr Magentatöne, „Schatten" (unten links) lässt das Foto wärmer aussehen, „Kunstlicht von Glühlampen" (unten rechts) sorgt für kühlere Farbtöne.

In der letzten Lektion haben wir uns mit den Lichtfarben beschäftigt: Jede Lichtquelle hat immer auch eine bestimmte Farbe, und während unser Gehirn diese automatisch „wegkorrigiert", bildet die Kamera sie so ab, wie sie ist.

Das lässt sich am besten anhand eines Beispiels erklären: Hält man ein weißes Blatt Papier unter eine Lampe, wirft die Glühbirne gelbes Licht darauf. Unser Gehirn sagt uns, dass das Papier nach wie vor weiß aussieht, es nimmt also eine Art automatischen Weißabgleich vor. Die Kamera erfasst hingegen die *tatsächliche* Farbe, die das Blatt im Licht der Glühbirne hat. Alle anderen Farben auf dem Foto werden dann im Verhältnis zu diesem „Weiß" dargestellt - und sie bekommen dadurch einen warmen Gelbstich.

Jede künstliche Lichtquelle hat eine andere Farbtemperatur, so sorgt etwa das Licht von Leuchtstoffröhren für eine kühle und Kerzenlicht für eine warme Farbgebung. Aber auch die Tageszeit oder Schatten, die durch Wolken entstehen, haben einen Einfluss darauf, welche Farbgebung das fertige Foto hat. Sollen die Farben so dargestellt werden, wie man sie mit bloßem Auge sieht, muss man der Kamera helfen, die Lichtfarbe auszublenden.

FARBEN KORRIGIEREN

Der Weißabgleich ist eine Einstellung, die ähnlich wie unser Gehirn Farben korrigiert. So kann man der Kamera sagen, was sie als „Weiß" erkennen soll, und alle anderen Farben werden dann in Relation zu diesem Weiß korrekt dargestellt. Dadurch werden die Farben auf dem Foto dann genauso abgebildet, wie wir sie mit bloßem Auge sehen. Man sollte den Weißabgleich vornehmen, bevor man fotografiert, Farbkorrekturen sind aber auch nachträglich noch möglich (siehe dazu Kapitel 10).

KAMERA-WEISSABGLEICH

Viele Kameras verfügen über Weißabgleicheinstellungen, wobei die Kamera automatisch auf eine Farbtemperatur eingestellt wird, die für eine bestimmte Beleuchtungssituation typisch ist, etwa „Schatten", „Kunstlicht von Leuchtstoffröhren", „Kunstlicht von Glühlampen" usw. Das Licht von Leuchtstoffröhren ist bläulich, diese Einstellung sorgt daher für mehr Magentatöne, während Glühbirnen gelblich leuchten, sodass die Kamera automatisch eine kühlere Farbgebung wählt.

Es gibt auch einen automatischen Weißabgleich („AWB"). Dabei sucht die Kamera selbst weiße oder zumindest helle Stellen und nimmt den Weißabgleich basierend darauf vor. Da das nicht immer klappt, sollte man überprüfen, ob das gewünschte Ergebnis erreicht wurde, bevor man weiterfotografiert. Am besten gewöhnt man sich an, immer zuerst einen Weißabgleich zu machen und erst dann die anderen Einstellungen vorzunehmen.

TIPP | **VORGEGEBENE WEISSABGLEICHEINSTELLUNGEN**

Ich arbeite seit vielen Jahren mit Spiegelreflexkameras, und meiner Erfahrung nach erhält man mit der Weißabgleicheinstellung „Tageslicht" die größte Bandbreite an Farben, egal, bei welchem Licht. Fotografiert man zusätzlich im RAW-Format, kann man die Fotos später am Computer besonders gut weiterbearbeiten. Mehr Infos zum RAW- und anderen Aufnahmeformaten und zur Bildbearbeitung finden Sie in Kapitel 10.

DIE GOLDENE STUNDE

Zweimal am Tag hat man die Gelegenheit, in ganz besonderem Licht zu fotografieren: kurz nach Sonnenauf- und kurz vor Sonnenuntergang. Da das Licht wunderbar warm und golden ist, nennt man diese Zeitspanne auch „goldene Stunde". Ein guter Grund, früh aufzustehen und lange draußen zu bleiben!

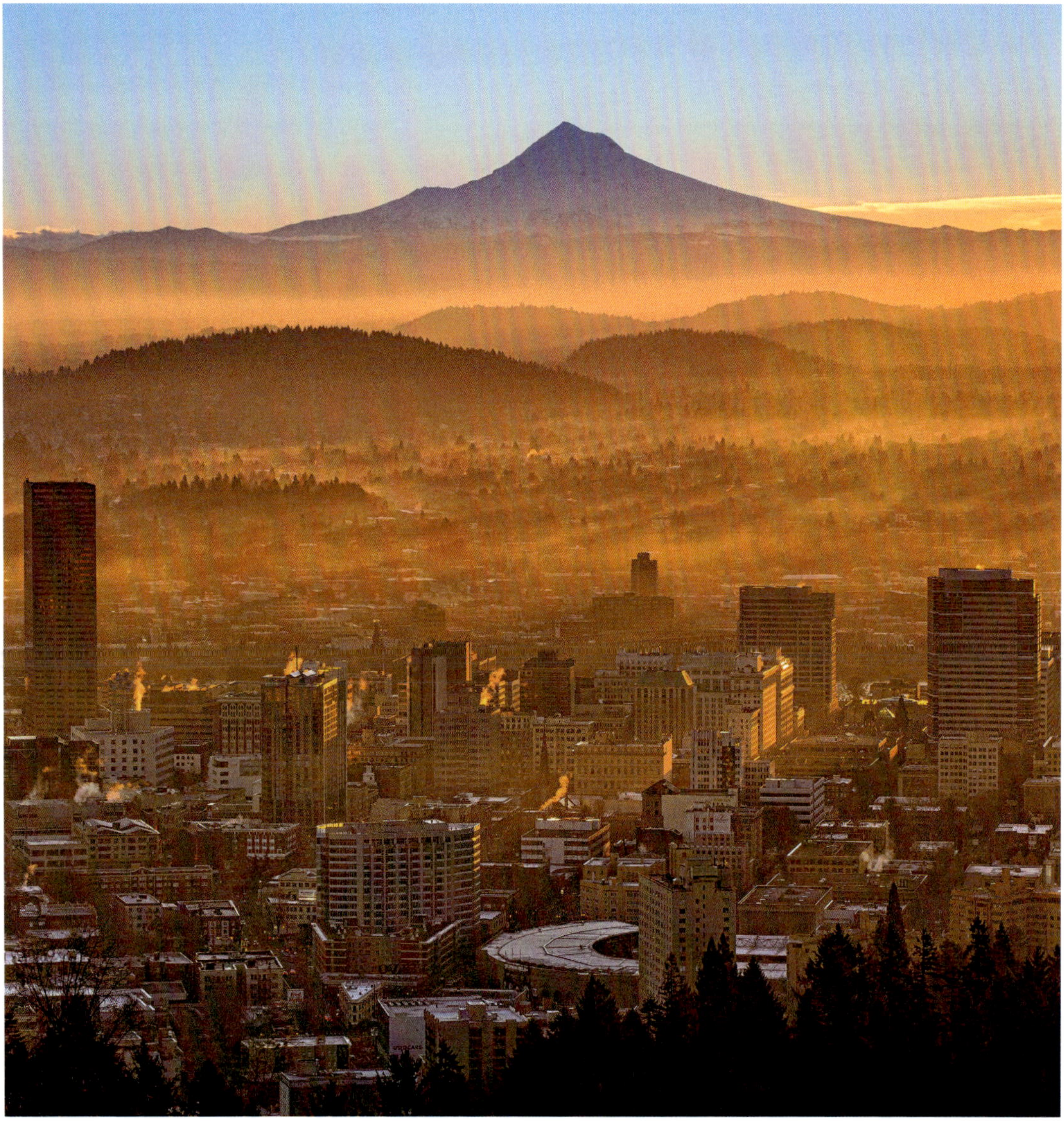

Durch die tiefstehende Sonne erscheint auf diesem Foto die ganze Stadt in diffuses, warmes Licht getaucht, das für leuchtende Farbtöne sorgt und die Berge in der Entfernung fast lila aussehen lässt.

Grundsätzlich sollte man es vermeiden, in der Mittagssonne im Freien zu fotografieren, da die aufgenommenen Fotos aufgrund der hochstehenden Sonne oft flach und langweilig aussehen. Viel besser ist es, wenn die Sonne tief steht - also von kurz vor Sonnenaufgang bis vormittags und vom späten Nachmittag bis kurz nach Sonnenuntergang. In diese Zeit fällt jeweils auch eine ganz besondere Zeitspanne - die „goldene Stunde", in der die ganze Welt in warmes, leuchtendes Licht getaucht wird.

EIN HAUCH VON MAGIE

Wenn die Sonne tief steht, muss das Licht eine viel längere Strecke durch die Erdatmosphäre zurücklegen. Es trifft dadurch einerseits nicht direkt auf das Motiv, wodurch die Kontraste weniger stark und die Farben satter und voller sind. Andererseits sind die blauen Farbtöne des Lichtspektrums diffuser, da das Licht durch die Erdatmosphäre gefiltert wird, was zudem für mehr warme, rotgelbe Farbtöne sorgt. Manchmal spricht man dabei auch von „magischem Licht" - denn in der goldenen Stunde lassen sich wie durch Magie besonders einzigartige Aufnahmen machen.

Dafür muss man aber schnell sein - denn die Bezeichnung *Stunde* ist hier nicht wörtlich zu nehmen. Wenn man viel Glück hat, dauert diese magische Lichtstimmung etwas an, aber meist hat man nicht mehr als ein paar Minuten. Wie man so schön sagt: Schönheit ist eben vergänglich - es sei denn, man hält sie auf einem Foto fest!

MAGISCHES LICHT IST NICHT ALLES

Was nützt es einem, wenn ein Restaurant eine tolle Aussicht hat, aber das Essen nicht schmeckt? Richtig, gar nichts! Ähnlich ist es auch mit der goldenen Stunde: Nur weil das Licht perfekt ist, heißt das nicht, dass man sich darauf „ausruhen" und die anderen Aspekte, die ein gutes Foto ausmachen, außer Acht lassen darf. Einerseits gilt es zu beachten, dass man aufgrund des warmen, gedämpften Lichts eine längere Verschlusszeit oder eine weitere Blende braucht. Andererseits sollte man sich am besten schon im Vorhinein Gedanken machen, welches Motiv mithilfe welcher Komposition durch das tolle Licht am besten in Szene gesetzt wird - das ist viel interessanter, als nur ganz klassisch den Sonnenuntergang zu fotografieren! -, und sich außerdem auch überlegen, welche Geschichte man erzählen möchte.

Schlussendlich sollte man den Tag dann auch richtig planen: Online findet man Goldene-Stunden-Tabellen oder -Rechner, die einem helfen, früh genug an einem geeigneten Standort zu sein. Mit der richtigen Vorbereitung und dem Wissen, das Sie sich im Laufe dieses Buchs angeeignet haben, gelingt es so, das Beste aus dieser einzigartigen Lichtsituation herauszuholen.

TIPP DIE LICHTER DER STADT

Morgen- und Abenddämmerung sind die besten Zeiten, um die vielen Lichter einer Großstadt einzufangen. Viele glauben, die Nacht wäre der beste Zeitpunkt dafür, das ist aber wegen des starken Kontrasts zwischen dunklem Himmel und der Beleuchtung nicht der Fall. Bei Sonnenauf- oder -untergang scheinen die Lichter der Stadt mit dem warmen Sonnenlicht um die Wette, und dank des geringeren Kontrasts lassen sich mehr Details einfangen.

WENIG LICHT

Auch wenn es einfacher ist, in perfekten Lichtverhältnissen zu fotografieren: Auch nach Sonnenuntergang, im Schatten oder bei wenig Licht in Innenräumen können tolle Fotos entstehen – man muss nur die richtigen Kameraeinstellungen kennen.

Die modernen Digitalkameras werden technisch immer besser und können daher auch immer besser mit schlechten Lichtverhältnissen umgehen. Stärkere Bildsensoren sorgen für eine höhere Bildqualität auch bei hohen ISO-Werten, und eine bessere interne Bildstabilisierung sorgt dafür, dass man problemlos mit längeren Verschlusszeiten arbeiten kann. Aber trotz alldem braucht man auch das richtige Wissen, um bei wenig Licht tolle Ergebnisse zu erzielen.

GRUNDEINSTELLUNGEN

Wenn man nur wenig Licht zur Verfügung hat, stellt man am besten zuerst die ISO ein, da man sich mithilfe eines höheren ISO-Werts ein bisschen zusätzliches Licht „erkaufen" kann. Dabei ist allerdings zu beachten, dass das auch seinen Preis hat: Je höher die ISO, desto mehr Rauschen.

Dann stellt man Blende und Verschlusszeit ein. Bei wenig Licht eignet sich am besten ein Weitwinkelobjektiv mit weiter Blende: f/4 ist okay, f/2.8 ist besser. Damit das wenige Licht zudem noch mehr Zeit hat, um auf den Bildsensor zu gelangen, sollte man eine möglichst lange Verschlusszeit wählen – und die Kamera stabilisieren, damit das Foto nicht verwackelt.

MEHR LICHT

Sobald die Kamera so eingestellt ist, dass das wenige verfügbare Licht möglichst gut genutzt wird, kann man mit einem Blitz experimentieren, um das Motiv zusätzlich aufzuhellen. Dafür sollte man im besten Fall bereits etwas Übung im Fotografieren mit Blitz haben, damit man weiß, welche Blitzstärke bei welcher Blende geeignet ist und mit welchem Abstand zum Motiv der Blitz platziert werden sollte.

Der Belichtungsmesser zeigt bei wenig Licht meist einfach nur eine Unterbelichtung an, ein Blick auf das Histogramm lohnt sich dafür umso mehr. Um möglichst viel Licht in allen Bereichen zu nutzen, etwa, wenn man den Mond vor einem pastellfarbenen Himmel fotografieren möchte, sollte man die Belichtung mithilfe der Belichtungskorrektur anpassen, bis eine Glockenkurve zu sehen ist. Möchte man auf ein durch ein Lagerfeuer hell erleuchtetes Gesicht belichten und rundherum auch dunkle Bereiche darstellen, sollten auf dem Histogramm viele Balken links zu sehen sein, damit auch dunkle Farbtöne dargestellt werden.

NICHTS ERZWINGEN

Das Wichtigste ist aber, dass das Fotografieren *Spaß* machen und niemals für schlechte Stimmung sorgen sollte. Wenn man es einfach nicht schafft, ein Foto zu machen, das einem gefällt, sollte man nichts erzwingen – sondern die Kamera lieber weglegen und den Moment genießen, denn das geht auch (oder besonders) bei wenig Licht wunderbar!

MEHR INFOS ZU LANGEN VERSCHLUSSZEITEN AUF SEITE 76
MEHR INFOS ZU HOHEN ISO-WERTEN AUF SEITE 78

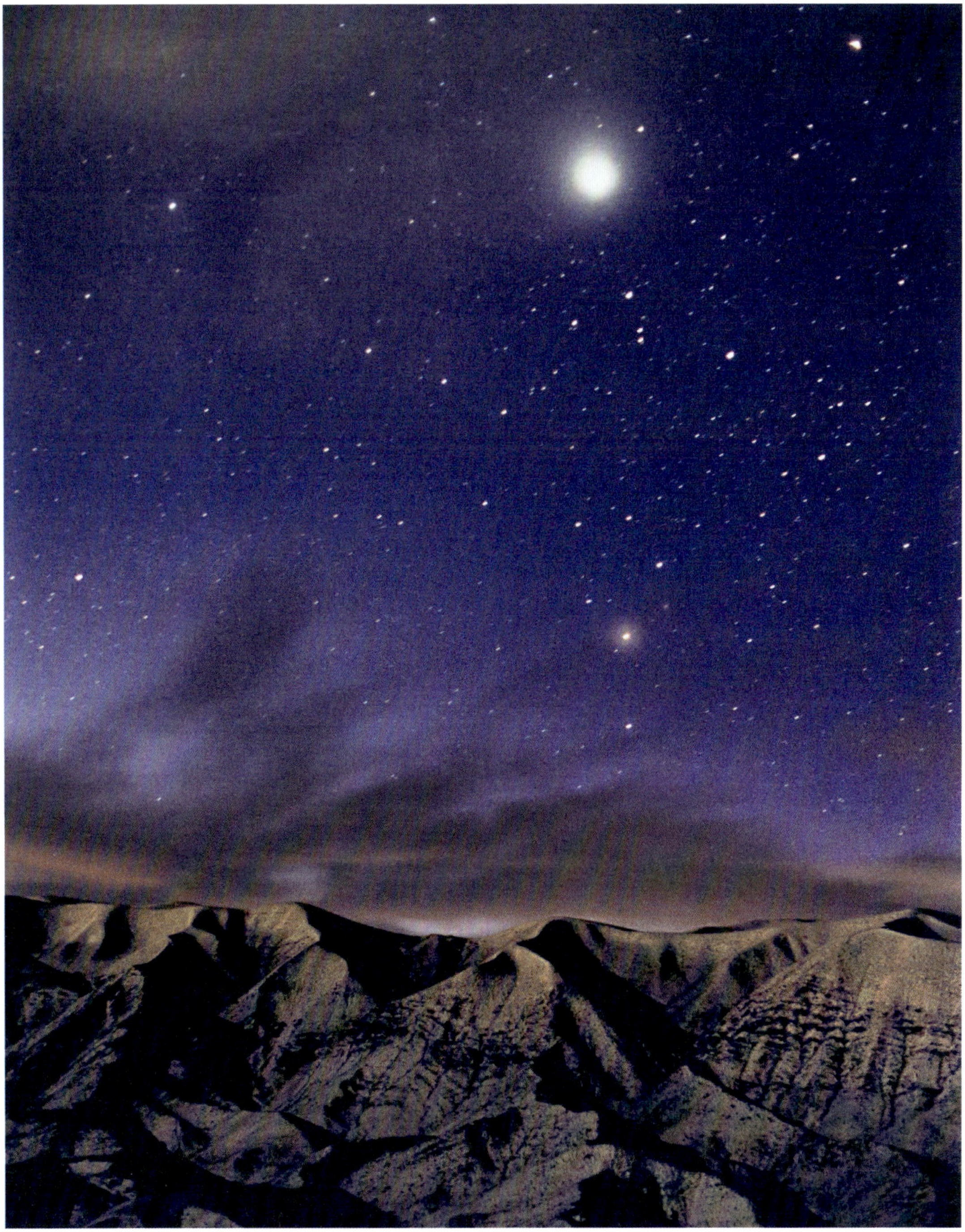

Das schwache Mondlicht ist hier die einzige Lichtquelle. Für Motive wie dieses braucht man eine lange Verschlusszeit (und am besten ein Stativ!), um trotz des wenigen Lichts alles auf dem Foto scharf und detailgetreu abzubilden.

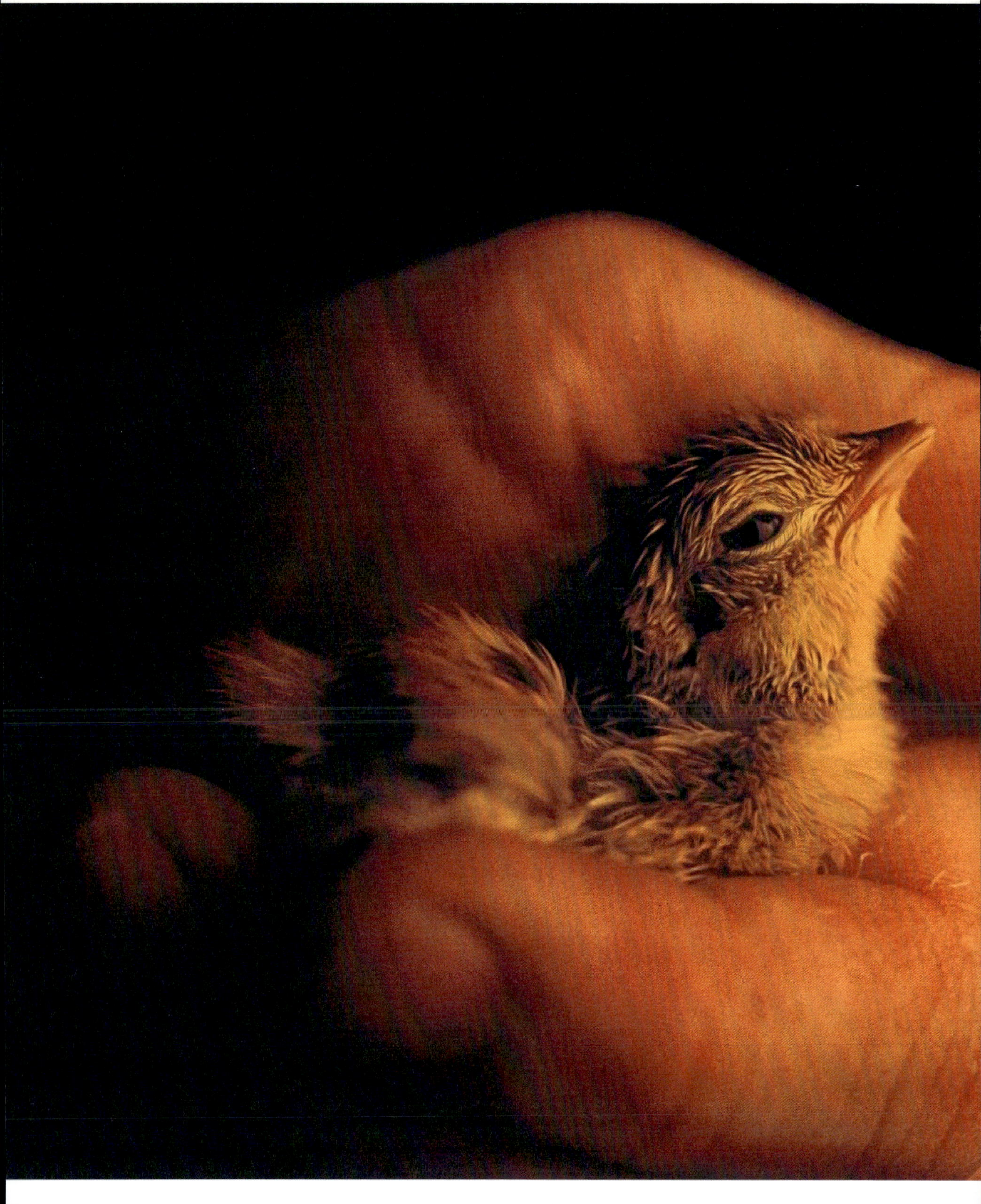

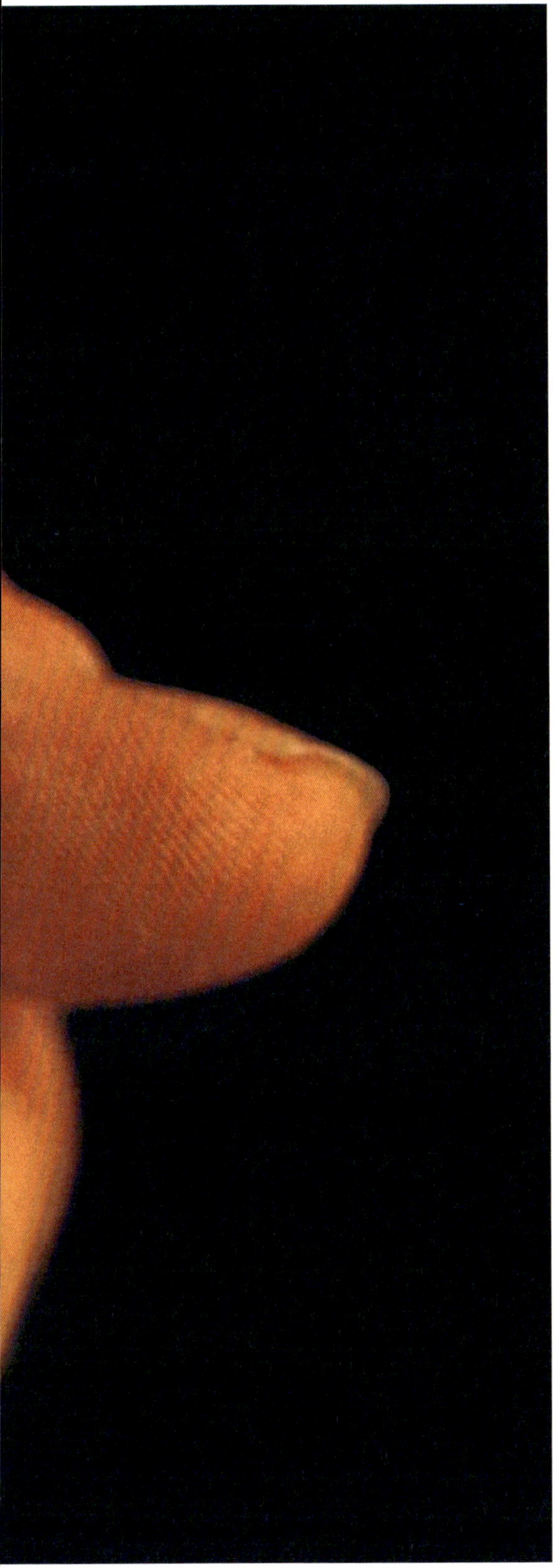

FRISCH GESCHLÜPFT

Diese Aufnahme eines Attwaters-Präriehuhn-Kükens entstand im Fossil Rim Wildlife Center in Glen Rose, Texas, wo diese stark gefährdeten Vögel gezüchtet werden. Ich habe die ganze Nacht im Brutraum verbracht, um auf jeden Fall dabei zu sein, wenn die Küken schlüpfen – und das ist mir gelungen: Dieses Küken hier ist gerade einmal ein paar Minuten alt! Um die warme und friedliche Atmosphäre einzufangen und zudem das zarte Tierchen nicht zu erschrecken, habe ich für dieses Foto bewusst keinen Blitz verwendet.

WARME FARBEN In einer Ecke des Brutraums befand sich eine kleine Wärmelampe, die für ein tolles warmes Licht sorgte. Ich finde, dass der rötliche Farbton gut zu diesem zarten Motiv passt und zugleich unterstreicht, wie wichtig es ist, dass sich der Mensch um den Fortbestand dieser Art kümmert.

ZUSÄTZLICHES LICHT Ich verwendete eine kleine Leselampe, um für zusätzliches Licht zu sorgen und das Köpfchen des Kükens hervorzuheben.

DIE RICHTIGE POSITION Um das Küken in die perfekte Position zu bringen, bat ich den Mitarbeiter des Wildlife Center, die Hand mit dem Küken langsam in Richtung Leselampe zu bewegen, bis die Belichtung einfach perfekt war. Bei Porträtfotos wie diesem sollte man sich die Umgebung zunutze machen – und bei Bedarf freundlich um Hilfe bitten –, um das Motiv perfekt in Szene zu setzen.

FÜNF
FARBEN & TEXTUREN

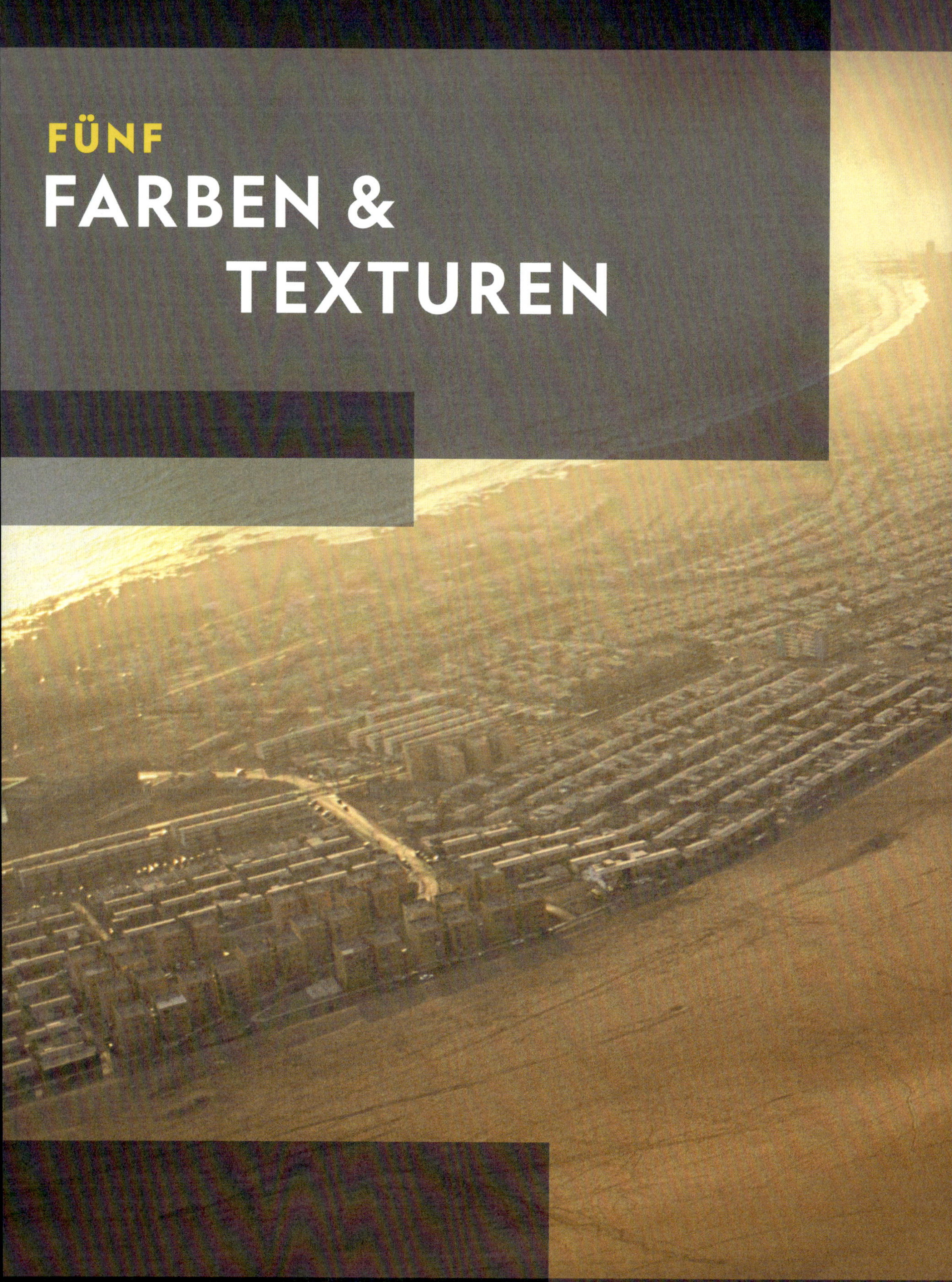

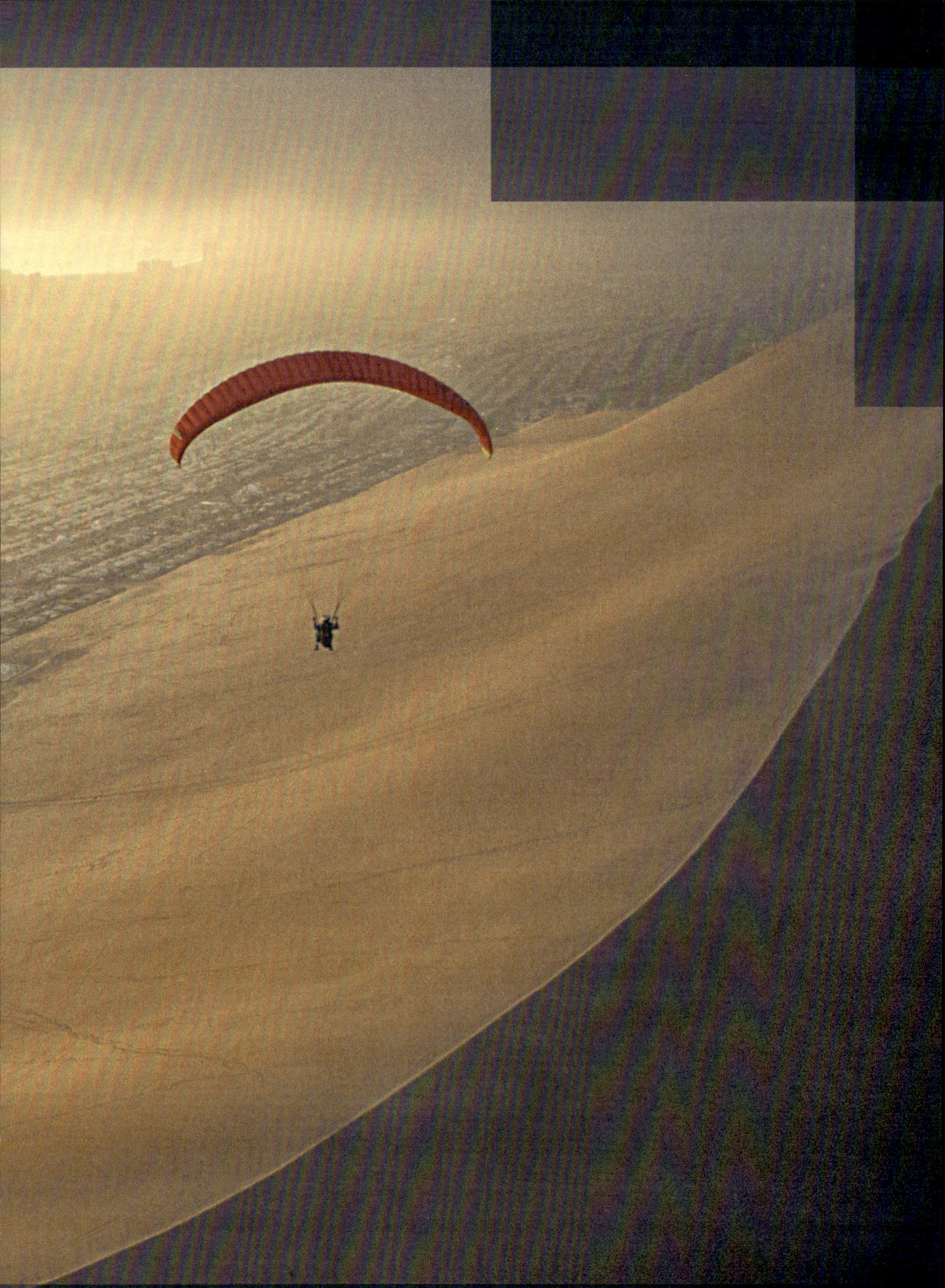

DIE MACHT DER FARBEN

Es kommt nicht von ungefähr, dass „Was ist deine Lieblingsfarbe?“ eine Frage ist, die Kinder wie auch Erwachsene einander stellen. Farben sind überall und spielen auch in der Fotografie eine unglaublich wichtige Rolle. In diesem Kapitel geht es darum, wie man Farben in der Fotografie perfekt einsetzt – ganz egal, ob man sich dabei für eine monochrome Farbpalette entscheidet oder wie bei einem Schwarz-Weiß-Foto komplett auf Farben verzichtet. Im Hinblick auf Farben (und ihre Abwesenheit) sollte jede Entscheidung gut durchdacht sein: Achten Sie auf all die Farben um Sie herum und überlegen Sie sich, wie man diese am besten in Szene setzen könnte.

Neben Farben geht es in diesem Kapitel auch um das Fotografieren von Texturen und Mustern. Haben Sie schon einmal ein Foto gesehen, in das Sie am liebsten hineingegriffen hätten, um das Motiv zu berühren? Es ist nicht nur unser Blick, der von Texturen und Mustern wie magisch angezogen wird, sie können auch eine bestimmte Stimmung vermitteln oder dafür sorgen, dass das Foto gefühlt über die zweidimensionale Fläche hinausgeht, sodass das Betrachten des Fotos zu einer einzigartigen Erfahrung wird.

Zum Schluss folgt ein kurzer Exkurs in die Makrofotografie. Auch im Kleinen kann man hervorragende Ergebnisse erzielen – man braucht nur die entsprechende Ausrüstung, das richtige Licht und einen Blick für mögliche Motive. Wenn man ein paar Dinge beachtet, eignen sich selbst die kleinsten Details, um großartige Fotos zu kreieren.

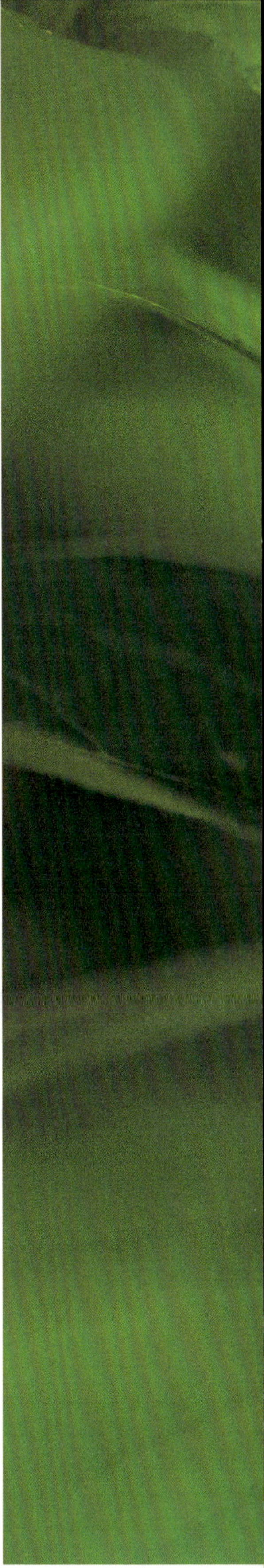

Ein Copes Grauer Laubfrosch in einem Pfingstrosenstrauch in der Nähe von Crosslake, Minnesota.

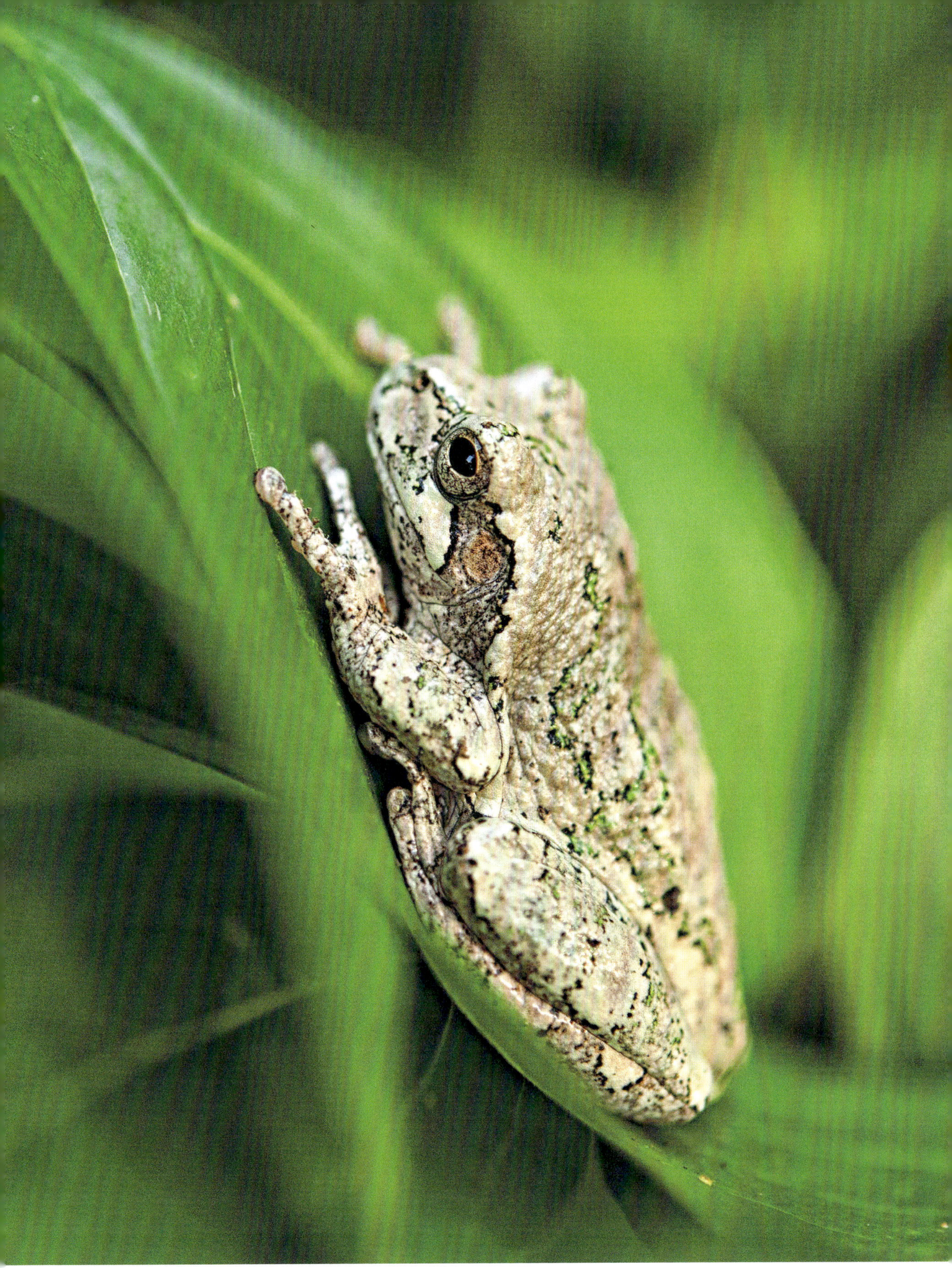

FARBPALETTE

Die Farbpalette eines Motivs ist ein wesentlicher Aspekt in der Fotografie. Wie viele und welche Farben man wählt und wie kräftig sie sind, hat nicht zuletzt einen großen Einfluss auf die Stimmung des Fotos.

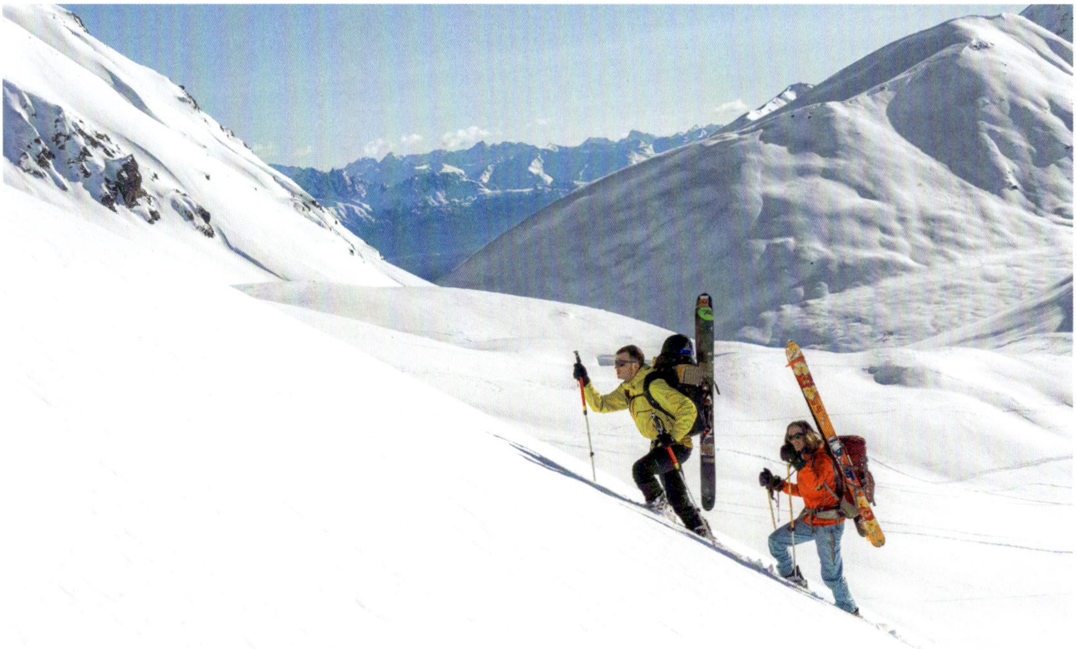

Ein Pärchen beim Skitourengehen in den Talkeetna Mountains in Alaska. Der blaue Himmel und der Schnee vermitteln ein Gefühl für die Kälte, die bunten Farben der Kleidung sorgen für einen Hauch Wärme und Energie.

Es gibt viele Faktoren, die man beim Fotografieren bedenken muss: Komposition, Belichtung, Fokus, Tiefenschärfe und Licht sind die Grundlagen. Der Aspekt, der Betrachter aber meist als Erstes anspricht, sind die Farben. Wir wissen bereits, dass das Licht immer eine bestimmte Farbe hat, die die Stimmung eines Fotos grundlegend beeinflussen kann. Daher wirkt ein Strand in gelborangem Licht warm, und blaues Licht und ein bedeckter Himmel lassen eine Schneelandschaft noch kälter wirken.

Zusätzlich spielen aber auch die Farben all dessen, was auf dem Foto zu sehen ist - vom Hintergrund bis zum Hauptmotiv - eine wichtige Rolle. Die Lichtfarbe und die Farben des Motivs ergeben zusammen eine Farbpalette, mit deren Hilfe man dem Betrachter eine ganz bestimmte Stimmung vermitteln kann.

DIE MACHT DER FARBEN

Kräftige Farben haben mehr optisches Gewicht, das bedeutet, sie ziehen den Blick stärker auf sich als selbst große Bereiche in gedeckteren Farben. Sieht man also in einer Schneelandschaft eine Person in einem roten Mantel, ist das zum einen

AUFGABE: FARBEN FOTOGRAFIEREN

Suchen Sie sich einen Raum in Ihrem Zuhause, in dem eine Farbe vorherrscht. Wählen Sie einen Bildausschnitt und experimentieren Sie mit verschiedenen farbigen Objekten, die Sie hinzugeben oder entfernen. Wie verändert sich dadurch die Stimmung der Fotos? Was funktioniert und was nicht?

ein toller optischer Blickfang, und zugleich sorgt das warme Rot auch für einen interessanten Kontrast zu der kühlen Lichtfarbe der Umgebung. Und platziert man an einem Strand einen blauen Sonnenschirm, hat man ein „kaltes" Element in einer sonst sehr „warmen" Umgebung. Elemente wie diese, die für visuelle Spannung sorgen, können ein Foto noch interessanter machen.

Man kann aber auch eine Farbe an verschiedenen Stellen im Bildausschnitt immer wieder auftauchen lassen oder mit einer einzigen Farbe in verschiedenen Schattierungen arbeiten, so entsteht Rhythmus oder Harmonie, und die gewählte Farbe wird zu einem visuellen Schrittmacher oder einer Konstante, die für Ruhe sorgt.

Auch beim Einsatz von Farben sollte die Bildkomposition bedacht werden: Ein farbiges Element vor einem gedeckten Hintergrund kann man beispielsweise mithilfe der Drittel-Regel platzieren. Und keinesfalls sollte ein unaufmerksam platziertes Farbelement eine sonst harmonisch wirkende Komposition durcheinanderbringen. Es hilft, sich dabei immer zu fragen: Macht das mein Foto besser oder schlechter?

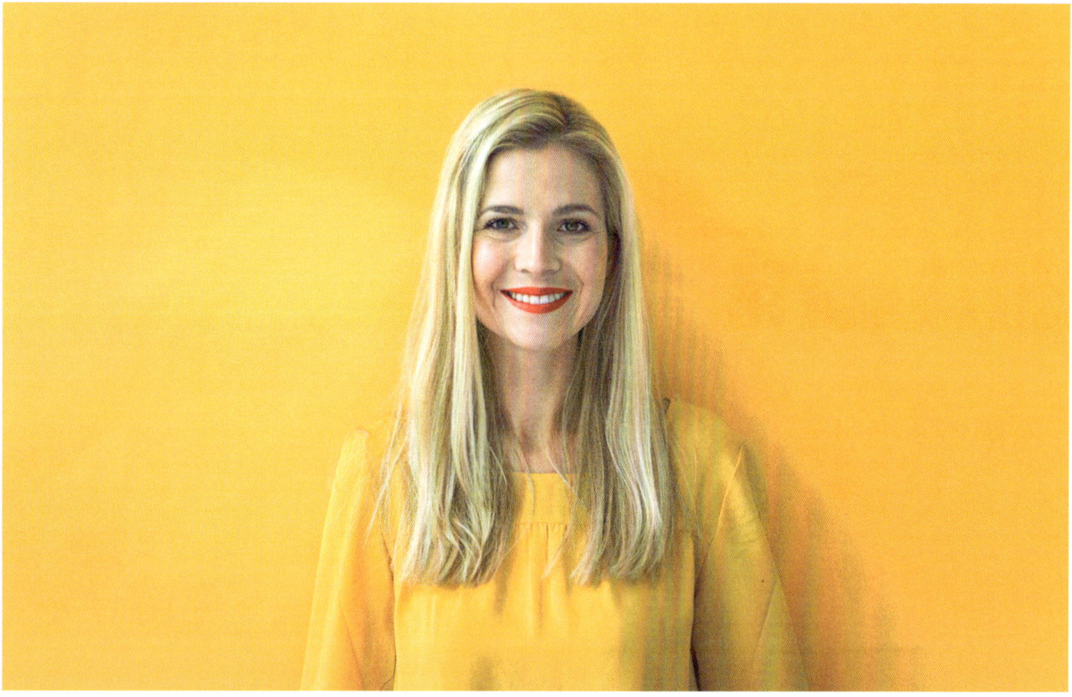

Dieses Porträtfoto einer Frau in einem gelben Oberteil vor einer gelben Wand strahlt Wärme und Glück aus. Der rote Lippenstift sorgt für einen tollen Farbakzent, der den Blick des Betrachters in die Bildmitte lenkt.

SÄTTIGUNG

Wie das Licht können auch Farben unterschiedlich intensiv sein: von kräftig bis gedeckt, von rein bis verwaschen. Mit der Sättigung verändert sich zudem immer auch die Stimmung, die eine Farbe hervorruft.

Jede Farbe ruft bestimmte Stimmungen und Gefühle hervor – von kraftvollen Rottönen über warme Gelbtöne bis hin zu beruhigendem Grün und kühlem Blau. Kräftige Farben vermitteln Energie und Spannung, gedeckte Farbtöne wirken eher beruhigend. Wenn man auf Fotos mit Farben arbeiten möchte, sollte man neben der Wirkung der Farben an sich auch ihre Sättigung, also die Intensität des Farbtons, beachten.

KRÄFTIGE FARBEN

Kräftige, satte Farbtöne erzeugen tolle Akzente, zudem assoziiert man mit ihnen aber auch Energie und Dynamik. Das kann man beim Foto des Holi-Festivals mit den bunten Farbpulvern unten fast spüren: Selbst wenn man noch nie dort war, bekommt man durch das Foto mit den bunten, kräftigen Farbtönen ein Gefühl für die Stimmung bei diesem Fest. Im Zusammenspiel mit einer

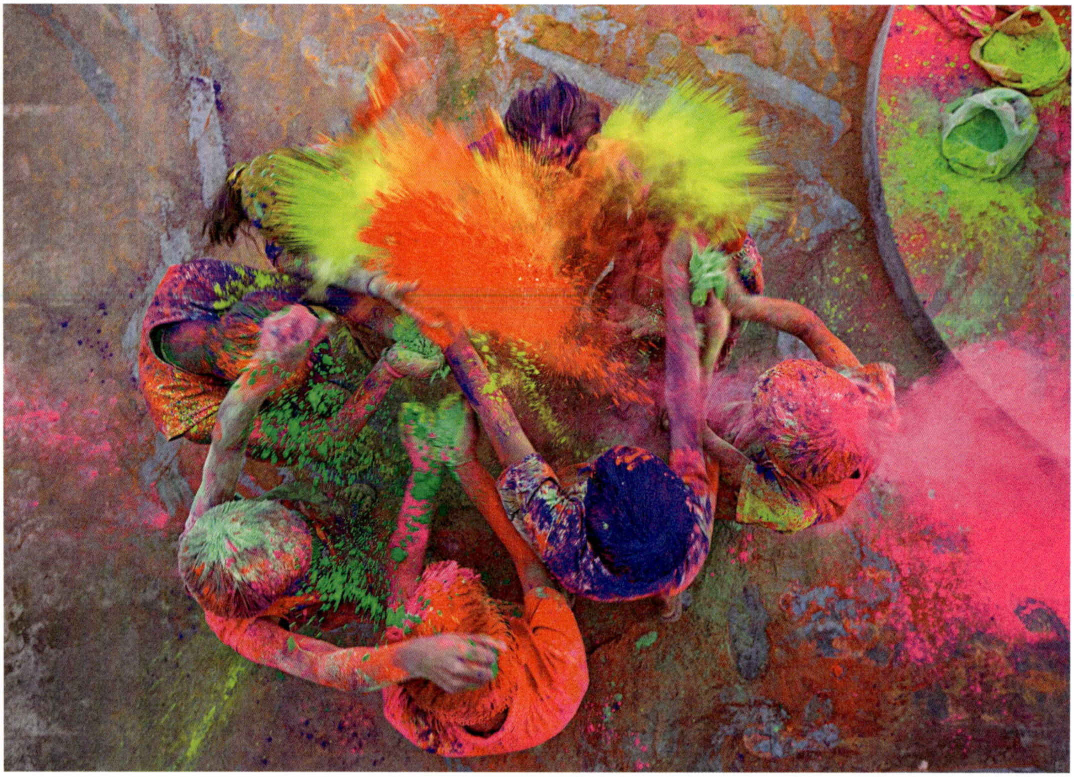

Kinder werfen beim Holi-Festival in Jodhpur, Indien, mit buntem Farbpulver. Die Farben vermitteln ein Gefühl für die Energie dieses Ereignisses, die Komposition und die Perspektive unterstützen diesen Effekt zusätzlich.

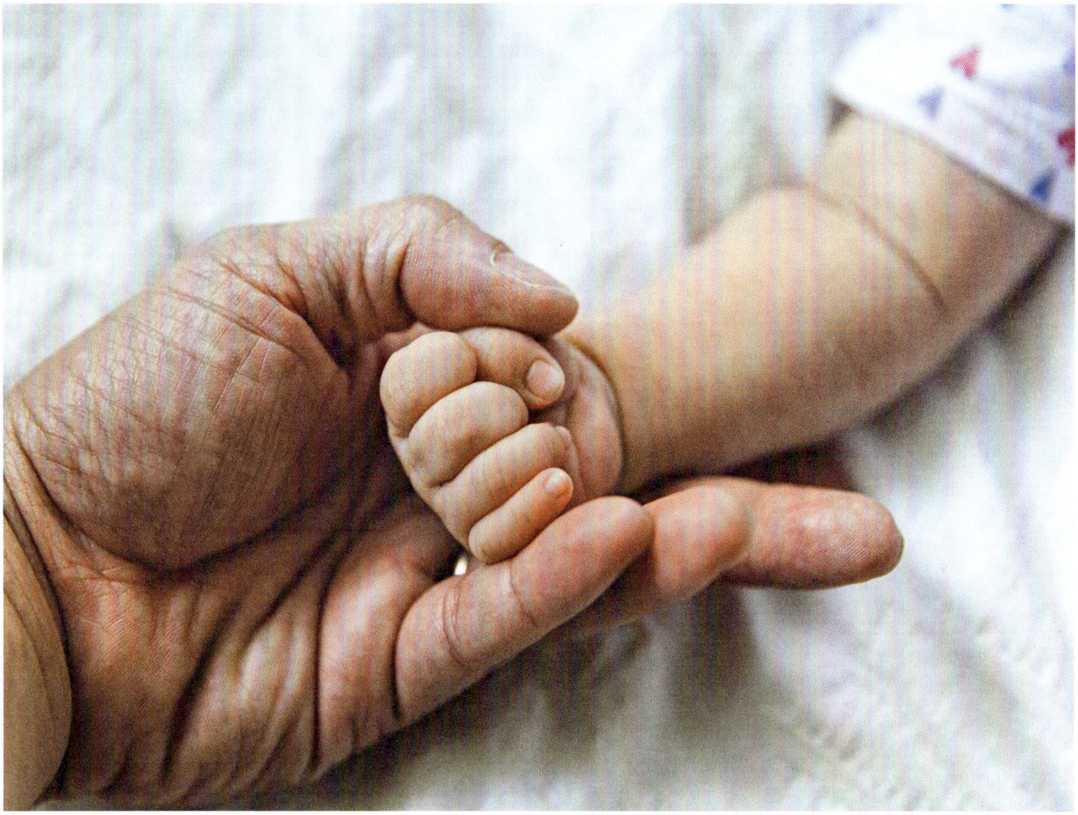

Hier sieht man, wie ein Vater ganz sanft die Hand seines Babys hält. Die Farbpalette wird durch gedeckte, warme Farbtöne bestimmt, die die Stimmung dieses ruhigen, intimen Moments zwischen Vater und Kind perfekt unterstreichen.

durchdachten Komposition und der richtigen Belichtung wird die Energie fast *greifbar*. Viele kräftige Farben können das Auge aber auch verwirren; ein schlichter Hintergrund hilft, dass das abgebildete Geschehen nicht zu chaotisch wirkt. Zudem sollte man den Bildausschnitt immer so wählen, dass die bunten Farben nicht mit zu vielen anderen Details in Konflikt geraten.

Ein tolles Highlight ist ein einzelnes kräftiges Farbelement vor einem gedeckten Hintergrund, etwa das Aufblitzen des roten Tuchs eines Toreros in einer staubigen Stierkampfarena – der Blick des Betrachters wird wie magisch von dem kräftigen Farbakzent angezogen.

GEDECKTE FARBTÖNE

Neutrale, gedeckte Farbtöne mit geringer Sättigung vermitteln eine andere Stimmung: Sie wirken beruhigend und sanft. Weiches, helles Licht und eine Farbpalette mit weniger intensiven Farbtönen sind damit perfekt für intime Momente, etwa, wenn Eltern ihr schlafendes Baby betrachten oder ein Brautpaar innig umschlungen tanzt.

Gedeckte Farbtöne müssen aber nicht friedlich wirken. In Kombination mit düsterem Licht können sie für eine mysteriöse, sogar unheilvolle Stimmung sorgen – etwa, wenn eine Person durch einen dunklen Wald spaziert oder ein Schiff plötzlich aus dem Nebel auftaucht.

SCHWARZ-WEISS-FOTOS

Schwarz-Weiß-Fotos wirken oft dramatisch und zeitlos, außerdem steht das Hauptmotiv hier viel deutlicher im Mittelpunkt. Ein wirkungsvolles Schwarz-Weiß-Foto zeichnet sich aber tatsächlich durch mehr aus als nur durch die Abwesenheit von Farben.

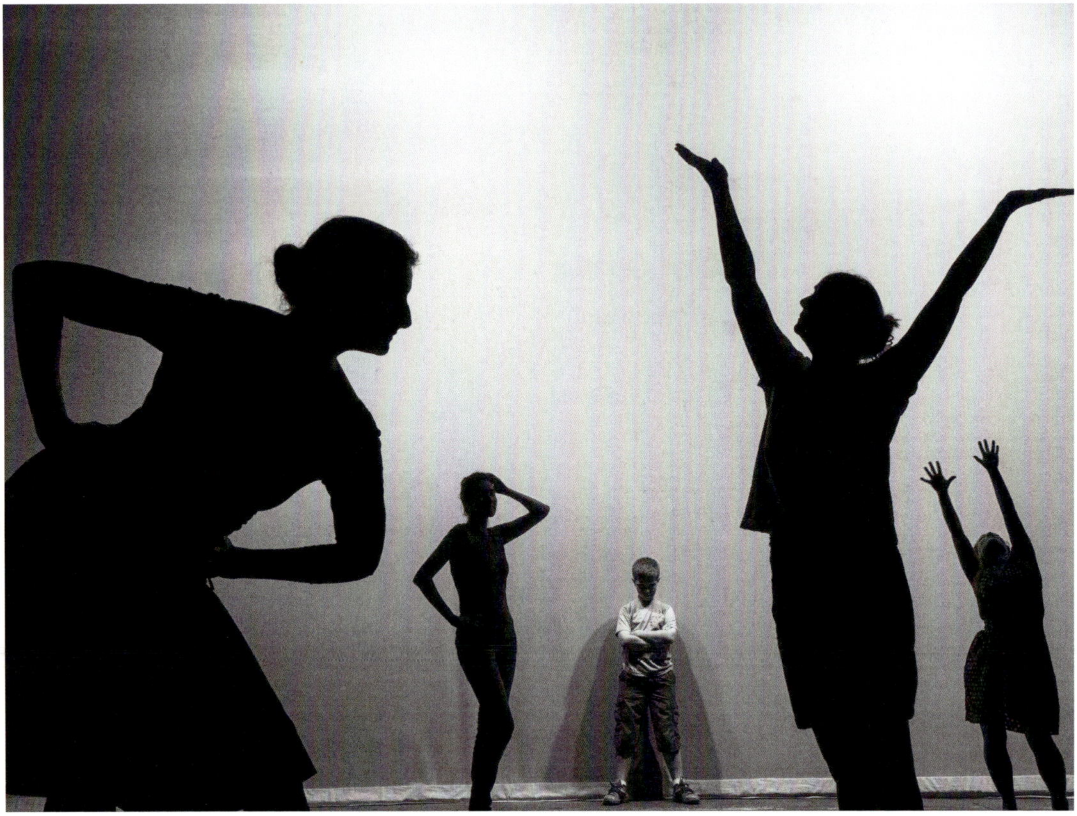

Fotos, die im Schwarz-Weiß-Modus aufgenommen werden, wirken elegant und geheimnisvoll. Da die Tänzer hier als schwarze Silhuetten vor einem schlichten Hintergrund dargestellt werden, stehen ihre Bewegungen im Mittelpunkt.

Im Zeitalter der analogen Fotografie brauchte man für Schwarz-Weiß-Fotos einen speziellen Film – man musste sich also ganz bewusst dafür entscheiden. Heute ist das anders: Man kann bei jedem Foto spontan beschließen, ob es schwarz-weiß oder in Farbe sein soll. Um wirklich gute Schwarz-Weiß-Fotos zu machen, kann vorausschauendes Denken aber auch heute nicht schaden.

SCHWARZ-WEISS-MODUS

Man kann zwar auch über Farbaufnahmen nachträglich einen Schwarz-Weiß-Filter legen (mehr

TIPP **PERFEKTE SCHWARZ-WEISS-FOTOS**

- Anstatt nachträglich einen Filter über eine Farbaufnahme zu legen, sollte man Schwarz-Weiß-Fotos vorzugsweise immer im Schwarz-Weiß-Modus fotografieren, da so die Abwesenheit von Farbe eine bewusste Entscheidung ist und man sich ganz darauf konzentriert, wie die Formen und Texturen des Motivs wirken.
- Man kann, wie bereits gesagt, auch nachträglich am Computer einen Schwarz-Weiß-Filter über eine Farbaufnahme legen. Der Vorteil ist, dass man so beides hat: ein Farb- und ein Schwarz-Weiß-Foto. Außerdem hat man bei der Bildbearbeitung mehr Kontrolle im Hinblick auf den Kontrast und kann Highlights und Schatten gezielt hervorheben.
- Der Weißabgleich spielt auch bei Schwarz-Weiß-Fotos eine wichtige Rolle, da er die verschiedenen Grauabstufungen bestimmt. Am besten macht man den Weißabgleich im normalen Farbmodus und stellt erst dann auf den Schwarz-Weiß-Modus um - so erhält man schärfer definierte Graustufen.

dazu in Kapitel 10), die meisten Kameras verfügen aber auch über einen Schwarz-Weiß-Modus, den man ganz gezielt einsetzen sollte.

Bevor man sich für den Schwarz-Weiß-Modus entscheidet, sollte man die Farben des gewählten Bildausschnitts betrachten. Sorgen sie für einen visuellen Schwerpunkt oder ein Gleichgewicht? Sind die Farben wichtig für die Geschichte des Fotos? Der Schwarz-Weiß-Modus ist dann die richtige Wahl, wenn die *Abwesenheit* von Farbe dafür sorgt, dass Kontraste oder bestimmte Texturen oder Muster besser wirken. Zudem ist er geeignet, um einen unruhigen Hintergrund etwas ruhiger wirken zu lassen und das Hauptmotiv ganz gezielt in den Mittelpunkt zu rücken.

SCHATTEN UND FORMEN

Am besten versucht man, sich das gewünschte Motiv zunächst in Graustufen vorzustellen. Dabei sollte man bedenken, dass kleine Details im Schwarz-Weiß-Modus weniger gut dargestellt werden und dass Farben dem Gehirn helfen, einzelne Elemente zu erkennen und voneinander zu unterscheiden. Grundsätzlich sind daher schlichte Hintergründe am besten für Schwarz-Weiß-Fotos geeignet, aber durch den richtigen Kontrast kann man ein Motiv in Schwarz-Weiß auch vor einer geschäftigen Szene hervortreten lassen. Beim Blick durch den Sucher sollte man daher das Hauptmotiv immer im Blick haben: Wenn es droht, im Geschehen unterzugehen, kann man versuchen, die eigene Position zu verändern, bis es von Negativraum umgeben ist, sodass die verschiedenen Grauabstufungen besser unterscheidbar sind.

Auch eine geringe Tiefenschärfe kann dabei helfen. Am besten richtet man den Fokus dorthin, wo die Form und Struktur des Motivs durch Schatten oder einen hellen Hintergrund besonders hervorgehoben werden.

SMARTPHONE-TIPP: FILTER

Es gibt zahlreiche Bildbearbeitungsapps, mit denen man Schwarz-Weiß-Filter über Fotos legen kann. Wenn ein voreingestellter Filter noch nicht ganz perfekt ist, geben Sie sich damit nicht zufrieden: Nehmen Sie manuell die Sättigung heraus und spielen Sie mit Kontrast, Schatten und Klarheit, bis Sie das gewünschte Ergebnis erhalten.

MUSTER & TEXTUREN

Muster strukturieren und ordnen unsere Welt, und Texturen verraten uns mehr über die Eigenschaften einzelner Objekte. Muster und Texturen können dadurch dazu führen, dass ein Foto beim Betrachter ganz bestimmte Assoziationen hervorruft.

Muster geben dem Gehirn etwas, an dem es sich festhalten kann. Sie verleihen einem Foto dadurch Struktur und Kontext und oft auch eine tiefere Bedeutung. Texturen wiederum erlauben Rückschlüsse auf die Eigenschaften bestimmter Objekte und können Nahbarkeit vermitteln, selbst wenn man sie nicht anfassen kann.

MUSTER ENTDECKEN

Muster, wie die symmetrisch angeordneten Fliesen in einer U-Bahn-Station oder die abstrakten, rhythmischen Strukturen von Dünen, sorgen für Kontext und können einerseits visuelle Spannung, andererseits aber auch ein Gefühl der Ruhe und Vorhersehbarkeit vermitteln.

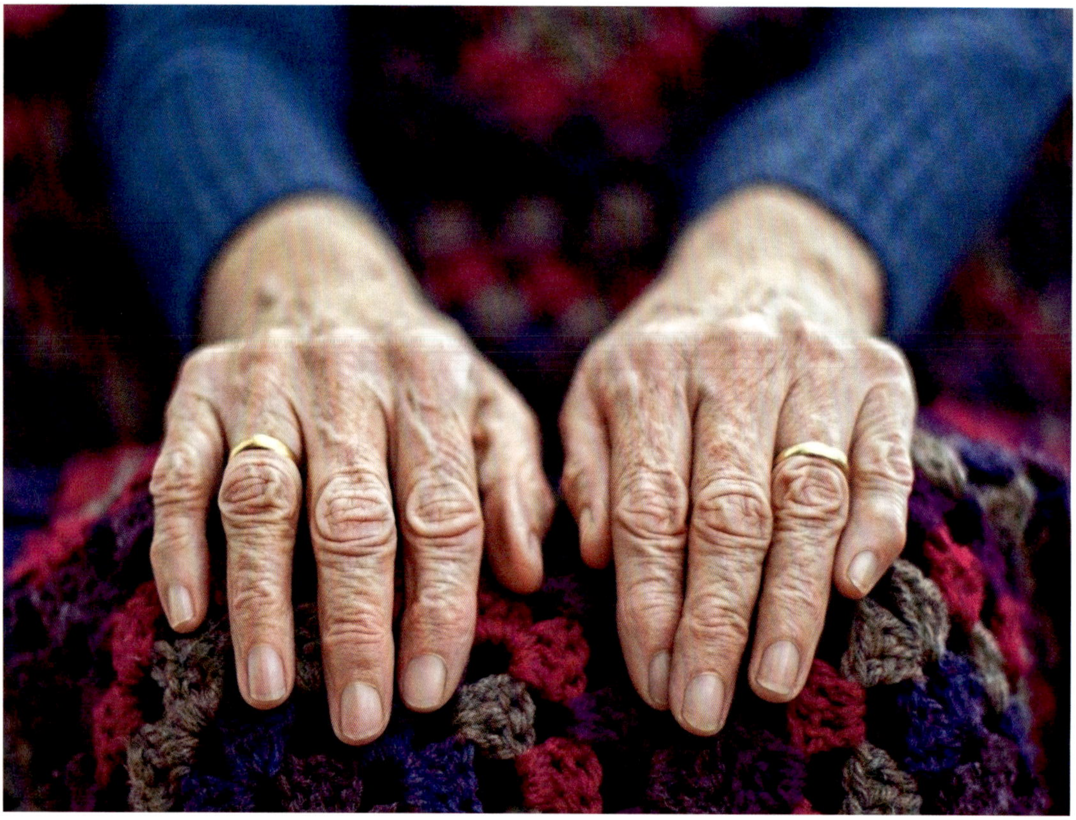

Die Hände der alten Frau auf der gemusterten Decke sind hier im Fokus, dadurch wirken sie unglaublich lebensecht und man meint fast, die gehäkelte Decke unter den eigenen Händen zu spüren.

AUFGABE: ABSTRAKT WERDEN

Machen Sie mit der Kamera einen Spaziergang durch Ihre Nachbarschaft und halten Sie Ausschau nach interessanten Mustern und Texturen. Versuchen Sie diese abstrakt abzubilden und fragen Sie sich dabei immer: Wie lässt sich Bekanntes neu inszenieren?

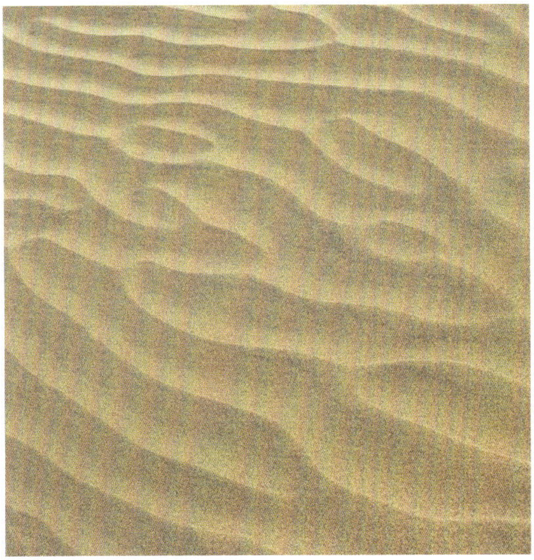

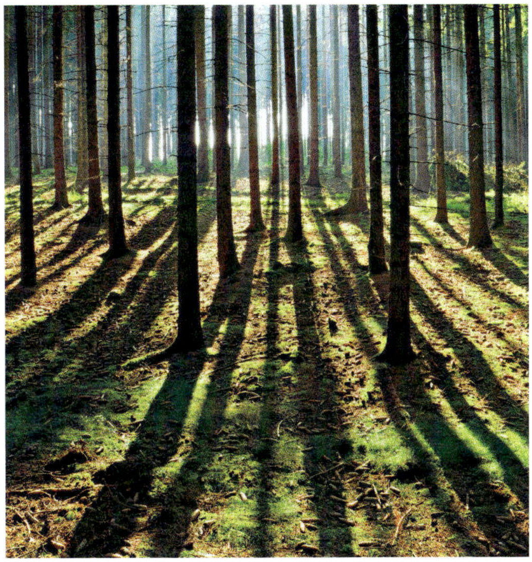

Links: Auf dieser Aufnahme von Sanddünen in der Wüste Thar sorgen die körnige Textur des Sandes und die durch den Wind geformten rhythmischen Muster für einen beruhigenden Effekt. Rechts: Auf dem Foto dieser Fichten lassen die geraden Linien der Baumstämme und die diagonalen Schattenlinien ein abstraktes Muster entstehen.

Wenn man darauf achtet, erkennt man überall Muster – von Pflastersteinen bis hin zu der gestreiften Markise vor einem Geschäft. Wie lassen sich diese in ein Foto integrieren? Was tragen sie zur Geschichte des Bildes bei? Und was bewirken sie beim Betrachter?

TEXTUREN SPÜRBAR MACHEN

Texturen können Fotos zu einem multisensorischen Erlebnis machen: Man sieht die Bartstoppeln auf der Wange eines Mannes nicht nur – man glaubt, sie fast zu spüren. Und wenn man Texturen genauer betrachtet, lassen sich fast immer auch interessante Muster entdecken.

Im Hinblick auf die Komposition und die Belichtung kann man bei Mustern und Texturen kreativ werden und mit verschiedenen Versionen des gleichen Motivs experimentieren: Ein Foto einer Sanddüne vor einem blauen Himmel wirkt anders als eines, auf dem nur die rhythmischen Muster der Dünen zu sehen sind. Und ein Foto von Bäumen im Wald ist etwas ganz anderes als eines der Schatten der Baumstämme auf dem Waldboden.

Muster und Texturen führen nicht zuletzt dazu, den Blick fürs Detail zu schärfen. So fällt es einem irgendwann ganz leicht, jene Elemente in einem Bildausschnitt zu identifizieren, die für den Betrachter am interessantesten sind.

MAKROFOTOGRAFIE

Auch im ganz Kleinen findet sich oft Besonderes. Mithilfe der Makrofotografie lassen sich spannende Details und selbst kleinste Motive ganz groß herausbringen!

Mit bloßem Auge kann man die Lichtreflexionen auf einem Tautropfen oder die Fäden, aus denen ein Stoff gewebt wurde, kaum erkennen. Hier kommt die Makrofotografie ins Spiel: Mit ihrer Hilfe kann man die unzähligen winzigen Details von Pflanzen, Insekten und vielem mehr einfangen. Für perfekte Makrofotos sind Licht, Tiefenschärfe und ein Makroobjektiv grundlegend.

FOKUS AUFS DETAIL

Ein Makroobjektiv sorgt dafür, dass auch sehr kleine Motive scharf abgebildet werden, da man damit auch auf kurze Distanzen perfekt fokussieren kann. Je näher man an ein Motiv herangeht, desto weniger Tiefenschärfe bietet ein Makroobjektiv, deshalb sollte man sich immer gut überlegen, welche Elemente scharf abgebildet werden sollen, und bedenken, dass alles andere leicht verschwommen dargestellt wird. Schafft man es, die perfekte Relation zwischen Schärfe und Unschärfe zu erwischen, sorgt der so entstehende dramatische Kontrast dafür, dass sich das Motiv deutlich von der Umgebung abhebt.

Wenn man kleine Details fotografiert, ist es besonders wichtig, die Kamera ganz still zu halten, da jeder Ruckler wie ein Erdbeben wirkt. Am besten arbeitet man mit einem Stativ und einem Fernauslöser. Fotografiert man Motive, die sich bewegen, wie etwa Insekten oder kleine Tiere, sollte man zudem den Autofokus aktivieren – und viel Geduld aufbringen!

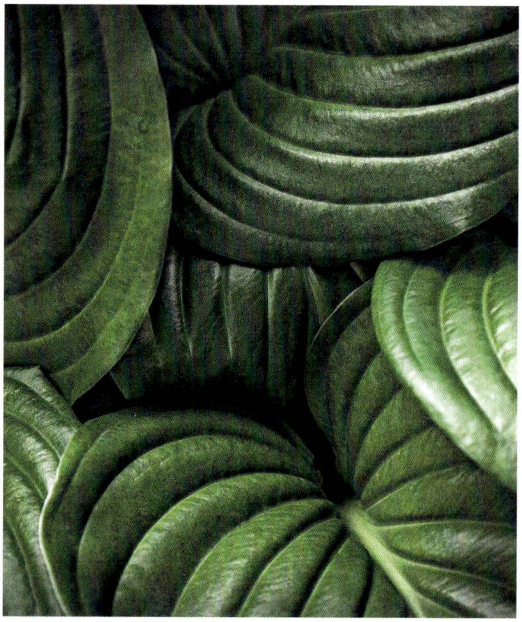

Mit einem Makroobjektiv fotografiert, lassen diese Blätter ein abstraktes Muster entstehen. Dabei sind die Textur der Blätter und die unterschiedlichen Nuancen von Licht, Schatten und Farbe im Vordergrund.

RICHTIG BELICHTEN

Wenn man etwas mehr Tiefenschärfe braucht, kann man versuchen, die Blende zu verkleinern. Um sicherzugehen, dass das Motiv dennoch richtig belichtet wird, sollte man dafür sorgen, dass möglichst viel Licht auf den Sensor trifft: Vom Blitz mit Diffusor bis hin zu einem Blatt weißem Papier, das als Reflektor dient – ganz egal, wie: Hauptsache, man sorgt für richtig viel Licht!

Dabei sollte man auch auf die Richtung achten, aus der das Licht auf das Motiv trifft. Ähnlich wie

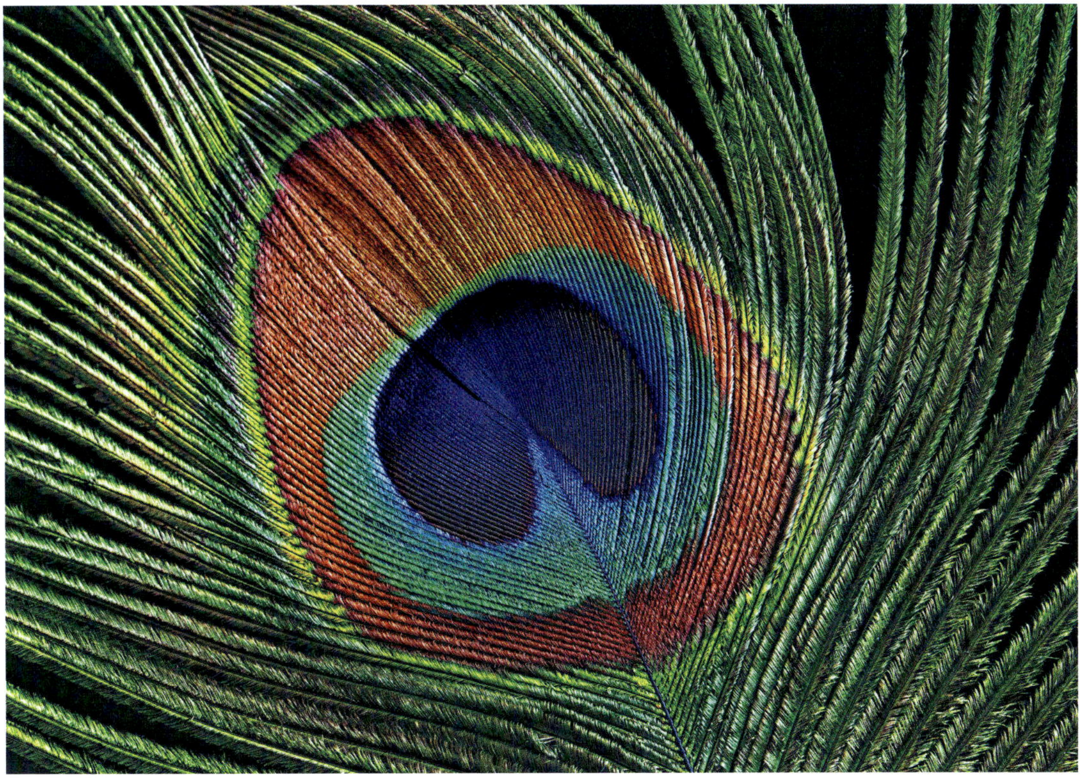

Mit der Makrofotografie lässt sich die Welt aus einer anderen Perspektive betrachten. So wird aus einer einzelnen Pfauenfeder ein echtes Kunstwerk – man sieht sogar die kleinen Häkchen auf den Federn, die für das wunderbare Schillern sorgen!

bei Porträts (siehe Seite 100) kann man durch die Lichtrichtung beeinflussen, wo Schatten entstehen, und so dafür sorgen, dass das fertige Bild mehr Tiefe hat. Makrofotos gelingen am besten bei natürlichem, weichem Licht, man sollte also immer einen Diffusor oder Reflektor benutzen.

KLEINE MOTIVE

Wenn man Makrofotografie hört, denkt man meist sofort an Blüten und Insekten als Motive. Aber auch alltägliche Dinge kann man aus der Nähe betrachten, wodurch sich ganz neue und teils überraschende Perspektiven eröffnen – denken Sie nur an Nahaufnahmen von Augen, Juwelen oder Geldmünzen!

Auch in der Welt der Makrofotografie ist die Komposition wichtig: So lassen etwa ein schlichter Hintergrund und interessante Rahmen kleine Details noch besser hervortreten.

SMARTPHONE-TIPP: MAKROOBJEKTIV

Um unterwegs für Makroaufnahmen gewappnet zu sein, eignet sich ein Clip-on-Makroobjektiv für das Smartphone. Damit lassen sich selbst die Adern auf einem Blütenblatt oder die feinen Tautropfen auf einem Spinnennetz fotografieren und werden durch die geringe Tiefenschärfe perfekt in Szene gesetzt.

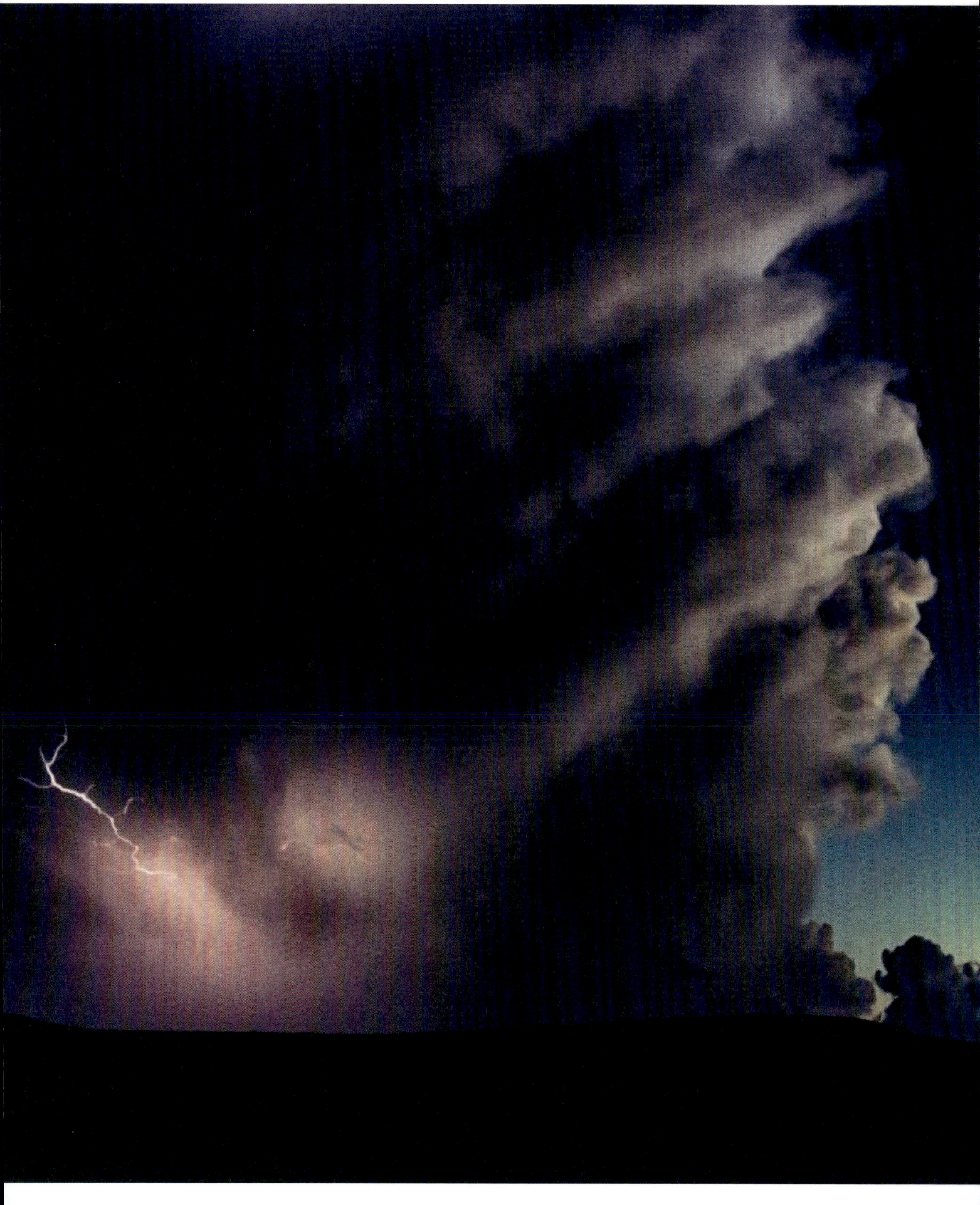

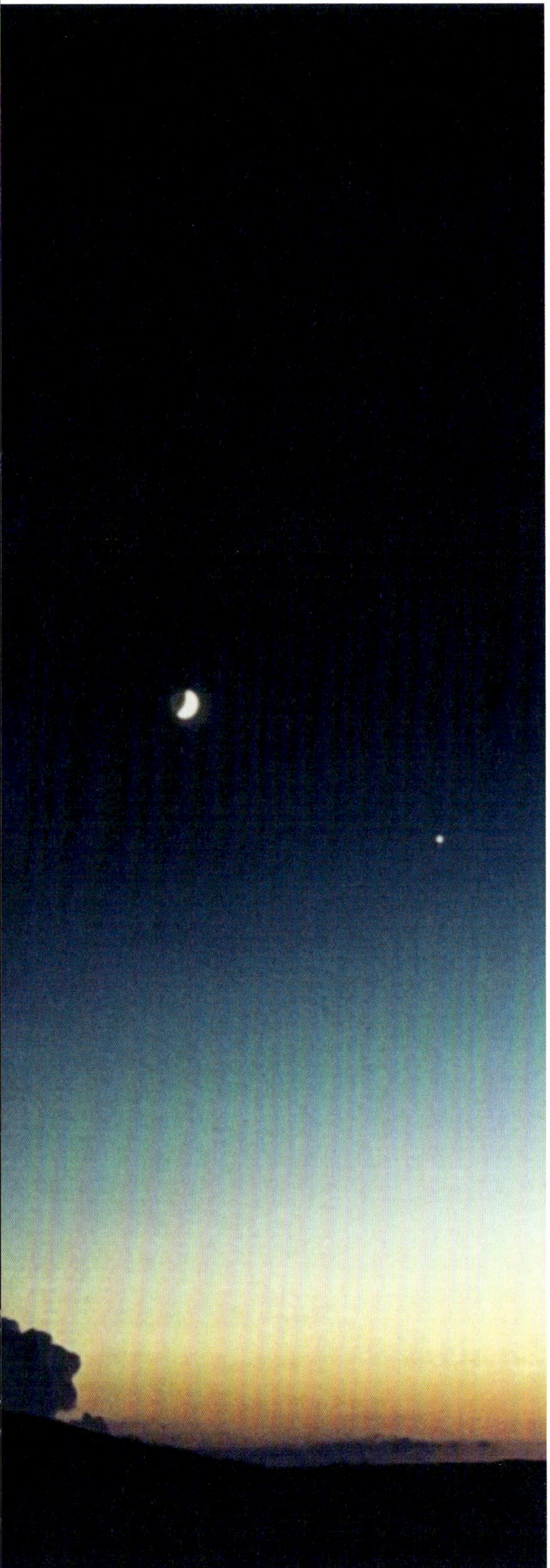

PERFEKTES TIMING

Dieses Foto entstand, als ich zum Fischen in den Flint Hills in Kansas war. Kurz zuvor war mir der Fang meines Lebens entwischt: ein 2,5 Kilogramm schwerer Barsch. Aber als ich mich umdrehte, war der Fisch mit einem Schlag vergessen, denn hinter mir bot sich ein noch viel dramatischeres Schauspiel: Eine hoch aufgetürmte Wolkenwand wurde von der tiefstehenden Sonne hell erleuchtet – und als krönender Abschluss waren zudem der Abendstern und der Mond deutlich zu sehen. Ich schraubte die Kamera auf das Stativ, aktivierte den Bulb-Modus und machte mit dem Fernauslöser ein lange belichtetes Foto nach dem anderen, wobei ich hoffte, einen Blitz einzufangen. Das schaffte ich nur bei diesem einen Foto – aber das ist dafür einfach perfekt.

FLÜCHTIGE MOMENTE Momente wie diesen gibt es, aber sie sind meist schnell wieder vorbei. Das Wichtigste ist es daher, immer bereit zu sein, um das Meiste aus dem herauszuholen, was um einen herum passiert. Wenn man offen dafür ist, sieht man, dass Muster und Farben überall und oft von einzigartiger Schönheit sind.

IN BALANCE Dieses Foto ist ein Beispiel für die perfekte Anwendung der Drittel-Regel: Durch den Blitz unten links und den Mond und den Abendstern oben rechts entsteht Balance, aber auch visuelle Dynamik, wodurch der Betrachter gar nicht anders kann, als sich in das Foto zu vertiefen.

TEXTUR Das aufziehende Gewitter wird durch den Kontrast, der sich durch die Textur der Wolken vor dem pastellfarbenen Himmel ergibt, fast spürbar. Bis heute frage ich mich, was passiert wäre, wenn ich den Barsch gefangen hätte. Dieses einzigartige Naturschauspiel war so schnell vorbei, vielleicht hätte ich es gar nicht bemerkt?

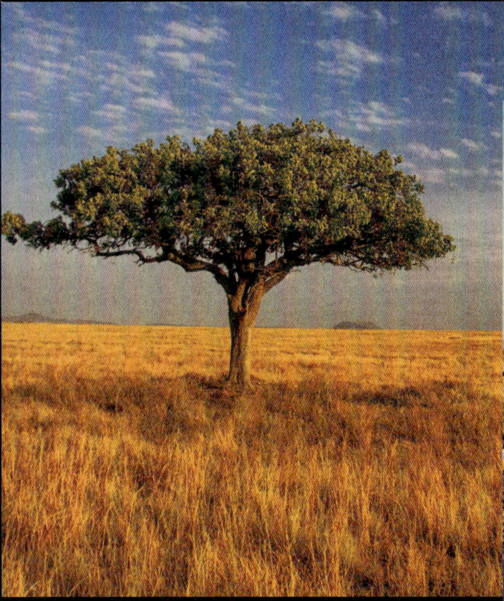
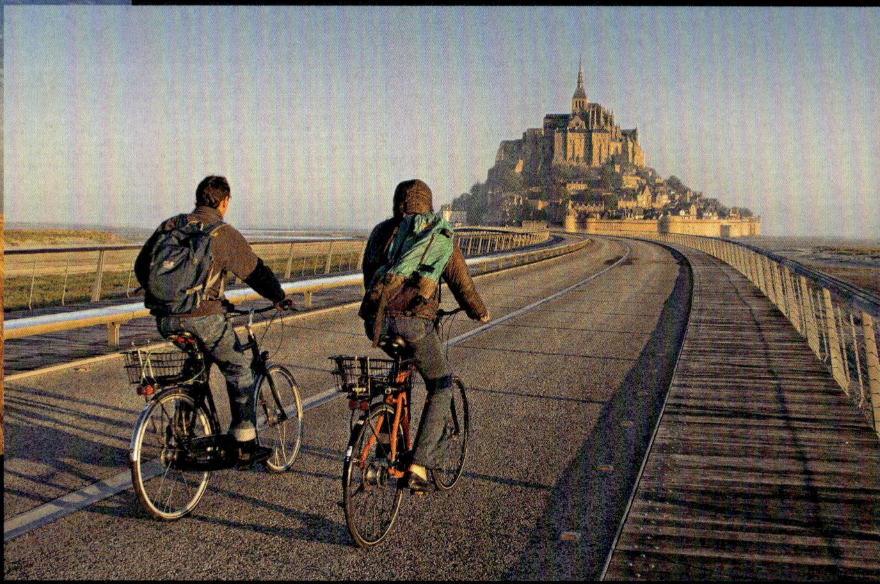

TEIL ZWEI: DIE PRAXIS

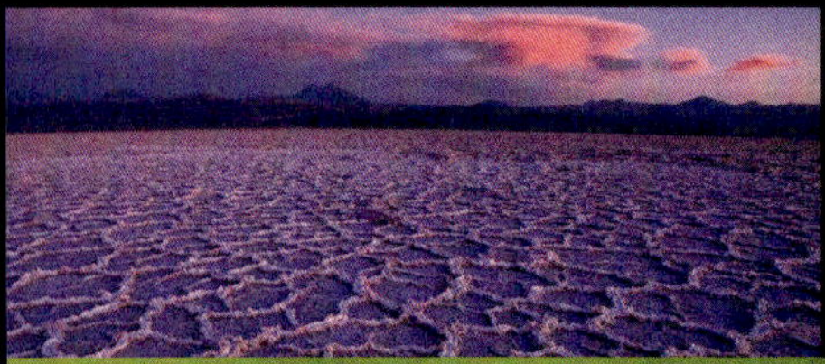
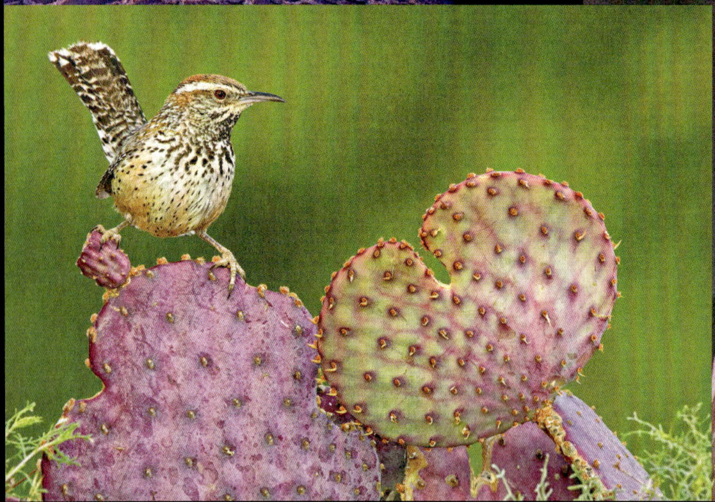
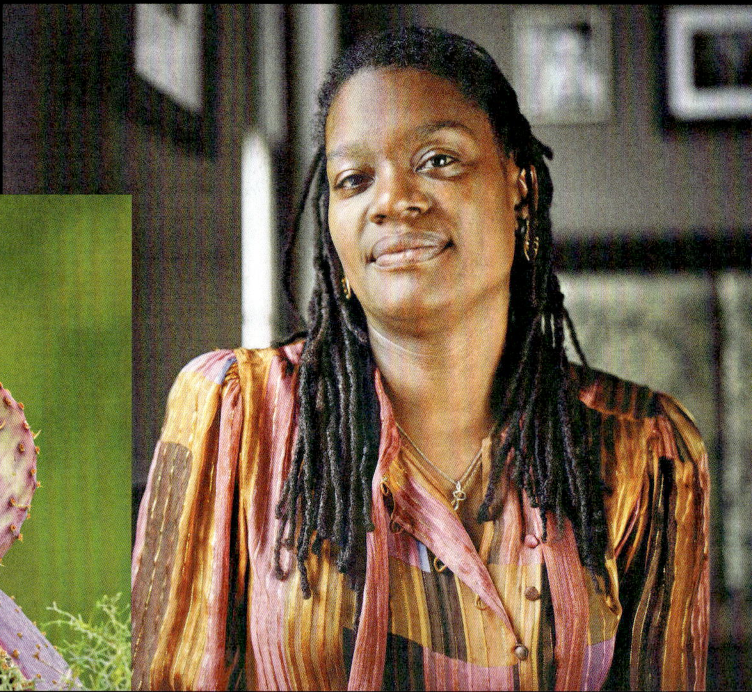

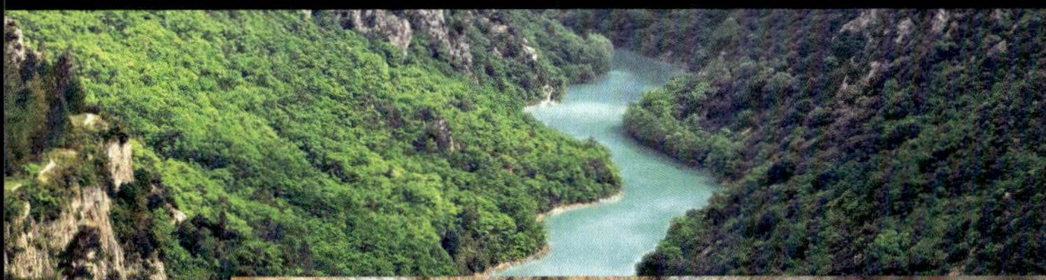
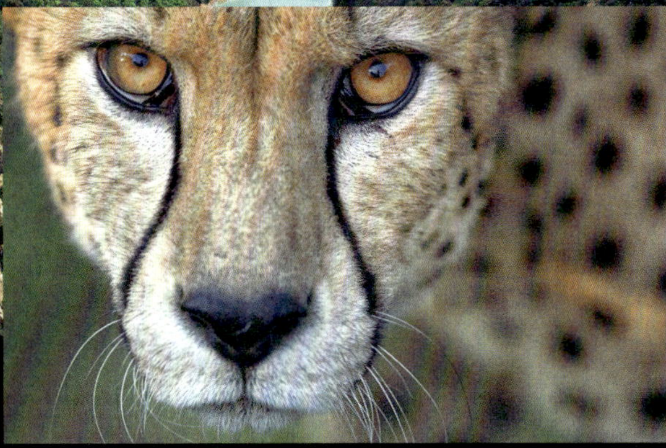
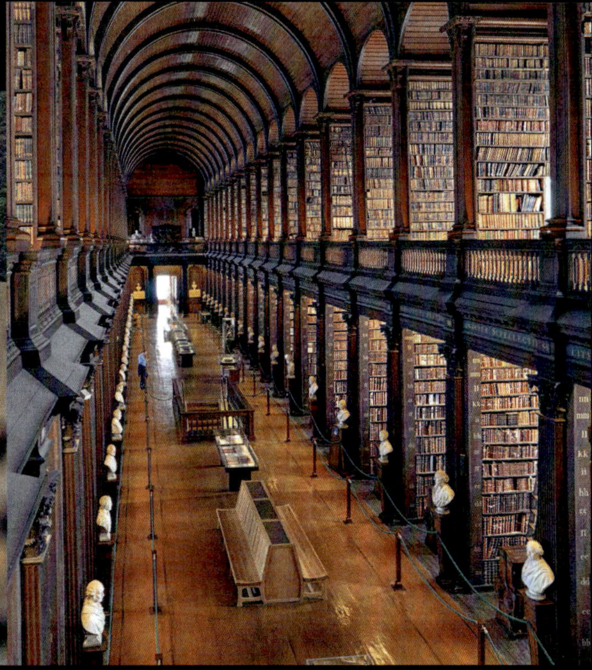

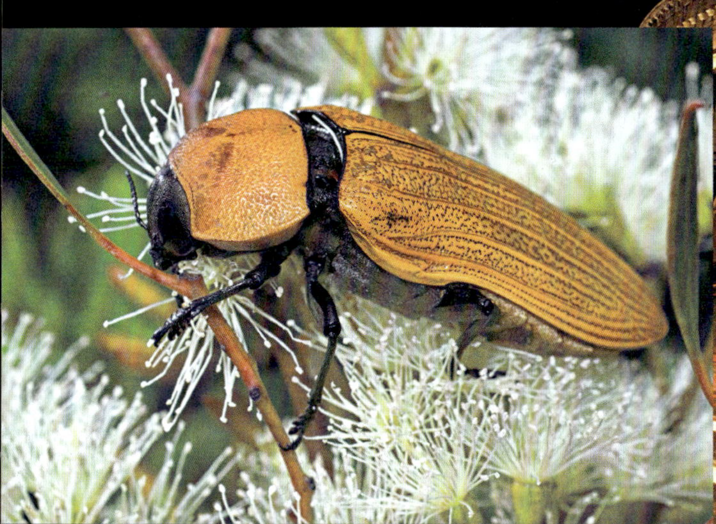
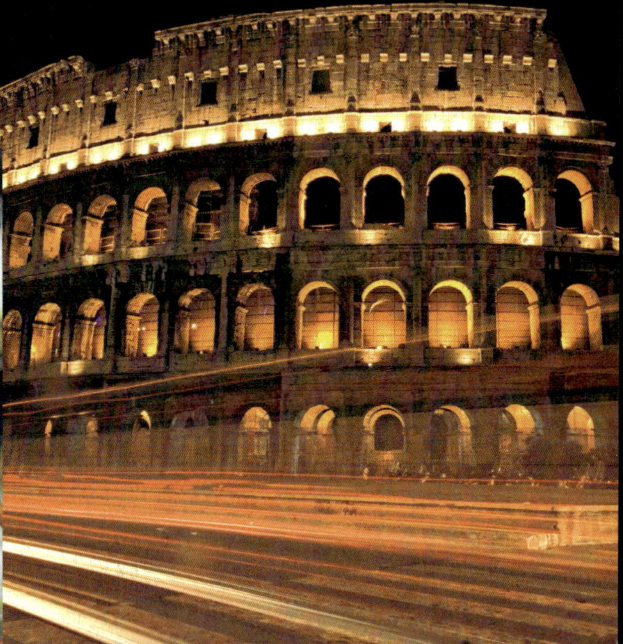

SECHS

DENKEN WIE EIN FOTOGRAF

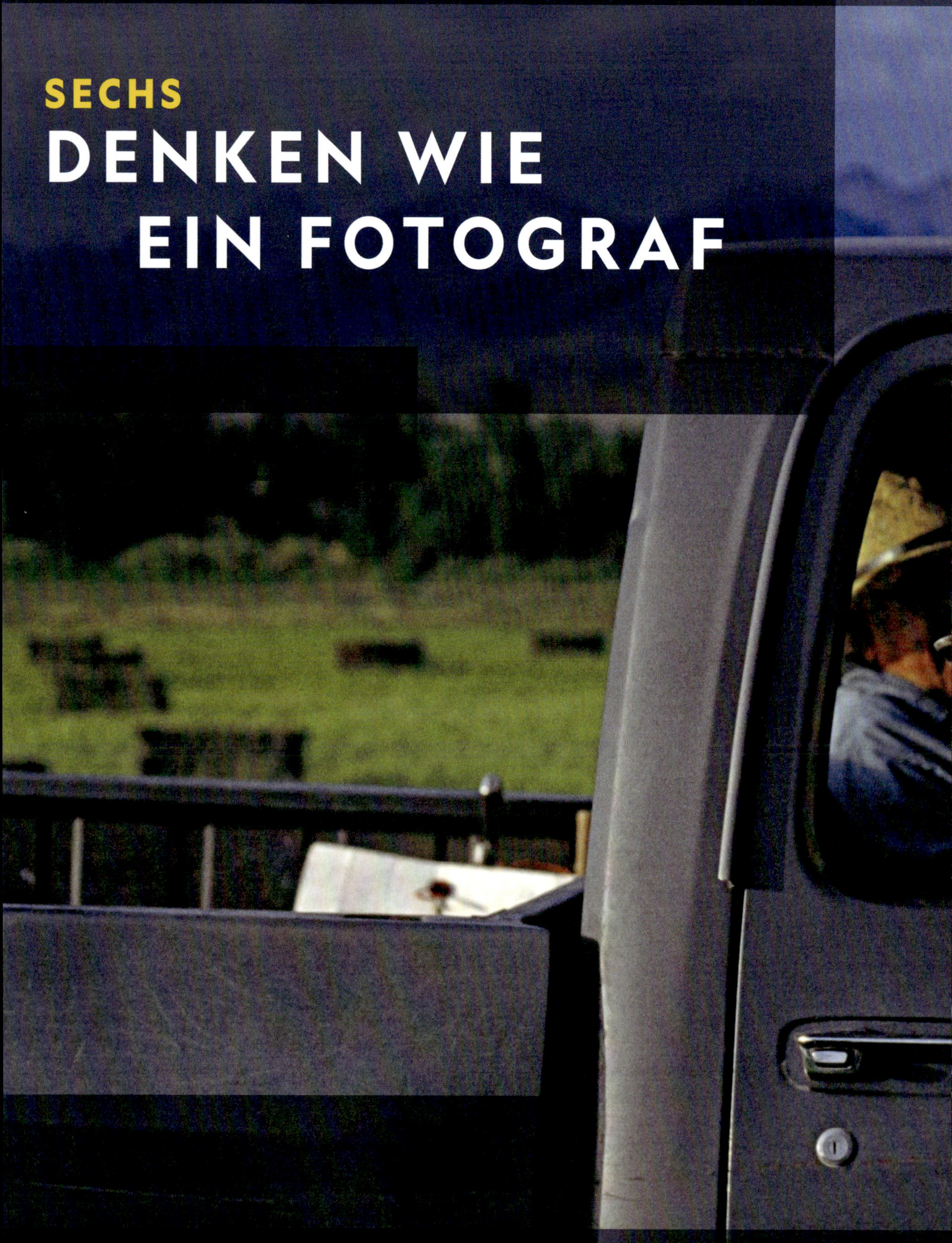

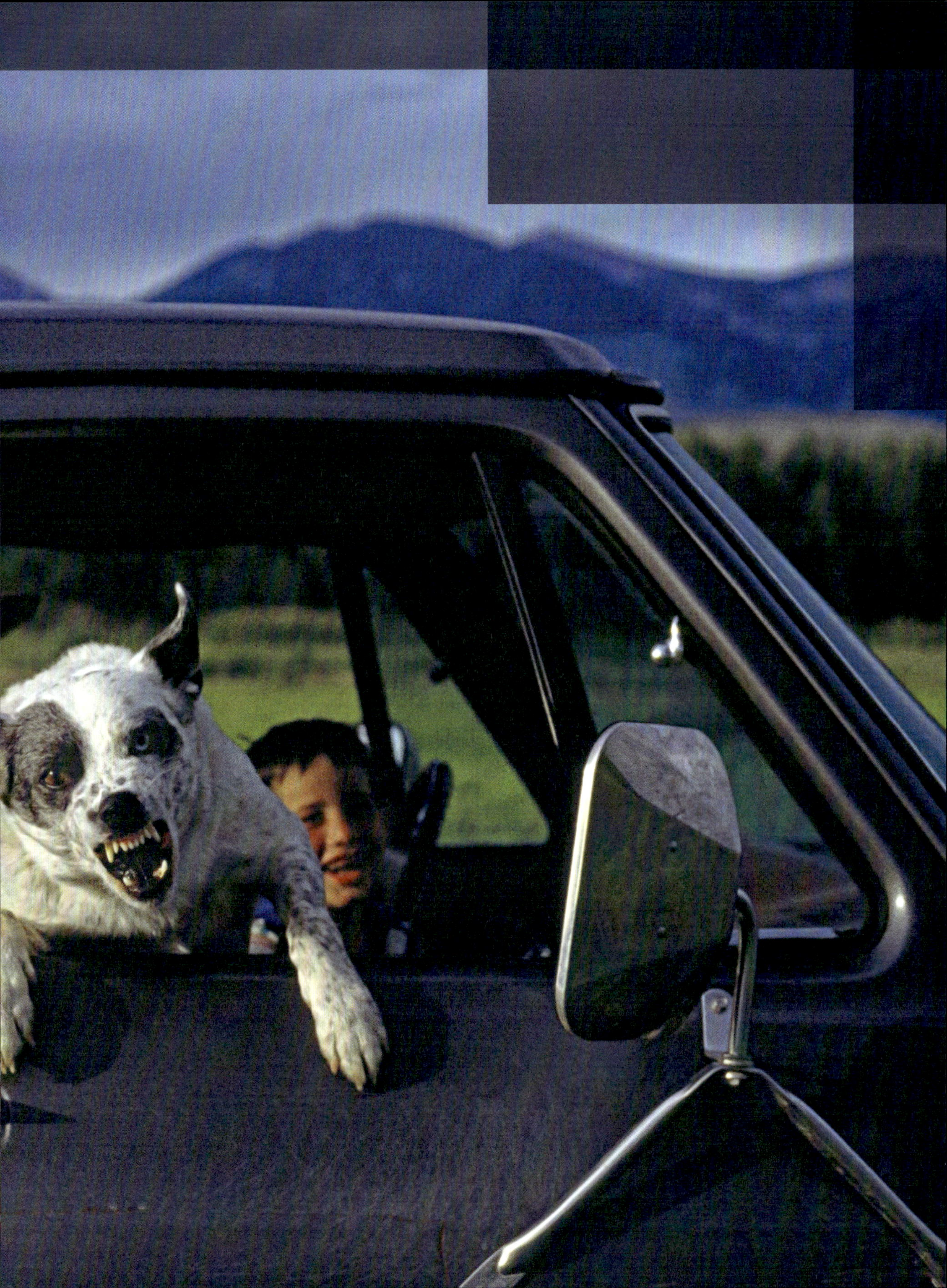

DAS RICHTIGE MINDSET

Das Ziel dieses Buchs ist es, Ihnen zu helfen, einzigartige Momente einzufangen und Fotos zu kreieren, die Emotionen vermitteln und Geschichten erzählen. Einzigartige Momente sind überall – denken Sie daran, wenn Sie das nächste Mal Zeit mit Freunden oder Ihrer Familie verbringen, und schaffen Sie mit Ihren Fotos Erinnerungen, die wirklich etwas bedeuten.

Dafür braucht man aber mehr als das Wissen um die richtigen Kameraeinstellungen. Wie ein Fotograf zu denken bedeutet, einen Blick für jene Momente zu entwickeln, die einzigartige Fotos ergeben könnten, aber auch geduldig und immer gut vorbereitet zu sein.

Außerdem weiß man auch, dass es manchmal besser ist, *nicht* zu fotografieren. Vor Jahren war ich für eine *National Geographic*-Geschichte in San Ignacio in Mexiko in einer Lagune, wo Grauwale lebten, die noch keine schlechten Erfahrungen mit Booten gemacht hatten: Sie kamen so nahe heran, dass man nur die Hand ausstrecken musste, um sie zu berühren, und sie streckten sogar die Zunge heraus, um sich kratzen zu lassen – es war einfach unglaublich! Kaum zu glauben war auch, dass ein paar Touristen auf dem Boot ständig die Kamera vor der Nase hatten, sodass sie am Ende keinen einzigen Wal berührt haben. Können Sie sich das vorstellen? Sie haben die einzigartige Möglichkeit, einen Wal zu streicheln, nicht genutzt!

Als Fotograf weiß man: Es gibt Momente im Leben, in denen man die Kamera weglegen muss, um den sprichwörtlichen Wal zu streicheln. Denn kein noch so gutes Foto ist es wert, dass man deshalb den eigentlichen Moment verpasst!

Jedes Jahr kommen Millionen Monarchfalter ins Biosphärenschutzgebiet Sierra Chincua in Mexiko, um zu überwintern.

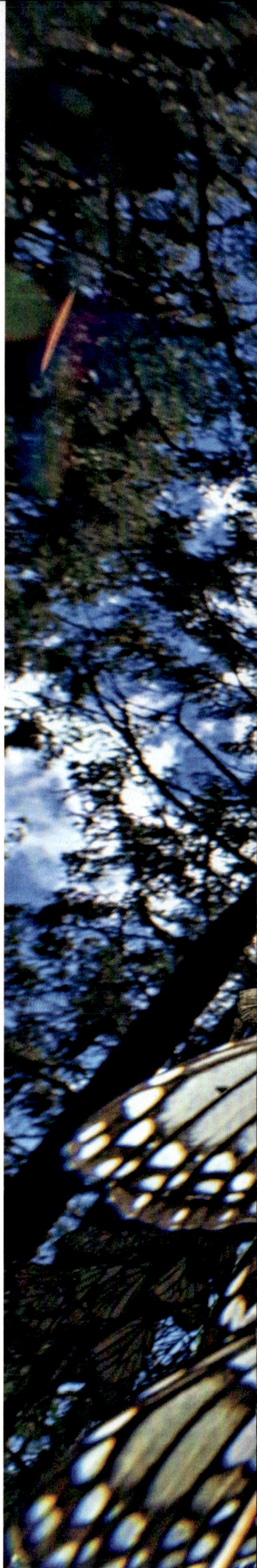

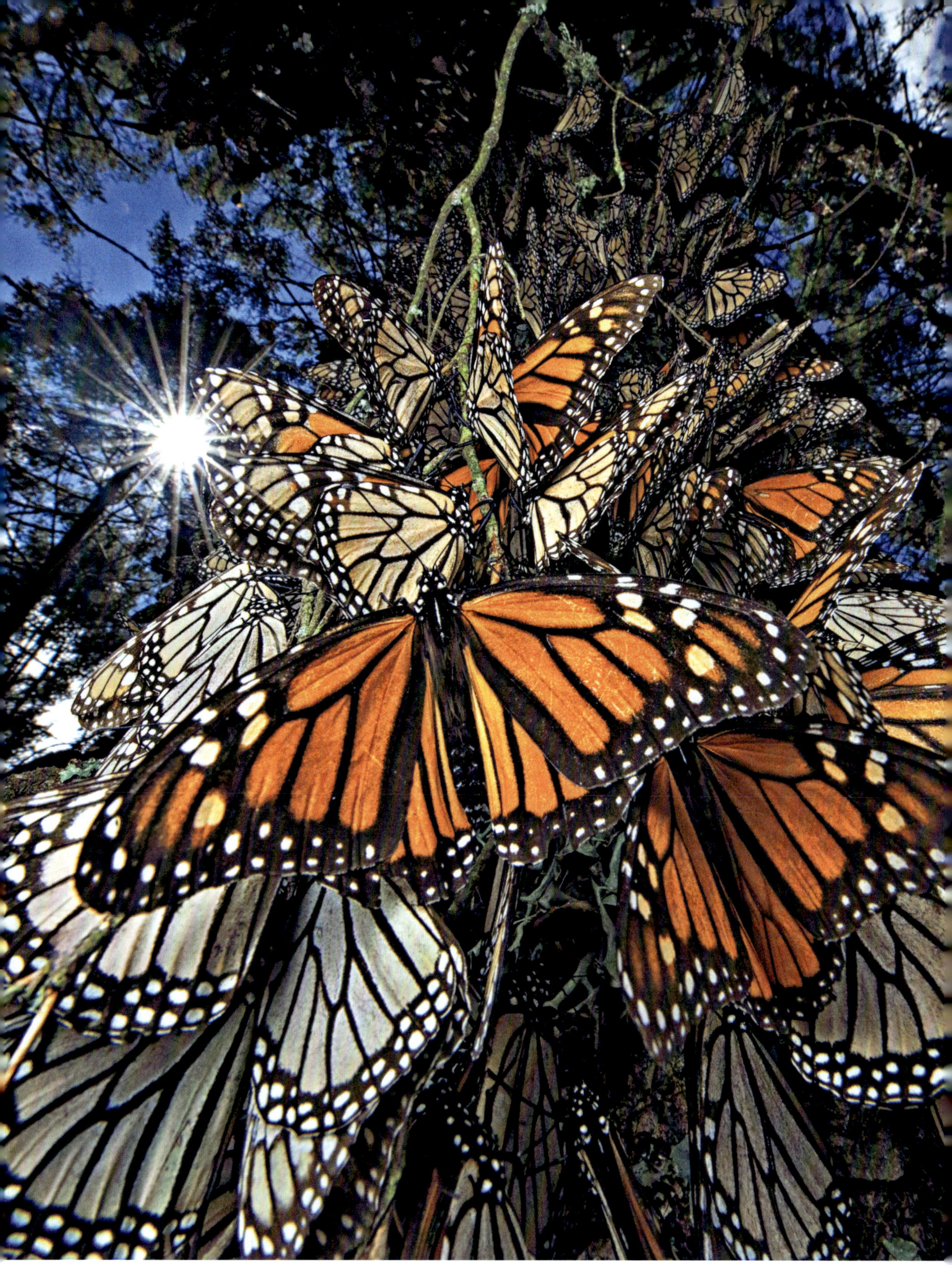

GESCHICHTEN ERZÄHLEN

Eine der wichtigsten Lektionen, die man als Fotograf lernen sollte, ist, wie man mit einem Foto eine Geschichte erzählt. Es sind die Details – und die, die man nicht abbildet –, die dabei den Unterschied machen.

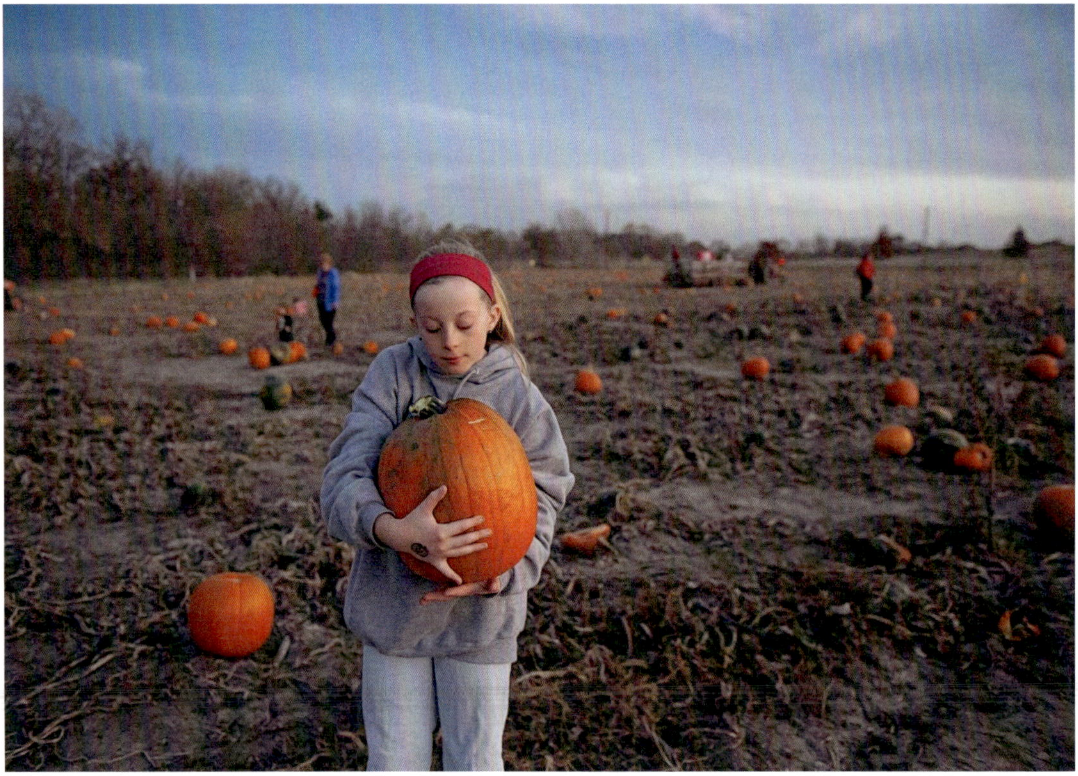

Stille Momente lassen oft ganz besondere Fotos entstehen – und sie sind überall, manchmal sogar auf einem einfachen Feld. Für einzigartige Fotos muss man nicht unbedingt in die Ferne reisen, es reicht, die Augen immer offen zu halten.

Die Fotografie ist ein ideales Medium, um Geschichten zu erzählen. Jedes Foto erzählt eine Geschichte: über den Fotografen selbst, eine bestimmte Situation oder einen einzigen Moment. Grundsätzlich sollte man sich – etwa bei der Komposition – immer fragen, ob das, was auf dem Foto zu sehen ist, dieses auch wirklich besser macht. Dazu kommt nun noch eine weitere Frage: „Welche Geschichte wird dadurch erzählt?"

DAS GUTE LIEGT SO NAH

Wenn man denkt wie ein Fotograf, weiß man, dass man nicht unbedingt an exotische Orte reisen muss, um einzigartige Fotos zu kreieren: Auch in der Heimatstadt, der Nachbarschaft und sogar im eigenen Zuhause warten in jedem Moment unzählige Geschichten darauf, erzählt zu werden. Um sie zu fotografieren, muss man nur lernen, sie zu sehen. Am besten fragt man sich zunächst, wel-

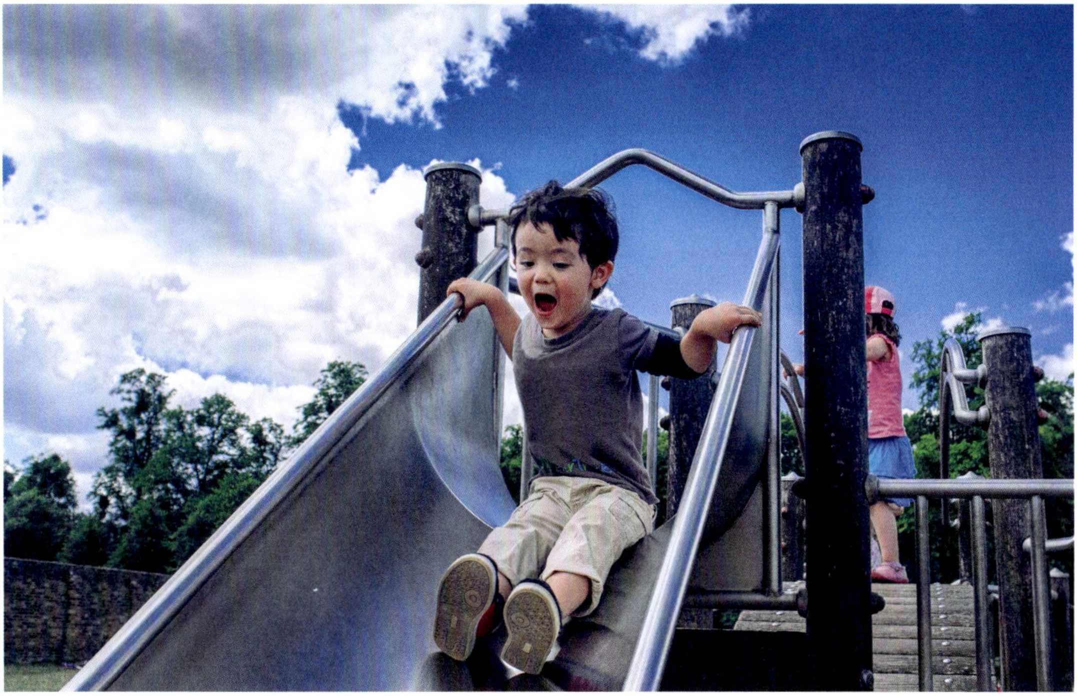

Dieser Junge rutscht gerade zum allerersten Mal. In seinem Gesicht spiegelt sich Begeisterung wider und vielleicht auch der erste Hauch von Unabhängigkeit – das ist nicht nur für ihn, sondern auch für seine Eltern ein wichtiger Moment.

che Stimmung man wahrnimmt: Ist sie ruhig? Angespannt? Hoffnungsvoll? Als Nächstes sollte man auf visuelle Hinweise wie Licht, Farben, Texturen und Muster achten. Wenn man richtig hinsieht, setzen sich irgendwann alle Puzzleteile zu einer stimmigen Geschichte zusammen.

Um die Geschichte alltäglicher Momente zu erzählen, braucht man eine gute Beobachtungsgabe und muss lernen, das Überraschende in jedem einzelnen Moment zu sehen. Das ist manchmal nicht so einfach, aber wenn man mit Begeisterung dabei ist, funktioniert es irgendwann. Es gibt überall Geschichten, die es wert sind, erzählt zu werden – von den Menschen auf der Straße bis hin zur Natur im eigenen Garten. Schafft man es, die Geschichten alltäglicher Momente zu erzählen, dann hat man verstanden, worum es beim Fotografieren wirklich geht.

AUFGABE: EINEN GEWÖHNLICHEN ORT FOTOGRAFIEREN

Suchen Sie sich den visuell uninteressantesten Ort, den sie sich vorstellen können, etwa ein Feld, Ihr Büro oder sogar die eigene Einfahrt, und machen Sie davon ein interessantes Foto, etwa mit einem Freund oder Ihrem Haustier als Motiv. „Gewöhnliche" Orte sind wie eine Bühne, auf der alles passieren kann – und alles kann interessant sein, wenn man es aus dem richtigen Blickwinkel betrachtet. Es ist einfach, tolle Fotos von einzigartigen Momenten zu machen, aber es zeichnet einen guten Fotografen aus, auch in alltäglichen Situationen interessante Fotos zu machen, die eine Geschichte erzählen.

GEDULDIG SEIN

Manchmal muss man ziemlich viel planen und noch mehr warten, um einen einzigen Moment festzuhalten. Eine gute Beobachtungsgabe und viel Geduld sind dabei die besten Verbündeten.

Gute Fotos entstehen nicht einfach so. Sie sind fast immer das Ergebnis unzähliger Versuche, von denen die meisten scheitern. Um wirklich tolle Fotos zu machen, muss man gut vorbereitet und geduldig sein. Und wenn man sich in Situationen begibt, auf die man sich nicht vorbereiten kann, sollte man zumindest etwas Zeit einplanen, um sich gründlich umzusehen, bevor man die Kamera auspackt.

DAS GESCHEHEN BEOBACHTEN

Egal, wo man ist, zunächst sollte man das Geschehen um sich herum ohne Kamera beobachten. Wie ist die Stimmung? Welche Menschen und Situationen erzählen welche Geschichten? Bevor man fotografiert, sollte man versuchen, die Atmosphäre zu erspüren und ein Teil des Geschehens zu werden. Die aussagekräftigsten Motive fotografiert man dann am besten immer aus mehreren Perspektiven. Manchmal erkennt man so visuelle Muster, die man nutzen kann, um Fotos zu machen, die den eigenen einzigartigen Zugang zu dem Motiv verdeutlichen.

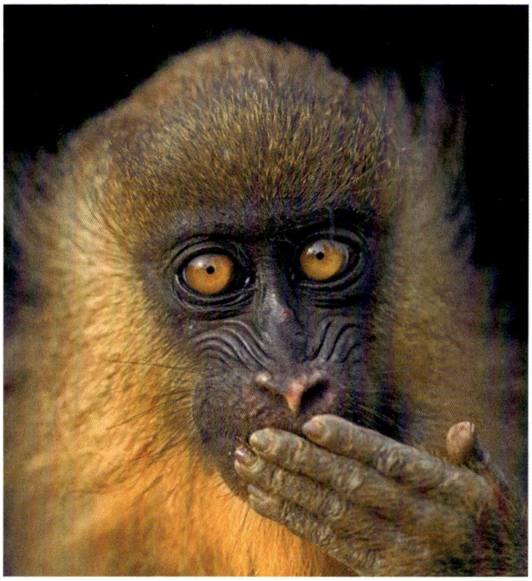

Man muss oft viele Fotos machen, bevor man das Glück hat, den richtigen Moment zu erwischen – wie ich hier bei diesem jungen Mandrill mit dem fast menschlichen Gesichtsausdruck. Am besten stellt man die Kamera schon vorher ein, sodass man nur noch abdrücken muss, wenn der Moment da ist.

SICH WISSEN ANEIGNEN

Um wirklich einzigartige Fotos zu machen, muss man sich ganz auf die jeweilige Situation einlassen.

AUFGABE: EIN FOTOSHOOTING PLANEN

Planen Sie ein Fotoshooting von einem Ereignis, für das man das richtige Timing braucht, etwa einem Sonnenuntergang, oder an einem Ort, für den man eine Genehmigung oder Erlaubnis braucht, da nicht jeder Zutritt hat, wie etwa im Backstage-Bereich eines Konzerts. Gehen Sie dabei organisiert, kreativ und geduldig vor und beachten Sie je nach Motiv die Wettervorhersage, planen Sie Zeit ein, um das Equipment aufzubauen, oder stellen Sie Kontakt zum Veranstalter her.

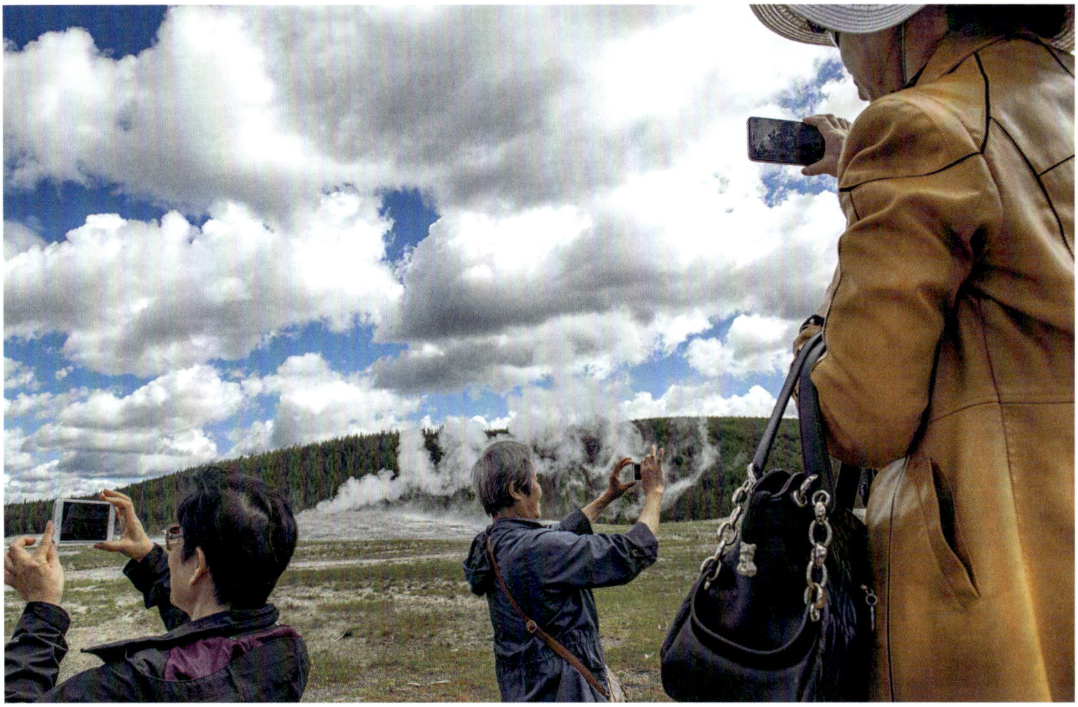

Diese Menschen sind weit gereist, um den Ausbruch des Geysirs Old Faithful im Yellowstone-Nationalpark zu sehen: Sie konnten gar nicht aufhören, alles, was sie sahen, zu fotografieren. Anstatt einfach nur den Geysir zu zeigen, erzählt dieses Foto die Geschichte der Menschen, die einem einzigartigen Naturschauspiel beiwohnen.

Am besten gelingt das, wenn man sich alles notwendige Wissen angeeignet hat und sofort weiß, welche Einstellungen, welche Komposition und welches Licht man braucht. Egal, wo oder was man fotografiert, der wichtigste Aspekt ist immer das Licht: Wo kommt es her? Wie ist die Lichtqualität? Reicht das Umgebungslicht? Welche Einstellungen braucht man für eine korrekte Belichtung? Dann geht es weiter zum Motiv: Bewegt es sich? Welche Tiefenschärfe braucht man? Gibt es Linien, die den Blick zum Motiv lenken? Wenn man sich alles notwendige Wissen wirklich angeeignet hat, kann man diese Fragen für sich beantworten, ohne aus dem Moment gerissen zu werden - so kann man sich auf jede Situation einlassen und wirklich einzigartige Fotos kreieren.

FLEXIBEL BLEIBEN

Auch wenn man die Kamera in der Situation richtig eingestellt hat: Da sich alles so unglaublich schnell verändern kann, muss man flexibel bleiben und sollte die Fotos immer wieder überprüfen und wenn nötig entsprechende Anpassungen vornehmen. Lösen Sie Probleme kreativ, haben Sie keine Angst davor, auch einmal Fehler zu machen, und seien Sie bereit, eine andere Geschichte zu erzählen, wenn sie sich ergibt. Und das Wichtigste: Seien Sie geduldig - mit dem Motiv, mit sich selbst und mit dem Prozess. Einzigartige Fotos entstehen eben nicht einfach so und vor allem nicht auf Anhieb - manchmal muss man einfach dranbleiben, bis man das gewünschte Ergebnis hat.

RECHERCHE

Was aus einem guten Foto ein perfektes macht, ist nicht selten die Zeit, die man in die Vorbereitung investiert. Versuchen Sie es, Sie werden den Unterschied bemerken!

Viele einzigartige Motive ergeben sich in spontanen, alltäglichen Situationen, sodass man einfach nur die Kamera nehmen und sie festhalten muss. Wenn man aber an einem bestimmten Ort oder ein spezielles Ereignis fotografieren möchte, darf man nichts dem Zufall überlassen. Als Daumenregel gilt: Für jeden Tag, an dem man an einem bestimmten Ort fotografiert, sollte man einen Tag für die Recherche einplanen.

MIT PLAN VORGEHEN

Zunächst sollte man sich überlegen, was man fotografieren möchte und welche Ausrüstung dafür geeignet ist, im besten Fall sieht man sich dafür die Location im Vorhinein an. Außerdem sollte man die Umstände bedenken, die man nicht beeinflussen kann, wie etwa den Verkehr oder das Wetter, und sich über Öffnungszeiten und Genehmigungen, die man möglicherweise zuvor einholen muss,

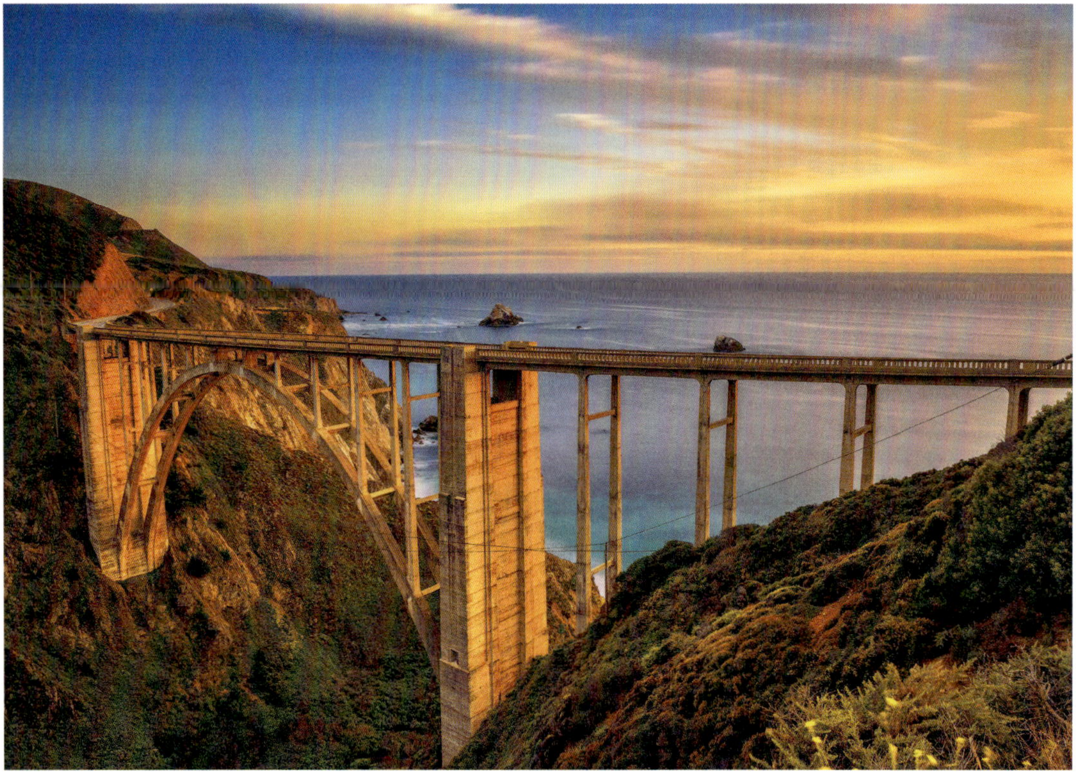

Um die leuchtenden Farben bei Sonnenaufgang einzufangen, braucht es die richtige Planung: Man muss wissen, wann die Sonne genau aufgeht, sich über die Fahrtroute zur Location informieren und sich früh genug auf den Weg machen, damit man genügend Zeit hat, die Ausrüstung aufzubauen, und bereit ist, wenn das Licht perfekt ist.

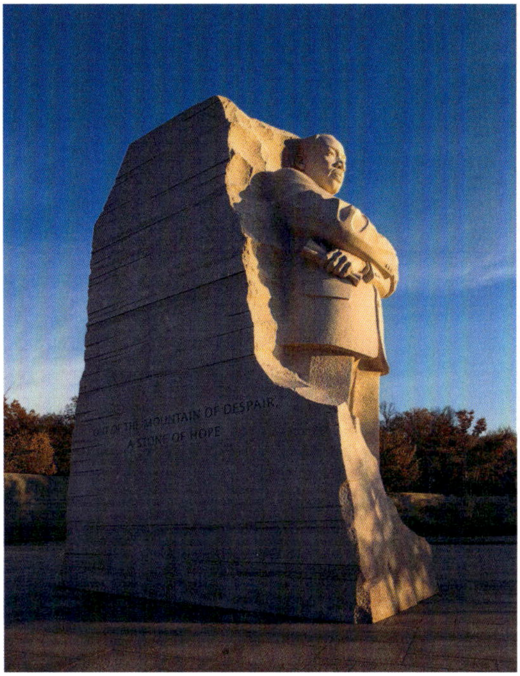

Um spezielle Motive, wie etwa das Martin-Luther-King-Denkmal in Washington, D. C., zu fotografieren, sollte man sich informieren, wann und wo man Zutritt hat, und etwaige Genehmigungen unbedingt im Vorhinein einholen.

informieren. Und wenn dann doch plötzlich alles ganz anders kommt als gedacht, muss man bereit sein, auch einmal alles über den Haufen zu werfen und Probleme kreativ zu lösen. Am einfachsten ist das, wenn man jemanden hat, dem man vertraut und der einem assistiert – falls Ihnen also jemand einen Gefallen schuldet: Das ist der richtige Moment, um ihn einzulösen!

RECHERCHE-TIPPS

Früher musste man, um an Informationen zu kommen, viele Stunden in Bibliotheken verbringen, Briefe verschicken und unzählige Leute anrufen. Heute ist das sehr viel einfacher: Ein Computer mit Internetzugang ist eigentlich alles, was man für eine umfassende Recherche braucht.

Zudem sollte man aber wenn möglich auch Experten kontaktieren – das können etwa Professoren oder Fachkräfte, aber auch Einheimische sein, die die Umgebung gut kennen.

Auf jeden Fall sollte man genug Zeit für die Recherche einplanen, denn je umfassender man vorbereitet ist, desto besser kann man damit umgehen, wenn etwas nicht ganz nach Plan läuft oder etwas Unvorhergesehenes passiert – dadurch ergeben sich nicht selten einzigartige Möglichkeiten, die man nutzen kann.

TIPP GUTE VORBEREITUNG IST DIE HALBE ARBEIT

- **Hard Facts kennen.** Informieren Sie sich über Öffnungszeiten und Veranstaltungsprogramme. Ein Zeitplan hilft dabei, genügend Zeit zum Aufbauen und Wieder-Zusammenpacken einzuplanen.
- **Telefonieren.** E-Mails sind für die erste Kontaktaufnahme perfekt, aber um Details zu besprechen oder ein Treffen zu organisieren, ist es oft besser, sich telefonisch zu melden.
- **Genehmigungen einholen.** Finden Sie heraus, wen Sie weshalb (etwaiges Equipment!) wann um Erlaubnis fragen müssen. Lassen Sie sich Genehmigungen am Tag zuvor nochmals bestätigen und notieren Sie sich die Kontaktinfos der Person, die sie Ihnen erteilt hat.
- **Hartnäckig sein.** Oft kennen einen die Menschen, von denen man etwas möchte, nicht. Um sie trotzdem dazu zu bringen, Ihnen zu helfen, sollten Sie sich überlegen, wie andere von der Kooperation mit Ihnen profitieren können: Was können Sie etwa der Organisation oder der Gemeinde, die Sie um Hilfe bitten, im Gegenzug anbieten? Bleiben Sie immer respektvoll – aber lassen Sie sich nicht abwimmeln.

PROBLEME LÖSEN

Wie im echten Leben treten auch beim Fotografieren immer wieder unvorhergesehene Probleme auf, selbst wenn man noch so gut vorbereitet ist. Kreative Problemlösungsstrategien sorgen dafür, dass man am Ende mit tollen Fotos anstatt mit einer leeren Speicherkarte nach Hause geht.

Es gibt einiges, das man selbst in der Hand hat, etwa die richtige Ausrüstung, das entsprechende Wissen und die Vorbereitung sowie die eigene Einstellung. Aber es gibt auch Faktoren, die sich nicht beeinflussen lassen, wie das Wetter, das Verhalten des Motivs, etwa, wenn man Tiere fotografiert, oder das Timing. Man muss akzeptieren, dass man manche Dinge nicht ändern kann, und darauf gefasst sein, dass auch einmal etwas nicht nach Plan läuft. Am besten lässt sich dem begegnen, indem man kreative Auswege findet. Bleiben Sie gelassen, selbst wenn das Foto schlussendlich vielleicht ganz anders aussieht als geplant.

VISUELLE PROBLEME LÖSEN

Oft sind die Umstände alles andere als ideal. Bei zu hellem Licht kann man sich einen anderen Standort suchen oder probieren, das Licht, etwa mit einem Diffusor, zu verändern. Hilft es, das Motiv überzubelichten, um es hervorzuheben und einen unschönen Hintergrund dunkler darzustellen? Heranzuzoomen oder eine geringere Tiefenschärfe zu wählen? Die Perspektive zu verändern? Oder lässt sich das Problem vielleicht sogar in einen Vorteil verwandeln? Die Komposition und die Belichtung sind Faktoren, die man beeinflussen kann – das sollte man sich zunutze machen!

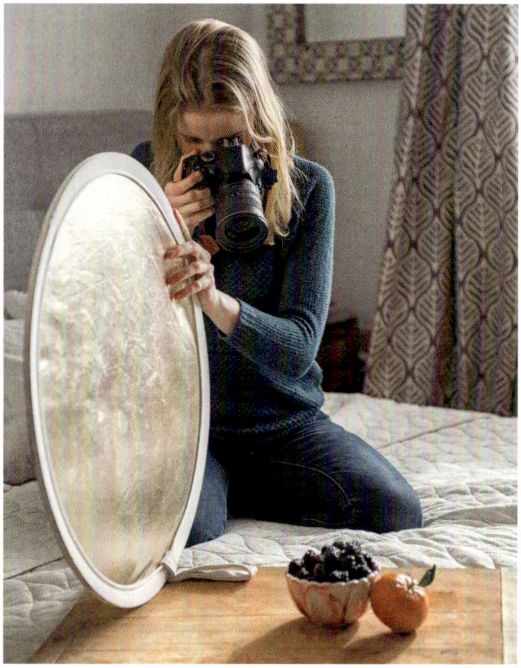

Hier sieht man, wie visuelle Probleme gelöst wurden, anstatt sich mit einem mittelmäßigen Foto zufriedenzugeben. Die Fotografin hat einen Hintergrund improvisiert, ihr Stillleben für mehr Licht in der Nähe des Fensters positioniert, und sie benutzt einen Reflektor, um das Motiv perfekt auszuleuchten.

SMARTPHONE-TIPP: HILFSMITTEL

Nutzen Sie Ihr Smartphone auch als Hilfsmittel. Die Taschenlampe kann etwa für zusätzliches Licht sorgen, und man kann Probeaufnahmen machen, um mit Perspektiven und unterschiedlichen Kompositionen zu experimentieren.

Es hilft, wenn man dabei flexibel bleibt und auf die eigenen Fähigkeiten vertraut, aber auch einmal Dinge ausprobiert, die einem im ersten Moment vielleicht etwas verrückt vorkommen.

GEBEN UND NEHMEN

Für weniger leicht zugängliche Motive braucht man manchmal etwas Unterstützung. Die erhält man am ehesten, indem man seine Ideen und seine Begeisterung mit anderen Menschen teilt und im Gegenzug aufgeschlossen für die Anliegen anderer ist. Es sollte selbstverständlich sein, dass man sich ordentlich vorstellt und erklärt, wer man ist und warum man ein bestimmtes Motiv fotografieren möchte. Wenn man sich, etwa für eine Dokumentation, länger an einem Ort oder in einer Gemeinde aufhält, ist es zudem hilfreich, die Menschen vor Ort kennenzulernen, meist lassen sich mit ihrer Hilfe auch Probleme viel einfacher lösen.

WISSEN, WANN GENUG IST

Das Lösen von Problemen gehört zum Fotografieren dazu, aber man sollte nichts krampfhaft erzwingen, denn das erkennt der Betrachter meist sofort. Natürlich sollte man sich durch widrige Umstände nicht sofort entmutigen lassen, denn manchmal lassen sich dennoch tolle Ergebnisse erzielen, aber man muss wissen, wann genug ist, um sich selbst und dem Motiv treu zu bleiben.

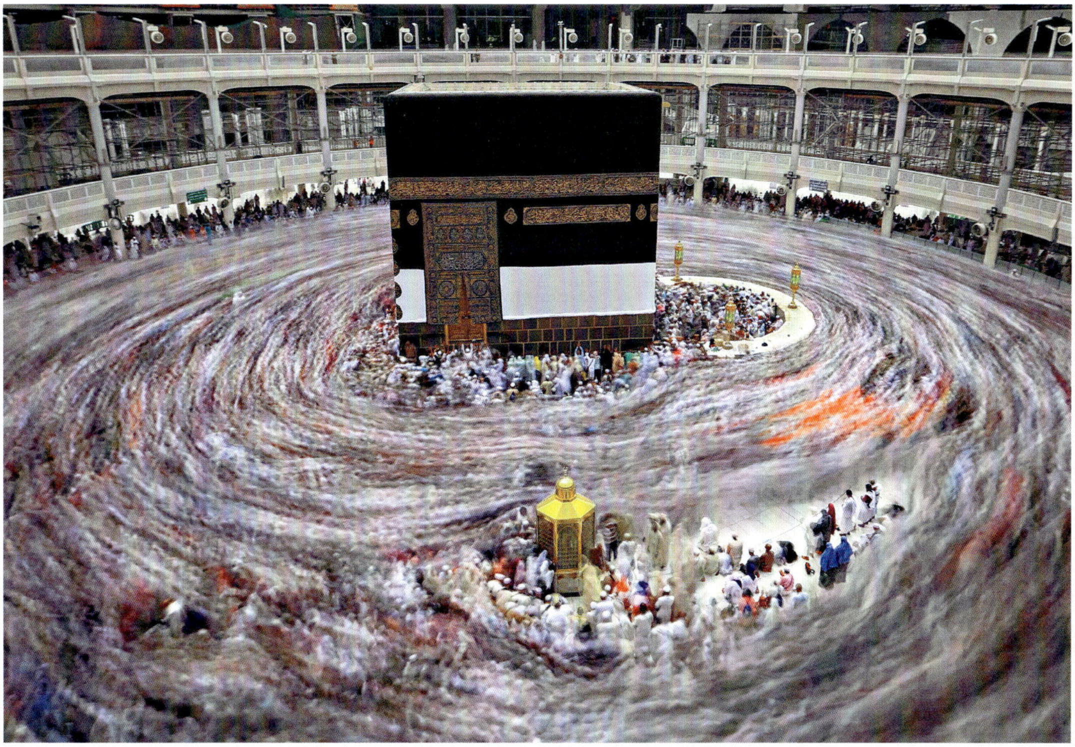

Auf diesem Foto umrunden muslimische Pilger bei der Haddsch in Mekka die Kaaba. Bei einer kurzen Verschlusszeit wäre das Foto viel zu unruhig geworden, durch eine lange Verschlusszeit bekommt man ein Gefühl für die Bewegung der Menschenmenge – hier wurden die Umstände kreativ genutzt, um eine noch vollständigere Geschichte zu erzählen.

REGELN BRECHEN

Regeln sind wichtig, und man sollte sie kennen und wissen, wie man sie anwendet, bevor man beginnt zu experimentieren. Aber um einen eigenen Stil zu entwickeln und wirklich einzigartige Fotos zu kreieren, muss man manchmal auch bereit sein, ein paar Regeln zu brechen.

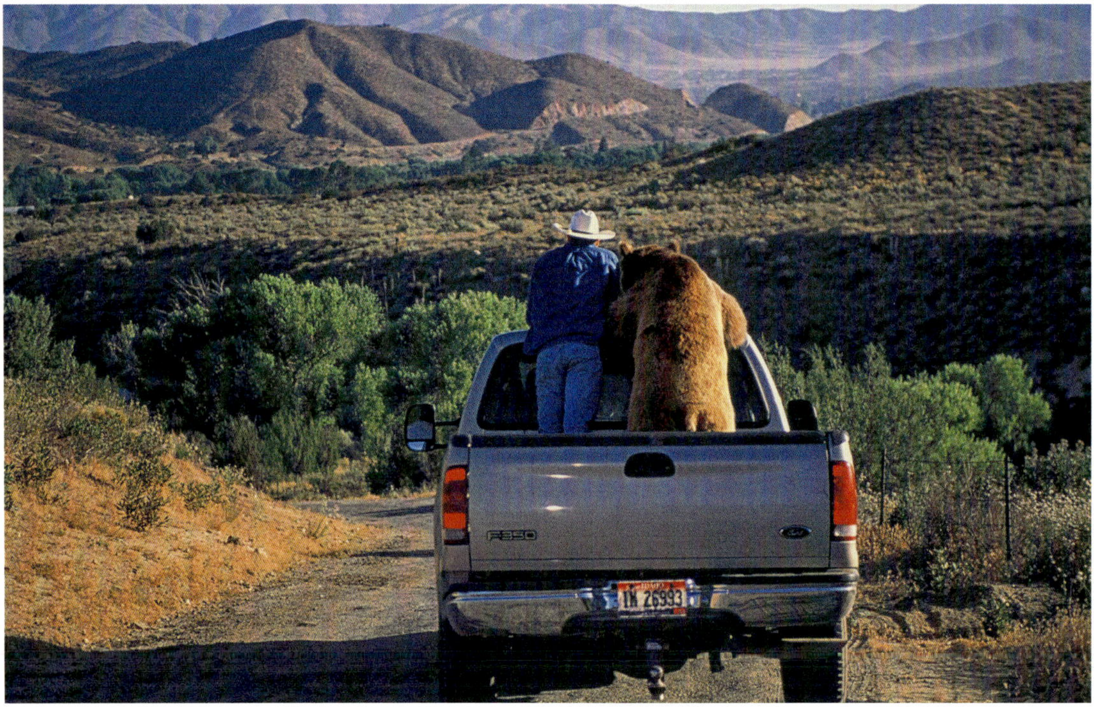

Auf diesem Bild sieht man den Tiertrainer Scott Handley mit seinem Braunbären Baloo. Es ist kein typisches Porträtfoto, wie man es erwarten würde, aber dafür vermittelt dieser unbeschwerte Moment, betrachtet aus einer ungewöhnlichen Perspektive, dem Betrachter ein Gefühl für die spezielle Verbindung zwischen Scott und dem Bären.

Im ersten Teil dieses Buches ging es oft um Regeln: die Drittel-Regel in der Bildkomposition, dass man die Kamera bei langen Verschlusszeiten stabilisieren und grelles Licht vermeiden sollte usw. Gerade bei Auftragsarbeiten hat man manchmal auch gar keine andere Wahl: Man muss die Regeln beachten und klassische Fotos abliefern, die sich der Auftraggeber oft einfach erwartet. Gerade deshalb ist es aber auch wichtig, hin und wieder nur für *sich selbst* zu fotografieren. So lernt man, seinem Bauchgefühl zu folgen und einfach zu tun, was sich richtig anfühlt, anstatt strikt alle Regeln zu befolgen.

GRENZEN AUSLOTEN

Um einen eigenen Stil zu entwickeln, muss man von Zeit zu Zeit ein paar Regeln brechen oder sie

SMARTPHONE-TIPP: GRENZEN NUTZEN

Mit einer Smartphone-Kamera ist man in technischer Hinsicht meist etwas eingeschränkter als mit einer Spiegelreflexkamera. Versuchen Sie, diese Einschränkungen und die Grenzen, die Ihnen so gesetzt werden, kreativ zu nutzen. Machen Sie mit Ihrem Smartphone ein Foto und beachten Sie dabei keine einzige Regel. Was kommt dabei heraus?

zumindest kreativ interpretieren, die Grenzen ausloten und sich vom Ergebnis überraschen lassen.

Was passiert, wenn man eine Person anstatt mithilfe der Drittel-Regel einfach in der Bildmitte platziert, sodass sie einen direkt anstarrt? Wenn man im eigentlich zu grellen Sonnenlicht fotografiert? Ungewöhnliche Einstellungen verwendet? Keine Sorge, wenn dabei einmal etwas schiefgeht: Sogar verwackelte Fotos können ihren Reiz haben – das kann für eine abstrakte Note oder visuelle Spannung sorgen, die perfekt ist, um die gewünschte Geschichte zu erzählen.

Zudem sollte man sich mit den Arbeiten anderer Fotografen beschäftigen und dabei darauf achten, wann diese die Regeln brechen. Was spricht einen als Betrachter an? Warum? Experimentieren Sie mit deren Techniken und finden Sie heraus, was mit Ihrer Vision übereinstimmt.

Die Regeln aus dem ersten Teil des Buchs sind eine gute Grundlage, aber man sollte keine Angst davor haben, eigene Regeln aufzustellen. Nur so entwickelt man einen eigenen Stil und eine einzigartige fotografische Handschrift.

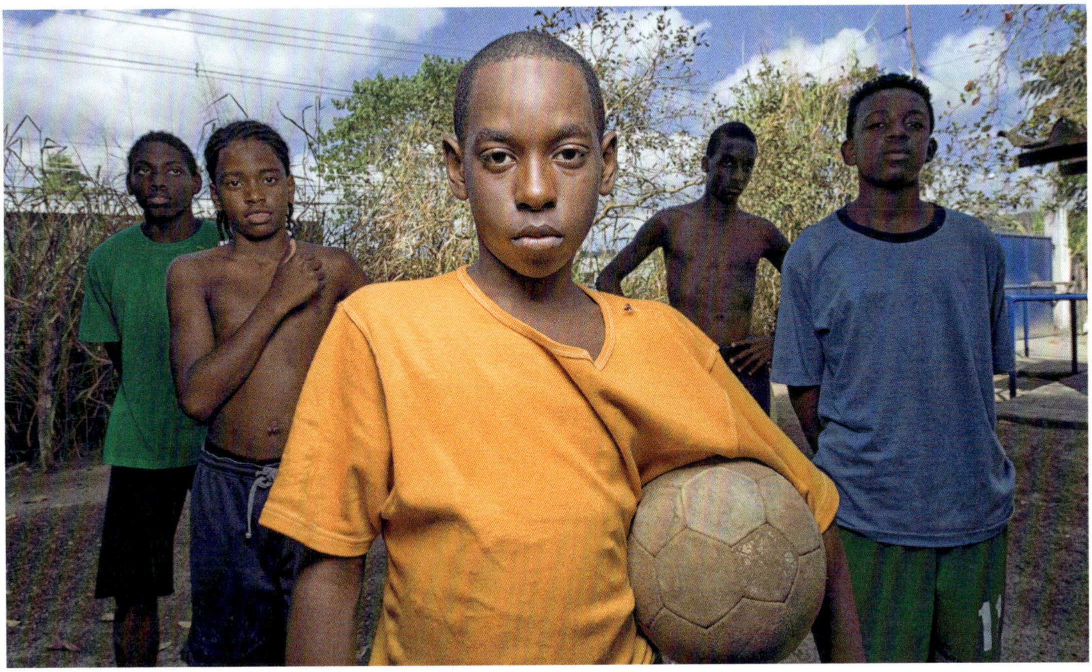

Bei dem Foto dieser jungen brasilianischen Fußballfans wurden einige Regeln gebrochen. Die Jungen hinten stehen im Schatten, der Junge vorn befindet sich direkt in der Bildmitte, und der Hintergrund ist etwas chaotisch. Aber der Gesichtsausdruck des Jungen in der Mitte und das Licht, das auf sein Gesicht fällt, sorgen dafür, dass das Foto trotzdem funktioniert.

AUSRÜSTUNG VORBEREITEN

Zu denken wie ein Fotograf bedeutet, auch im Hinblick auf die Ausrüstung immer perfekt vorbereitet zu sein. Egal, ob man ein paar Stunden mit der Kamera durch die Nachbarschaft spaziert oder eine dreiwöchige Fotoreise macht, ein paar Dinge sind einfach unverzichtbar.

Sie haben recherchiert, sich informiert und alles perfekt geplant. Damit die ganze Vorarbeit nicht umsonst war, sollte man sich am Tag, bevor man loszieht, etwas Zeit nehmen, um seine Ausrüstung zu checken und vorzubereiten.

TASCHE PACKEN

Als Erstes wird die Zubehörtasche ausgeräumt, und alles, was man nicht unbedingt braucht, bleibt zu Hause – so spart man Gewicht und ist viel organisierter. Dann legt man alles Zubehör bereit, das man braucht, und packt die Tasche so wieder ein, dass die Sachen, die man am häufigsten braucht, mit einem Handgriff erreichbar sind.

Zusätzliche Batterien oder geladene Akkus für alle Geräte sind unverzichtbar. Und wenn man noch Platz hat, ist es keine schlechte Idee, sicherheitshalber auch noch die Ladegeräte einzupacken. Eine formatierte Speicherkarte kommt in die Kamera, einige weitere in die Tasche. Es gibt schließlich nichts Ärgerlicheres als eine volle Speicherkarte!

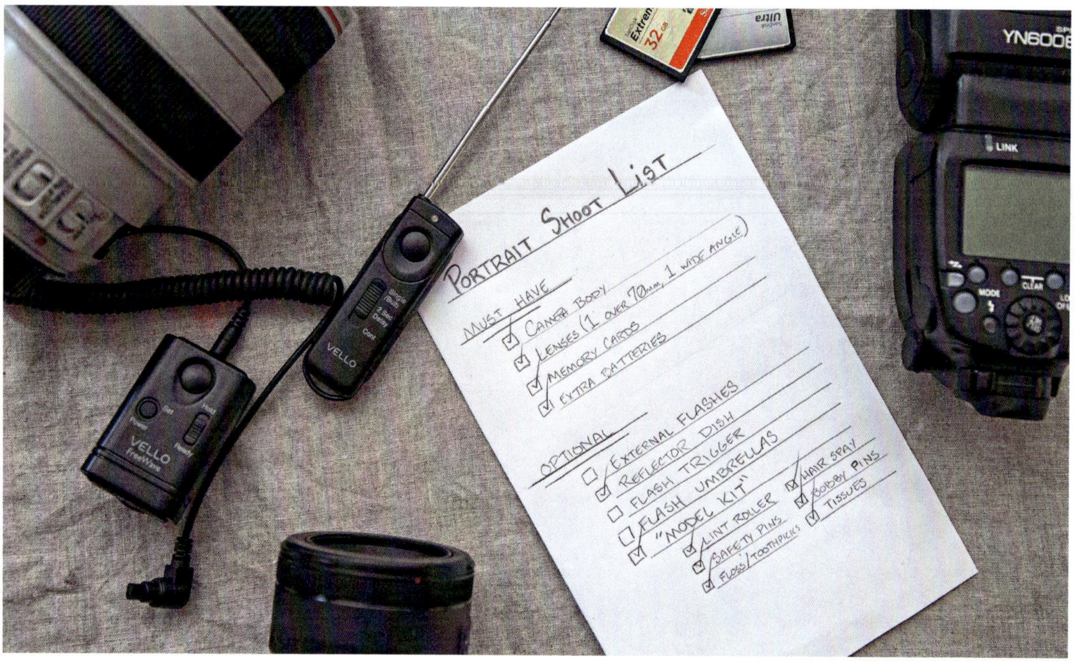

Machen Sie sich vor jeder Fototour eine Checkliste und packen Sie Ihre Tasche bereits am Vortag, um sicherzugehen, dass Sie auch wirklich alles dabei haben.

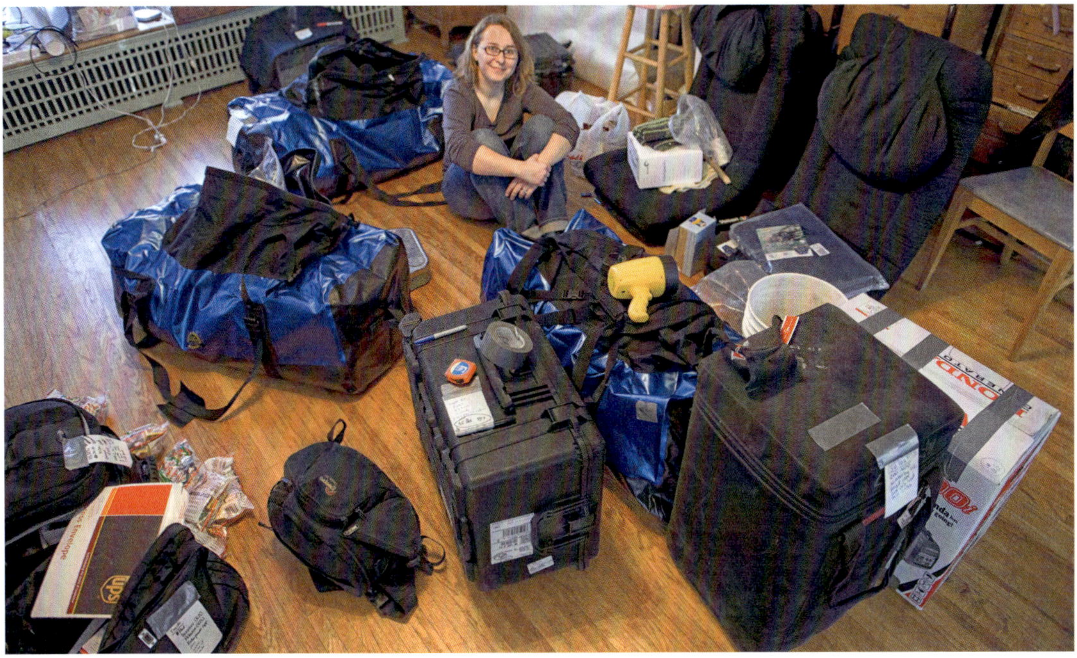

Als Profifotograf schleppt man oft ziemlich viel Zeug mit sich herum, das man am Ende gar nicht braucht. Als Einsteiger braucht man nur seine Grundausstattung und etwas Zubehör, aber auch das sollte wohlüberlegt verstaut werden.

Dazu kommen noch ein sauberes Putztuch für die Objektive, Gaffer Tape, um Dinge zu fixieren, und ein Multitool für kleinere Reparaturen.

BESONDERES ZUBEHÖR

Für Porträts sollte man sich eine Extratasche mit Haarspray, Puder, Fusselrolle und Handspiegel zusammenstellen. Haarklammern, Wäscheklammern oder Sicherheitsnadeln sind praktisch, um Kleidung oder andere Dinge zu fixieren. Und wenn es ins Freie geht, dürfen ein Erste-Hilfe-Set, Mückenspray und eine Taschenlampe nicht fehlen.

Natürlich sollte man alles dabeihaben, was man braucht, aber man muss die Ausrüstung auch problemlos längere Zeit tragen können. Daher gilt es, Prioritäten zu setzen und nur Dinge mitzunehmen, die man wirklich braucht. Am besten macht man sich eine Checkliste mit den wichtigsten Dingen – so ist man bestens gerüstet und kann sich auf Wichtigeres konzentrieren.

TIPP — CHECKLISTE GRUNDAUSRÜSTUNG

- zusätzliche Batterien und/oder geladene Akkus
- mehrere formatierte Speicherkarten
- aufgeladene Kamera mit Speicherkarte
- Dateiformat ausgewählt (siehe Kapitel 10)
- Wechselobjektive
- Beleuchtungszubehör – Reflektor, Diffusor, Blitz usw.
- bequeme Schuhe oder Stiefel
- genügend Wasser, Snacks und alles, was Sie sonst noch brauchen, um sich sicher und wohl zu fühlen

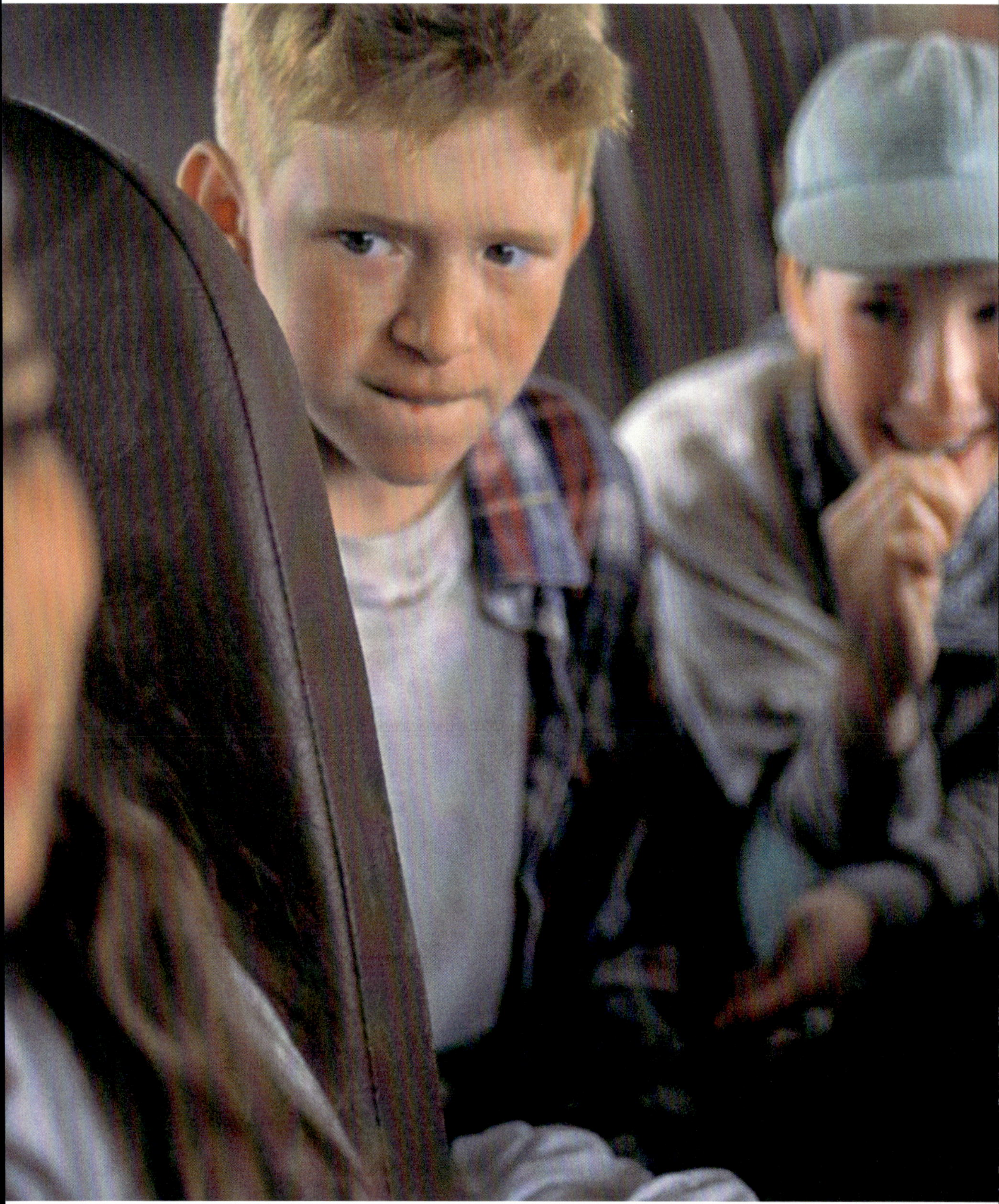

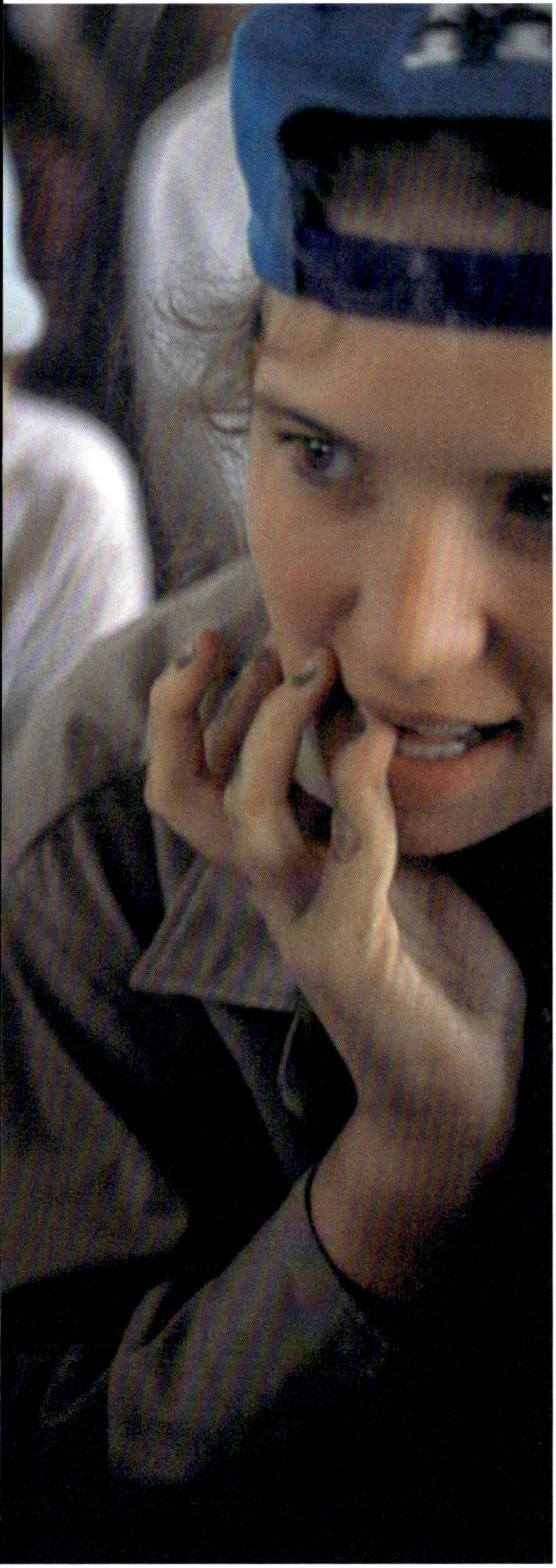

VOLLER ERWARTUNGEN

Hier sieht man eine Gruppe Kinder, die in den Ferien für ein kleines Taschengeld bei der Maisernte geholfen haben und nun im Bus gespannt darauf warten zu erfahren, wie viel sie dabei verdient haben. Ich setzte mich zu ihnen und begann zu fotografieren – mit dem Ziel, die Emotionen festzuhalten, die sich in diesem aufregenden Moment in ihren Gesichtern widerspiegelten.

EMOTIONEN EINFANGEN Wie man hier sieht, ist die Erwartung oft eine viel spannendere Emotion als die Freude oder die Enttäuschung, die auf sie folgt. Die Kinder kauten voller Spannung auf den Fingernägeln, und man kann erkennen, dass sie kaum stillsitzen konnten. Dieser Moment erzählt von der harten Arbeit und der Vorfreude auf den Lohn dafür.

IM MOMENT SEIN Der größte Vorteil, wenn man viel fotografiert, ist, dass einem das technischen Wissen irgendwann in Fleisch und Blut übergeht. So kann man ganz im Moment sein, sich in eine Situation fallen lassen und ist offen für das, was die Personen, die man fotografiert, fühlen. Diesen Bezug zum Motiv, das Im-Moment-Sein, spürt man: Er verleiht dem Foto eine tiefere Bedeutung und vermittelt dem Betrachter ein Gefühl für die dargestellten Emotionen.

OFT ABDRÜCKEN Gerade wenn man Emotionen einfangen möchte, muss man viele Fotos machen, um die ganze Bandbreite an Gesichtsausdrücken festzuhalten. So hat man später genügend Fotos von allen Gefühlsregungen, von denen man jene auswählen kann, die die gewünschte Emotion am besten vermitteln.

SIEBEN

MENSCHEN & TIERE

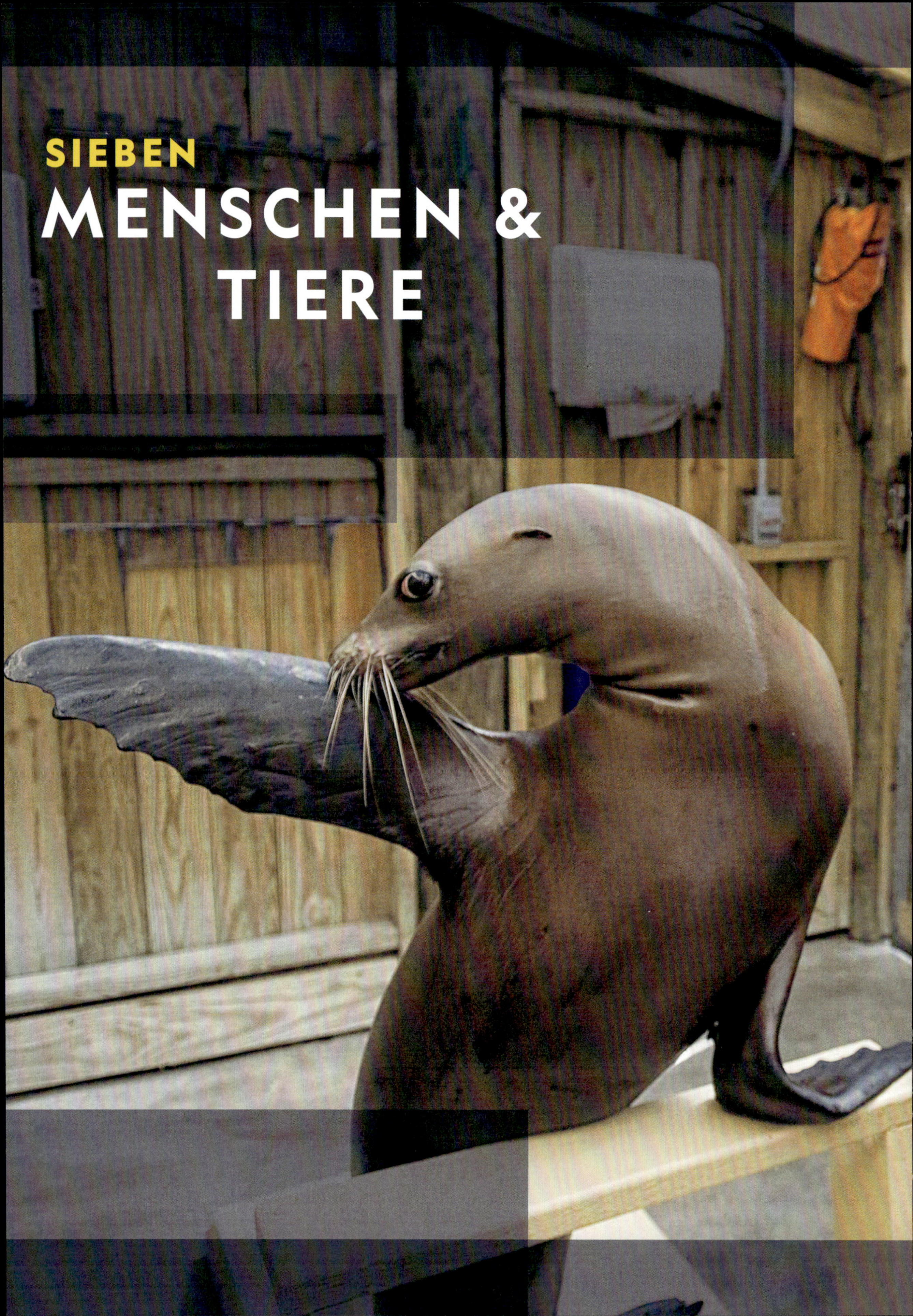

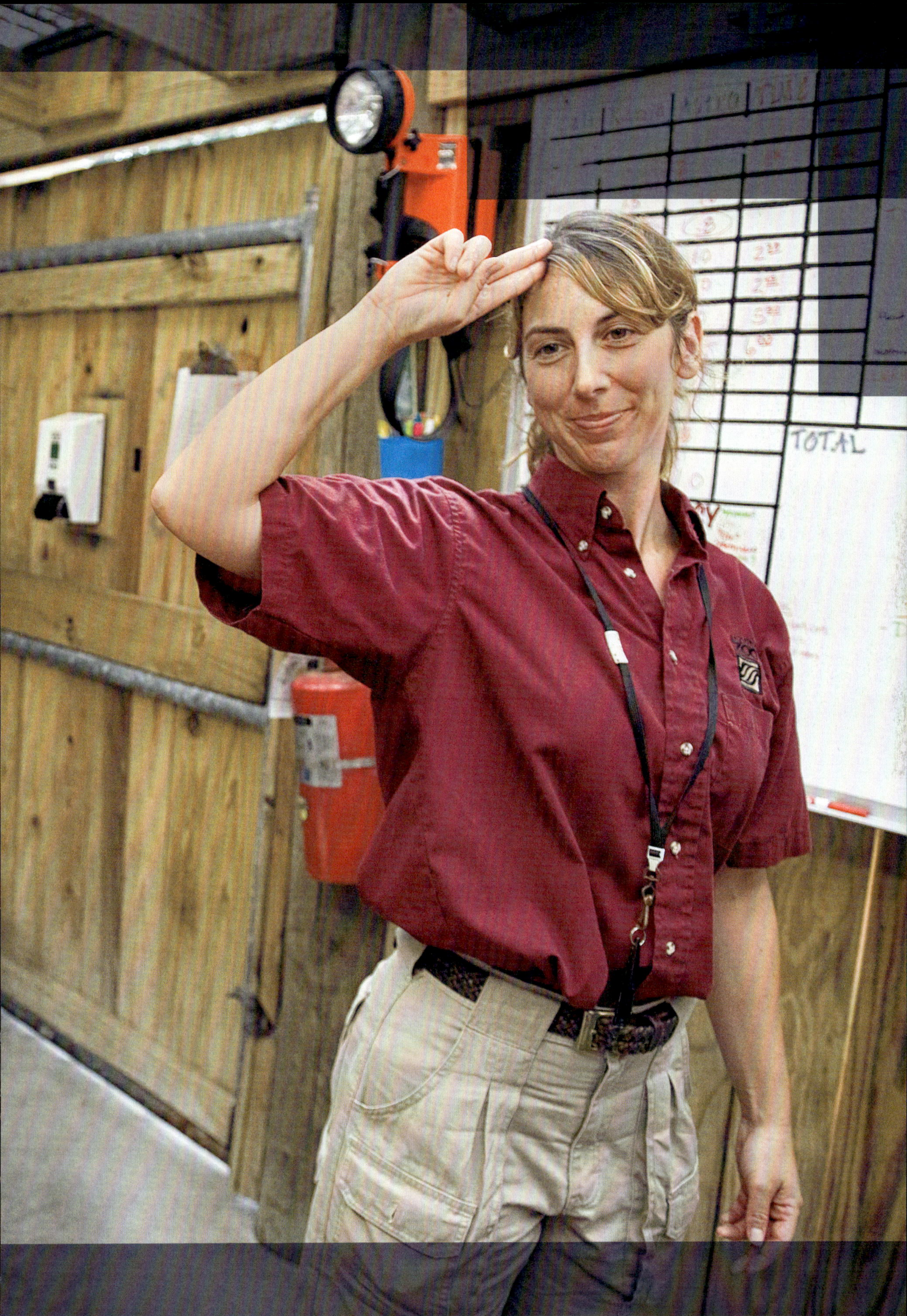
TOTAL

PORTRÄTS ANFERTIGEN

Auf einem Foto lässt sich genau ein Moment festhalten. Und die Tatsache, dass jeder Moment einzigartig ist, ist der Grund dafür, dass manche Fotos lange nachwirken und man sie immer wieder betrachten möchte.

Besonders einzigartige Momente entstehen meist, wenn Menschen oder Tiere im Spiel sind. Genau deshalb sind das auch die Motive, die viele Fotografen auf der ganzen Welt am meisten faszinieren und wegen denen viele Menschen überhaupt erst beginnen, sich mit Fotografie zu beschäftigen. Es gibt so viele inspirierende Motive: von der eigenen Familie bis hin zu Angehörigen fremder Kulturen, von den Vögeln im Garten bis hin zu exotischen Tieren.

Und damit sind wir auch schon mitten in der Welt der Porträtfotografie angelangt. Wirkungsvolle Porträts zu fotografieren, ist aber nicht ganz einfach, nicht zuletzt, weil die Motive ihren eigenen Willen haben. In diesem Kapitel geht es darum, wie man es dennoch schafft, einzigartige und wirkungsvolle Fotos von Menschen und Tieren aufzunehmen, egal, ob man ein professionelles Studioporträt, einen Schnappschuss auf einer Geburtstagsparty oder ein Selfie macht. Das Grundwerkzeug dafür sind die im Grundlagen-Teil dieses Buchs behandelten Techniken und Methoden – in diesem Kapitel geht es nun darum, diese wirkungsvoll auf die Porträtfotografie anzuwenden.

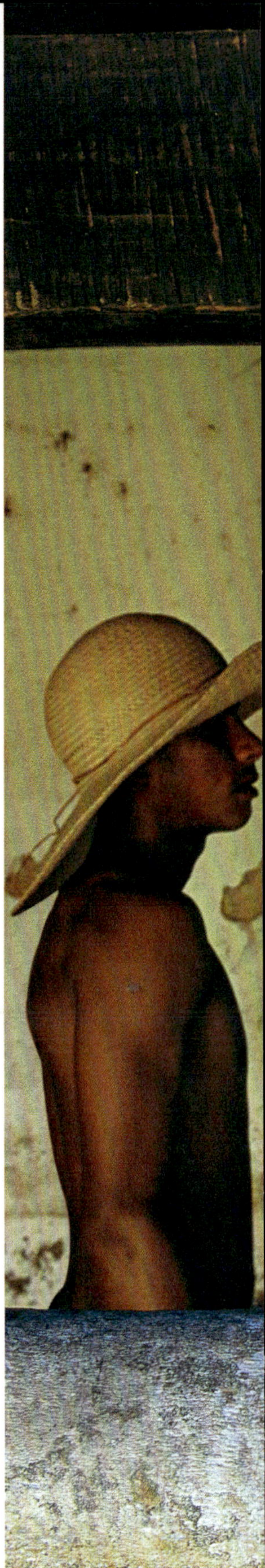

Dieses Porträt, aufgenommen im Pantanal, Brasilien, erzählt durch die Farben, die verschiedenen Bildebenen und die Komposition die Geschichte der Viehtreiber und ihrer Arbeit mit den Tieren.

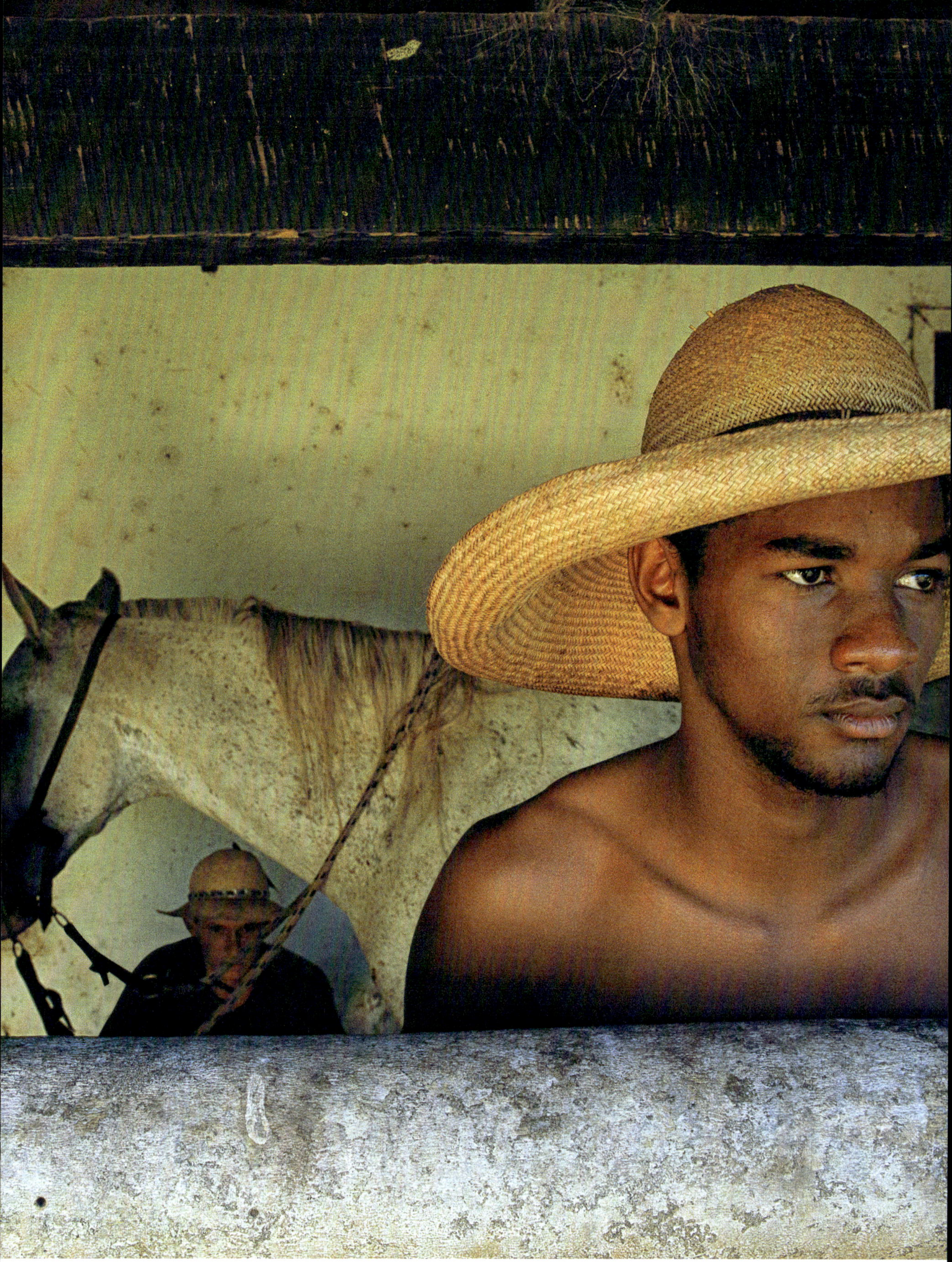

PORTRÄT-GRUNDLAGEN

Die Komposition ist zwar meist etwas schlichter, aber auch ein Porträt sollte eine Geschichte erzählen. Die eigene Beziehung zur fotografierten Person und dass diese sich wohlfühlt, sind dafür grundlegend.

Ein Porträt ist nicht einfach nur ein Foto von jemandem. Ein gutes Porträt verrät auch etwas über das Leben oder die Persönlichkeit der fotografierten Person. Die Kleidung, die Requisiten, der Gesichtsausdruck und sogar die Pose können dabei wichtige Hinweise für den Betrachter liefern.

ANNÄHERUNG

Ein Porträt ist etwas sehr Persönliches. Man muss als Fotograf herausfinden, was eine Person ausmacht, um ihre Geschichte erzählen zu können – und dafür braucht es sehr viel Vertrauen. Vor allem bei Personen, die man noch nicht so gut kennt, sollte man daher auch etwas Zeit einplanen, um einander besser kennenzulernen. Wenn man zu fotografieren beginnt, kann man der Person zunächst Anweisungen geben, etwa im Hinblick auf die Körperhaltung, aber am besten ist es, sich ganz auf die natürlichen Bewegungen und Gesichtsausdrücke der Person zu konzentrieren, denn das sagt viel über ihre Persönlichkeit aus – und darum geht es schließlich bei guten Porträts.

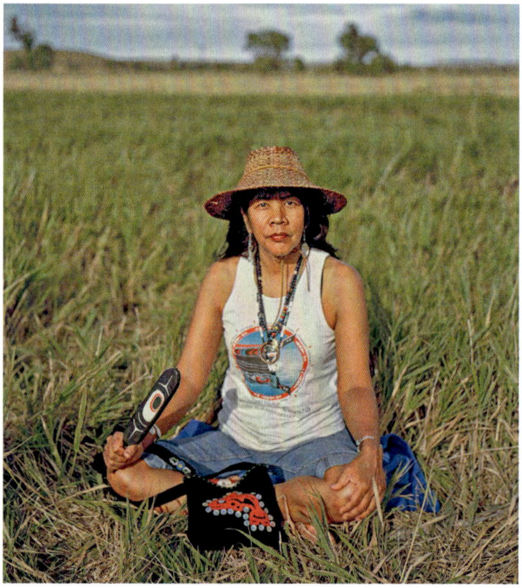

Sweetwater Nannauck ist die Leiterin der Organisation Idle No More, die sich für die Rechte der indigenen Bevölkerung einsetzt. Dieses Porträt wurde bei einer Demonstration gegen die Dakota Access Pipeline aufgenommen – ihr Gesichtsausdruck lässt erahnen, was sie von dieser hält.

TIPP | **VERTRAUEN SCHAFFEN**

Vertrauen schafft man, indem man unaufdringlich und aufmerksam ist und zuhört. Beim Fotografieren hält man sich am besten zunächst etwas zurück, damit sich die andere Person wohlfühlt und sich entspannen kann, anstatt ihr die Kamera direkt ins Gesicht zu halten. Bei Tierporträts ist es wichtig, dass man Anzeichen für Stress oder Aggression kennt, ruhig bleibt und sich zurückhält, bis sich das Tier an einen gewöhnt hat – nur dann ist es möglich, einen natürlichen Moment einzufangen.

PLATZIERUNG

Die wichtigste Regel bei Porträts ist, dass der Fokus immer auf den Augen liegen sollte. Bei der Platzierung der Person im Bildausschnitt hat man hingegen vollkommen freie Hand. Porträts, bei denen die Person mittig platziert ist, können sehr einnehmend wirken, man kann aber auch mit der

MEHR INFOS ZU ZUSÄTZLICHEM LICHT AUF SEITE 96

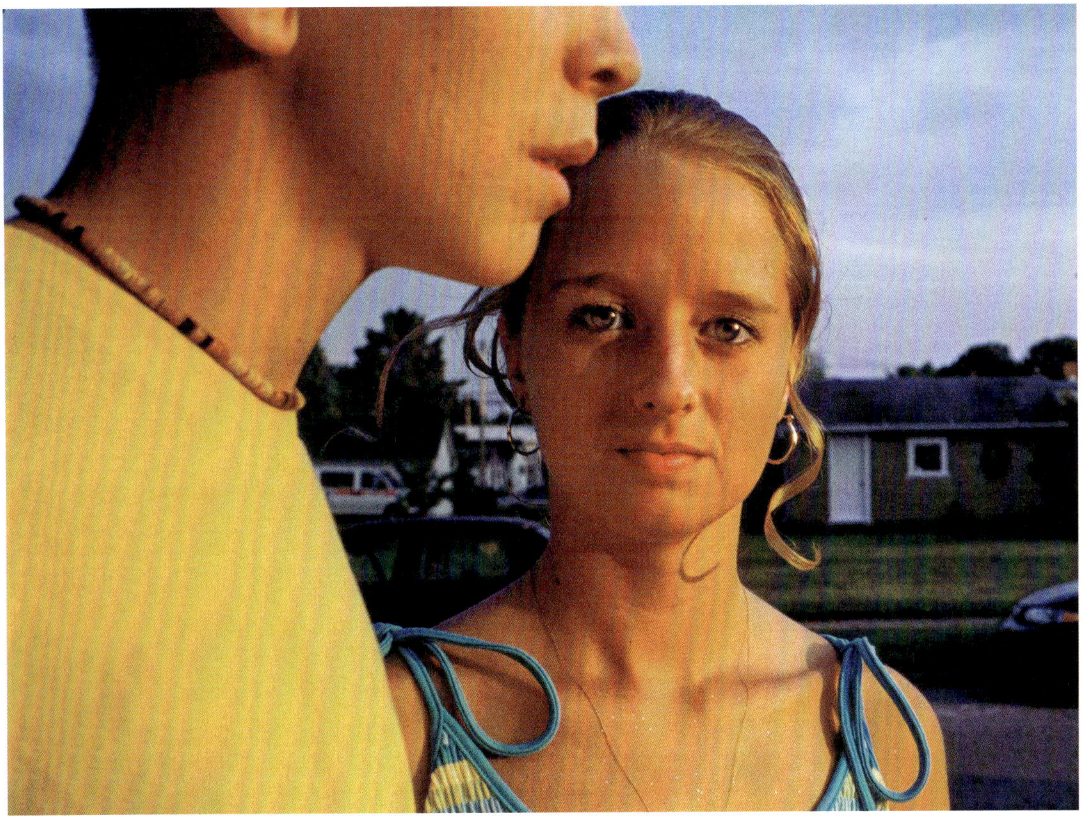

Dieses Foto einer Jugendlichen aus Ohio ist kein klassisches Porträt, aber es erzählt eine Geschichte: Dass eine zweite Person, wenn auch nur teilweise, zu sehen ist, sagt viel über die tiefe Verbindung, die zwischen den beiden herrschen muss, aus.

Drittel-Regel arbeiten. Am besten variiert man die Platzierung, um zu sehen, was gut wirkt.

Professionelle Studioporträts werden meist vor einem neutralen Hintergrund fotografiert. Aber auch ein natürlicher Hintergrund kann wichtige Informationen liefern. Welche Details helfen, die Geschichte einer Person zu erzählen? Und welche lenken ab? Mithilfe der richtigen Blende und Tiefenschärfe lassen sich diese ausblenden.

DAS RICHTIGE LICHT

Der entscheidende Aspekt bei Porträts ist das Licht. In bestimmten Lichtsituationen kann es sein, dass Details im Gesicht der fotografierten Person verschwinden. Dann muss man nachhelfen, bis man das gewünschte Ergebnis erhält - mit einer Lampe, einem Blitz oder einem Reflektor.

Am besten übt man mit jemandem, den man kennt, bis man die richtigen Einstellungen für Porträts schnell vornehmen kann, denn nicht jeder fühlt sich vor der Kamera wohl und nichts macht nervöser, als ewig dazusitzen und warten zu müssen. Schließlich ist es die wichtigste Aufgabe des Fotografen, dafür zu sorgen, dass sich die fotografierte Person wohlfühlt - denn nur so entstehen ehrliche und aussagekräftige Porträts.

UMGEBUNGSPORTRÄTS

Ein Umgebungsporträt ist so etwas wie ein erweitertes Porträt. Hier fotografiert man die Person in einer Umgebung, in der sie sich wohlfühlt und die zugleich etwas über die Person selbst und ihre Persönlichkeit verrät.

Wenn man ein Porträt fotografiert, gibt es auch die Möglichkeit, die Umgebung miteinzubeziehen – also etwa eine Gärtnerin im Gewächshaus oder einen Buchhändler vor einem Bücherregal zu fotografieren. Umgebungsporträts eignen sich aber auch, wenn Tiere das Motiv sind: Denken Sie etwa an ein Haustier im eigenen Garten, eine Taube auf einem Gehsteig oder einen Delfin im Meer.

Die Umgebung kann ein Porträt vervollständigen, ihm mehr Tiefe und der Geschichte Kontext verleihen. Dabei sollte sie der fotografierten Person aber nicht die Show stehlen: Diese muss nach wie vor im Mittelpunkt des Porträts stehen.

KOMPOSITION BEACHTEN

Für das perfekte Zusammenspiel zwischen Motiv und Umgebung sollte man verschiedene Kompositionsvarianten durchspielen. Es gibt nicht die eine perfekte Herangehensweise für jedes Szenario, daher platziert man die fotografierte Person am besten an verschiedenen Stellen im Bildausschnitt, um zu sehen, was am besten funktioniert. Perfekt sind zudem Elemente, die die verschiedenen Bildebenen verbinden, sodass ein in sich geschlossenes Motiv entsteht. Das können zum Beispiel auch Führungslinien sein, die eine Verbindung zwischen einzelnen Elementen herstellen.

PERFEKT IN SZENE GESETZT

Wenn man das Motiv und seinen Platz in der Welt kennt, ist es einfacher, wirkungsvolle Umgebungsporträts zu inszenieren. Der Ausgangspunkt sollte dabei immer das sein, was man dem Betrachter über die Person erzählen möchte. Dann kann man sich kreative Wege überlegen, um die Umgebung miteinzubeziehen. Im Idealfall macht man das bereits im Vorfeld, denn das hat auch Auswirkungen auf etwaiges Zubehör: zusätzliches Licht, eine Leiter für interessante Perspektiven, ein Stativ usw.

Umgebungsporträts sind eine gute Gelegenheit, Unkonventionelles auszuprobieren. Sie müs-

AUFGABE: JEMANDEN IN SEINEM ELEMENT FOTOGRAFIEREN

Vielleicht haben Sie eine Freundin mit einem interessanten Job, die Sie an ihrem Arbeitsplatz fotografieren können. Kreieren Sie einen Hintergrund, der dem Betrachter etwas über ihr Modell erzählt, und eliminieren Sie ablenkende Elemente. Das funktioniert auch mit Tieren: der Hund mit seinem Lieblingsknochen, ein Pferd auf seiner Koppel oder eine Katze auf dem Kratzbaum!

sen beispielsweise nicht immer eindeutig sein, man kann sie auch konzeptuell anlegen, etwa, indem man einen Astronauten auf einem Trampolin hüpfend fotografiert, das aber auf dem Foto nicht zu sehen ist, um den Eindruck von Schwerelosigkeit zu vermitteln, oder indem man einem passionierten Rennfahrer mit einem Föhn die Haare wie vom Fahrtwind verweht aus dem Gesicht bläst.

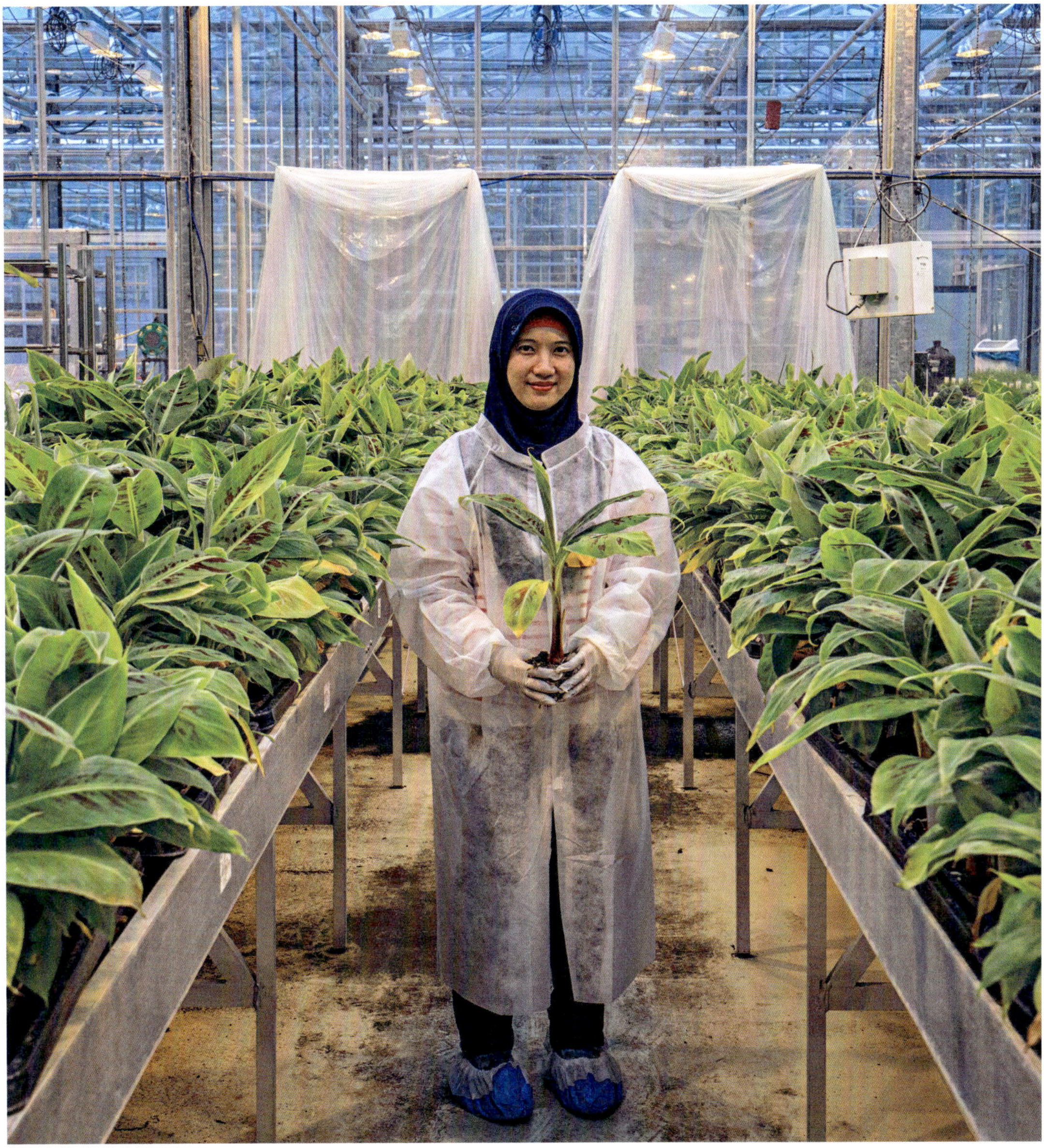

Dieses Porträt einer Studentin in einem Gewächshaus der Universität Wageningen in den Niederlanden überzeugt durch eine perfekte Komposition: Die Tische wirken als Führungslinien, die den Blick direkt auf die Studentin lenken, sie ist mitten in ihrer Arbeit und die Pflanze, die sie in den Händen hält, schafft eine Verbindung zwischen ihr und ihrer Umgebung.

FAMILIE & FREUNDE

Am einfachsten zu erstellen sind Porträts von Menschen, die man kennt, etwa von Familienmitgliedern oder Freunden. Und ganz nebenbei schafft man dadurch ganz einzigartige Erinnerungen!

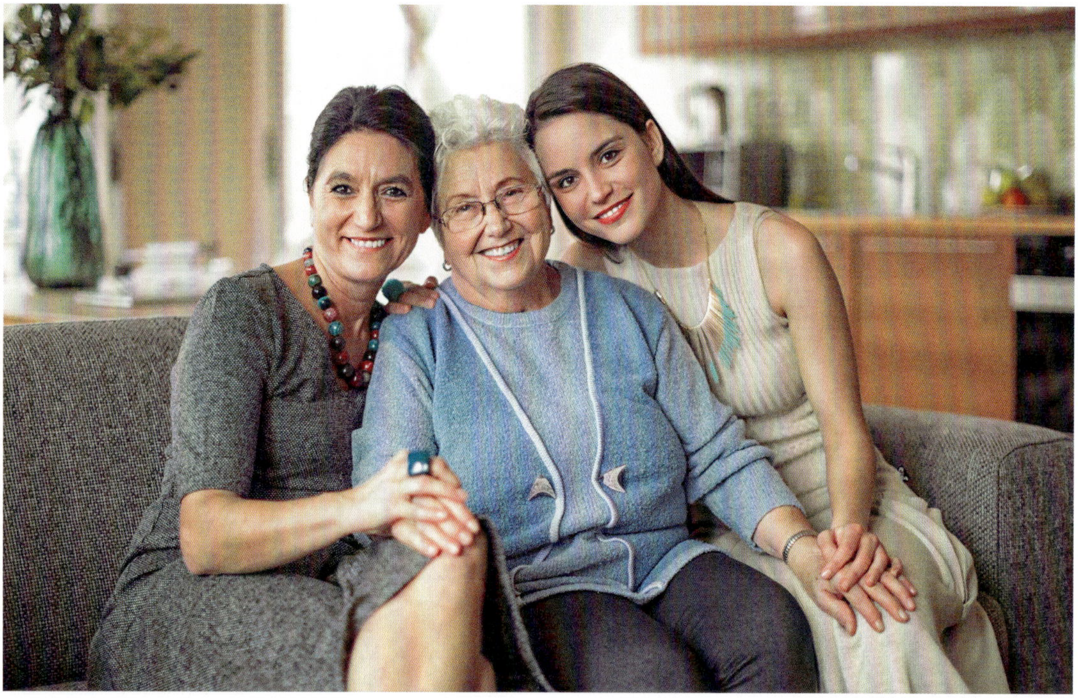

Das durch das Fenster hereinkommende helle, natürliche Licht und die geringe Tiefenschärfe unterstreichen die vertraute und friedliche Stimmung, die dieses Porträt von drei Generationen von Frauen einfach einzigartig macht.

Für Einsteiger ist es am einfachsten, Porträts von Familienmitgliedern und Freunden aufzunehmen. Dabei hat man nicht nur den Vorteil, dass man bereits eine persönliche Verbindung zu den Personen hat, es fällt zudem auch leichter, etwas zu experimentieren, etwa, indem man verschiedene Beleuchtungsszenarios austestet oder die Umgebung miteinbezieht. Freunde und Familie kann man auch problemlos einmal etwas länger warten lassen – was man für perfekte Porträts eher vermeiden sollte, denn dadurch geht einiges an natürlicher Frische verloren. Nach und nach verbessert man so seine Arbeitsweise, gewinnt Selbstbewusstsein und schafft es schließlich, bedeutungsvolle Porträts zu kreieren.

VERBINDUNG HERSTELLEN

Am Anfang sollte man es nicht zu kompliziert machen. Perfekt ist ein Raum mit viel natürlichem Licht, in dem sich das Modell bequem hinsetzen kann. Als Erstes sieht man sich an, von welcher Seite das Licht auf das Gesicht fällt. Dann verwendet man

TIPP GRUPPENPORTRÄTS

Eine Gruppe von Menschen zu fotografieren, ist nicht ganz einfach - aber mit diesen Tipps klappt's!

- Seien Sie gut vorbereitet, organisiert, selbstbewusst und direkt, so stellen Sie sicher, dass auch eine durcheinanderredende, chaotische Gruppe Sie respektiert und sich wohlfühlt.
- Anstatt ganz klassisch große Personen nach hinten und kleine nach vorn zu reihen, kann man ruhig auch einmal etwas experimentieren und sie beispielsweise pyramidenförmig aufstellen. Sobald alle an ihrem Platz sind, gilt: Alle dürfen reden und lachen, sollten sich dabei aber nicht zu viel bewegen.
- Stellen Sie sich am besten auf einen Stuhl und bitten Sie alle, zu Ihnen zu sehen: Das ist ein besonders schmeichelnder Winkel.
- Prüfen Sie, bevor Sie fotografieren, ob alle Gesichter gut zu sehen sind.
- Wenn alle perfekt platziert sind, macht man am besten immer gleich mehrere Fotos kurz hintereinander, um sicherzugehen, dass mindestens eines dabei ist, auf dem alle die Augen offen haben.

einen Reflektor, um etwas von dem Licht auf die andere, weniger beleuchtete Gesichtshälfte zu lenken. Jetzt kann man auch schon beginnen, zu fotografieren und mithilfe der bereits gemachten Fotos Belichtung und Tiefenschärfe anzupassen.

Zwischendurch sollte man die Kamera immer wieder kurz weglegen und mit der Person sprechen, um die Stimmung aufzulockern. Wenn man Personen fotografiert, die man noch nicht so gut kennt, ist das ein gutes Mittel, um eine Verbindung zu ihnen herzustellen. Das ist wichtig, denn in gelöster Stimmung ist es leichter, natürliche Gesichtsausdrücke einzufangen.

Man kann auch mit der Pose im Hinblick auf das Licht experimentieren oder im Laufe des Tages bei verschiedenen Lichtsituationen fotografieren. So entstehen weniger formale Porträts - dazu auch mehr in den folgenden Lektionen.

NACH PERFEKTION STREBEN

Fotos von Familie und Freunden findet man oft einfach deshalb schön, weil man darauf Menschen sieht, die man liebt. Das sollte aber nicht dazu führen, dass man sich mit einem technisch mittelmäßigen Foto zufriedengibt. Bei jedem Motiv geht es darum, nicht nur gute, sondern außergewöhnliche und einzigartige Fotos zu machen.

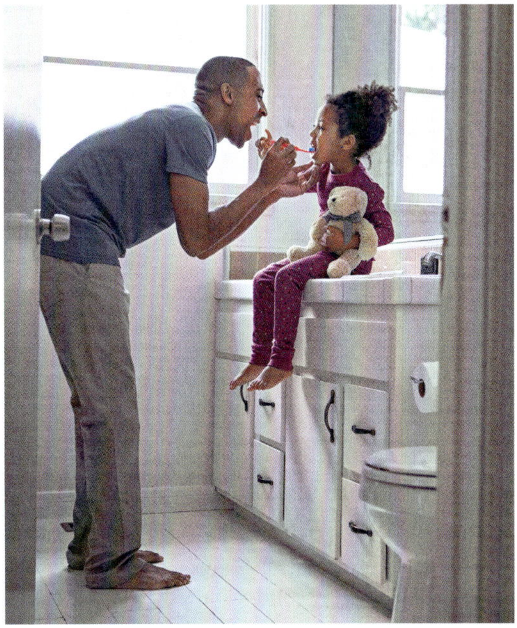

Dieser intime, alltägliche Moment - ein Vater, der seiner Tochter die Zähne putzt - lässt ein weniger traditionelles, aber dafür ganz einzigartiges Porträt entstehen.

BABYS & KINDER

Babys und Kinder haben eine unglaubliche Energie. Das und die Bandbreite an Emotionen, die sich auf ihren Gesichtern widerspiegelt, können eine Herausforderung sein, sorgen aber für umso ausdrucksstärkere Fotos.

Als Fotograf arbeitet man oft an den verrücktesten Orten unter widrigen Umständen: von Sümpfen voller Moskitos bis hin zur eisigen Tundra. Aber das alles ist nichts verglichen damit, ein gutes Foto von einem Baby zu schießen. Babys und die meisten Kinder bewegen sich viel, und über längere Zeit Blickkontakt zu halten, ist eine Herausforderung. Man braucht daher eine gute Beobachtungsgabe, viel Geduld – und etwas Glück. Wenn es dann klappt, hat man dafür etwas für die Ewigkeit!

BABYS

Für Fotos von Babys ist weiches, natürliches Licht perfekt – etwa durch einen Vorhang abgeschwächtes oder über eine weiße Wand reflektiertes Sonnenlicht. Um Blickkontakt herzustellen, begibt man sich am besten auf Augenhöhe, am einfachsten ist das im Liegen.

Man kann beispielsweise auch von oben fotografieren, mit der Bettdecke als Hintergrund. Dabei sollte man sich auf die Details wie die dich-

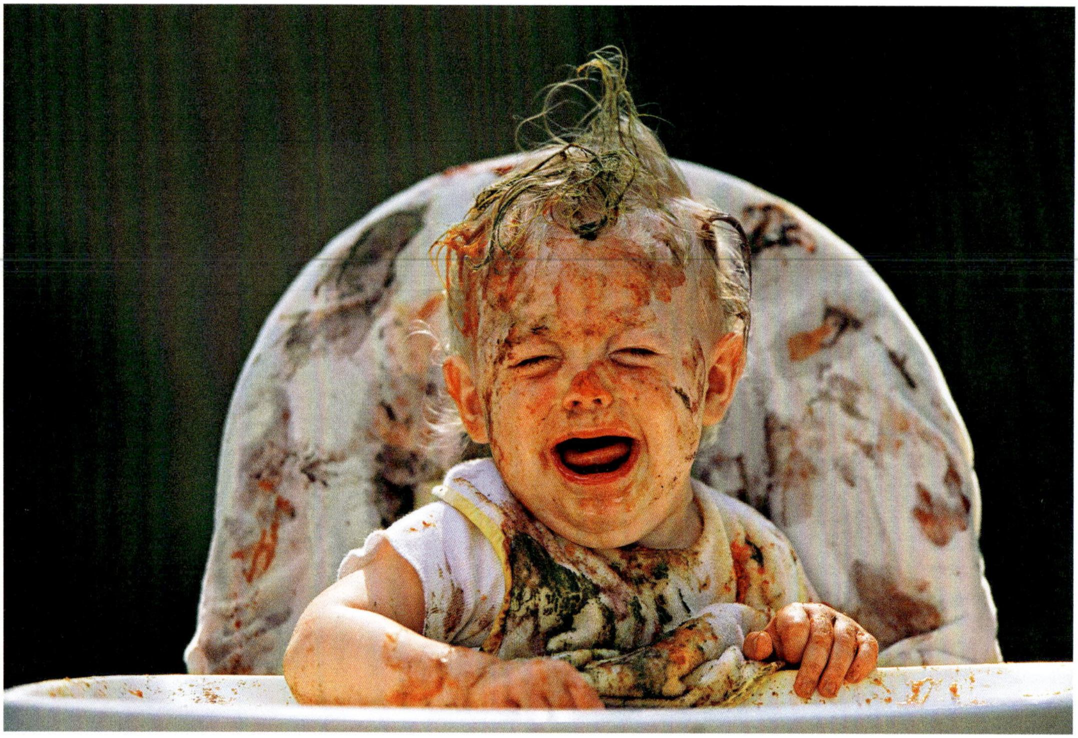

Wie man sieht, ist hier das Abendessen etwas außer Kontrolle geraten – eine Situation, die sicher viele Eltern kennen! Ein Schnappschuss wie dieser sorgt schnell wieder für gute Laune (zumindest bei den Eltern).

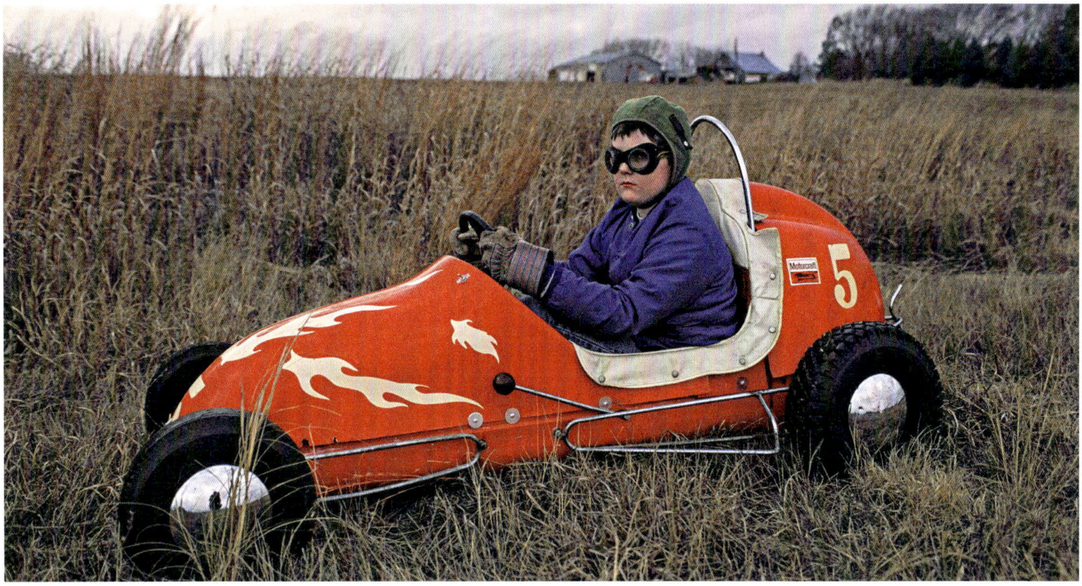

Auf diesem Foto sieht man meinen Sohn Cole in einem sogenannten „Midget-Car“, seinem Jugendhobby. Seine Kleidung, sein Gesichtsausdruck, das Rennauto und das Feld im Hintergrund sagen so viel mehr über ihn in diesem Alter aus, als das mit einem Porträt möglich gewesen wäre, bei dem er einfach nur lächelnd in die Kamera geblickt hätte!

ten Haarlocken, die strammen Oberschenkel oder die winzigen Hände konzentrieren – das sorgt für einzigartige Porträts, durch die sich Eltern sofort an den Blick in das Kinderbettchen erinnern.

KINDER UND EMOTIONEN

Kinder fotografiert man am besten in Momenten, in denen sie sich ehrlich freuen: mit dem Lieblingsspielzeug, auf dem Fußballfeld oder eingekuschelt auf der Couch beim Vorlesen. Das sind die Momente, in denen man die Kamera parat haben sollte, um authentische Porträts zu erstellen. Aber nicht nur Freude, sondern auch andere Emotionen wie Erschöpfung, Wut, Trauer und Langeweile können zu einzigartigen Fotos führen. Dabei kommt es aber natürlich immer auf die Situation an: Als Elternteil weiß man selbst am besten, wann es okay ist, einen schnellen Schnappschuss zu machen und wann das Kind einen selbst ganz ohne Kamera braucht.

Wenn man die eigenen Kinder öfter fotografiert, ignorieren sie die Kamera mit etwas Glück irgendwann – das ist die perfekte Chance für wirklich einzigartige, authentische Schnappschüsse!

SMARTPHONE-TIPP: SCHNAPPSCHÜSSE

Da man das Handy, anders als die Spiegelreflexkamera, immer dabei hat, ist es perfekt, um jederzeit einmalige Momente, wie etwa die ersten Schritte des Nachwuchses, einzufangen. Da ist es dann auch egal, wenn die Fotos technisch nicht ganz perfekt sind, denn das sind Momente, die gibt es nur einmal – Hauptsache, man verpasst sie nicht!

SELBSTPORTRÄTS

Obwohl man sich selbst besser kennt als irgendjemand anderen, sind Selbstporträts, die über das klassische Selfie hinausgehen, besonders schwierig aufzunehmen.

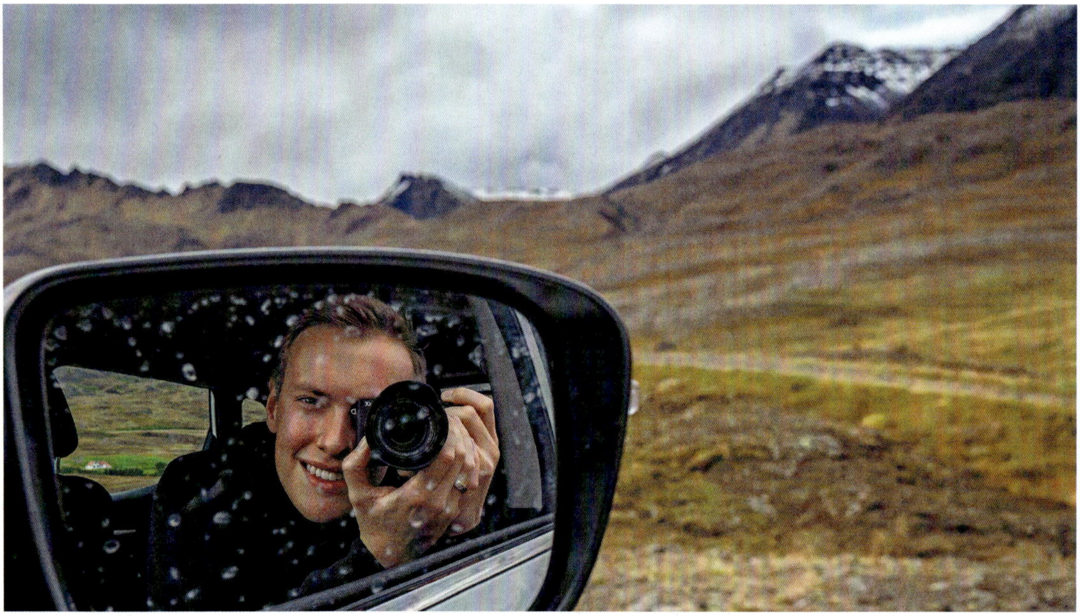

Auch bei Selbstporträts gilt es, die verschiedenen Kompositionstechniken zu beachten. Hier ist der Fotograf im Seitenspiegel perfekt gerahmt, während die Umgebung wertvolle Hintergrundinformationen zum Kontext des Fotos liefert.

Wir leben im Selfiezeitalter – gerade in den sozialen Medien sind Selfies mit die beliebteste Art von Fotos! Manche finden diese „Selbstdarstellung" vielleicht oberflächlich, aber die Kunst des Selbstporträts hat eine sehr lange Tradition – und im Grunde ist ein Selfie ja nichts anderes. Bleibt nur eine Frage: Wie wird aus einem spontanen Selfie ein wirklich gutes Selbstporträt?

KREATIVE SELBSTPORTRÄTS

Es ist gar nicht so einfach, plötzlich selbst vor der Kamera zu stehen. Aber im Grunde ist nichts anders! Man sollte vorgehen wie bei jedem anderen Foto auch und mit den Grundlagen beginnen: Welche Geschichte möchten Sie über sich selbst erzählen? Und wie können Sie das, was Sie sich vorstellen, umsetzen? Am besten funktioniert das oft mit Umgebungsporträts, die man entweder offensichtlich – bei der Arbeit oder am Lieblingsort zu Hause – oder auch abstrakt – etwa das Gesicht im Halbschatten oder als angedeutete Reflexion in einem beschlagenen Spiegel – anlegen kann. Wenn man etwas Übung hat und sich vor der Kamera wohlfühlt, kann man schließlich der Kreativität ganz freien Lauf lassen.

SMARTPHONE-TIPP: PERFEKTES SELFIE

Um nicht in der Selfiemasse unterzugehen, sollte man sich um Kontext bemühen: Wo und mit wem sind Sie unterwegs und was sagt das über Sie aus? Auch mit einem Selfie kann und sollte man Emotionen vermitteln und eine Geschichte erzählen. Kleiner Tipp: Am besten fotografiert man zudem immer leicht von oben – das schmeichelt!

Für Selbstporträts sollte man im Idealfall ein Stativ und einem Fernauslöser oder die Selbstauslöserfunktion verwenden. Außerdem sollte man mit unterschiedlichen Lichtquellen experimentieren und auch einmal auf ein Detail, wie etwa die Hände oder die Augen, fokussieren – wenn man Künstler und Modell zugleich ist, kann man sich kreativ so richtig austoben!

VOR DER KAMERA

Das Wichtigste ist, dabei nie aus den Augen zu verlieren, was man mit dem Foto vermitteln möchte. Eine gute Übung dafür ist auch, aufzuschreiben, was man darstellen möchte, und dann das entsprechende Foto zu machen.

Selbstporträts haben zudem noch einen weiteren Vorteil: Man bekommt ein Gefühl dafür, wie es ist, vor der Kamera zu stehen. Mit diesem Wissen ist es viel einfacher, andere Personen so zu fotografieren, dass sie sich wohlfühlen.

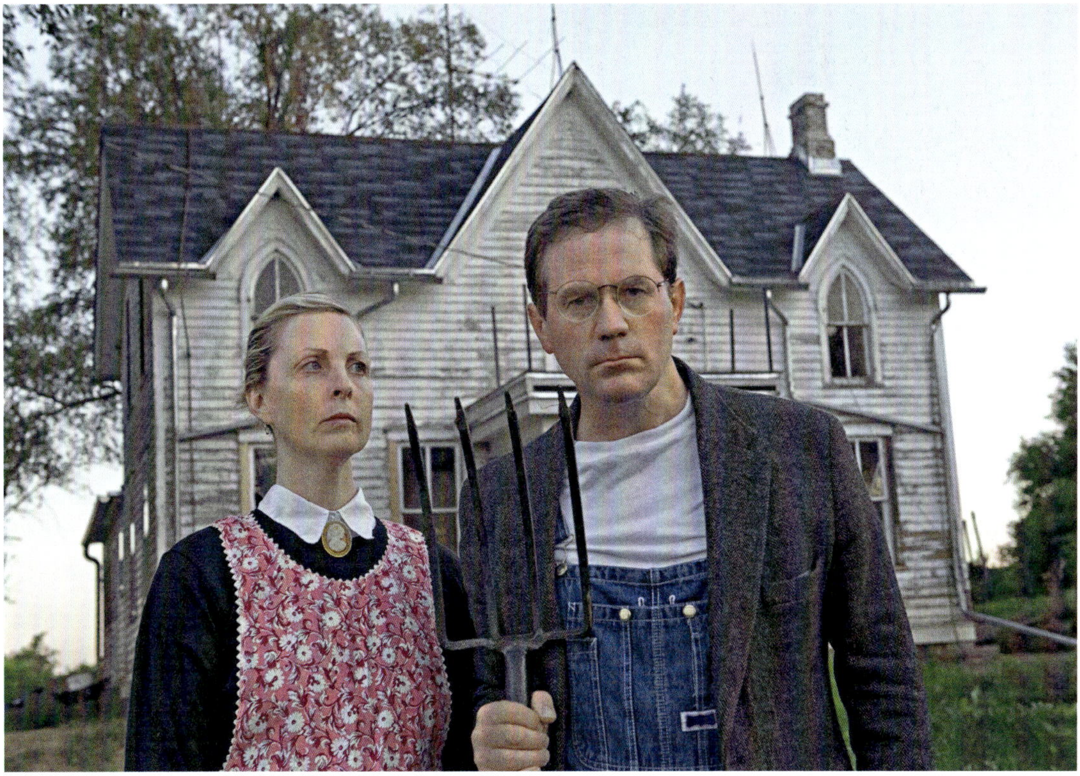

Bei Selbstporträts hat man die Möglichkeit, besonders kreativ zu werden. So wie meine Frau Kathy und ich: Hier stellen wir das berühmte Gemälde „American Gothic" (1930) von Grant Wood nach.

SCHNAPPSCHÜSSE

Schnappschüsse sprechen Betrachter auf eine ganz besondere Art an, sind aber nicht einfach zu fotografieren. Meist hat man es mit einer Szene zu tun, die man überhaupt nicht kontrollieren kann – aber wenn man weiß, was zu beachten ist, stehen die Chancen auf ein perfektes Foto ein bisschen besser!

Schnappschüsse sind per definitionem spontane, ungestellte Fotos. Sie sind besonders ansprechend, da sie einen authentischen, ungekünstelten Moment abbilden und es so wirkt, als hätte die fotografierte Person die Kamera gar nicht gesehen. Die Kombination aus einem echten, ungestellten Moment und der perfekten Komposition lässt oft besonders einzigartige Fotos

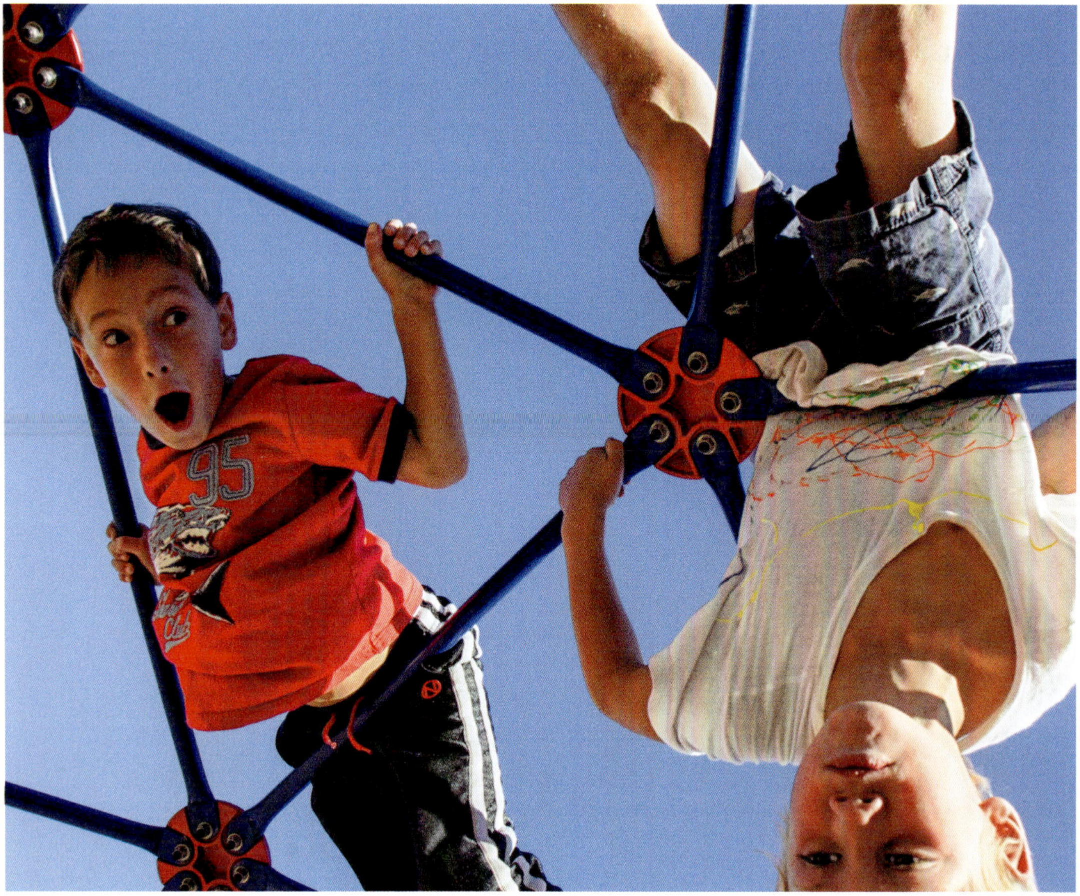

Von unten fotografiert, lassen sich die Freude und Aufregung in den Gesichtern beim Herumtollen auf dem Klettergerüst besonders gut einfangen. Die Metallstreben bilden ein interessantes Muster und rahmen die beiden Jungen.

entstehen. Darin liegt aber zugleich auch die Schwierigkeit: Man muss es irgendwie schaffen, ein spontanes Ereignisse einzufangen, ohne dabei jedoch im Hinblick auf die richtigen Kameraeinstellungen oder die Komposition Kompromisse einzugehen.

ALLZEIT BEREIT

Man kann spontane Ereignisse nicht planen, aber man kann einiges tun, um nicht mit leeren Händen dazustehen, wenn etwas passiert, das es sich einzufangen lohnt. Die Kamera sollte immer bereit sein: mit aufgeladenem Akku, leerer Speicherkarte, im Zeitautomatik-Modus (dieser eignet sich für fast alle Situationen!) und einem mittleren ISO-Wert. Meine Kamera ist immer eingeschaltet und ich verzichte zudem auf eine Objektivabdeckung, sodass ich jederzeit abdrücken kann.

Sobald sich ein geeigneter Moment ergibt - etwa, wenn die Kinder eine Kissenschlacht ausrufen -, heißt es: unauffällig bleiben. Wenn möglich greift man zur Kamera, ohne dass es sonst jemand bemerkt, sucht sich eine geeignete Perspektive und gibt sich dabei wirklich Mühe, die Aufmerksamkeit der fotografierten Personen nicht auf sich zu ziehen - wie die berühmte Fliege an der Wand.

Auch übertreiben sollte man es nicht: Nach ein paar Aufnahmen ist Schluss, denn sobald sich die fotografierten Personen der Kamera bewusst werden, ist jegliche Spontaneität dahin!

STRATEGISCH VORGEHEN

Auch bei Schnappschüssen gilt es, die wesentlichen Elemente, die ein gutes Foto ausmachen, zu bedenken: die Lichtqualität, eine ausgewogene Komposition und die richtige Tiefenschärfe. Zudem sollten sich die fotografierten Personen nicht überdecken und keine ablenkenden Motive im Hintergrund zu sehen sein. Am besten arbeitet man dabei ohne Blitz, denn einerseits lässt sich dieser, vor allem, wenn es schnell gehen muss, nicht gut kontrollieren, und andererseits sorgt der plötzliche Lichtblitz auch nicht gerade dafür, dass die Kamera unentdeckt bleibt.

Wenn man strategisch vorgeht, lassen sich spontane Ereignisse manchmal auch antizipieren, etwa, indem man die Kamera auf den Torraum richtet und fotografiert, wenn ein Spieler zu sehen ist, oder auf eine Tür und abdrückt, wenn sie sich öffnet. Dabei hilft es auch, Bewegungsmuster zu beobachten und sich zunutze zu machen.

Bei Schnappschüssen zeigt sich, ob man die Kunst der Fotografie wirklich beherrscht und auch in spontanen, unkontrollierbaren Situationen tolle Fotos machen kann. Damit das gelingt, braucht man einerseits das richtige Wissen und andererseits einen Blick für lohnenswerte Motive, das richtige Licht und den besten Hintergrund. Wenn einem gute Schnappschüsse gelingen, ist das ein Anzeichen dafür, dass man wirklich verstanden hat, worum es beim Fotografieren geht.

AUFGABE: EINE ECHTE EMOTION EINFANGEN

Versuchen Sie, mit einem Schnappschuss eine echte Emotion einzufangen. Am besten geht man dabei respektvoll und unauffällig vor, sodass die fotografierte Person ganz im Moment ist und sich nicht für die Kamera verstellt. Achten Sie außerdem auf eine ausgewogene Komposition ohne ablenkende Details - so kann sich der Betrachter am besten in die Emotion hineinversetzen.

SPORTFOTOGRAFIE

Ob auf der Tribüne bei einem Profi-Baseballspiel oder am Beckenrand bei einem Schwimmwettkampf in der Schule: Sportliche Wettbewerbe versprechen jede Menge Spannung, die sich mit der richtigen Ausrüstung und den entsprechenden Kameraeinstellungen auch perfekt einfangen lässt.

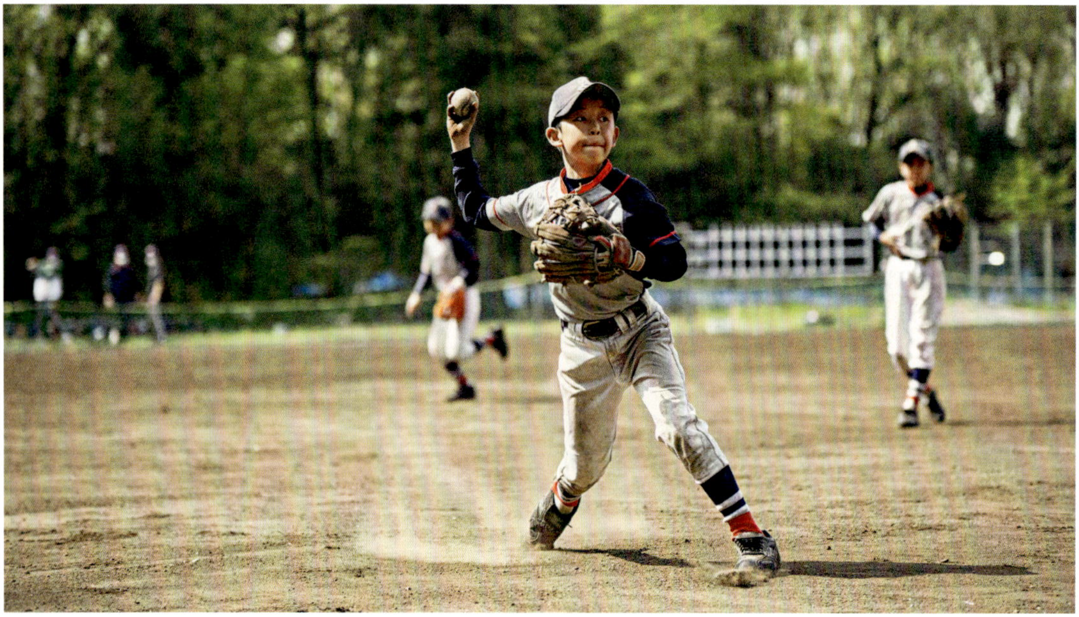

Durch eine kurze Verschlusszeit gelingt es, den Moment, kurz bevor der junge Baseballspieler den Ball wirft, und seinen Gesichtsausdruck dabei einzufangen. Seine Mitspieler bilden einen perfekten Rahmen für diese energiegeladene Szene.

Sportliche Wettbewerbe bieten nicht nur jede Menge Spannung, sondern auch einzigartige Motive, die von Kameradschaft, Kraft, Freude und Eleganz, aber auch Enttäuschung erzählen können. Die mitfiebernden und jubelnden Zuschauer liefern zudem perfektes Schnappschussmaterial.

DAS RICHTIGE TIMING

Bei Sportfotos ist das Timing alles. Dafür braucht man zunächst einen geeigneten Standort, etwa neben der Ziellinie oder am Rand des Schwimmbeckens, wobei man darauf achten sollte, niemandem im Weg zu sein. Außerdem hilft es, ein Grundverständnis für die Sportart und die wichtigsten Regeln zu haben. Wenn man weiß, wie ein Sport funktioniert, hat man bessere Chancen, jene Momente vorauszuahnen, in denen es sich wahrscheinlich lohnt abzudrücken.

Die wichtigste Kameraeinstellung in der Sportfotografie ist die Verschlusszeit: Kurze Verschlusszeiten (max. 1/350) ermöglichen es, Bewegungen einzufrieren, mit längeren lässt sich Bewegung verwischt darstellen. Wenn man sichergehen möchte, dass das Hauptmotiv dabei immer per-

MEHR INFOS ZUR FOTOAUSWAHL AUF SEITE 232

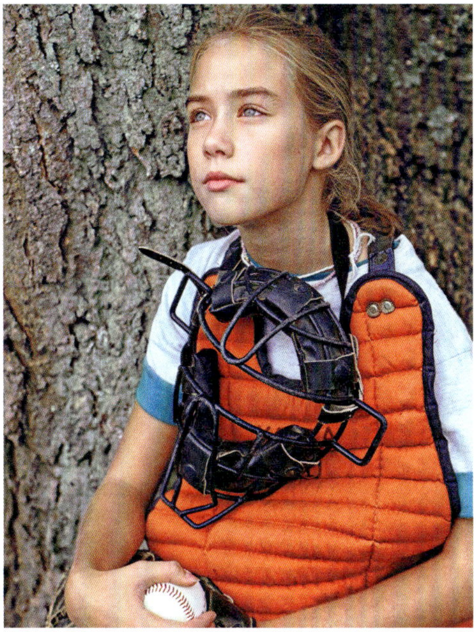

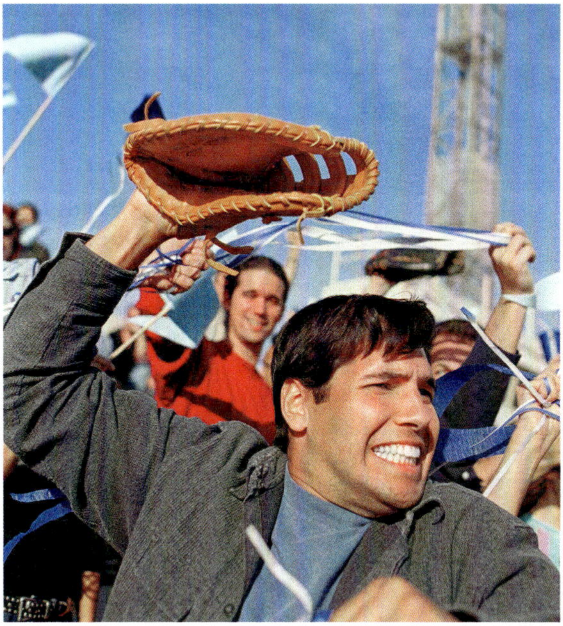

Links: Sportfotografie muss nicht auf sportliche Wettbewerbe beschränkt sein – Porträts von Sportlern mit ihrer Ausrüstung sind eine tolle Erinnerung an eine perfekte Saison. Rechts: Man muss nicht unbedingt immer die Sportler fotografieren: Drehen Sie sich einfach einmal um und fangen Sie die Begeisterung der Zuschauer auf der Tribüne ein!

fekt scharf dargestellt wird, sollte man den Autofokus der Kamera aktivieren.

Achten Sie auf die Komposition, während sich die Sportler durch den Bildausschnitt bewegen. Visuell ist es interessanter, Bewegungen in den Bildausschnitt hinein anstatt jene aus diesem hinaus festzuhalten, da die Bewegung den Blick des Betrachters so ins Bild hineinlenkt. Die Drittel-Regel hilft, dem Hauptmotiv im Bildausschnitt genügend Raum zu geben. Da es im Sport meist schnell geht, sollte man möglichst viele Fotos machen. Dafür eignet sich auch der Modus Serienaufnahme, bei dem mehrere Bilder kurz hintereinander gemacht werden. Hinterher kann man dann die besten auswählen.

BEWEGUNGSFREIHEIT

Mit einem Zoomobjektiv ist man für so gut wie jede Situation gerüstet und braucht zudem keine Wechselobjektive. Ein Monopod ist perfekt, um die Kamera zu stabilisieren, aber auch, um sie bei schnellen Bewegungen mitzuziehen.

TIPP SPORTHALLENLICHT

In Sporthallen ist die Beleuchtung oft furchtbar: Die Lichtquellen sind weit oben und das Licht wird durch den hellen Boden und die Wände reflektiert, sodass man nicht besonders viel gutes Licht zur Verfügung hat. Machen Sie mit einem möglichst hohen ISO-Wert und verschiedenen Weißabgleicheinstellung mehrere Testfotos und passen Sie die Einstellungen an, bis Sie das Geschehen trotz des schlechten Lichts perfekt einfangen können.

HOCHZEITEN

Die glücklichen Momente, die wunderschöne Deko, das tolles Essen und die Gäste, die sich richtig herausgeputzt haben – Hochzeiten bieten jede Menge einzigartige Motive.

Die Hochzeitsfotografie ist ein sehr spezieller Bereich. Eine Hochzeit zu fotografieren, ist alles andere als einfach, denn es steht unglaublich viel auf dem Spiel und man hat, um die allerwichtigsten Momente einzufangen, fast immer nur eine einzige Chance. Daher ist es am besten, die „offiziellen" Fotos einem Profi zu überlassen, der sich zudem auch um das Entwickeln sowie Fotoalben usw. kümmert. Als Gast sollte man sich hingegen lieber auf die besonderen Momente konzentrieren, die nur man selbst festhalten kann.

FOTOGRAFIEREN ALS GAST

Wenn man bei einer Hochzeit fotografieren möchte, gibt es einige Dinge zu beachten:

- Wahrscheinlich hat das Brautpaar einen professionellen Fotografen engagiert. Das sollte man respektieren und diesem auf keinen Fall in die Quere kommen.
- Wenn Sie bei der Zeremonie fotografieren möchten, fragen Sie zuerst das Brautpaar, aber auch den Standesbeamten oder Pfarrer, wo Sie hin dürfen und wohin nicht.

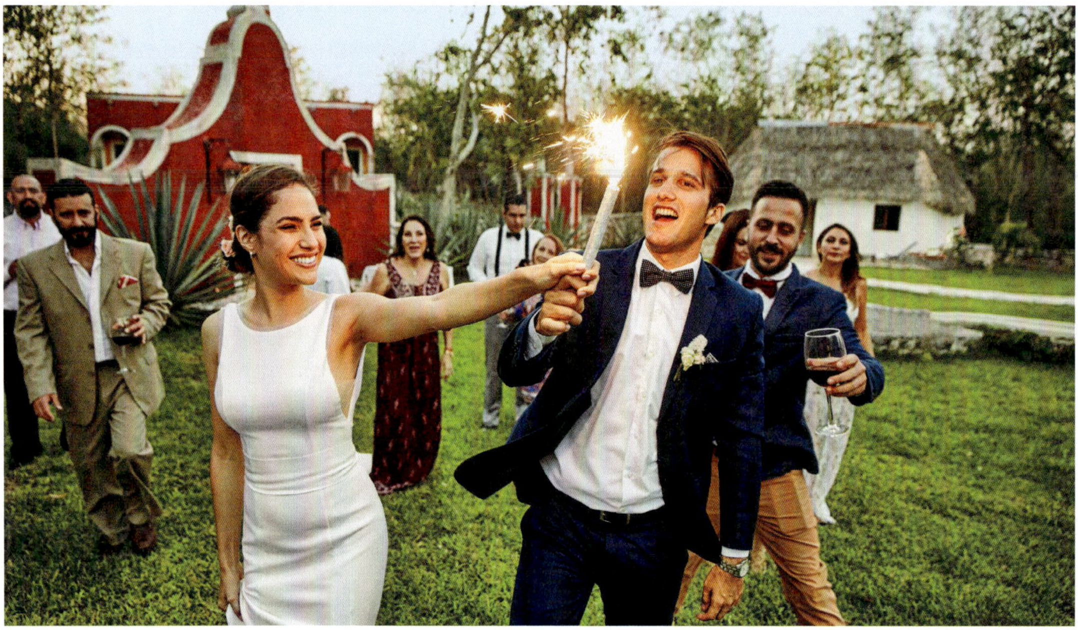

Wenn man als Gast zu einer Hochzeit eingeladen ist, hat man einen unschlagbaren Vorteil: Man kennt das Brautpaar und viele der Gäste. Das kann man nutzen, um am großen Tag besonders authentische Fotos zu machen, die alle zu schätzen wissen, da sie eben keine klassischen Hochzeitsfotos sind, sondern einmalige, ganz persönliche Schnappschüsse.

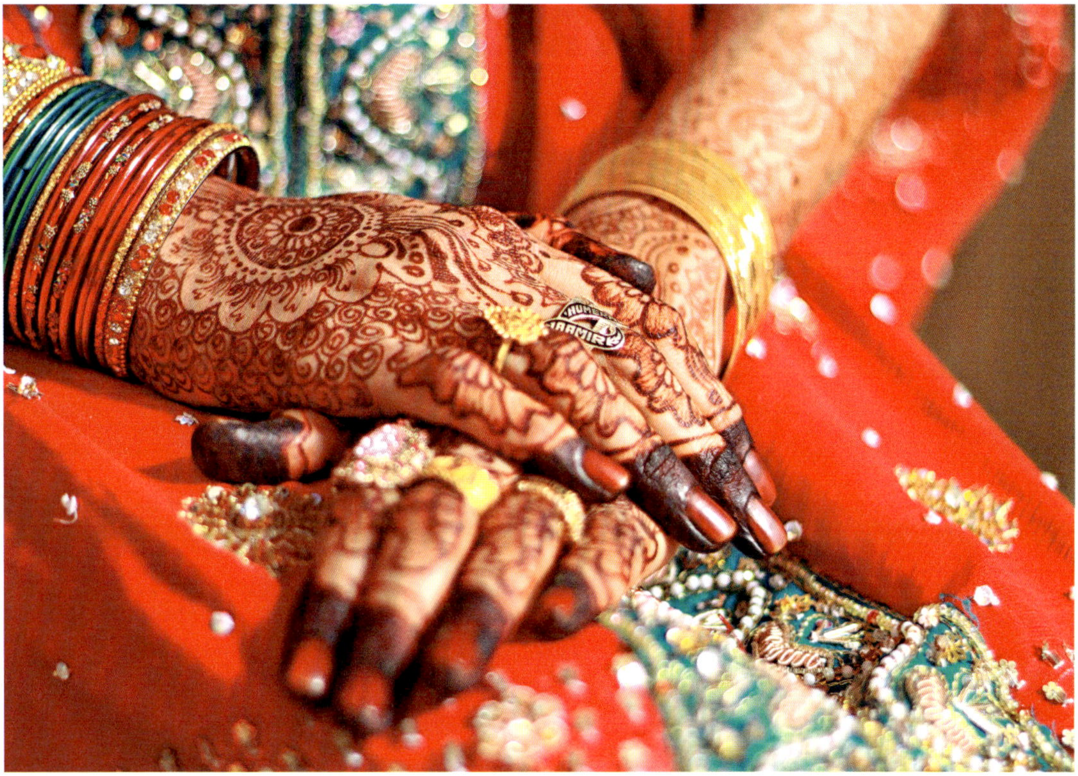

Auf diesem Foto sieht man die aufwendigen Henna-Muster auf den Händen einer indischen Braut. In jeder Kultur gibt es einzigartige Hochzeitsrituale und -traditionen, die für perfekte Fotomotive sorgen.

- Am besten arbeitet man nur mit dem Umgebungslicht, helles Blitzlicht kann stören und bringt meist nicht die besten Ergebnisse.
- Stellen Sie Ihre Fotos dem Brautpaar zur Verfügung und fragen Sie dieses um Erlaubnis, bevor Sie sie weitergeben oder online stellen.
- Und das Wichtigste: Legen Sie die Kamera hin und wieder weg, um zu feiern, zu tanzen, den Moment zu genießen – das ist schließlich der Grund, warum man Sie eingeladen hat!

PERSÖNLICHE FOTOS

Meist kann man sich darauf verlassen, dass der Profi-Hochzeitsfotograf die großen Momente, aber auch Details, wie etwa die Deko, das Brautkleid, den Blumenschmuck und die Hochzeitstorte, fotografiert. Das sind zwar tolle Motive, aber noch besser ist es als Gast, auf seinen Vorteil zu bauen – dass man das Paar und die Gäste kennt –, um so ganz besondere Erinnerungen zu schaffen!

Am besten hält man dafür nach Momenten Ausschau, die etwas über die Anwesenden aussagen: das Wiedersehen alter Freunde, lustige Tanzeinlagen, der glückliche Gesichtsausdruck, wenn der Lieblingssong aus Jugendzeiten aufgelegt wird. So stellen die eigenen Fotos ganz persönliche Erinnerungen dar – das ist eine gelungene Ergänzung zu den Fotos des Profi-Fotografen.

FESTE & PARTYS

Typische Partyschnappschüsse kann jeder, für einzigartige Erinnerungen sollte man versuchen, die Geschichte eines Fests oder einer Party zu erzählen – mithilfe wichtiger Momente und vieler Details.

Wie Hochzeiten sind Partys und Feste perfekt, um einzigartige Fotos von Freunden oder der Familie zu machen. Da man bei großen Festen im Geschehen schnell den Überblick verlieren kann, schadet es nicht, sich etwas vorzubereiten und sich die Location vorher anzusehen: Wo ist das beste Licht, ein schlichter Hintergrund? So hat man ein paar Anhaltspunkte – und ist die Party erst einmal voll im Gange, bleibt einem meist sowieso nichts anderes übrig, als zu improvisieren.

DAS GESAMTBILD ERFASSEN

Wenn möglich, sollte man früh kommen und spät gehen. So kann man jede Phase des Festes einfangen: vom Dekorieren des Raums bis zum großen Aufräumen hinterher – und all die freudigen und aufregenden Momente dazwischen.

Sobald die Gäste eintreffen, sollte man sich einen guten Standort suchen, die Kamera einstellen und das Geschehen beobachten: Wie fällt das Licht auf die Gesichter? Wo gibt es spannende Muster, wo den besten Hintergrund? Wo wird sich angeregt unterhalten, wo gelacht, wo begrüßen sich alte Freunde, wo werden neue Bekanntschaften geschlossen? Das sind die Motive, die eine Geschichte erzählen! Von den wichtigen Momenten, etwa dem Kerzenausblasen auf einer Geburtstagsparty, sollte man viele Fotos machen, damit ganz sicher ein gutes dabei ist. Und auf einen Blitz sollte man dabei verzichten: Dieser wirkt oft störend und lässt die Fotos unnatürlich wirken.

DIE HÖHEPUNKTE EINFANGEN

Jede Party und jedes Fest hat emotionale Höhepunkte, die für perfekte Motive sorgen: die Freude des Geburtstagskinds beim Anblick der Torte, die stolze Oma, die sich über die Enkel beugt, die großen Augen der Kinder an Weihnachten.

Und dann gibt es auch die vielen kleinen Höhepunkte: dreckige Teller in der Spüle, ein Stück Kuchen, der eingedöste Großvater – all die kleinen Details, die die Geschichte vervollständigen.

Gleichzeitig sollte man es aber auch nicht übertreiben und jede Kleinigkeit fotografieren. Vor allem, wenn es ans Essen geht, sollte man die Kamera weglegen, denn es ist sowieso so gut wie unmöglich, gute Fotos von essenden Menschen zu machen – genießen Sie lieber das Dessert!

TIPP EINE FOTOBOX IMPROVISIEREN

Eine improvisierte Fotobox sorgt für ganz besondere Partyerinnerungen. Dafür braucht man nur eine ruhige Ecke, Kamera und Stativ, einen Fernauslöser, ein paar Studioleuchten – und lustige Accessoires. Sobald alles fertig aufgebaut ist, sollte man einige Testfotos machen, um die richtigen Einstellungen zu wählen, und schon können sich die Gäste mit einem Fernauslöser selbst fotografieren – das sorgt für tolle Bilder und noch viel mehr Spaß!

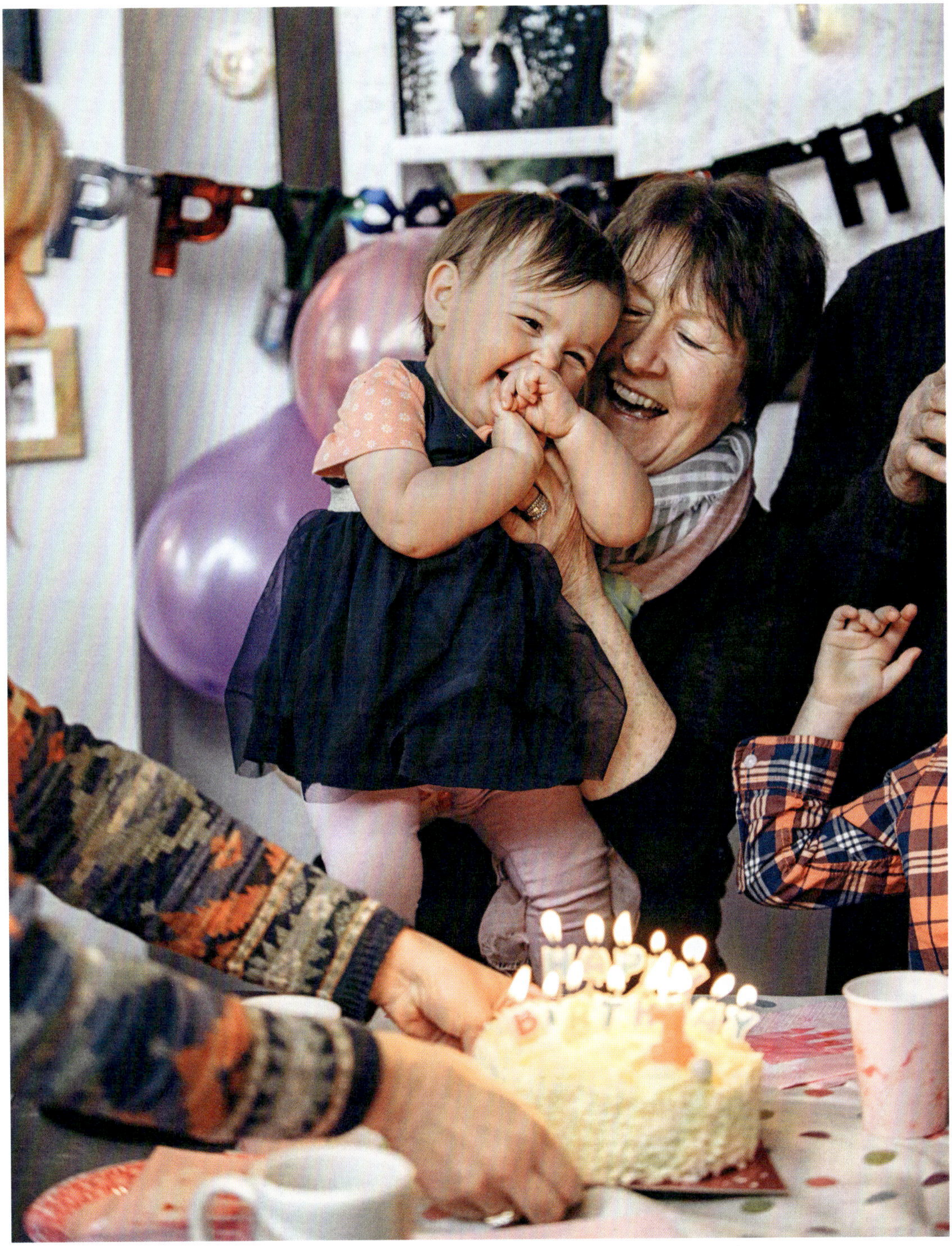

Anstatt des typischen Kerzen-Ausblasen-Fotos sieht man hier einen tollen Schnappschuss von dem Moment kurz davor. Denken Sie immer daran, was ein Fest besonders macht – und vergessen Sie nicht zu feiern!

HAUSTIERE

Genau wie Freunde und Familie nehmen auch Haustiere einen wichtigen Platz in der Familie ein – und daher dürfen natürlich auch sie im Familienfotoalbum nicht fehlen.

Haustiere sind einfach toll, aber gute Fotos von ihnen zu machen, ist gar nicht so einfach – selbst wenn sie gut trainiert sind.

Am besten lässt man sich von einer Person helfen, die das Tier kennt – und die mit seinem Lieblingsleckerli bewaffnet ist, um seine Aufmerksamkeit dorthin zu lenken, wo man sie braucht. Fotoshootings mit Tieren sollten nie zu lange dauern – und nach getaner Arbeit darf natürlich auch eine Belohnung nicht fehlen.

EIGENHEITEN EINFANGEN

Wenn man das eigene Haustier fotografiert, sollte man versuchen, seine Eigenheiten einzufangen. Wenn er seine Leine sieht, stellt Ihr Hund die Ohren auf? Wenn Sie mit den Zehen wackeln, stürzt sich Ihre Katze darauf? Das sind die Momente, in denen man die Kamera parat haben sollte!

Am besten begibt man sich auf die Augenhöhe des Tiers, um es zu fotografieren, etwa, indem man sich ins Gras setzt, während der Hund einem Stock

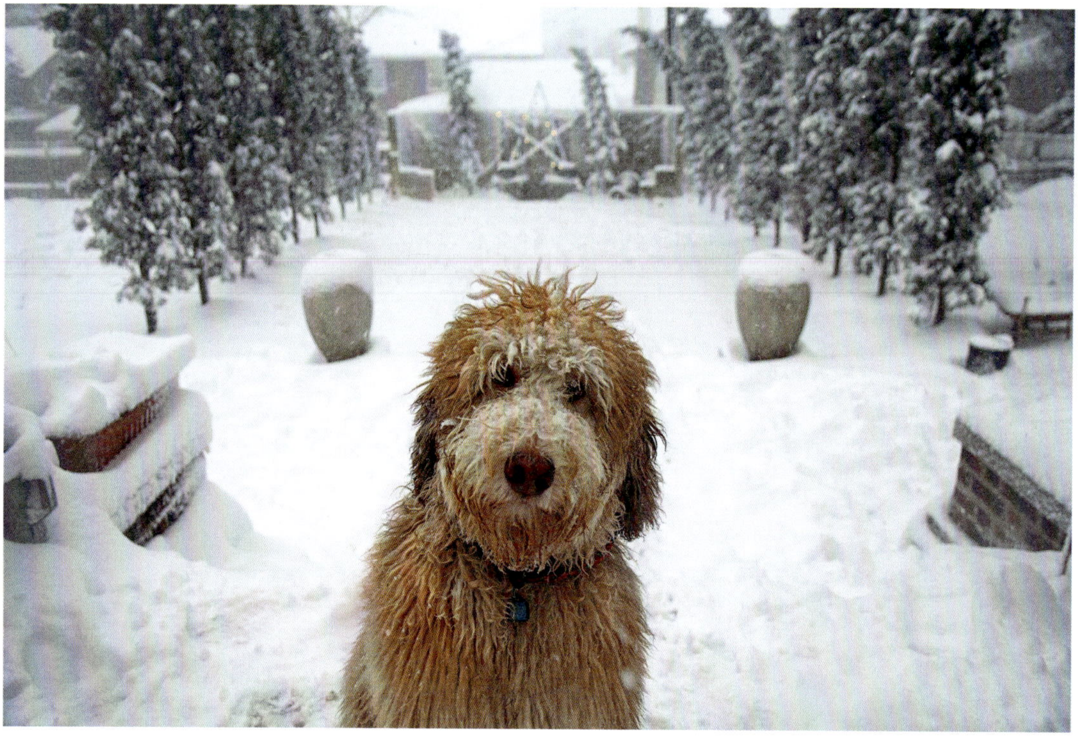

Wie Menschen fotografiert man auch Tiere am besten in einer Umgebung, die ihnen vertraut ist. Hier sorgt der Schnee für einen schlichten Hintergrund, und durch den Fokus auf die Augen wird der Betrachter förmlich in das Bild hineingezogen.

TIPP DER GENEIGTE KOPF

Es ist immer das Gleiche: Die Katze hört eine bekannte Stimme, der Hund erkennt sein Lieblingsspielzeug - und zack, schon neigt sich das Köpfchen zur Seite. So drücken die Tiere Neugier und Spielfreude, aber auch Zuneigung und Loyalität aus - und für einen kurzen Moment kann man auch einen Blick auf die Persönlichkeit des Tiers erhaschen. Das ist der perfekte Moment für ein einzigartiges Porträt, in dem Sie Ihr Haustier auf den ersten Blick wiedererkennen.

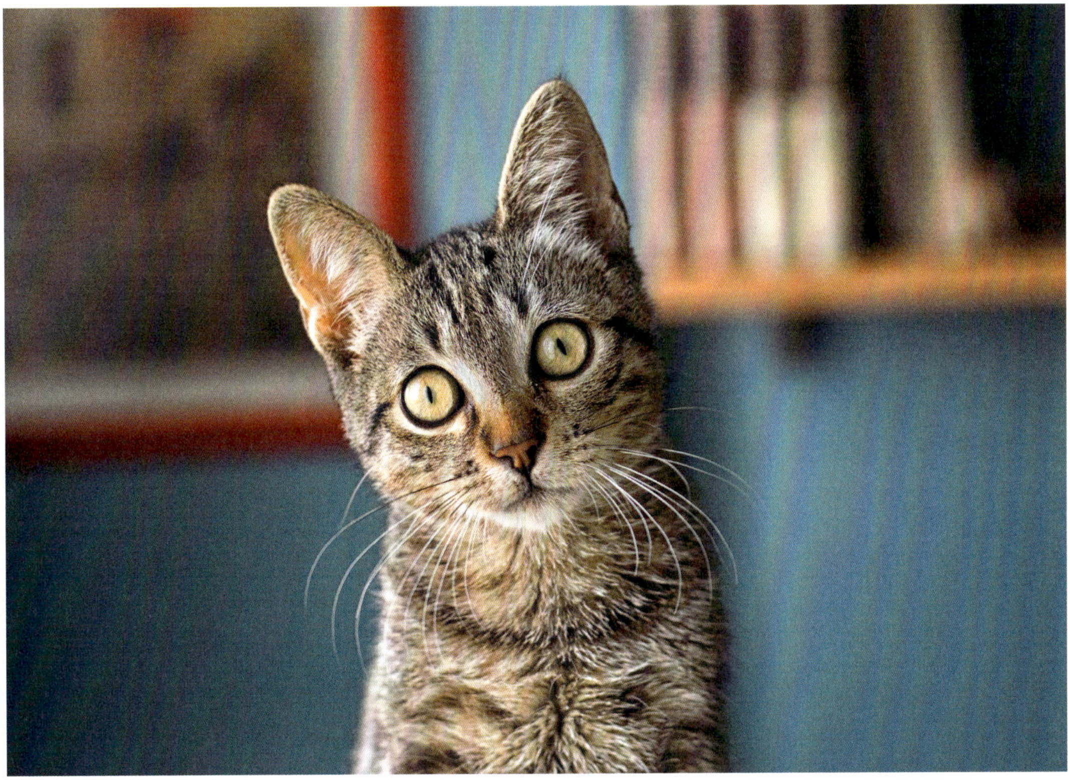

Jeder, der ein Haustier hat, kennt sie: die Momente, in denen einen das Tier auf diese eine ganz spezielle Weise ansieht. Genau dann sollte man die Kamera parat haben, denn das sind die Momente, in denen einzigartige Fotos entstehen können.

hinterherjagt, oder sich auf den Wohnzimmerteppich legt, während sich die Katze darauf ausstreckt. Einerseits entstehen durch direkten Augenkontakt besonders intime Porträts, andererseits bekommt der Betrachter, indem man sich auf die Höhe des Tiers begibt, ein Gefühl für seine Perspektive.

Im Grunde gelten für Tierporträts die gleichen Regeln wie für jene von Menschen. Das Licht sollte weich und schmeichelnd sein, wichtige Details sollten gut erkennbar sein, und das Foto sollte eine Geschichte erzählen. Man kann auch versuchen einzufangen, wie ein Tier mit anderen Tieren oder einem Familienmitglied interagiert. Denn genau wie wir Menschen haben auch Tiere eine eigene Persönlichkeit - und diese einzufangen ist der Schlüssel zu einem perfekten Porträt.

WILDTIERE

Das Fotografieren von Wildtieren ist meist eine besondere Herausforderung - und immer ein einziges großes Abenteuer. Egal, ob im eigenen Garten oder auf Safari: Mit einem Verständnis für das Tier, das man fotografieren möchte, hat man die besten Chancen auf ein perfektes Foto.

Drei Dinge sind grundlegend, um Tiere in freier Wildbahn zu fotografieren: Wissen, Zoomobjektiv und Geduld. Und dazu kommt natürlich all das, was ein gutes Foto ausmacht: Recherche, Planung, die richtige Technik, vorausschauendes Denken und noch mehr Geduld - sehr viel Geduld.

VERHALTEN BEOBACHTEN

Bevor man Tiere fotografiert, sollte man sich viel Zeit nehmen, um sie zu beobachten. Dabei lernt man, Muster und Hinweise zu erkennen, mit deren Hilfe sich ihr Verhalten antizipieren lässt. Um dann auch möglichst unauffällig zu fotografieren, sollte man die Kamera bereits im Vorhinein einstellen: Eine weite Blende eignet sich für Porträts, eine kurze Verschlusszeit für ein Tier in Bewegung.

Am besten beginnt man zu fotografieren, sobald man das Tier sieht, und bewegt sich dann langsam auf es zu. So hat man auf jeden Fall ein paar Fotos, falls es sich doch aus dem Staub macht, weil man sich zu nah heranwagt. Dabei sollten immer die eigene und die Sicherheit des Tiers im Vordergrund stehen: Man sollte es nie riskieren, ein wildes Tier zu verschrecken oder zu verärgern, und immer eine Rückzugsmöglichkeit haben.

SAFARI IM GARTEN

Der eigene Garten ist ein toller Ort, um das Fotografieren von „wilden" Tieren - Vögel an der Vogeltränke oder ein Eichhörnchen auf einem Ast - zu üben. Um die Tiere nicht zu verschrecken, sucht man sich am besten einen guten Standort, baut die Kamera auf und wartet dann einfach, was passiert. Ein Zoomobjektiv eignet sich für Tierfotos besonders gut, denn so kann man sie ganz nah „heranholen", ohne sich tatsächlich bewegen zu müssen. Wie bei Porträts gilt auch hier, dass die Augen des Tieres immer im Fokus sein sollten - so lässt sich eine Verbindung zwischen Betrachter und Motiv herstellen.

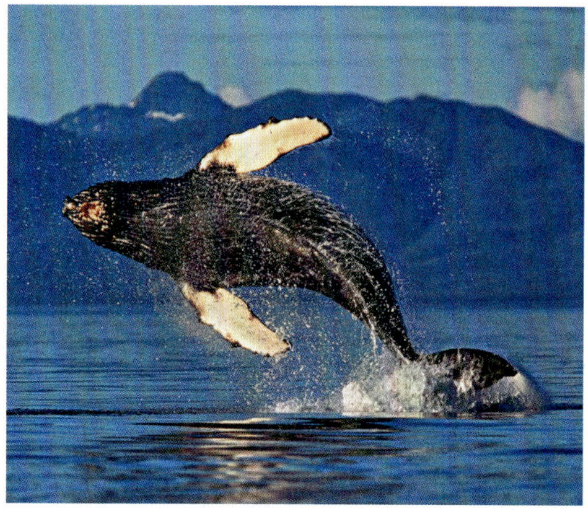

Bei Meereslebewesen weiß man nie genau, wann sie auftauchen. Am besten stellt man die Kamera schon vorher ein, sodass man nur noch abdrücken muss, wenn es so weit ist. Der Serienaufnahme-Modus ist perfekt: So kann man aus vielen kurz hintereinander aufgenommenen Fotos auswählen.

INFORMIERT SEIN

Wenn man wilde Tiere in fremden Ländern fotografieren möchte, sollte man sich vorher gut infor-

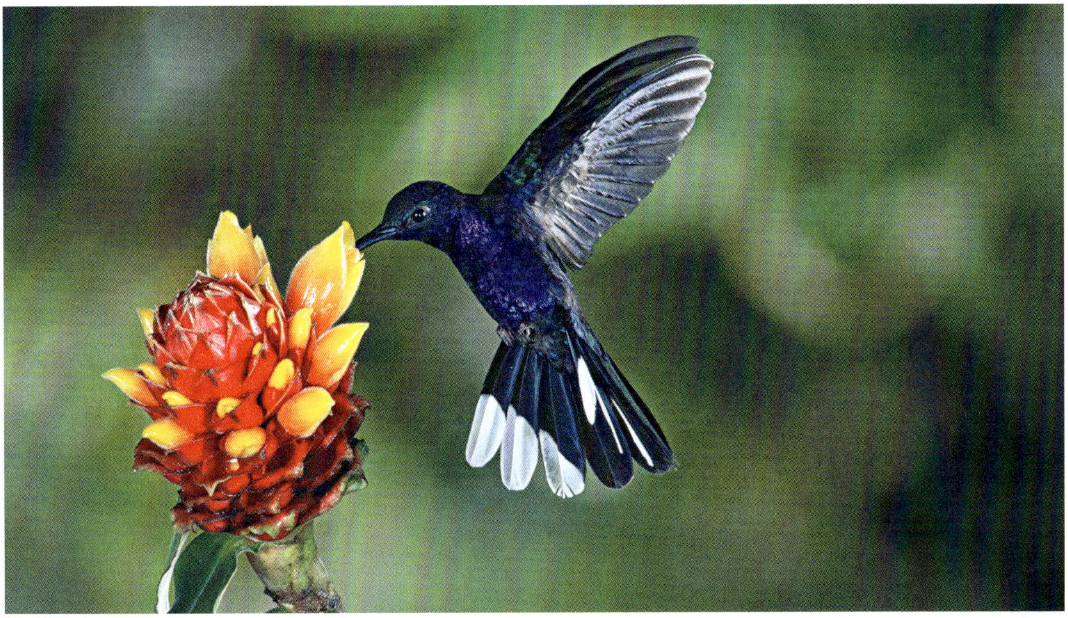

Mit einer sehr kurzen Verschlusszeit lässt sich der Flügelschlag dieses Kolibris in Costa Rica, der an einer Passionsblume nascht, einfrieren, während das Auge komplett scharf im Fokus ist.

mieren. Von örtlichen Naturorganisationen und Tierexperten kann man mehr über das Verhalten und die Wandermuster sowie eventuelle Einschränkungen beim Fotografieren erfahren. Und Fotografen, die in diesem Bereich bereits Erfahrung haben, können hilfreiche Tipps geben.

Am besten fotografiert man Tiere in natürlichen Situationen ohne Stress - beim Schlafen, Essen oder Spielen. Außerdem sollte man beachten, dass es in einigen Ländern Gesetze gibt, die es unter Strafe stellen, Wildtiere zu stören oder sie dazu zu bringen, ihr Nest oder ihre Jungen zu verlassen.

Das Fotografieren von Tieren in freier Wildbahn ist ein Marathon und kein Sprint. Manchmal dauert es Jahre, bis man die Möglichkeit hat, ein ganz bestimmtes Tier zu fotografieren. Um wirklich gute Wildtierfotografien zu machen, braucht man eben viel Übung - und noch mehr Geduld.

TIPP DIE PERFEKTE TARNUNG

Professionelle Wildtierfotografen geben sich meist viel Mühe, um sich zu tarnen, denn nur wenn sich Tiere unbeobachtet fühlen, verhalten sie sich ganz natürlich. Diese Tarntechniken können Sie auch zu Hause ausprobieren:

- Für ein „Tarnzelt" ein großes Stück Stoff mit einem Schlitz für das Objektiv vor ein offenes Fenster hängen. Die Kamera auf den gewünschten Bildausschnitt richten, einstellen - und warten. Am besten baut man das „Tarnzelt" schon vor Sonnenaufgang auf, damit man bereit ist, wenn die ersten Vögel zum Vorschein kommen.
- Für eine improvisierte Kamerafalle die Kamera auf einem Stativ in der Nähe des Vogelhäuschens oder vor dem Baum, auf dem sich das Eichhörnchen am liebsten versteckt, positionieren. Dann schnell zurück ins Haus, die Situation vom Fenster aus beobachten und mithilfe eines Fernauslösers abdrücken!

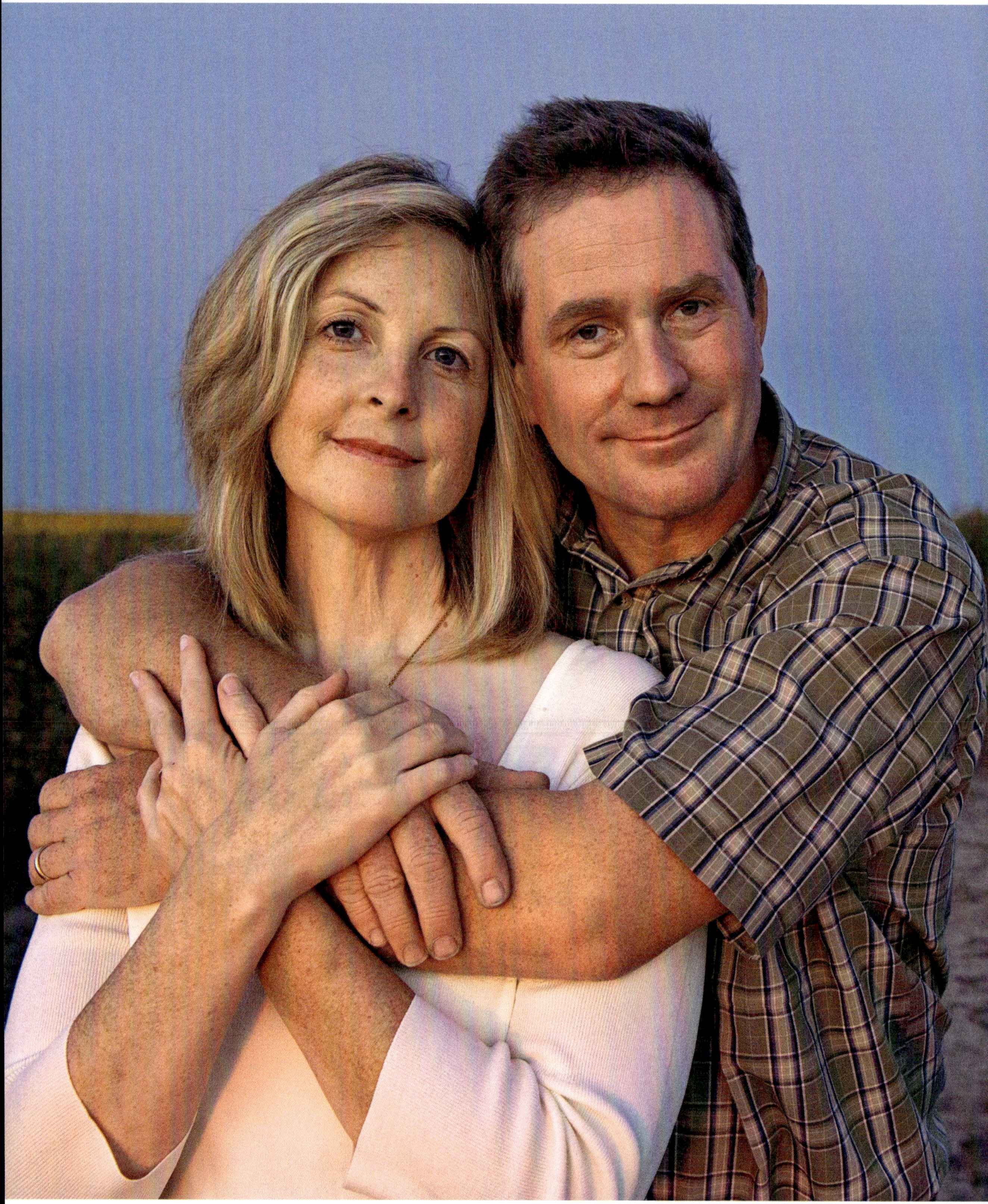

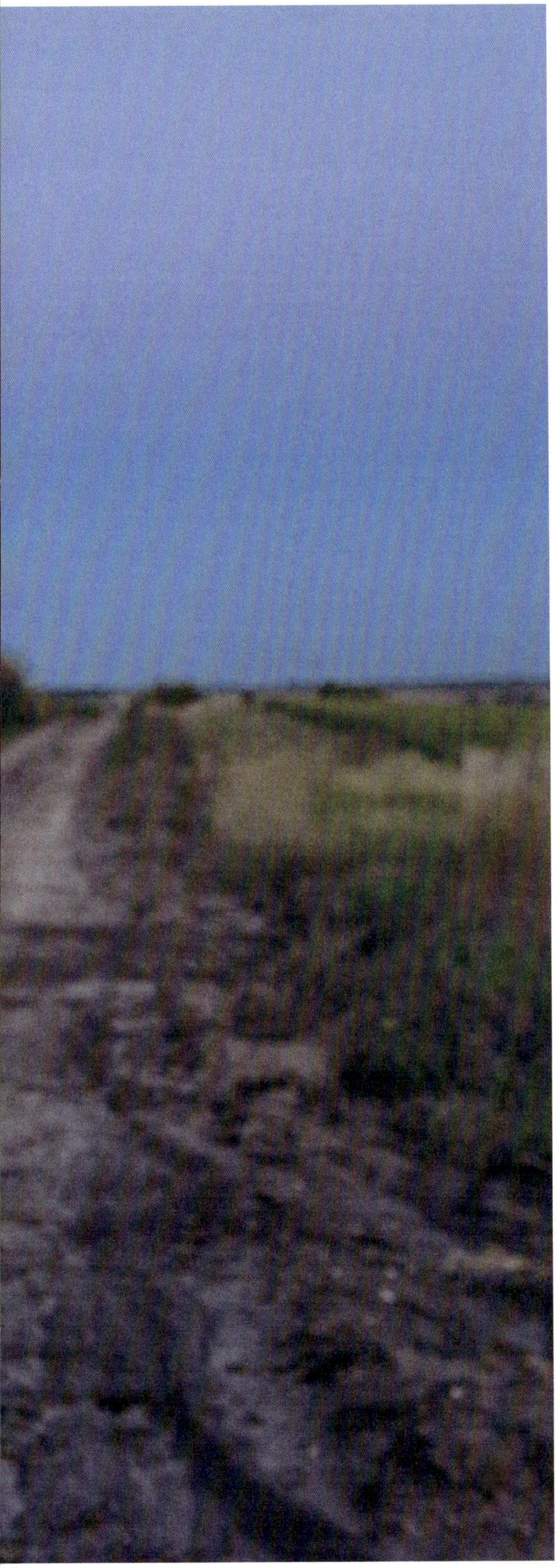

KLASSISCHES PORTRÄT

Ich liebe dieses Porträt, das unser Sohn Cole von meiner Frau Kathy und mir aufgenommen hat. Wir saßen schon bereit für das Foto, als ein Freund vorbeikam, den wir kurz begrüßten. Als er den Motor anließ, um wieder wegzufahren, hatte er den Fuß auf der Bremse – und das rote Bremslicht schien direkt auf unsere Gesichter. Ich rief ihm zu, genau so zu bleiben, und er war so freundlich, einige Minuten stehenzubleiben und so für das tolle Licht auf diesem Foto zu sorgen.

WARMES LICHT Die Sonne war gerade dabei unterzugehen und die Bremslichter sorgten für dieses wunderbar warme Leuchten – das zugleich die liebevolle Beziehung zwischen mir und meiner Frau widerspiegelt. Das ist ein tolles Beispiel dafür, wie man sich die Umstände kreativ zunutze machen kann.

POSE Eine natürliche Pose ist viel besser, als steif nebeneinanderzustehen. Man sieht, dass wir uns wohlfühlen – miteinander, in der Umgebung und natürlich mit unserem Fotografen. Das trägt dazu bei, dass dieses Foto eine sehr intime, persönliche Stimmung vermittelt.

PERFEKTE KOMPOSITION Cole hat hier im Hinblick auf die Komposition wirklich alles richtig gemacht. Kathy und ich sieht man in den beiden linken Dritteln, im rechten sieht man einen Feldweg, der gen Horizont führt – eine tolle Führungslinie, die zugleich unseren gemeinsamen Weg als Paar symbolisiert.

ACHT
NATUR & LANDSCHAFTEN

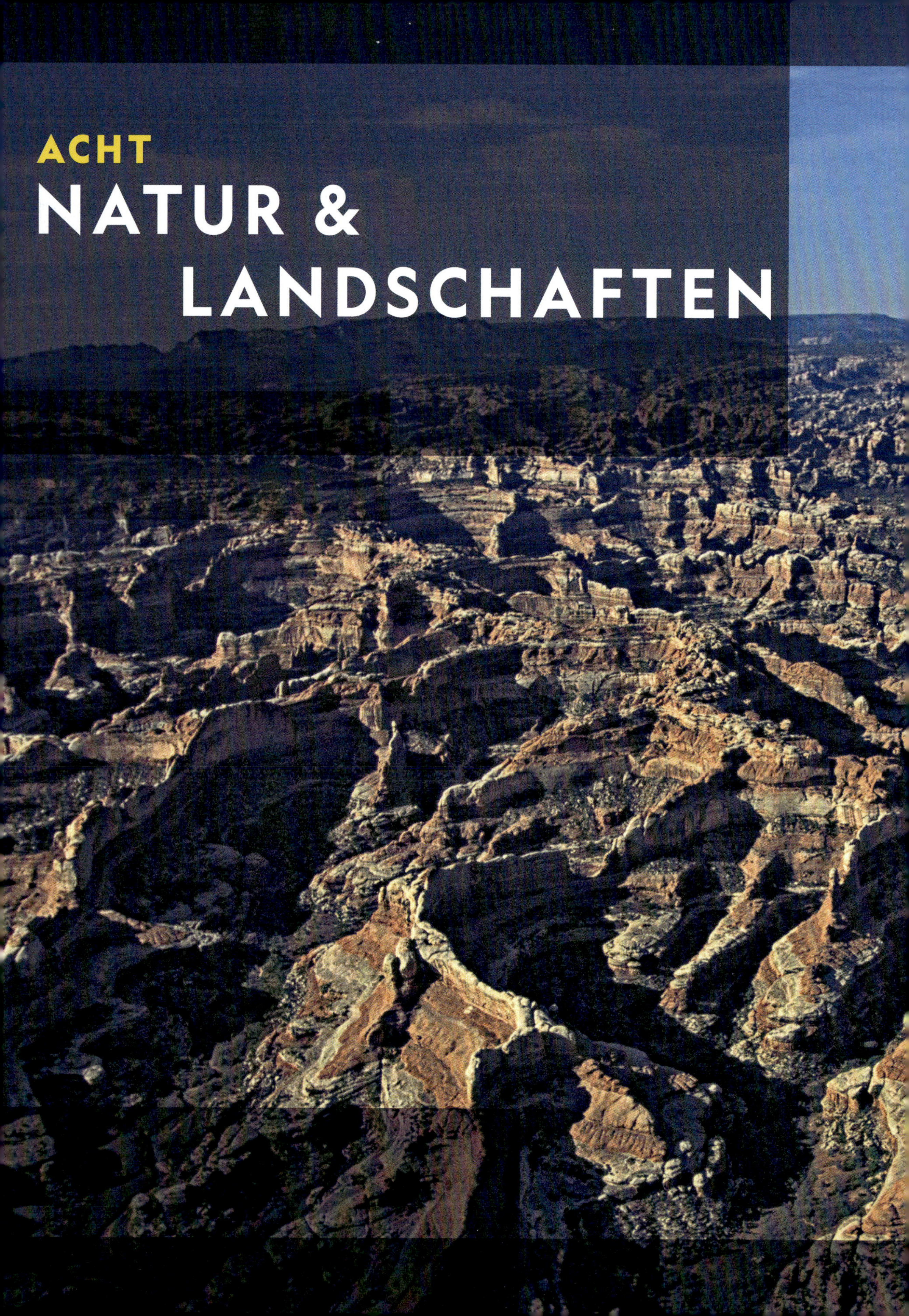

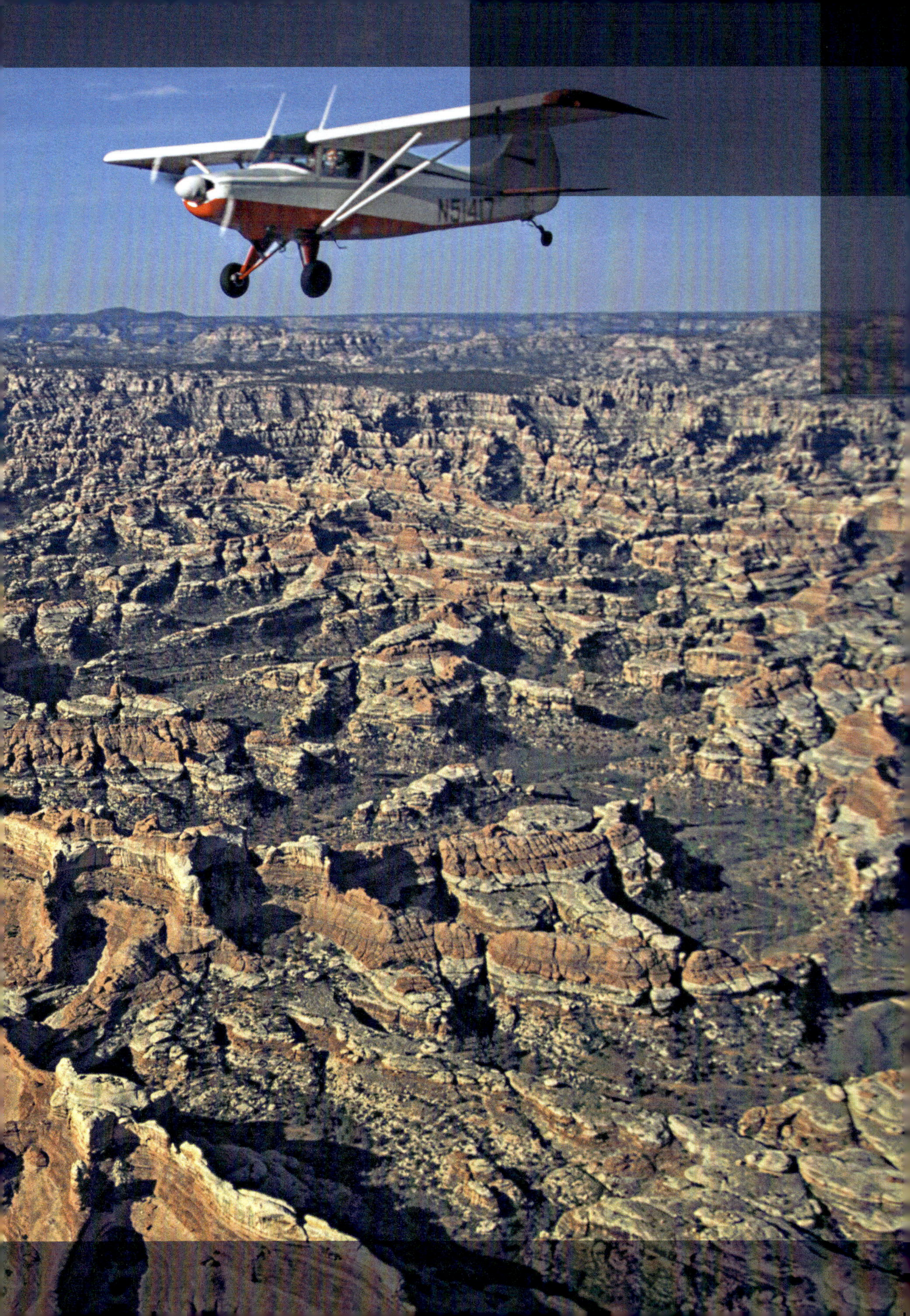

LANDSCHAFTS-FOTOGRAFIE

Egal, ob staubige Ebenen, weite Meere, imposante Gebirgszüge oder geschäftige Städte: Oft üben Landschaften – damit meint man in der Fotografie die gesamte belebte und unbelebte Umwelt des Menschen – eine ganz besondere Anziehungskraft auf uns aus. Dazu kommt, dass man sich bei Landschaften keine Sorgen machen muss, dass sich das Motiv plötzlich bewegen könnte, wie das etwa bei Menschen und Tieren der Fall sein kann. Jede Landschaft wird so zu einer Leinwand für die eigene Fantasie: Man braucht nur noch das richtige Licht, um einzigartige Geschichten für immer auf Fotos zu bannen.

Aber nur, weil Landschaften nicht „weglaufen" können, heißt das nicht, dass jedes Foto automatisch gut wird. Die Lektionen in diesem Kapitel helfen Ihnen, Landschaften möglichst realitätsnah abzubilden und dem Betrachter ein Gefühl für die Stimmung vor Ort zu vermitteln – und sie helfen Ihnen, die unzähligen Herausforderungen zu bewältigen, mit denen man dabei konfrontiert sein kann: von schwierigen Lichtverhältnissen bis hin zu extremem Wetter, vom Fotografieren in großer Höhe bis hin zur Unterwasserfotografie.

Gehen Sie hinaus und schauen Sie sich um: Auch die eigene Nachbarschaft ist im weitesten Sinne eine Landschaft, die es sich lohnt, von einer neuen Seite zu entdecken. Nehmen Sie dieses Buch auch mit auf Reisen und lesen Sie sich die Basics noch einmal durch, bevor Sie an den Strand oder wandern gehen. Nach und nach beginnt man so, die Welt mit anderen Augen zu betrachten und wirklich einzigartige Fotos zu kreieren.

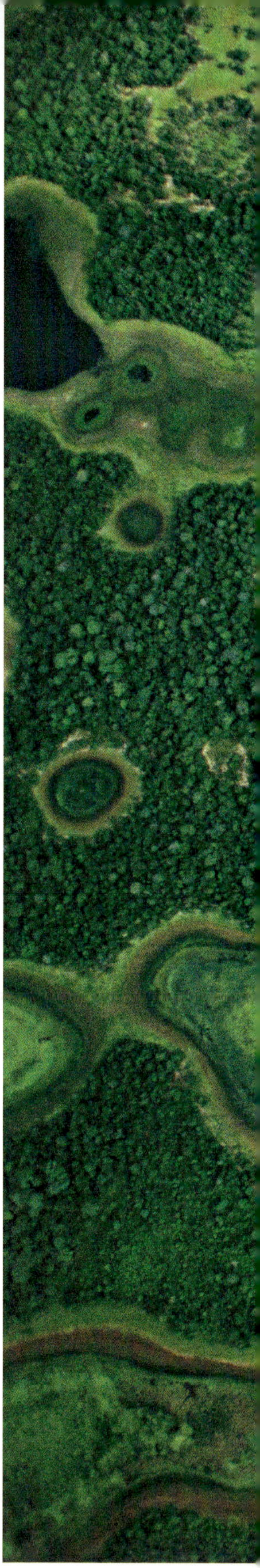

Auf dieser Luftaufnahme des Pantanal in Brasilien während der Regenzeit wirkt die geflutete Ebene wie ein abstraktes Kunstwerk.

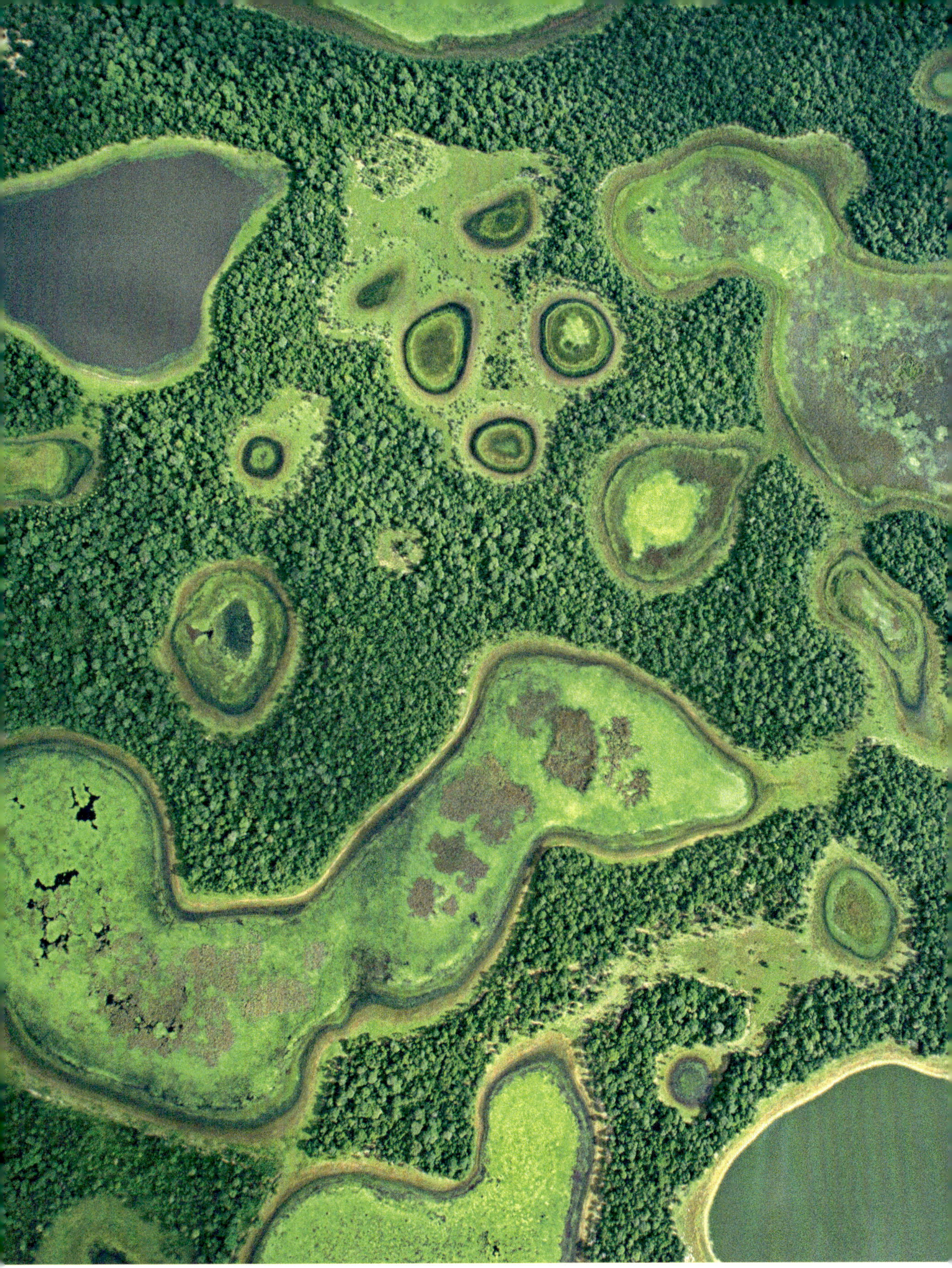

LANDSCHAFTEN FOTOGRAFIEREN

Einzigartige Landschaften kann man überall fotografieren: an exotischen Orten, aber auch in der eigenen Nachbarschaft. Man muss nur einige wenige Grundprinzipien beachten, um unterschiedlichste Landschaftsmomente eindrucksvoll einzufangen.

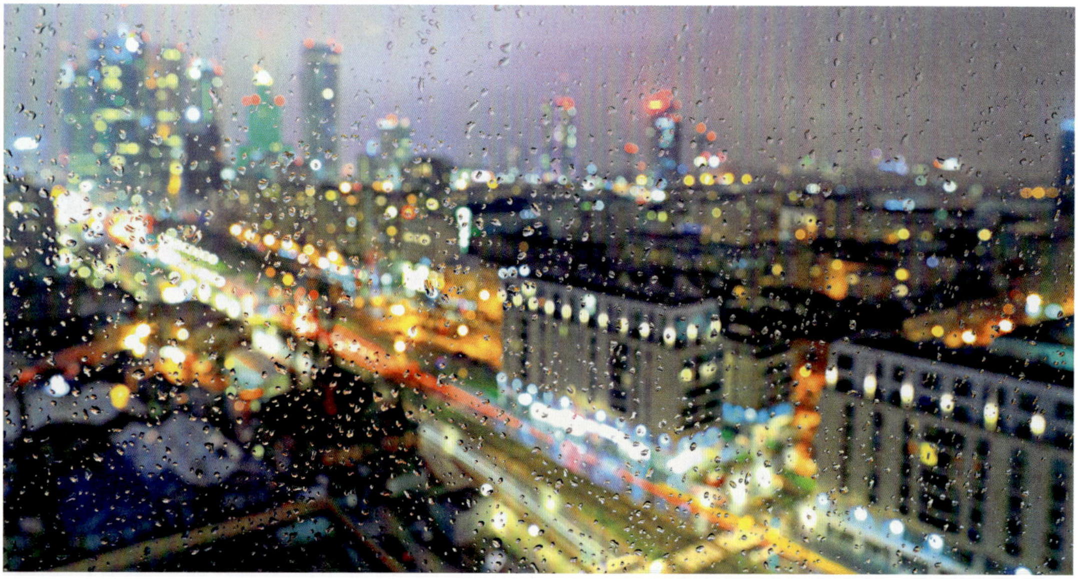

Durch den Fokus auf die Regentropfen anstatt auf die Häuser im Hintergrund erzählt dieses Foto die Geschichte des Regens bei Nacht. Die Lichter der Stadt sorgen für einen einzigartigen Hintergrund und Kontext.

Wo auch immer Sie sich befinden, Sie sind von Landschaft umgeben, ob Beton oder Wasser, Berge oder Städte. Auf Landschaftsfotos wird meist ein relativ großer Bereich abgebildet, um die Geschichte eines bestimmten Ortes zu erzählen. Hinaus, nach oben oder nach unten blickend, ist es die Aufgabe des Fotografen, Landschaften auf kunstvolle, ansprechende Weise abzubilden, um dem Betrachter etwas zu zeigen, das er (so) noch nie gesehen hat - oder noch besser: das er nicht erwartet hat.

DAS LICHT

Da Landschaften nicht „weglaufen", kann man im Hinblick auf das Licht ruhig wählerisch sein und warten, bis wirklich alles passt. Die besten Chancen auf perfektes Licht hat man dabei eindeutig während der goldenen Stunde. Da es meist etwas dauert, bis man sich mit der Lichtqualität an einem bestimmten Ort vertraut gemacht hat, sollte man Orte, die man fotografieren möchte, wenn möglich öfter besuchen: Denn je besser man einen Ort kennt, desto besser werden auch die Fotos.

MEHR INFOS ZUR GOLDENEN STUNDE AUF SEITE 106

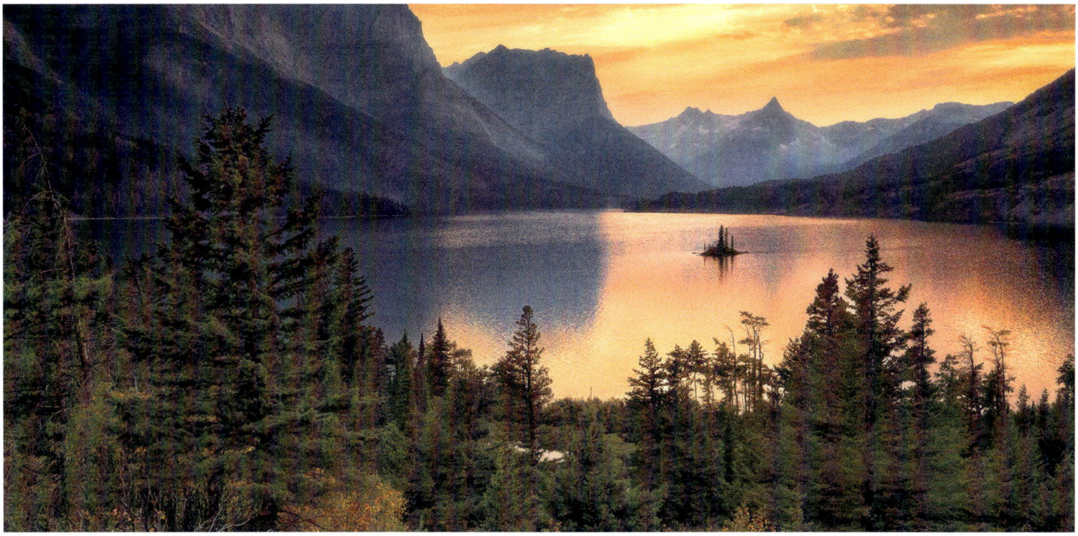

Die untergehende Sonne taucht den Saint Mary Lake im Glacier-Nationalpark in dramatisches Licht. Bei Landschaftsfotos sollte man besonders auf eine ausgewogene Komposition achten – hier wird sie durch Ebenen bestimmt.

Die meisten Landschaftsfotografen arbeiten mit einem Stativ – und das aus gutem Grund: So kann man einerseits eine weitere Blende wählen, um für mehr Tiefenschärfe zu sorgen, und andererseits bei wenig oder diffusem Licht Wasseroberflächen sanft verschwommen darstellen und Autolichter kunstvolle Spuren in die Nacht zeichnen lassen.

DIE PERSPEKTIVE

Je nach Perspektive hat jede Landschaft unglaublich viele Erscheinungsbilder – dabei können selbst kleine Veränderungen große Unterschiede machen. Stellen Sie sich eine Bergkette bei Sonnenaufgang vor. Fotografiert man im Stehen, sieht man nur die Berge, in leuchtende Farben gehüllt. Legt man sich in die Wiese, kann man den Gebirgszug durch Wildblumen und Gräser rahmen. Die Berge bleiben dabei im Fokus, aber je nach Perspektive lassen sich ganz unterschiedliche Stimmungen erzeugen.

Genauso kann man einige Schritte zurücktreten, um die Touristen vor einer Sehenswürdigkeit mitzufotografieren, oder zur Seite, um einen Lastwagen aus dem Bildausschnitt rücken zu lassen. Jede Perspektive erzählt eine andere Geschichte – die Kunst liegt darin, diejenige zu finden, die zum Motiv und zu Ihrer Idee passt.

AUFGABE: ZUSÄTZLICHE DETAILS

Versteifen Sie sich nicht auf eine strenge Definition von *Landschaft* als „leere" Umwelt. Menschen und Tiere vermitteln dem Betrachter ein Gefühl für die Größenverhältnisse und sorgen für Kontext und Farbakzente. Fotografieren Sie also immer zusätzliche Details, wie andere Wanderer in bunten Jacken vor einem Berg oder Ihren Hund, der über einen Felsvorsprung neugierig nach unten blickt.

JAHRESZEITEN

Fotografiert man Landschaften im Wechsel der Jahreszeiten, lässt sich eine umfassende Geschichte im Zeitverlauf erzählen – mit dem Licht, den Farben und den Texturen, die typisch für jede Jahreszeit sind.

Meist sind die Veränderungen, die die unterschiedlichen Jahreszeiten mit sich bringen, ganz offensichtlich: grünes Gras, Schnee, die Farbe der Blätter, die Kleidung, die die Menschen tragen. Viel interessanter sind aber die weniger offensichtlichen Details: Wenn man es schafft, diese einzufangen, kann man eine stimmige Geschichte eines Ortes im Jahresverlauf erzählen.

DAS LICHT

Im Laufe des Jahres verändert sich die Rotation der Erde im Verhältnis zur Sonne, wodurch diese im Jahresverlauf mal höher und mal tiefer steht. Wie in Kapitel 4 bereits beschrieben, bestimmt die Distanz, die das Sonnenlicht in der Atmosphäre zurücklegt, die Lichtqualität und die Lichtfarbe. Im Sommer steht die Sonne hoch und spendet fast den ganzen Tag über sehr helles Licht. Die Wintersonne steht tiefer und sorgt für ein diffuses, weicheres Licht und lange Schatten. Im Frühling und im Herbst befindet sich auch das Licht in einer Art Übergangsstadium dazwischen.

DIE FARBEN

Jede Jahreszeit hat eine ganz bestimmte Farbpalette: helle Grün-, Blau- und Gelbtöne im Sommer, dunkles Gelb, Rot und Braun im Herbst, kalte Blau-, Grau- und Brauntöne im Winter und helle Pastellfarben, Grün, Pink und Weiß im Frühling. Selbst wenn die Farben nur im Hintergrund sichtbar sind, sind sie ein wichtiges Element, das Aufschluss über die Jahreszeit und den Ort, der auf einem Foto zu sehen ist, geben kann.

DIE TEXTUREN

Auch Texturen und Oberflächen verändern sich im Laufe des Jahres. Für den Winter sind glatte, sanfte Schneeflächen und kantiges Eis charakteristisch, der Sommer ist üppig, voller praller grüner Blätter und weichem Gras. Im Herbst ist der Boden von trockenen, knisternden Blättern bedeckt, und im Frühling sieht man überall zarte, junge Pflänzchen und kleine Knospen. Diese für jede Jahreszeit typischen Texturen eignen sich perfekt für Studien von Landschaften im Jahresverlauf.

AUFGABE: GLEICHER ORT, ANDERE JAHRESZEIT

Suchen Sie sich einen Ort mit einem besonderen visuellen Merkmal, etwa ein Feld mit einem einsamen Baum, ein Hügel, der sich in einem See spiegelt oder ein bestimmtes Gebäude, und fotografieren Sie diesen Ort in jeder Jahreszeit einmal – am besten immer vom selben Standort aus, zur selben Uhrzeit und mit demselben Objektiv. Machen Sie sich Notizen zu jedem Foto: Was verändert sich? Welche Farben, welche Texturen, welche Muster sieht man? Welche sind typisch für welche Jahreszeit?

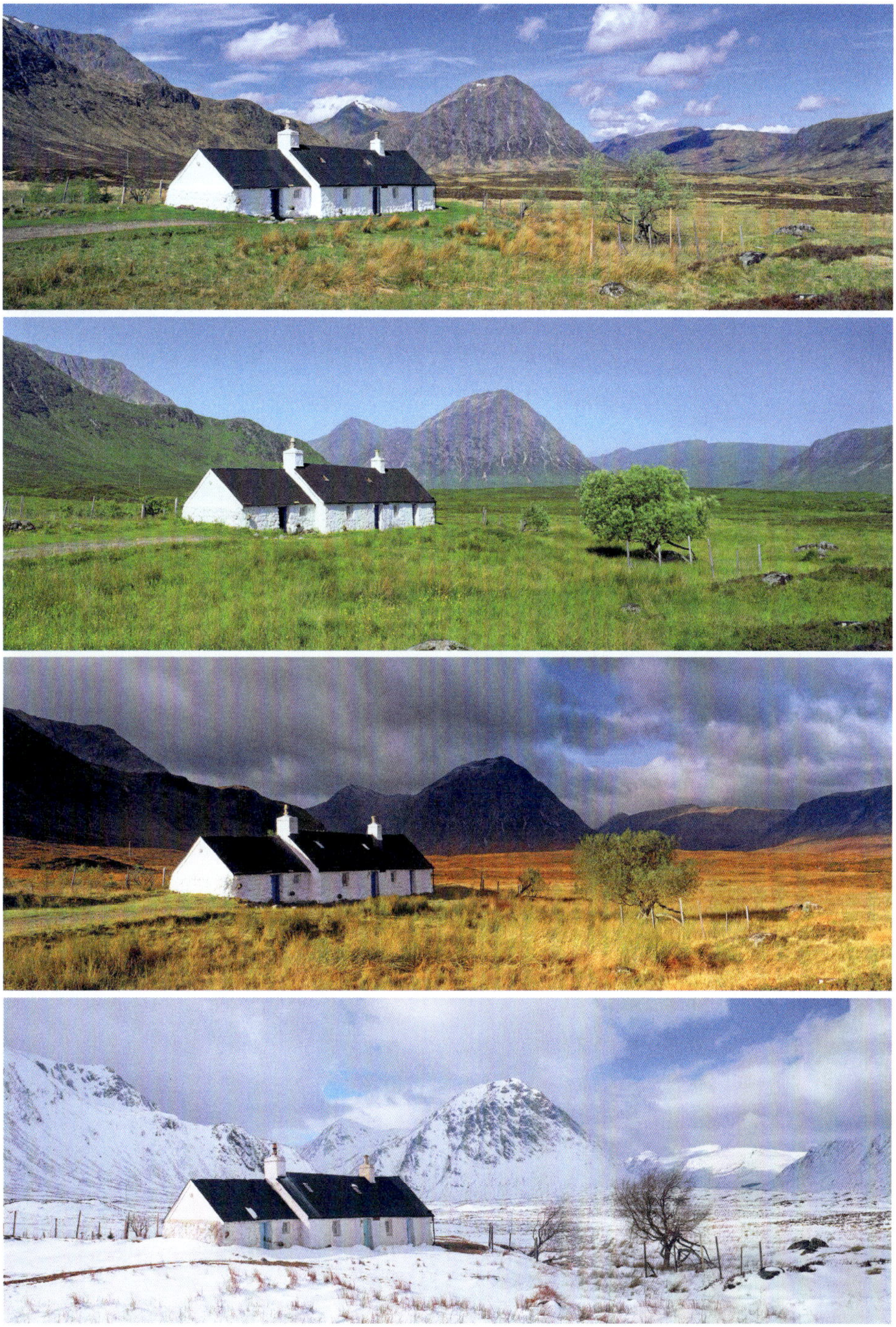

Dieses Haus in den schottischen Highlands sieht in jeder Jahreszeit komplett anders aus. Überlegen Sie sich, wie man dem Betrachter mit einem Foto auch ein Gefühl für die jeweilige Jahreszeit vermitteln kann. Welche Farben und welches Licht sind typisch für die verschiedenen Monate?

WETTER

An warmen, sonnigen Tagen hält man sich gern draußen auf – und das Licht ist einfach toll. Wolken, Nebel und Gewitter sorgen aber für eine unglaubliche Dramatik, die es sich genauso festzuhalten lohnt!

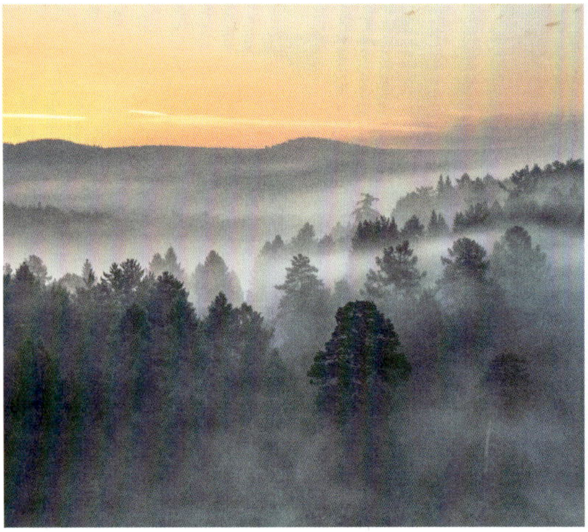

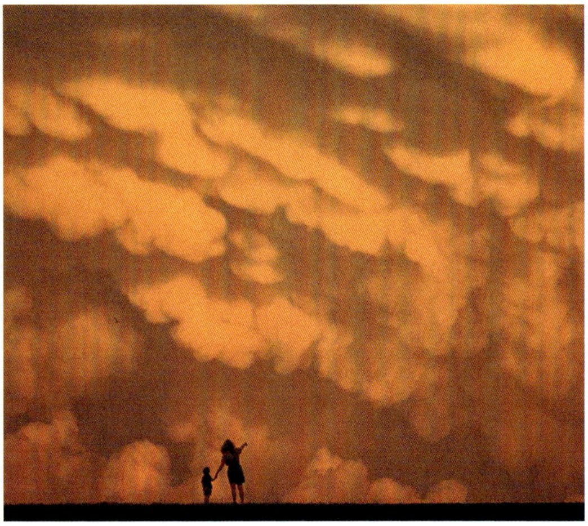

Links: Der in den Bäumen hängende Nebel sorgt für eine gespenstisch-geheimnisvolle Stimmung, die man bei klarer Sicht niemals erhält. Rechts: Ein aufziehendes Gewitter sorgt immer für einen besonders dramatischen Hintergrund. Hier vermitteln die Personen im Vordergrund dem Betrachter ein Gefühl für die Größe dieser eindrucksvollen Wolkenwand.

Das Wetter ist eine wunderbare Laune der Natur, die man sich vor allem für Landschaftsfotos zunutze machen kann. Für ein besonders dramatisches Licht, das eine ganz eigene Geschichte erzählt, sorgen Gewitter- und Sturmwolken. Vor allem während und nach einem Gewitter sind die Veränderungen in der Atmosphäre fast greifbar und damit perfekt für eindrucksvolle Landschaftsfotos. Und dicke Wolkendecken und Nebel sorgen für äußerst stimmungsvolle Aufnahmen.

VORBEREITUNG UND SICHERHEIT

Wenn man in extremen Wettersituationen fotografiert, sollte man ganz besonders auf sich und seine Ausrüstung aufpassen. Das gilt vor allem bei Gewitter, wo man sich am besten einen gut geschützten Standort sucht. Bevorzugt man es, sich ganz den Elementen auszusetzen, sollte man zumindest die Kamera schützen, etwa mit einer Plastiktüte oder einem Regenponcho. Und da das Wetter schnell umschlagen kann, sollte man die Kameraeinstellungen mithilfe der bereits gemachten Fotos immer wieder überprüfen und an die sich wechselnden Lichtverhältnisse anpassen.

WETTER UND LICHT

Wie wir bereits aus Kapitel 4 wissen, sorgt ein bedeckter Himmel für weiches Licht, da die Wolken wie ein Diffusor wirken. Zudem sind auch die Schatten weniger ausgeprägt, da das Licht relativ gleichmäßig und flächig ist.

AUFGABE: BEI REGEN FOTOGRAFIEREN

Schnappen Sie sich beim nächsten Gewitter Ihre Regenjacke, Ihre Kamera und ein sauberes Tuch, um das Objektiv trockenzuwischen, und gehen Sie hinaus. Beobachten Sie, wie der Regen die Umgebung verändert, wie er von Blättern abperlt und den Asphalt zum Glitzern bringt. Vergessen Sie dabei nie, die Kamera vor Nässe zu schützen, und setzen Sie einen Schutzfilter auf das Objektiv.

Bei Nebel und Schnee ist es im Vergleich dazu nicht so einfach zu fotografieren, da die feuchte Luft wie ein Reflektor wirkt. Zudem kann Schnee oder ein heller Himmel den Belichtungsmesser verwirren, sodass das Motiv unterbelichtet wird.

GEWITTERSTIMMUNG

Auch schlichte Landschaften sehen interessant aus, wenn sich dunkle Wolken über ihnen türmen: Ein herannahender Sturm oder ein aufziehendes Gewitter steht für Veränderung und kann für eine geheimnisvolle, dramatische oder düstere Stimmung sorgen. Und mit etwas Glück, einem Stativ, einem Weitwinkelobjektiv und einer langen Verschlusszeit lassen sich sogar Blitze fotografieren!

Auch nach einem Gewitter herrscht eine ganz bestimmte Stimmung, und alles beginnt auf wundersame Art zu leuchten. Während man im Hintergrund noch dramatische Wolken erahnen kann, erhellen die ersten Sonnenstrahlen die Landschaft, die Luft ist frisch und klar und die Farben besonders kräftig. Das ist der perfekte Moment, um mit der Belichtung zu experimentieren: etwa, indem man die Blende langsam verkleinert, sodass der Himmel dunkel bleibt und das Motiv schließlich durch das fantastische Licht regelrecht zu leuchten beginnt. Zudem entstehen durch Gewitter oft einzigartige Motive, die es nicht so oft gibt, wie Regenbögen, dicke Tropfen auf Blättern und Reflexionen auf nassen Straßen!

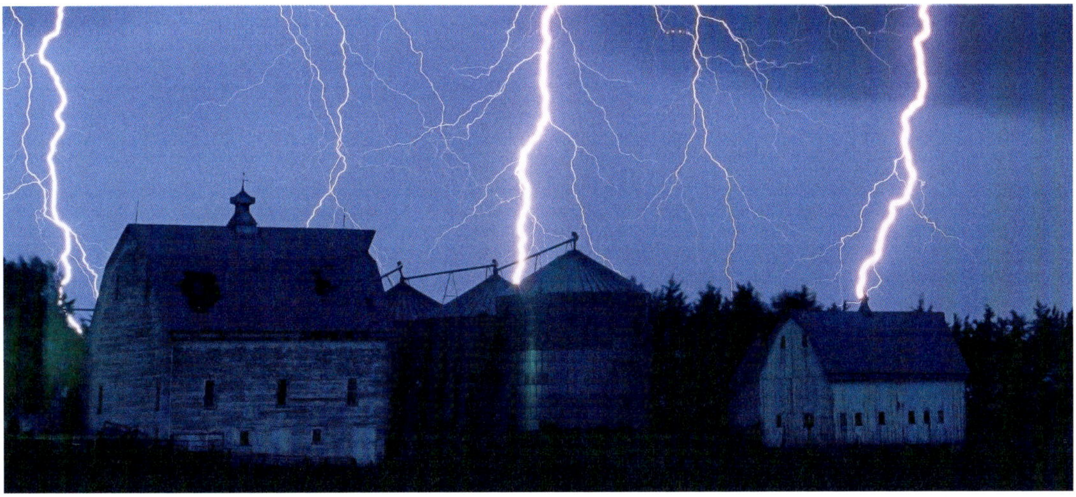

Durch die extrem lange Verschlusszeit (acht Sekunden) bekommt man als Betrachter dieses Fotos ein Gefühl für die Intensität des nächtlichen Gewitters über diesem Dorf in Nebraska.

SCHNEELANDSCHAFTEN

Schnee macht aus jeder Landschaft ein Wintermärchen - und bietet zugleich einen schlichten Hintergrund für unterschiedlichste Motive. Egal, ob er vom Himmel fällt oder die ganze Umgebung einhüllt: Besonders wichtig ist dabei die korrekte Belichtung.

Schnee ist ein ganz besonderes Wetterereignis: Er verwandelt die ganze Landschaft in eine ebenmäßige, weiße Leinwand. Und sanft fallender Schnee kann bei Porträts für Kontext, Textur und Tiefe sorgen. Es ist zwar nicht so einfach, Schnee gut zu fotografieren, aber es ist die Mühe wert!

BELICHTUNG BEI SCHNEE

Wie Wolken oder Nebel kann auch Schnee den Belichtungsmesser der Kamera durcheinanderbringen, da sehr viel Licht reflektiert wird. Das kann dazu führen, dass das Foto insgesamt unterbelichtet wird, wenn man die Kamera, etwa im Auto-Modus, „entscheiden" lässt. Um ein dunkleres Motiv vor einem weißen Hintergrund korrekt darzustellen, ist es daher manchmal notwendig, das Foto gezielt überzubelichten. Dafür richtet man im manuellen Modus den Belichtungsmesser auf das Motiv und korrigiert die Belichtung so lange, bis es korrekt belichtet wird. Dadurch erhält man zwar mehr Striche auf der Plus-Seite, was bedeutet, dass das Foto insgesamt überbelichtet ist, aber dafür wird das Motiv korrekt dargestellt.

Auf dem Histogramm sieht man nun viele Balken rechts, das heißt, die Kamera registriert viel Helligkeit. Wenn man genau hinsieht, sollte man aber auch mittig einige kleinere Balken sehen - das ist das Motiv, das nun korrekt belichtet wird. Durch die Überbelichtung können in sehr hellen Bereichen Details verloren gehen, aber keine Sorge: Das

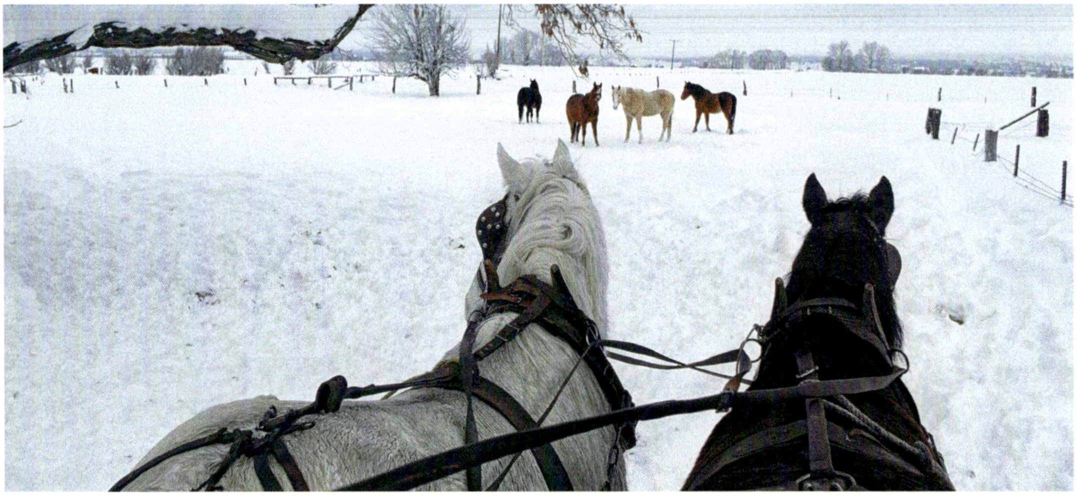

Um die Pferde korrekt zu belichten, war es hier notwendig, den Schnee überzubelichten. So gehen zwar Details im Hintergrund verloren, aber da unsere Augen andere Details, etwa im Pferdefell, registrieren, kann das Gehirn die Textur des Schnees ergänzen.

MEHR INFOS ZUM HISTOGRAMM AUF SEITE 95
MEHR INFOS ZUM WEISSABGLEICH AUF SEITE 104

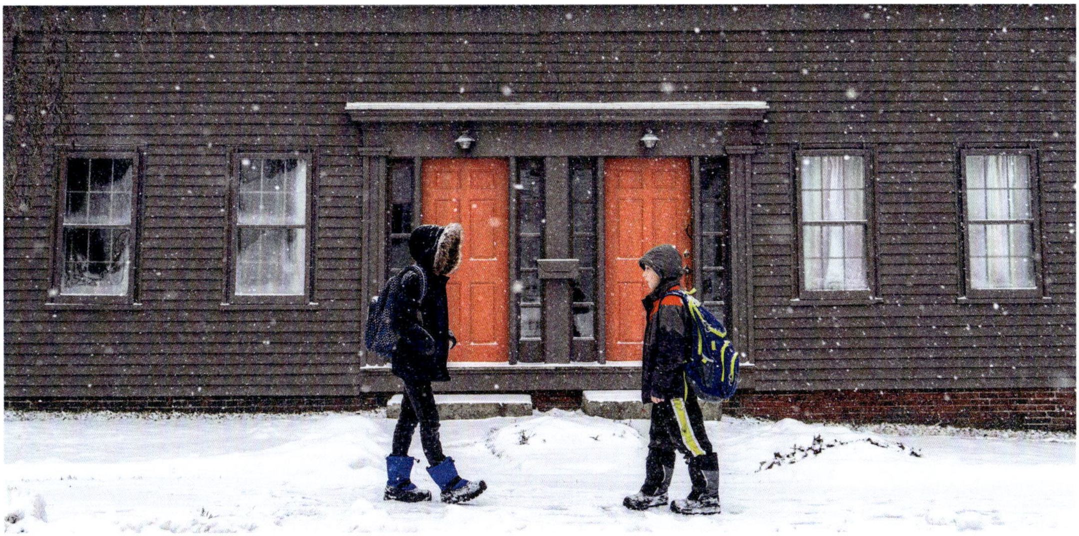

Durch eine kurze Verschlusszeit werden die sanft herabschwebenden Schneeflocken, die die zwei Jungen auf dem Weg von der Schule nach Hause umgeben, in der Luft eingefroren. Das sorgt für Kontext und eine spannende Textur.

Gehirn hilft uns hier und ergänzt diese, da es weiß, wie eine verschneite Landschaft aussehen sollte.

WEISSABGLEICH

Auch im Hinblick auf die Lichtfarbe kann Schnee eine Herausforderung darstellen. Wie in Kapitel 4 erläutert, lässt uns unser Gehirn Dinge, von denen wir *wissen,* dass sie weiß sein sollten, auch weiß sehen, während die Kamera die tatsächlichen Farben erfasst. Bei Schnee hat daher alles eine bläulich-gräuliche Farbgebung. Diese kann für eine friedliche Stimmung sorgen, ist aber nicht immer erwünscht. Um die Farben auf dem Foto darzustellen, wie wir sie mit bloßem Auge sehen, muss man die Weißabgleicheinstellung der Kamera entsprechend anpassen, am besten geeignet ist meist „Blitzlicht" oder „Wolkig".

SCHNEE EINFRIEREN

Wenn es schneit, kann man zudem toll mit der Verschlusszeit experimentieren. Bei einer kurzen Verschlusszeit werden die herabfallenden Schneeflocken im Flug eingefroren – wenn es sehr stark schneit, erinnert das fast an einen Sternenhimmel. Eine längere Verschlusszeit sorgt dafür, dass die Schneeflocken sanft verwischen. In beiden Fällen braucht man einen dunkleren Hintergrund, damit die Schneeflocken gut zu sehen sind.

TIPP ZUSÄTZLICHE BATTERIEN UND/ODER AKKUS

Kälte kann dazu führen, dass sich Batterien und Akkus schneller entladen. Wenn man mit der Kamera bei Schnee (oder in anderen sehr kalten Umgebungen) unterwegs ist, sollte man daher immer an zusätzliche Batterien und/oder Akkus denken. „Leere" Batterien sollte man in die Jackentasche stecken, manchmal erholen sie sich in der Wärme, die hier aufgrund der Körpertemperatur herrscht, wieder.

PFLANZEN

Die vielfältige Welt der Pflanzen sorgt zuverlässig für einzigartige Motive – und das Beste ist: Sie bewegen sich nicht. Besonders tolle Ergebnisse erhält man, wenn man diese beliebten Fotomotive auf neue Art und Weise interpretiert.

Gerade für Einsteiger sind Pflanzen tolle Motive: Es gibt sie in allen nur erdenklichen Farben und sie weisen oft spannende Muster und Texturen auf. Der vielleicht größte Vorteil ist aber, dass man sich viel Zeit lassen und mit den Einstellungen experimentieren kann – denn sie beschweren sich nicht und bleiben an Ort und Stelle!

Pflanzen sind zwar sehr zuverlässige Motive, aber man sollte dennoch nicht wahllos abdrücken, sondern sich überlegen, was ein Motiv besonders macht, und möglichst viele Fotos aus unterschiedlichen Perspektiven aufnehmen, um genau das festzuhalten.

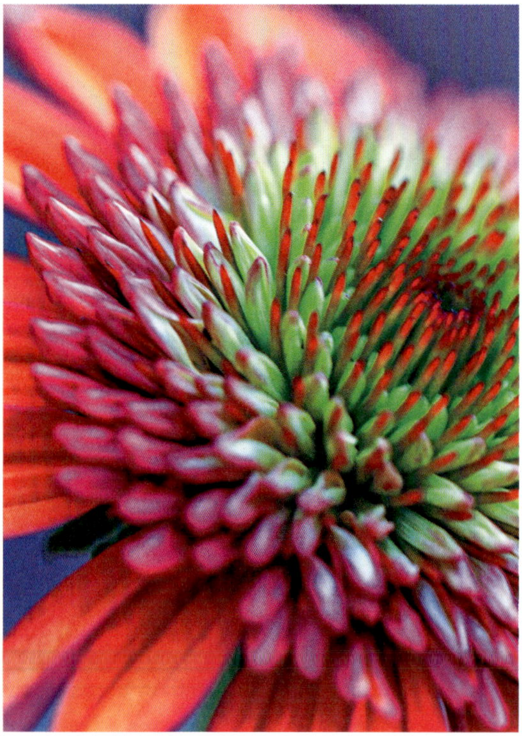

Makroobjektive sorgen dafür, dass selbst kleine Motive, wie diese Sonnenhutblüte, detailgetreu dargestellt werden.

BLÜTEN-EXPERIMENTE

Natürlich sind Makroobjektive prädestiniert, um Blüten zu fotografieren: Sie eignen sich perfekt, um den Bildausschnitt ganz mit einer einzigen Blüte zu füllen oder eine Ameise auf einem Blatt so scharf abzubilden, dass man ihre Beine zählen kann, während der Hintergrund durch die geringe Tiefenschärfe wunderbar verschwimmt. Aber Blütenmotive eignen sich auch toll, um zu experimentieren. Man kann etwa die Blende variieren, um unterschiedliche Dinge in den Fokus zu

AUFGABE: EINE PFLANZE FOTOGRAFIEREN

Suchen Sie sich eine Pflanze und erzählen Sie ihre Geschichte, so umfangreich Sie können: Fotografieren Sie sie von Nahem und von weiter weg, von oben und von unten und im Kontext ihrer Umgebung, und variieren Sie Verschlusszeit- und Blendeneinstellungen, um detailgetreue, aber auch abstrakte Fotos zu machen. Langzeitprojekt: Fotografieren Sie die Pflanze im Jahresverlauf!

rücken. Oder man schnappt sich an einem windigen Tag ein Weitwinkelobjektiv und experimentiert mit der Verschlusszeit, um sanft nickende Blütenköpfe oder hohes Gras in der Bewegung verwischt darzustellen.

Mit einem Reflektor oder sogar einem Blitz lassen sich einzelne Details hervorheben. Und ein Diffusor sorgt dafür, dass sich sanftes weiches Licht über Blätter, Blüten und Baumrinden ergießt.

Auch im Hinblick auf die Perspektive sind der Fantasie hier kaum Grenzen gesetzt: Fotografieren Sie eine Blüte erst von oben und dann von unten gegen den strahlend blauen Himmel und achten Sie darauf, was sich verändert!

ÄSTE UND WURZELN

Blüten sind aber natürlich nicht alles, auch gewundene Äste, filigrane Blattadern, knorrige Wurzeln, Pilze, Moos, Baumstümpfe und natürlich die Insekten, die darin wohnen, sind tolle Motive.

Außerdem wachsen Pflanzen immer in einer bestimmten Umgebung, egal, ob im Garten, im Wald oder in der Wüste, die man nutzen kann, um die Geschichte der Pflanze zu erzählen: Wie ist sie an ihre Umwelt angepasst, was macht sie einzigartig und wie lässt sich das einfangen?

Die Vielzahl an zuverlässigen Motiven eröffnet die Möglichkeit, endlos zu variieren - und auch einmal etwas Ungewöhnliches auszuprobieren!

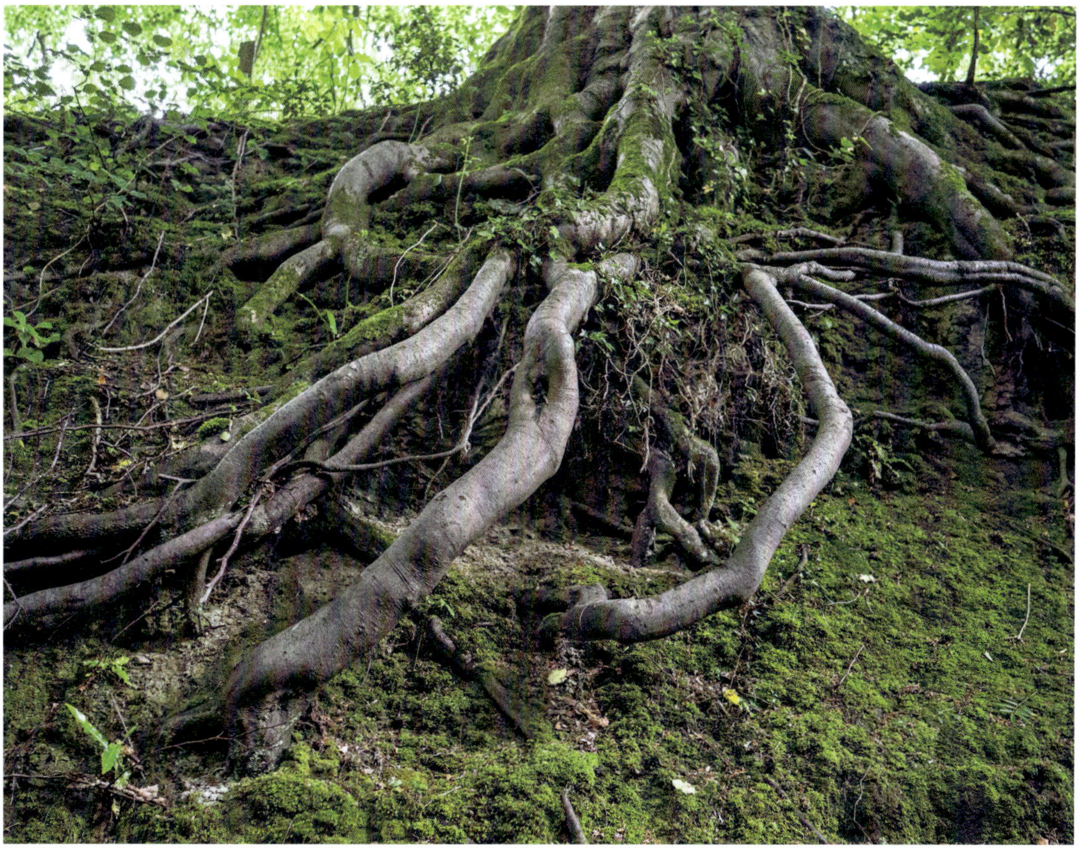

Die moosbewachsenen Wurzeln dieser Eibe in England erzählen die Geschichte einer hunderte Jahre langen Existenz.

NACHTHIMMEL

Die Astrofotografie, also das Fotografieren von Sternen und Himmelskörpern, ist ein weites, komplexes Feld. Wenn man ein paar Dinge beachtet, kann man aber tolle Ergebnisse erzielen.

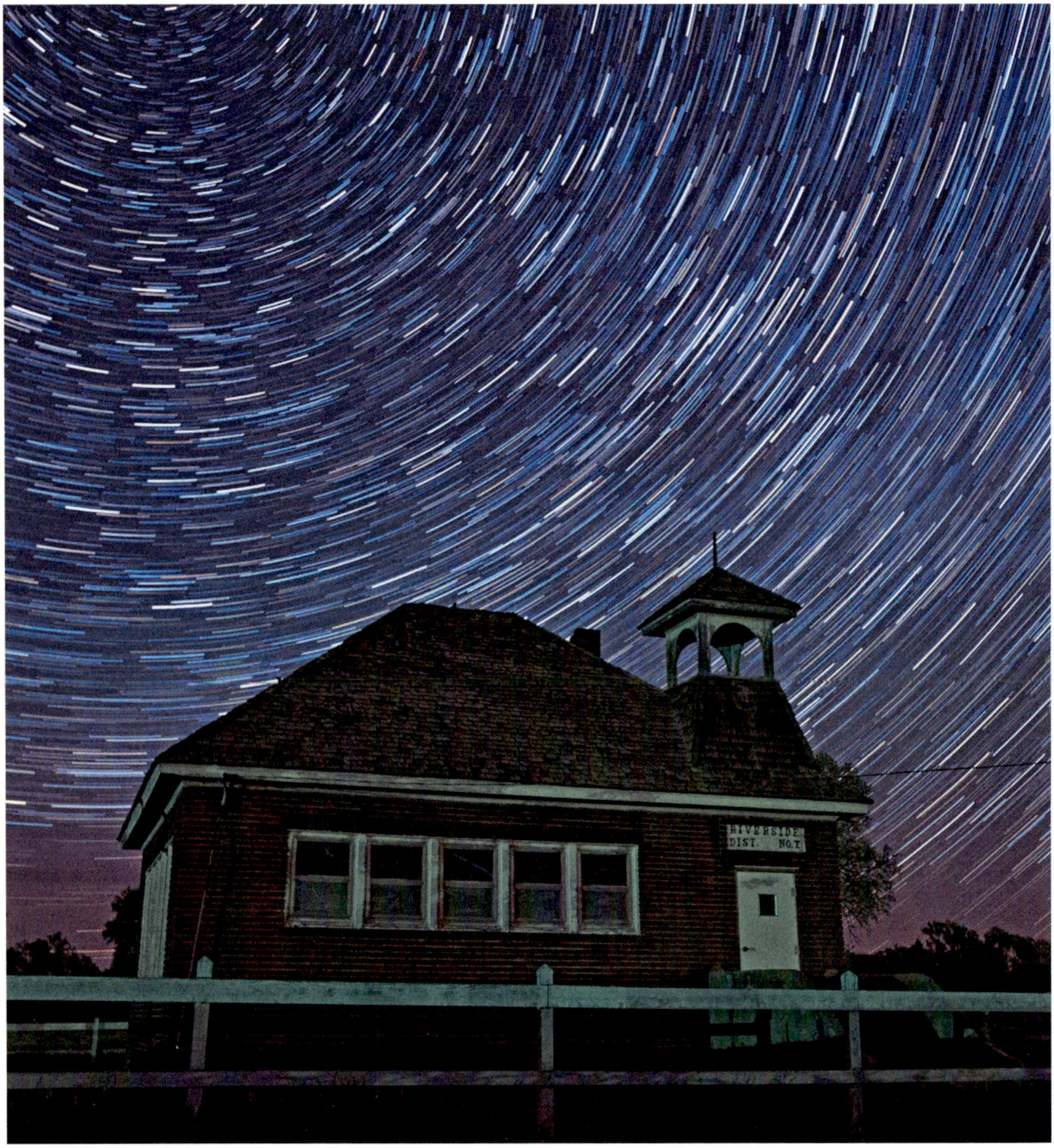

Um die Bewegung der Sterne abzubilden, braucht man eine mond- und wolkenlose Nacht, ein Stativ, einen Fernauslöser und eine lange Verschlusszeit – oder man macht mehrere Fotos und kombiniert diese dann mittels einer Software wie Starstax.

Der Himmel fasziniert die Menschen seit jeher. Bereits in der Antike blickte man zu den Sternen, um zu navigieren, und heute wagen wir uns immer tiefer ins Weltall. Der Wunsch, den faszinierenden Nachthimmel auch irgendwie festzuhalten, findet seinen Ausdruck in der Astrofotografie - das hört sich kompliziert an, ist aber halb so schwierig!

PERFEKTE BEDINGUNGEN

Der Nachthimmel verändert sich mit den Jahreszeiten, und wie gut man etwa die Milchstraße sieht, hängt immer auch davon ab, wo man sich befindet. Sternenhimmel-Apps geben gute Hinweise, wohin man die Kamera richten sollte. Wichtig ist außerdem ein Standort mit möglichst wenig Lichtverschmutzung, und mithilfe eines Mondkalenders kann man sich eine relativ mondlose Nacht aussuchen. Klare Sicht ist perfekt, aber auch Wolken, die einen Blick auf den Sternenhimmel freigeben, sorgen für tolle Motive.

DIE RICHTIGE AUSRÜSTUNG

Um Sterne zu fotografieren, braucht man besonders lange Verschlusszeiten - 30 Sekunden sind meist das Minimum. Um die Kamera zu stabilisieren, ist ein Stativ dabei ein Muss. Und da man nur wenig Licht zur Verfügung hat, sind ein Weitwinkelobjektiv mit einer Brennweite von mind. 24 mm und eine Blende von mind. f/2.8 perfekt. Zudem gibt es auch spezielles Astrofotografie-Zubehör, etwa Objektive, mit denen man durch ein Teleskop fotografieren kann, oder Motoren, die die Kamera drehen, sodass man die ganze Nacht über auf einen bestimmten Stern fokussieren kann.

DIE GRUNDEINSTELLUNGEN

In der Astrofotografie gelten im Grunde die gleichen Regeln wie in der „normalen" Fotografie: Die Blende bestimmt, wie viel Licht auf den Sensor trifft, über die Verschlusszeit steuert man, wie lange, und eine weite Blende und eine lange Verschlusszeit sorgen dafür, dass der Bildsensor selbst kleinste Lichtpunkte erfassen kann. Mit einer sehr langen Verschlusszeit lassen sich daher sogar mehr Sterne einfangen, als man mit bloßem Auge sieht!

Grundsätzlich eignen sich, um den Nachthimmel zu fotografieren, die folgenden Einstellungen:

- eine weite Blende, etwa f/2.8
- ein ISO-Wert von 3200
- eine Verschlusszeit von 30 Sekunden

Man kann auch einfach den Verschluss offen lassen und die Blendenzahl verringern, bis man die gewünschten Ergebnisse erhält.

Sind die Sterne zu blass oder verschwommen, kann man eine kürzere Verschlusszeit oder eine geringere ISO wählen. Um hingegen das Zentrum einer Galaxie, wie etwa der Milchstraße, perfekt einzufangen, braucht man eine noch längere Verschlusszeit und einen noch höheren ISO-Wert.

TIPP ABSEITS DES STERNENHIMMELS

Interessanter als Fotos nur vom Sternenhimmel sind solche, auf denen man auch noch andere Details sieht, etwa eine Wasseroberfläche, die durch die lange Verschlusszeit seidig-weich aussieht, oder ein Motiv, das sich deutlich vor dem Himmel abzeichnet, wie ein Baum, ein Felsen oder eine alte Scheune. Bei langen Verschlusszeiten kann man außerdem versuchen, mit Licht zu „malen", etwa, indem man mit einer Taschenlampe oder sogar dem Smartphone in den Himmel leuchtet. Die so entstehenden Lichtspuren sind später auf dem Foto deutlich zu erkennen.

WASSER

Ein Gewässer macht jede Landschaft gleich noch ein bisschen interessanter. Beim Fotografieren von Wasser gibt es aber auch einige Herausforderungen, die es zu bewältigen gilt.

Wasser ist ein besonders faszinierendes Element. Und diese Faszination lässt sich durch kaum etwas besser zum Ausdruck bringen als durch ein perfektes Foto. Ob Wellen, die am Strand brechen, die glatte Oberfläche eines Sees, die sich nur leicht kräuselt, oder Regen: Wasser sorgt für besonders eindrucksvolle Landschaftsmotive und Stimmungen - von friedlich bis wild und kraftvoll.

STRANDMOTIVE

Der Strand ist immer ein tolles Motiv: von Sonnenschein und Seevögeln über Menschen, die sich entspannen, und Kinder, die im Wasser herumtoben, bis hin zu den rhythmisch brechenden Wellen und dem Sand, der einen tollen, ruhigen Hintergrund darstellt.

Wie Schnee kann auch heller Sand den Belichtungsmesser der Kamera durcheinanderbringen. Das führt meist dazu, dass er empfiehlt, die Blende zu verkleinern, um eine Überbelichtung zu vermeiden. Am besten wählt man Blende und Verschlusszeit manuell und belichtet auf das Motiv. So wird der Sand zwar etwas überbelichtet, aber das Motiv wird dafür korrekt dargestellt.

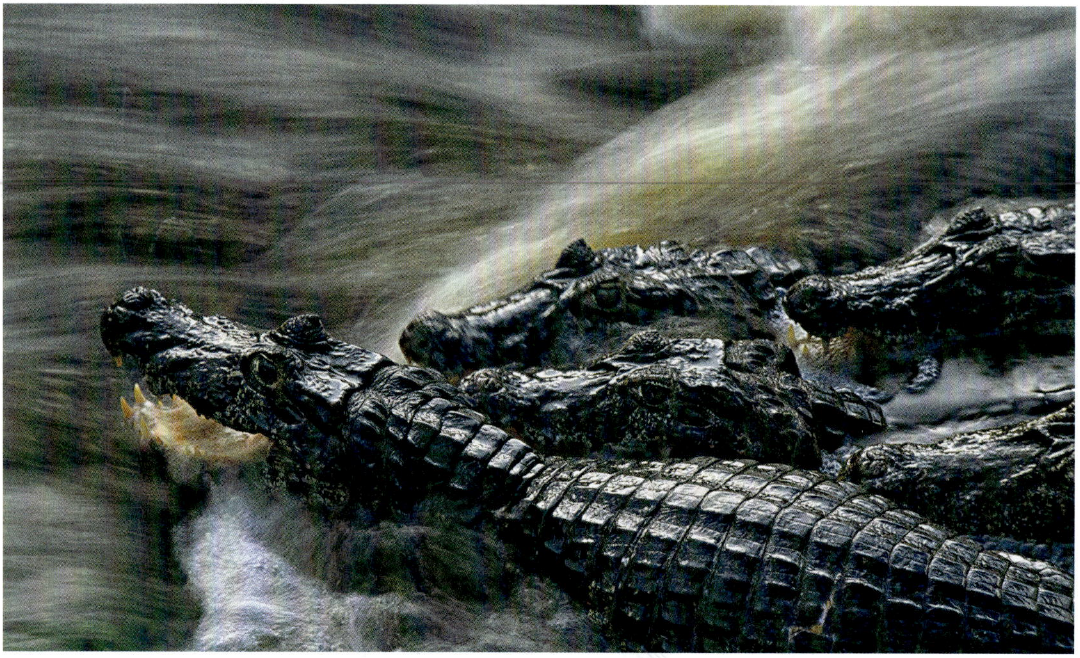

Auf diesem Foto einer Gruppe brasilianischer Kaimane auf der Jagd wird die Bewegung des Flusses, der sie umgibt, durch die kurze Verschlusszeit von 1/2 Sekunde verwischt dargestellt.

MEHR INFOS ZU SCHNEELANDSCHAFTEN AUF SEITE 186

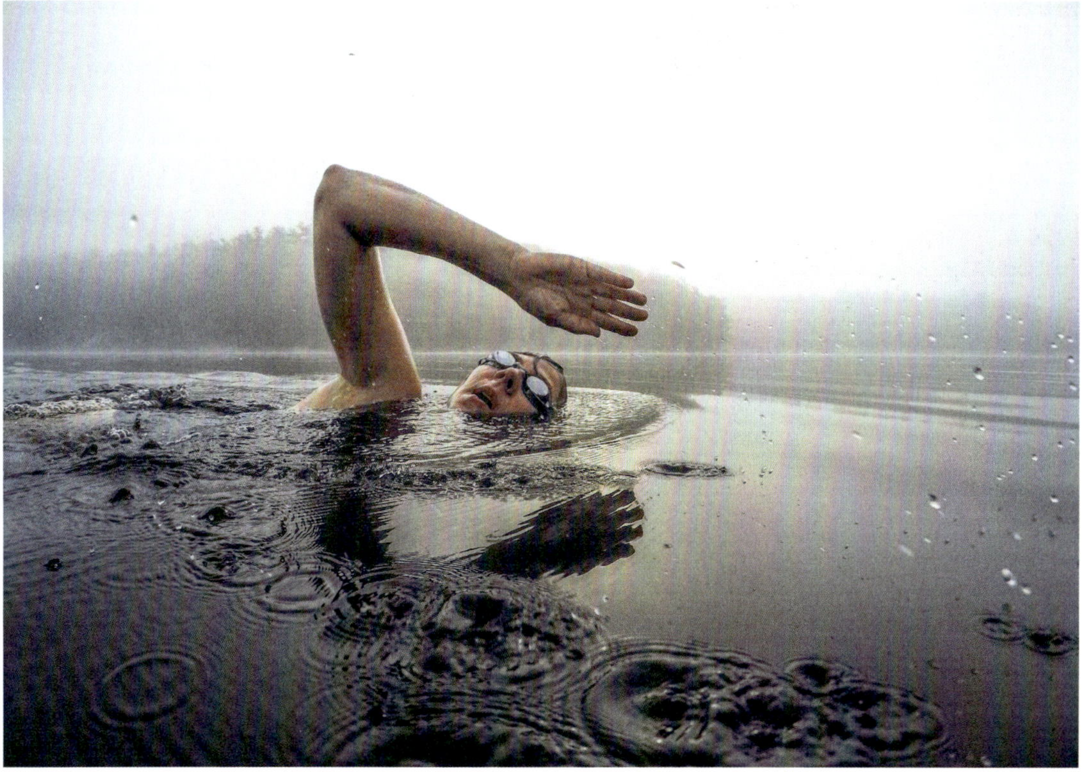

Die Spritzer und Wassertropfen, die diese Frau an einem nebligen Morgen beim Schwimmen in einem See in Maine erzeugt, lassen sich mithilfe einer kurzen Verschlusszeit in der Luft einfrieren.

Ein besonders spannendes Motiv sind Wellen. Anstatt zu versuchen, nur das Wasser zu fotografieren, wo man die Wellen oft gar nicht erkennt, ist es besser, sich darauf zu konzentrieren, was sie bewirken: So sorgen etwa Kinder, die in den Wellen herumtoben, für eine tolle Dynamik und geben zudem Aufschluss über die Größenverhältnisse. Auch die kunstvollen Muster, die die Wellen in den Sand zeichnen, die tanzenden Schaumkronen und sogar das angespülte Treibgut sind tolle Motive.

WASSER IN BEWEGUNG

Fließendes Wasser, wie Seen, Flüsse oder Wasserfälle, ermöglicht es, kreativ zu werden. Mit der richtigen Verschlusszeit kann man die Bewegung des Wassers einfangen: vom sanften Vor und Zurück über schnelle Strömungen bis hin zu Wasserspritzern. Durch eine kurze Verschlusszeit werden selbst feinste Tropfen eingefroren, bei langen Verschlusszeiten verschwimmt alles in einem gleichförmigen Strom, der dem Betrachter ein Gefühl für die Bewegung gibt. Bei wenig Licht, etwa in der Dämmerung, sind kurze Verschlusszeiten schwierig, an sonnigen Tagen machen lange Probleme. Je nachdem, welche Art von Foto man machen möchte, sollte man in diesem Fall die entsprechende Blendeneinstellung wählen – oder eine bessere Tageszeit abwarten.

UNTER WASSER

Es müssen nicht immer exotische Unterwasserlandschaften und ausgefallenes Equipment sein: Auch ohne viel Aufwand lassen sich einzigartige Aufnahmen unter Wasser kreieren.

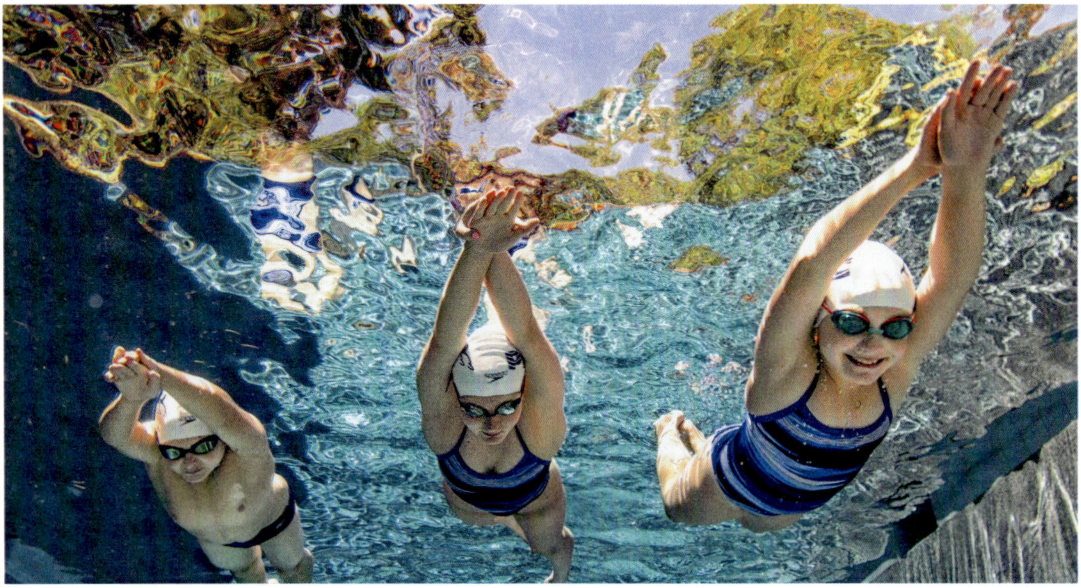

Auch mit günstigen Unterwasserkameras lassen sich tolle Fotos machen. Wichtig ist dabei vor allem, dass man nahe an der Wasseroberfläche bleibt, da hier mehr Licht vorhanden ist. Pools und seichte Gewässer mit hellem Sandboden sind perfekt, da hier der Untergrund das Licht direkt auf das Motiv zurückreflektiert.

Korallenriffe, Algenwälder, Schiffswracks und bunte Fische – die Unterwasserwelt bietet unzählige spannende Motive. Und richtig gute Unterwasserfotos sorgen dafür, dass der Betrachter in eine unbekannte Welt eintauchen kann.

Es gibt ganze Bücher, eigene Kurse und Workshops zur Unterwasserfotografie. Und für manche Motive braucht man spezielles Equipment, wie etwa eine Taucherausrüstung, eine spezielle Kamerahülle und mehr. Aber keine Sorge: Auch mit etwas weniger Aufwand (und Geld!) lassen sich problemlos einzigartige Unterwasseraufnahmen erstellen.

LICHT UND WASSER

Die Schwierigkeit bei Unterwasserfotos ist fast immer das Licht. Wenn dieses auf das Wasser trifft, wird es verzerrt und gebrochen, man nennt das auch Refraktion. Und je weiter unter Wasser man ist, desto weniger Licht hat man zur Verfügung. Das liegt daran, dass mit zunehmender Tiefe mehr Licht geschluckt wird, sodass in einer Tiefe von etwa 3,5 m Rot-, Orange- und Gelbtöne nicht mehr zu sehen sind und alles in ein grün-blaues Licht getaucht wird. Normalerweise ist die Mittagssonne ja zu grell zum Fotografieren – aber für Unterwasseraufnahmen ist sie genau deshalb perfekt.

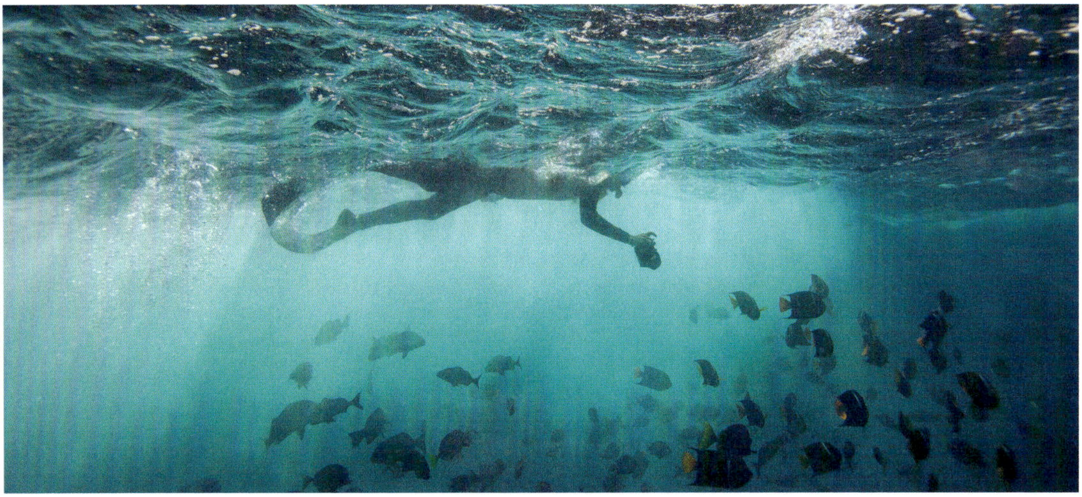

Wenn wenig Licht vorhanden ist, kann man auch versuchen, mit Silhouetten zu arbeiten, wie bei diesem Foto eines Schnorchlers über einer Fischschule vor den Galapagosinseln, bei dem die Wasseroberfläche für eine dynamische Rahmung sorgt.

ZWISCHENWELT

Einzigartige Motive findet man auch dort, wo Luft und Wasser aufeinandertreffen. Hier verändert sich nicht nur das Licht, sondern einfach alles. Noch spannender wird es, wenn sich die beiden Elemente vermischen: Mit einer Handbewegung kann man zum Beispiel Wassertropfen in der Luft und Luftblasen unter Wasser entstehen lassen. Mit der Kamera halb über und halb unter Wasser kann man die Konturen von Wellen einfangen – für Kontext sorgt etwa ein Kind mit Taucherbrille. Und von knapp unterhalb der Wasseroberfläche nach oben fotografiert scheint es, als würde man die Welt durch einen flüssigen Spiegel betrachten.

SMARTPHONE-TIPP: UNTER WASSER

Viele Smartphones sind wasserfest, sodass man mit ihnen auch im Wasser fotografieren kann. Ansonsten gibt es auch wasserdichte Handyhüllen, die Zugriff auf die Kamera erlauben. Das Smartphone ist so perfekt für Unterwasserschnappschüsse geeignet – und dafür, die besten Sommerurlaubsmomente sofort mit den Liebsten zu teilen.

UNTERWASSERZUBEHÖR

Am besten begibt man sich nicht gleich mit der teuren Spiegelreflexkamera ins Wasser. Es gibt gute Einweg-Unterwasserkameras, die zwar keine optimale Qualität bieten, aber oft nicht mehr als ein paar Euro kosten und so perfekt sind, um zu experimentieren. Wenn man etwas Übung hat, kann man über eine wasserdichte Digitalkamera (ab ca. 150 Euro) nachdenken. Die meisten Modelle bieten eine gute Bildqualität und sind perfekt für unterwegs, der einzige Nachteil: Man kann immer noch nicht alle Einstellungen selbst vornehmen. Für Fortgeschrittene gibt es ab ca. 100 Euro (ohne Grenze nach oben) wasserdichte Actionkameras mit HD-Video- und Standbild-Funktion, die zudem auch perfekt für Sportfotos sind.

AUS DER LUFT

Von oben fotografiert - etwa aus einem Hubschrauber oder von der Dachterrasse eines Hochhauses, aber auch von einer Leiter oder einem Stuhl aus - erscheinen auch bekannte Motive in neuem Licht.

Von oben betrachtet sieht die Welt anders aus. Plötzlich zeichnen sich Muster und Linien ab, die man ansonsten nicht sieht. Sie können aus einer Landschaft ein abstraktes, fremdartiges, einfach nur atemberaubendes Motiv machen. Am besten versucht man, so weit nach oben zu kommen wie möglich - ohne sich dabei in Gefahr zu bringen!

AB NACH OBEN

Wenn man ganz besonders viel Glück hat, kennt man jemanden, der ein Flugzeug, einen Helikopter oder einen Heißluftballon besitzt und einen hin und wieder mitnimmt. Dabei sollte man beachten, dass man, da man sich bewegt, mit einer kurzen Verschlusszeit (maximal 1/350) arbeiten sollte und dass die besten Fotos entstehen, wenn man langsam und tief fliegt - befindet man sich in einem normalen Flugzeug, ist das eigentlich nur beim Start und beim Landeanflug der Fall.

Aber auch wenn man nicht ganz so weit nach oben kommt, lassen sich tolle Luftbilder fotografieren: Da reicht schon eine Dachterrasse, ein Aussichtsturm oder sogar einer Leiter, um einen schön gedeckten Tisch, einen Swimmingpool oder eine

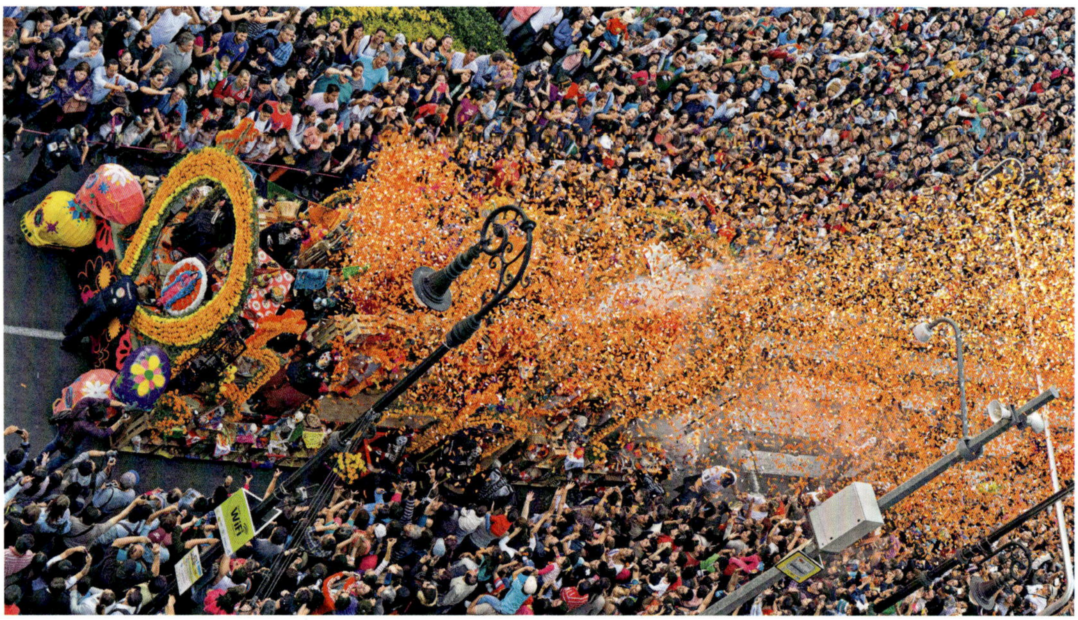

Von oben betrachtet sieht einfach alles anders aus. Bei diesem Foto einer Parade bekommt man durch die vielen Menschen ein Gefühl für das geschäftige Treiben, das Konfetti und die dynamische Perspektive unterstreichen das zusätzlich.

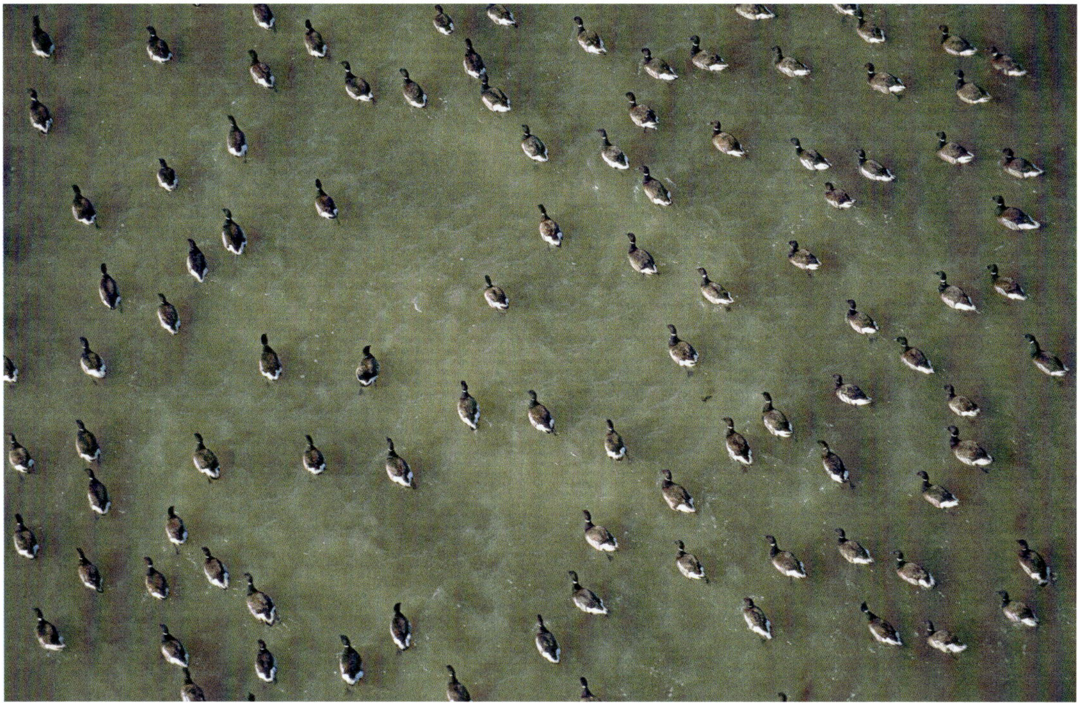

Der Teshekpuk Lake in Alaska ist die Heimat der Ringelgänse. Das grüne Wasser ist der perfekte Hintergrund für ein Foto der Wasservögel, die hier ein fast abstraktes Muster bilden. Anordnungen und Formen wie diese, die man nur von oben sieht, ermöglichen einen besonders überraschenden Blick auf bekannte Motive.

Parade aus einer anderen Perspektive einzufangen. Um das Beste aus Fotos von oben herauszuholen, eignen sich weiches Licht, Führungslinien und eine ausgewogene Komposition.

SMARTPHONE-TIPP: VON OBEN

Selfie-Sticks sind perfekt für Gruppenfotos – und für Fotos von oben! Dazu streckt man einfach das Smartphone mithilfe des Sticks so weit nach oben, wie man kann, und betätigt dann den Auslöser am Griff. So kann man auf den Fotos einen Eindruck von Höhe vermitteln, obwohl man selbst am Boden bleibt.

DROHNENFOTOGRAFIE

Drohnen haben die moderne Luftfotografie revolutioniert, denn mit ihrer Hilfe kann man die Kamera sehr hoch (und vergleichsweise günstig) in die Luft bringen, ohne sich selbst in Gefahr zu begeben. In manchen Ländern ist das Fotografieren mit Drohnen allerdings verboten, informieren Sie sich also, bevor Sie damit experimentieren.

Am besten übt man zuerst im Garten oder auf einem Feld, bis man die Drohne sicher steuern kann – und beachtet dabei immer Stromleitungen und andere potenzielle Hindernisse. Hat man die Drohne im Griff, lassen sich unzählige Motive von oben betrachten – wo sie sich oft von einer ganz anderen Seite zeigen.

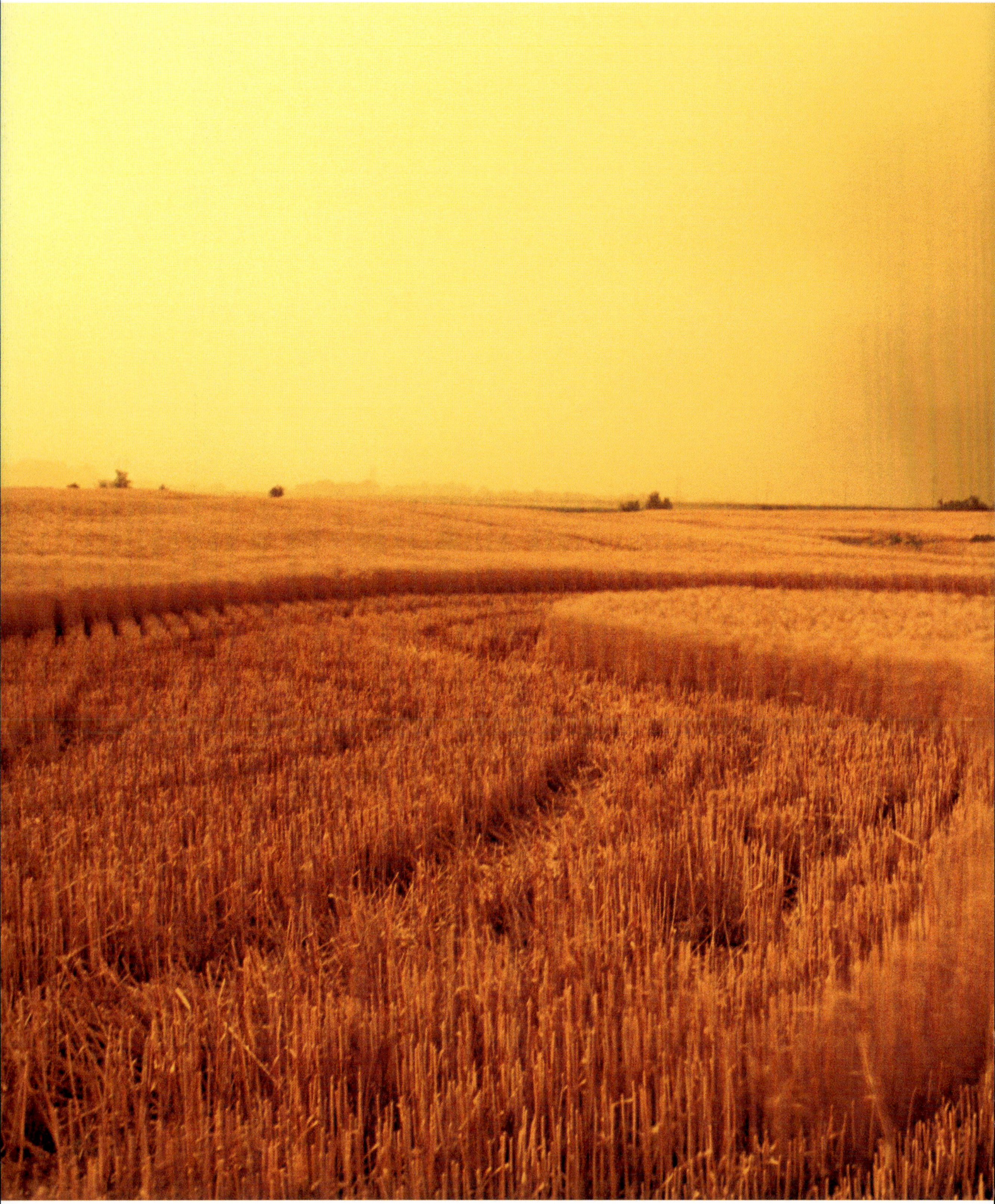

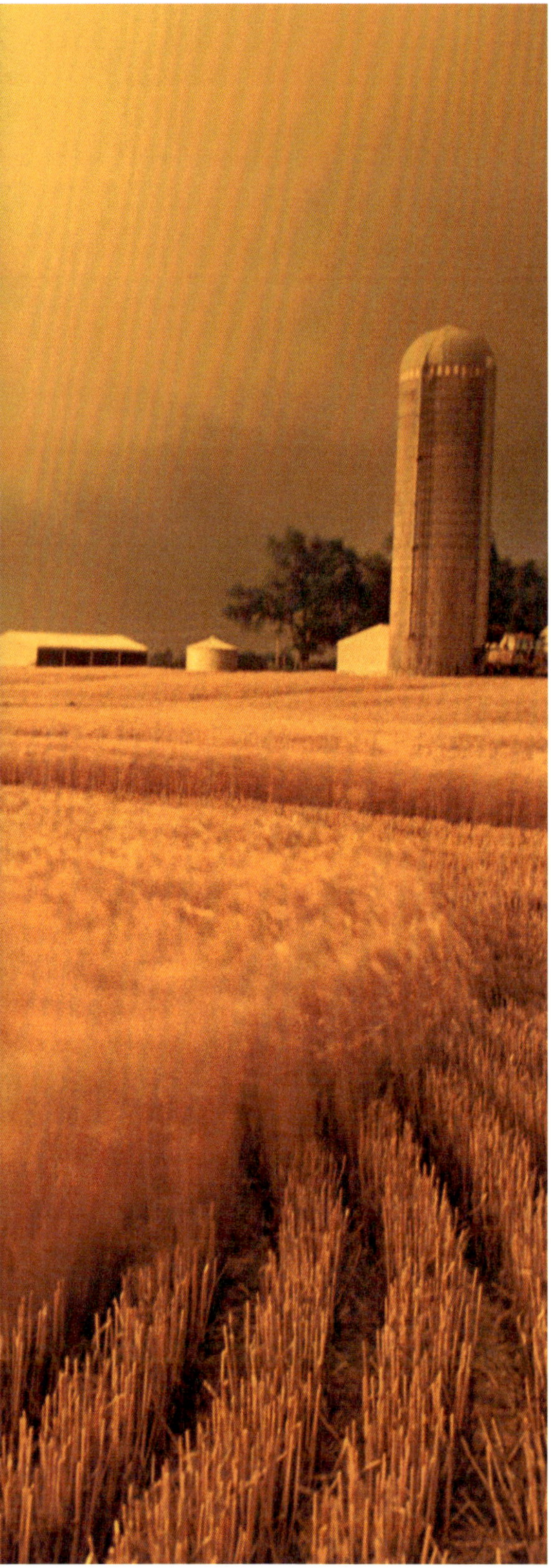

GEWITTERSTIMMUNG

Das seltsame, geheimnisvolle Licht, das durch ein aufziehendes Gewitter entsteht, ist etwas ganz Besonderes - aber so flüchtig, dass man wirklich schnell sein muss, um es einzufangen. Dieses Bild habe ich vor etwa 30 Jahren in der Nähe von Haysville, Kansas, aufgenommen. Ich war gerade auf dem Heimweg, als es losging: Dichte Hagelwolken zogen auf und tauchten alles in dieses unglaubliche gelbe Licht. Ich hielt an, sprang aus dem Auto und baute mein Stativ auf, um dieses Feld zu fotografieren, auf dem sich die Ähren sanft im Wind wiegten. Leider verpasste ich während des Aufbauens einen gewaltigen Blitz. Ich wünsche mir bis heute, ich hätte 30 Sekunden früher abgedrückt.

SELTSAMES LICHT Bei diesem unglaublichen Himmel und dem ganz besonderen Licht ist es fast egal, welchen Bildausschnitt man wählt - und auch, ob man schlussendlich einen Blitz erwischt oder nicht!

FARBEN Ich habe nie wieder ein Licht wie dieses fotografiert. Der sanfte Übergang von hell zu dunkel lässt den Betrachter erahnen, dass hier gleich etwas passiert. Und die Farben sind schlicht nicht von dieser Welt.

GANZ BESONDERS Lichtsituationen wie diese machen aus fast jedem Motiv etwas Besonderes. Wenn man es schafft, ein bekanntes Motiv, wie etwa den Eiffelturm in Paris oder den Ayers Rock in Australien, im Licht eines aufziehenden Gewitters zu fotografieren, erhält man eine wirklich tolle Erinnerung, die um einiges besonderer ist als ein klassisches Touristenfoto.

NEUN

AUF REISEN

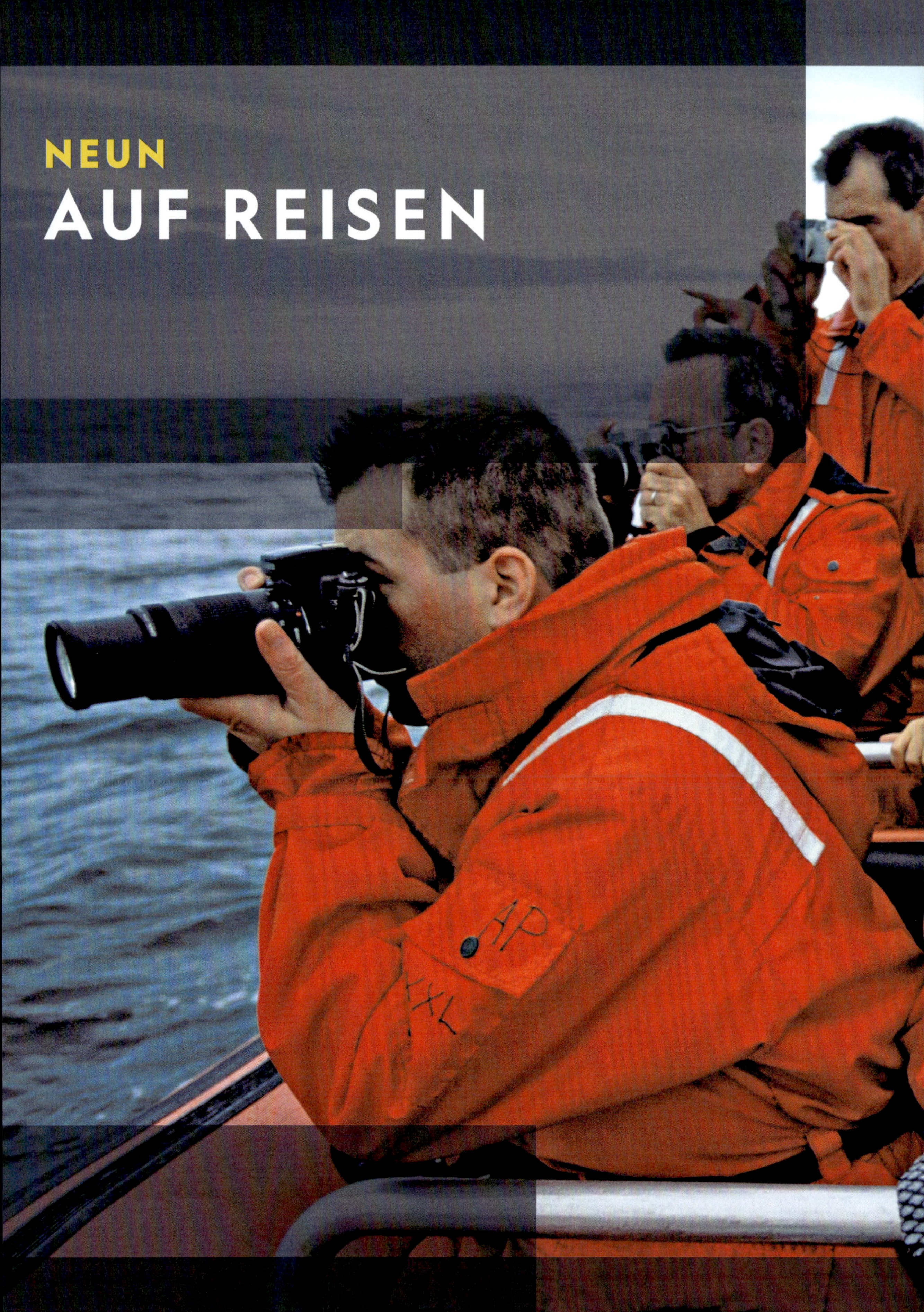

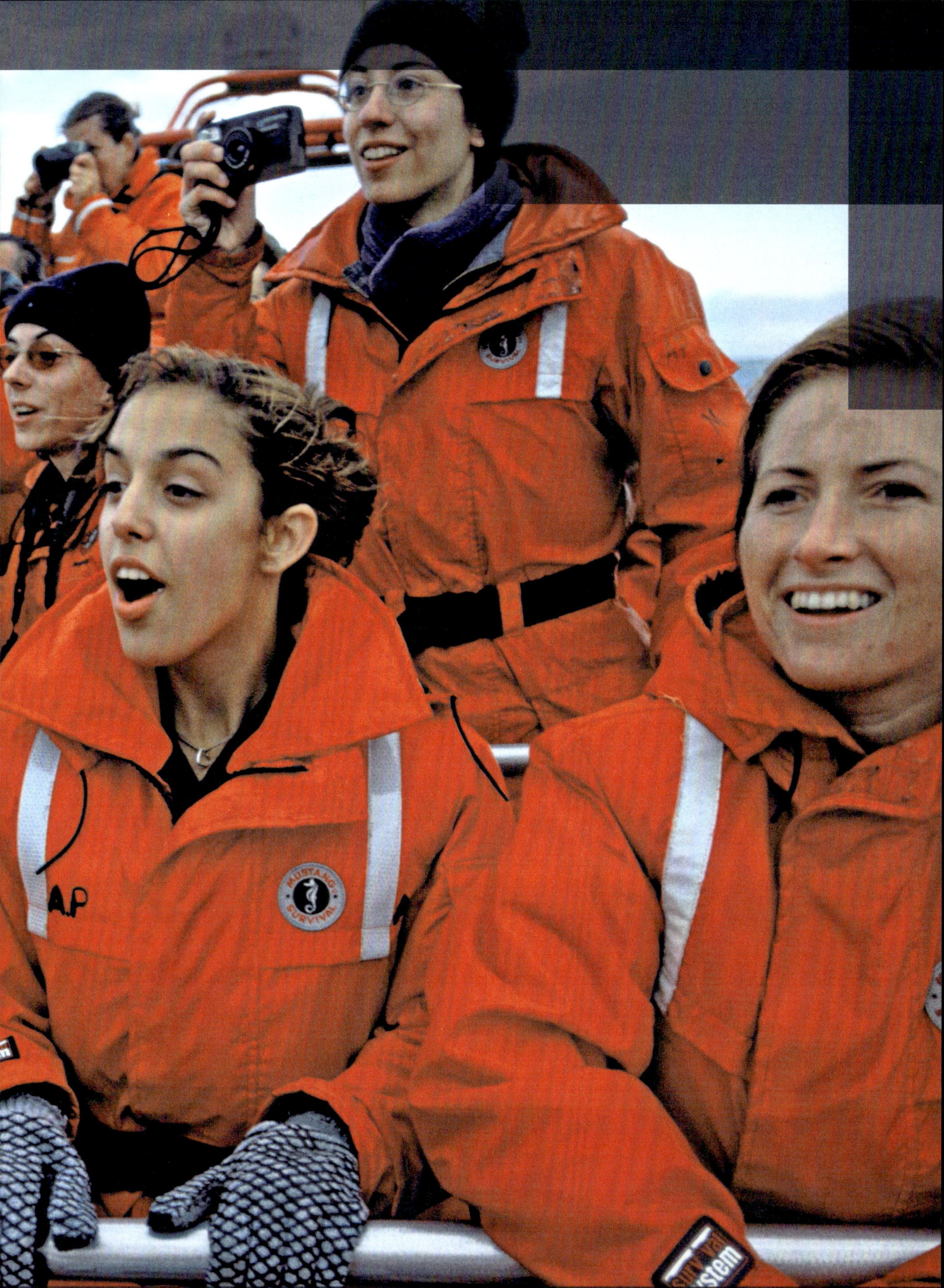
A.P
MUSTANG
SURVIVAL

HINAUS IN DIE WEITE WELT

Reisen sind die perfekte Gelegenheit zum Fotografieren: Man ist nicht nur offen für neue Eindrücke und Erfahrungen, sondern möchte all die einzigartigen Momente natürlich auch irgendwie festhalten, um sich immer wieder an fremde Orte zurückzuträumen und die Erinnerung daran mit anderen zu teilen.

Die typischen Reisefotos wirken allerdings manchmal ein bisschen beliebig und austauschbar – etwa, wenn man eine Familie steif aufgereiht vor irgendeiner Sehenswürdigkeit sieht. Damit wirklich einzigartige Fotos entstehen, sollte man sich daher darauf konzentrieren, was das Reiseziel besonders macht. Die Landschaft? Die Menschen? Die Traditionen? Das und natürlich die richtige Ausrüstung tragen dazu bei, wirklich bleibende Erinnerungen festzuhalten.

Wenn man in ein fremdes Land reist, lohnt es sich zudem, einen einheimischen Fremdenführer zu engagieren, der sich nicht nur mit der Sprache auskennt, sondern einen zu Orten abseits der Touristenhotspots führen kann.

Im besten Fall erzählen Fotos so nicht nur die Geschichte des Reiseziels, sondern lassen den Betrachter auch in eine fremde Kultur eintauchen. Hin und wieder kann man natürlich auch ein typisches Foto vor einer Sehenswürdigkeit machen, das sorgt für Kontext, aber ansonsten sollte man versuchen, etwas festzuhalten, das es so noch nicht gibt. Und die gute Nachricht ist: Dafür muss man nicht unbedingt ans andere Ende der Erde reisen, manchmal reicht auch ein Wochenendtrip, um in eine ganz neue Welt einzutauchen!

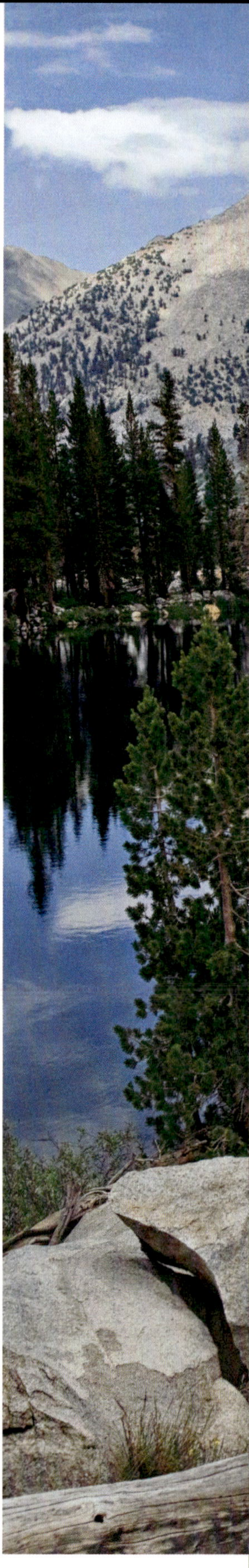

Ein Reiter mit seinen Gepäckpferden im Sixty Lake Basin in Kalifornien.

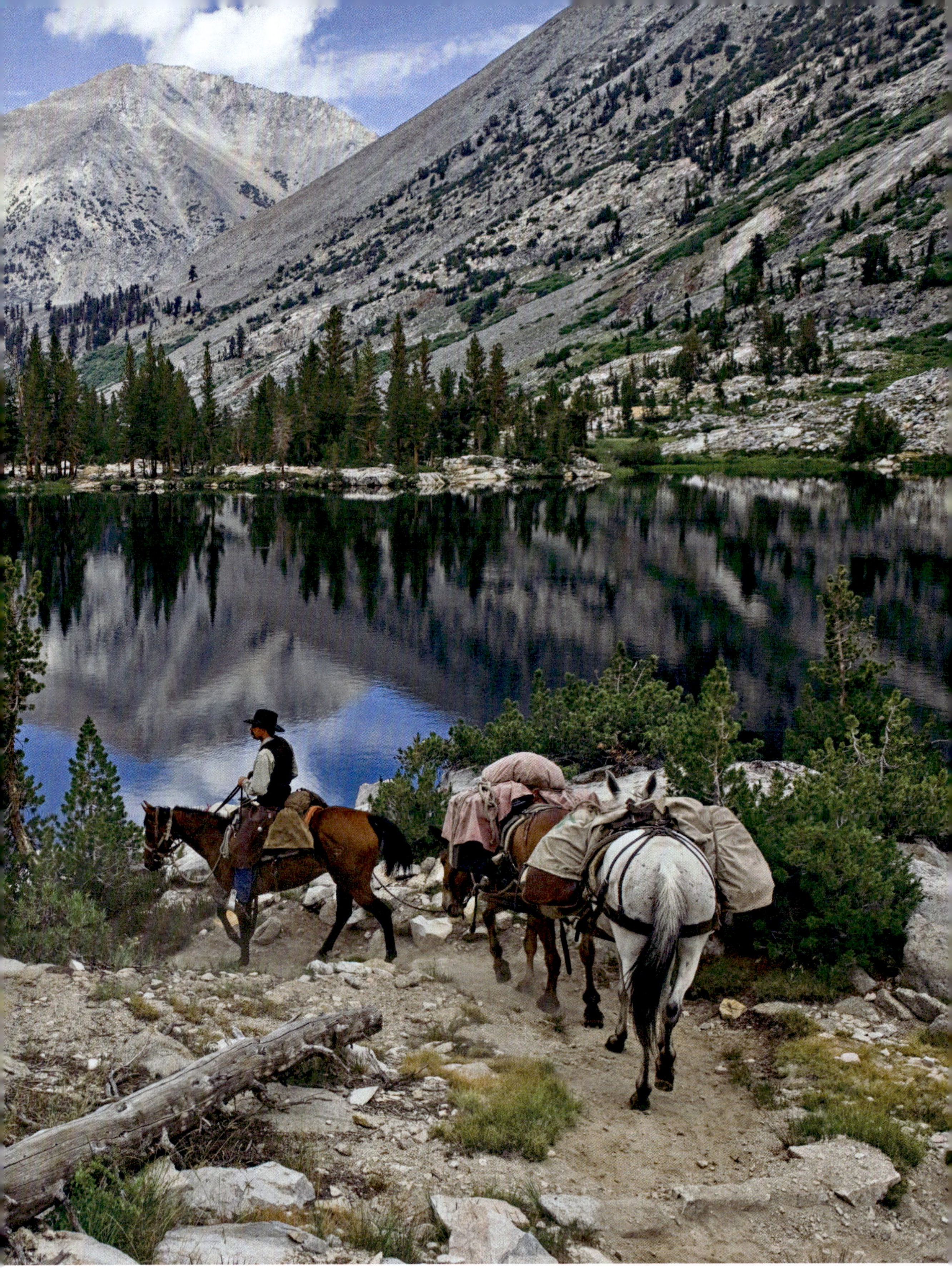

AUSRÜSTUNG

Bevor es losgeht, sollte man sich gut überlegen, was man unterwegs an Ausrüstung braucht, um für jedes Fotoabenteuer bestens gewappnet zu sein.

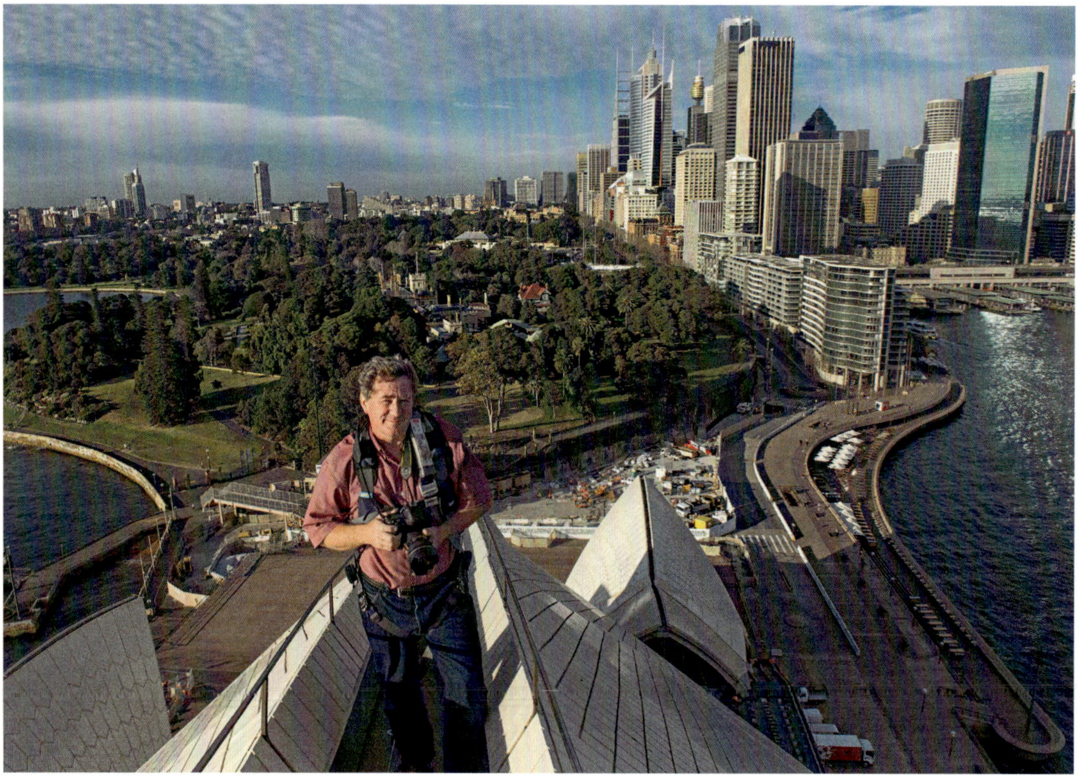

Auf Reisen hat man die Gelegenheit, einzigartige Orte zu besuchen. Hier sieht man mich auf dem berühmten Opernhaus in Sydney.

Auf Reisen auf alles perfekt vorbereitet zu sein, von Outdoor-Abenteuern bis hin zu wilden Nächten in den Clubs einer Metropole, ist eine echte Herausforderung. Und das gilt umso mehr, wenn man mit der Kamera unterwegs ist. Grundsätzlich sollte man dabei vor allem an Zubehör nur das mitnehmen, was man auch *wirklich* braucht - die Kamera, das richtige Objektiv und viel Offenheit für neue Motive und Erfahrungen. Damit und mit dem Wissen, das Sie sich bisher angeeignet haben, haben Sie im Grunde auch schon alles, was Sie brauchen, um einzigartige Reisefotos zu machen.

DIE GRUNDAUSSTATTUNG

Die Ausrüstung besteht zumindest aus der Kamera und (wenigstens) einem Objektiv. Für unterwegs eignet sich ein Zoomobjektiv besonders, da man so im Prinzip gleich mehrere Objektive in einem dabei hat. Man sollte sich aber auch ein paar Gedanken über die potenziellen Motive machen: Ist das Reiseziel bekannt für seine malerische Landschaft, das geschäftige Treiben im Stadtzentrum oder die einzigartige Tierwelt? Das erleichtert einem die Entscheidung, welches Objektiv am besten geeignet ist. Wichtig sind außerdem zusätzliche Akkus oder Batterien und ein Ladegerät – und genügend Speicherkarten sowie ein Behältnis, indem man volle und leere übersichtlich verstauen kann.

DAS ZUBEHÖR

Beim Zubehör sollte man sich auf das beschränken, was *wirklich* notwendig ist. Braucht man einen externen Blitz, einen Reflektor oder ein Stativ? Denken Sie dabei auch daran, dass man Belichtungszubehör oft auch improvisieren kann – ein weißes T-Shirt ist zum Beispiel ein Eins-a-Reflektor! – und dass man nicht unbedingt ein Stativ braucht, um die Kamera zu stabilisieren. Je weniger man dabei hat, desto weniger muss man schleppen und desto übersichtlicher und einfacher ist das Gepäck zu organisieren.

Wenn man länger unterwegs ist und auf Nummer sicher gehen oder die Fotos gleich vor Ort bearbeiten möchte, braucht man einen Laptop und eine externe Festplatte für Sicherheitskopien (dazu mehr im nächsten Kapitel).

Am besten macht man sich eine Packliste mit allem, was man wirklich braucht, und notiert auch die jeweiligen Seriennummern, falls etwas gestohlen wird oder verloren geht. Eine Kopie der Liste bleibt zu Hause, die andere kommt mit.

GUT VERSTAUT

Am besten investiert man in eine Kameratasche, in der alles Zubehör sicher verstaut ist. Falls man viel im Freien unterwegs ist, ist ein wasserdichter Rucksack perfekt, wobei man zuvor auch alle Reiß- und Klettverschlüsse überprüfen sollte. Zusätzliche Ausrüstung wie Ladegerät, Laptopzubehör und Kabel kommen in eine Extratasche, die auch einmal im Hotel oder Auto bleiben kann.

Wenn man fliegt, sollte die Grundausstattung – also Kamera und Objektiv – im Handgepäck transportiert werden. Zusätzliche Akkus, Batterien, Objektive, Kabel und anderes Zubehör kann man zum Schutz in Kleidungsstücke einrollen und ins aufgegebene Gepäck stecken.

Schlussendlich fühlt es sich fast immer so an, als hätte man zu viel und zugleich zu wenig dabei. Lassen Sie sich davon nicht beirren: Weniger ist oft mehr – und zur Not improvisiert man eben!

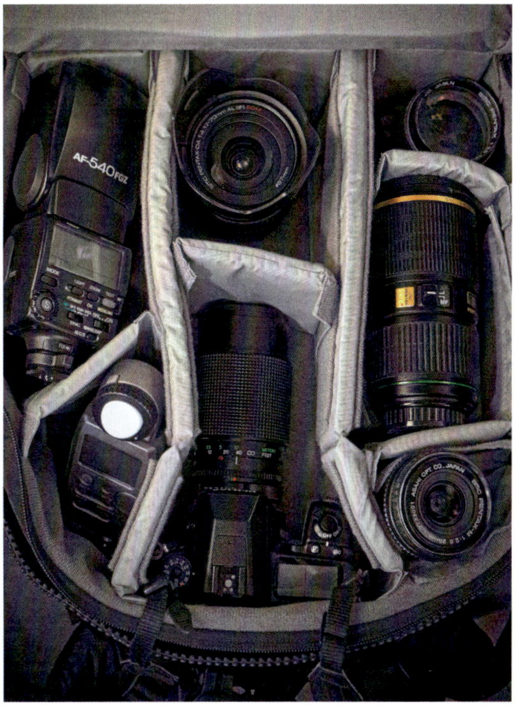

Überlegen Sie sich im Vorhinein, welche Motive Sie fotografieren möchten: Brauchen Sie ein Zoomobjektiv für einzigartige Tierfotos oder ein Stativ für lange Verschlusszeiten?

DIE ESSENZ EINES ORTES

Als Fotograf fühlt man sich oft zu Orten hingezogen, an denen man noch nie war. Um einzigartige Fotos zu machen, sollte man versuchen, die Essenz eines unbekannten Ortes einzufangen.

Als Fotograf ist man immer auf der Suche nach spannenden Orten, die es sich festzuhalten lohnt. Es sind verschiedene Elemente - von der Kultur über besondere Traditionen bis hin zur Natur -, die jeden Ort einzigartig machen. Um diese Einzigartigkeit festzuhalten, sollte man versuchen, die Essenz eines Ortes zu erspüren: Was ist es, das einen Ort besonders macht, und wie lässt sich das dem Betrachter vermitteln?

INFORMATIONEN SAMMELN

Wie bei Porträts gilt auch bei Reisefotos: Je mehr man über das Motiv weiß, desto besser werden die Fotos. Daher sollte man sich eingehend über das Reiseziel informieren, bevor man sich auf den Weg macht. Welche Traditionen gibt es, wie ist das Klima, welche Farben sind typisch? Und am wichtigsten: Wo spiegelt sich die Essenz eines Ortes abseits der Touristenhotspots wider?

Ein einheimischer Fremdenführer kann dabei sehr hilfreich sein, da er die Sprache und die Sitten kennt und einem authentische Orte zeigen kann. Zum Glück ist die Suche nach einem geeigneten Fremdenführer heutzutage kein Problem mehr: Mit ein paar Mausklicks findet man im Internet unzählige Optionen. Informie-

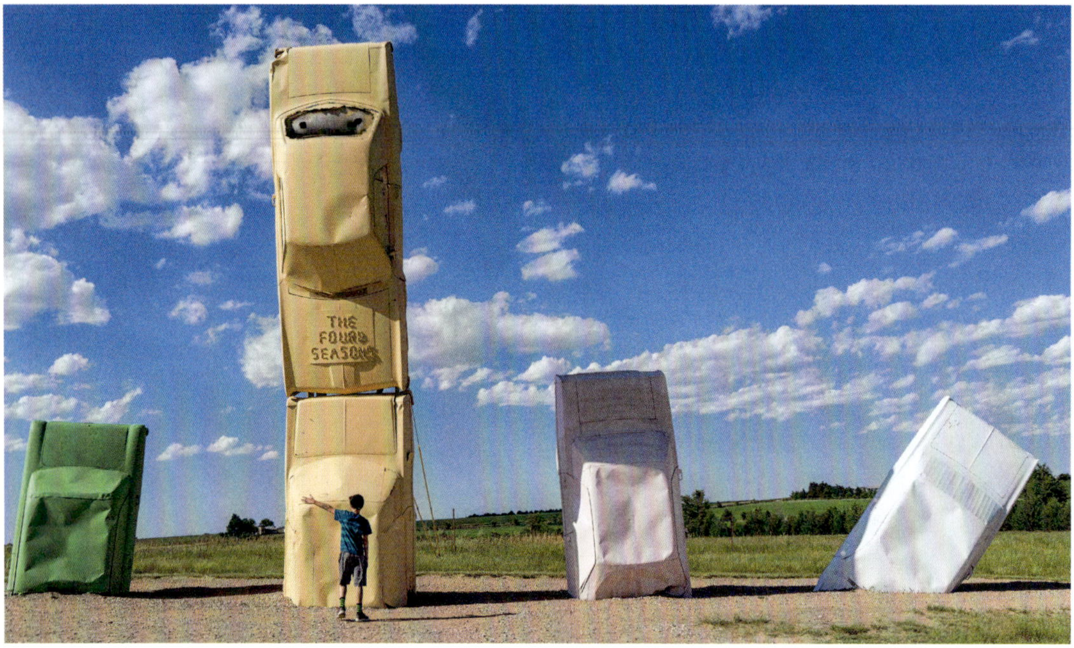

Ein Junge steht vor den bunten Autoskulpturen „Carhenge" in Alliance, Nebraska.

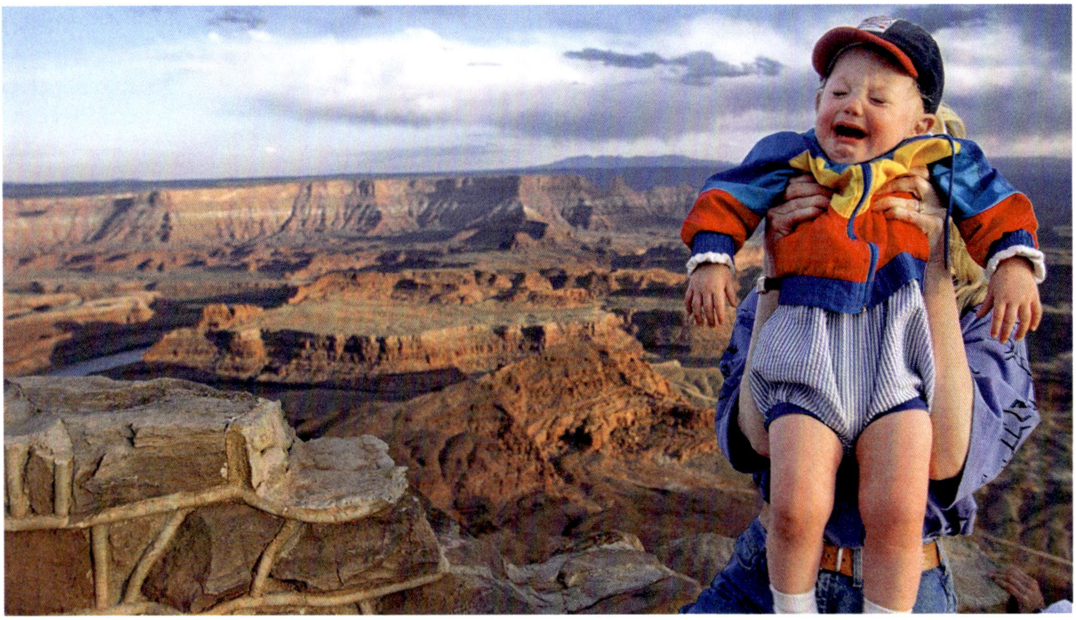

Während seine Eltern wahrscheinlich von der dramatischen Canyonlandschaft des Dead Horse Point State Park in Utah fasziniert waren, hatte der Junge hier einfach genug. Menschen machen Fotos zu etwas Besonderem, denn sie sorgen dafür, dass man zusätzlich zu einem besonderen Ort auch Emotionen einfangen kann.

ren Sie sich gründlich über das jeweilige Unternehmen, bevor Sie jemanden beauftragen, um sicherzugehen, dass Sie wirklich in guten Händen sind.

Außerdem kann es auch nicht schaden, ein paar grundlegende Vokabeln zu pauken – zumindest „Hallo", „Danke" und „Bitte" sollte man sagen können. Das trägt auch dazu bei, das Vertrauen der Menschen vor Ort zu gewinnen und so noch authentischere Fotos zu machen.

DER FAKTOR MENSCH

Im Grunde sind es fast immer die Menschen und ihr Verhalten, die die Essenz eines Ortes ausmachen, egal, ob spielende Kinder an einem Fluss oder die Verkäufer, die frühmorgens vor einer Markthalle ihre Waren abladen. Schafft man es, den Faktor Mensch miteinzubeziehen und Menschen in ihrem natürlichen Umfeld zu fotografieren, ist es viel einfacher, die Geschichte eines bestimmten Ortes zu erzählen.

AUFGABE: DIE ESSENZ ERSPÜREN

Jeder Ort hat etwas, das ihn besonders macht, sogar die eigene Stadt oder das Dorf, in dem man lebt – auch wenn einem das selbst oft nicht wirklich bewusst ist. Versuchen Sie, Ihren Heimatort mit den Augen eines Touristen zu betrachten: Was ist besonders oder einzigartig? Welche Traditionen oder Ereignisse machen die Geschichte des Ortes aus? Schreiben Sie alles auf, was Ihnen einfällt, das ist eine gute Übung, um zu lernen, wie man die Essenz eines Ortes erspürt.

FREMDE KULTUREN

Die Kultur ist oft der Schlüssel zur Essenz eines Ortes, und nichts spiegelt sie besser wider als Fotos von den Menschen, die sie ausmachen. Kleiner Tipp: Ein Lächeln öffnet einem dabei viele Türen!

Auf Reisen hat man die Möglichkeit, die eigene Komfortzone zu verlassen und die Welt im Zusammentreffen mit anderen Kultur aus einem neuen Blickwinkel zu betrachten. Wenn man das auf Fotos festhalten möchte, sollte man sich mit den kulturellen Besonderheiten und Gebräuchen, dem Glauben und den Traditionen beschäftigen und zugleich immer daran denken, dass Kultur schlussendlich einfach alles beeinflusst - von der Körpersprache bis zum Tagesrhythmus.

Wenn man Menschen anderer Kulturen fotografieren möchte, sollte man sein eigenes Verhalten reflektieren und sich nicht wie ein Eindringling verhalten, sondern auf respektvolle Art und Weise Brücken bauen und Verständnis schaffen.

FREMDE MENSCHEN

Es sind die Menschen, die eine Kultur und ihre Traditionen prägen - durch ihr Erscheinungsbild, ihre Kleidung, ihre Gestik und Mimik und ihr Verhalten. Aber fremde Menschen zu fotografieren, ist nicht immer ganz einfach, und in manchen Kulturen gilt es sogar als unhöflich. Am besten fotografiert man nicht einfach wie wild drauf los, sondern gewinnt zuerst das Vertrauen der Menschen: Gehen Sie auf sie zu, sagen Sie, was Sie vorhaben, und seien Sie dabei immer freundlich und respektvoll.

Besonders, wenn es darum geht, Kinder zu fotografieren, sollte man immer zuerst einen Verwandten fragen, ob das in Ordnung ist. Höfliches und respektvolles Nachfragen und nicht zuletzt ein Lächeln können einem dabei viele Türen öffnen.

FREMDE ORTE

Kultur lässt sich meist zudem an ganz bestimmten Orten erleben. Versuchen Sie, die Plätze zu finden, wo Einheimische zusammenkommen - im Park, auf einem Platz, am Markt. Diese Orte spiegeln wider, wer die Menschen sind. Oft lohnt sich dabei ein Blick auf kleine Details und darauf, wie die Menschen miteinander interagieren.

Feiertage und besondere Ereignisse sind perfekt, um mehr über eine Kultur zu erfahren. Informieren Sie sich, was gefeiert wird - und halten Sie sich, wenn möglich, von Touristenhotspots fern. Wenn man es zudem schafft, mit den Einheimischen in Kontakt zu kommen, hat man nicht nur die Gelegenheit, authentische Fotos zu machen, sondern kann auch Freundschaften schließen.

SMARTPHONE-TIPP: KONTAKTE

Wenn Sie jemanden fotografiert haben oder Ihnen jemand geholfen hat, lassen Sie sich die Kontaktinfos geben - wer weiß, wann Sie sie noch mal gebrauchen können! Und vergessen Sie nicht, den Menschen, die Sie fotografiert haben, die fertigen Fotos zukommen zu lassen - dadurch können echte Freundschaften entstehen.

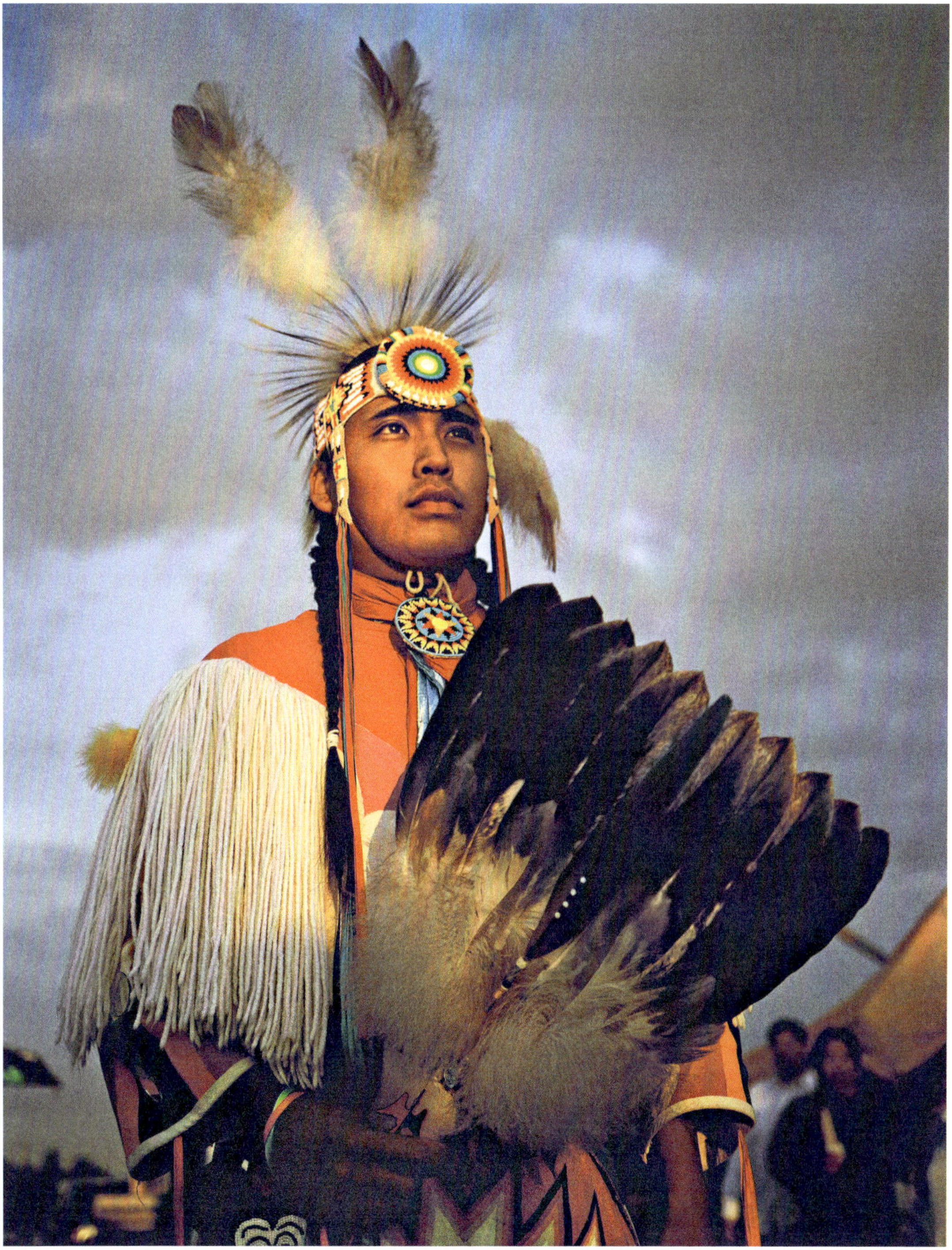

Hier sieht man einen jungen Mann in traditioneller Navajo-Tracht in Window Rock, Arizona. Wenn man Vertreter fremder Kulturen fotografiert, ist Respekt das A und O – besonders, wenn man wichtigen kulturellen Ereignissen beiwohnt.

ARCHITEKTUR

Von Kirchen über Bürogebäude bis hin zu ganz normalen Häusern: Auch die Architektur ist etwas, das Orte einzigartig und besonders macht.

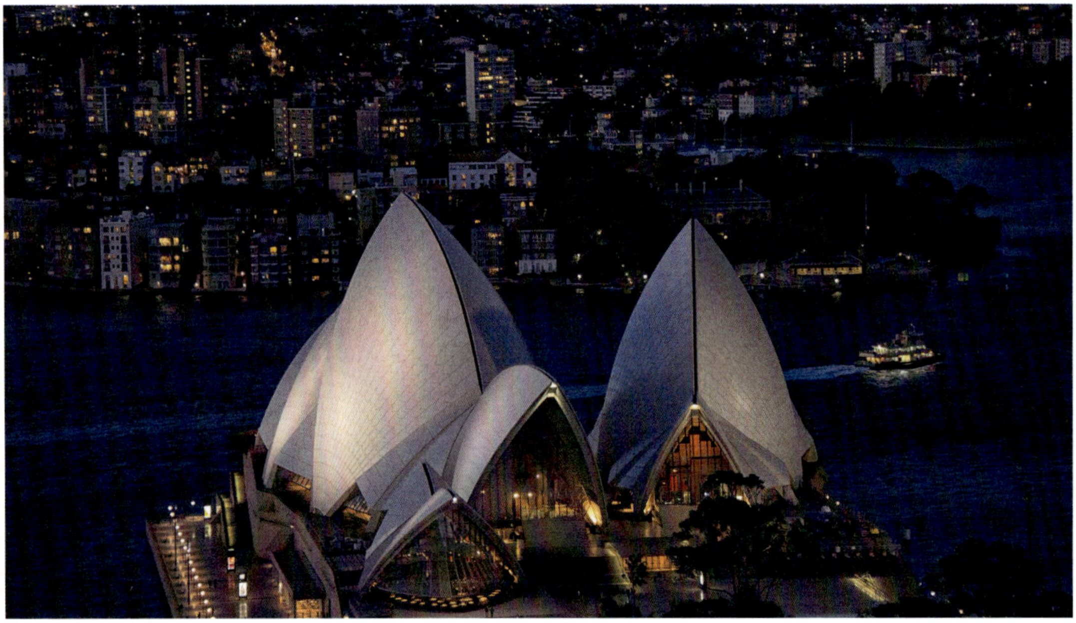

Das Opernhaus in Sydney ist ein bekanntes Motiv, das meist vom Wasser aus fotografiert wird. Durch eine Luftaufnahme in der Abenddämmerung ergibt sich eine interessante neue Perspektive: Man erkennt die Einzigartigkeit dieses architektonischen Meisterwerks und, wie es die Stadt überblickt.

Architektur ist ein beständiger Aspekt und damit oft sehr aussagekräftig im Hinblick auf die Essenz eines Ortes. Um nicht einfach nur Gebäude zu fotografieren, sollte man versuchen, neue, überraschende Perspektiven zu finden. Viele Gebäude sind so entworfen, dass sie sich in die Umgebung einfügen: Achten Sie darauf, wie sie mit dem Ort verschmelzen und ihn erweitern - so fotografiert man nicht einfach nur ein Gebäude, sondern eine Geschichte. Motive, bei denen die Struktur, das Material oder Reflexionen im Vordergrund stehen, sind dabei besonders spannend.

DAS PERFEKTE TIMING

Die goldene Stunde, die kurze Zeitspanne nach Sonnenauf- und vor Sonnenuntergang mit ihrem magischen Licht, ist für Architekturfotografien besonders geeignet. Seien Sie früh genug vor Ort, um Ihr Equipment aufzubauen, und halten Sie dann die Augen offen, während unzählige spannende Motive entstehen: von Lichtern in Innenräumen und nach Hause kommenden Menschen bis hin zu Schatten, die über die Fassaden wandern, und den ersten Sonnenstrahlen, die zwischen zwei Gebäuden hindurchscheinen.

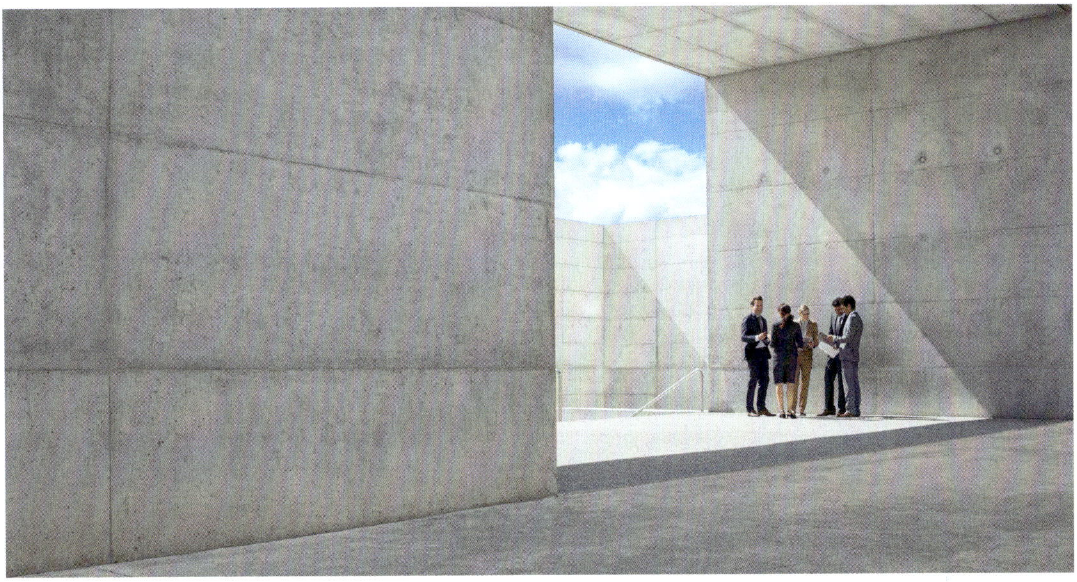

Auch ohne das gesamte Gebäude abzubilden, können Architekturfotografien wirken. Achten Sie auf Formen, Linien und Schatten – und Menschen, um Kontext und Größenverhältnisse abzubilden.

KOMPOSITION

Architektur ist perfekt, um mit verschiedenen Kompositionstechniken, wie etwa der Drittel-Regel, Führungslinien und interessanten Rahmen, zu experimentieren. Auch im Hinblick auf die Perspektive kann man hier kreativ werden, etwa, indem man sich auf den Rücken legt, um den Himmel als Hintergrund zu nutzen, oder indem man aus dem Fenster eines gegenüberliegenden Gebäudes fotografiert. Besonders spannend sind auch Details wie Muster, die durch die Ziegel entstehen, sich überlagernde Dachlinien oder Schatten.

Um ein Gebäude im Kontext seiner Umgebung zu fotografieren, eignet sich am besten ein Aussichtspunkt, von dem aus man einen größeren Bereich der Umgebung überblickt. Wie bei Landschaftsfotografien kommt es dabei darauf an, Elemente zu inkludieren, die für Spannung, Tiefe und eine interessante Farbgebung sorgen.

TIPP BEKANNTES NEU INTERPRETIEREN

Versuchen Sie, bekannte Sehenswürdigkeiten auf neue und spannende Art und Weise zu betrachten. Fotografieren Sie die Touristen vor dem Opernhaus in Sydney oder dem Kolosseum in Rom, um dem Betrachter ein Gefühl für die Größe dieser Wahrzeichen zu vermitteln. Verwenden Sie für Fotos des Mount Rushmore oder der Pyramiden ein Objektiv mit einer großen Brennweite, um die Struktur des Gesteins abzubilden. Werden Sie abstrakt: Fotografieren Sie die Rückseite eines berühmten Denkmals oder nur ein kleines Detail. Oder drehen Sie sich um und fotografieren Sie weg von der Sehenswürdigkeit, um die Begeisterung auf den Gesichtern der staunenden Touristen einzufangen – oder die Reflexion des Wahrzeichens in einer Sonnenbrille. Nutzen Sie die ganze Umgebung, um eine bekannte Sehenswürdigkeit auf ganz neue Art und Weise darzustellen.

FESTE

Besondere Anlässe wie Feste und andere kulturelle Ereignisse sorgen für unzählige spannende Motive – und sind perfekt, um mit spontanen Schnappschüssen die Stimmung einzufangen.

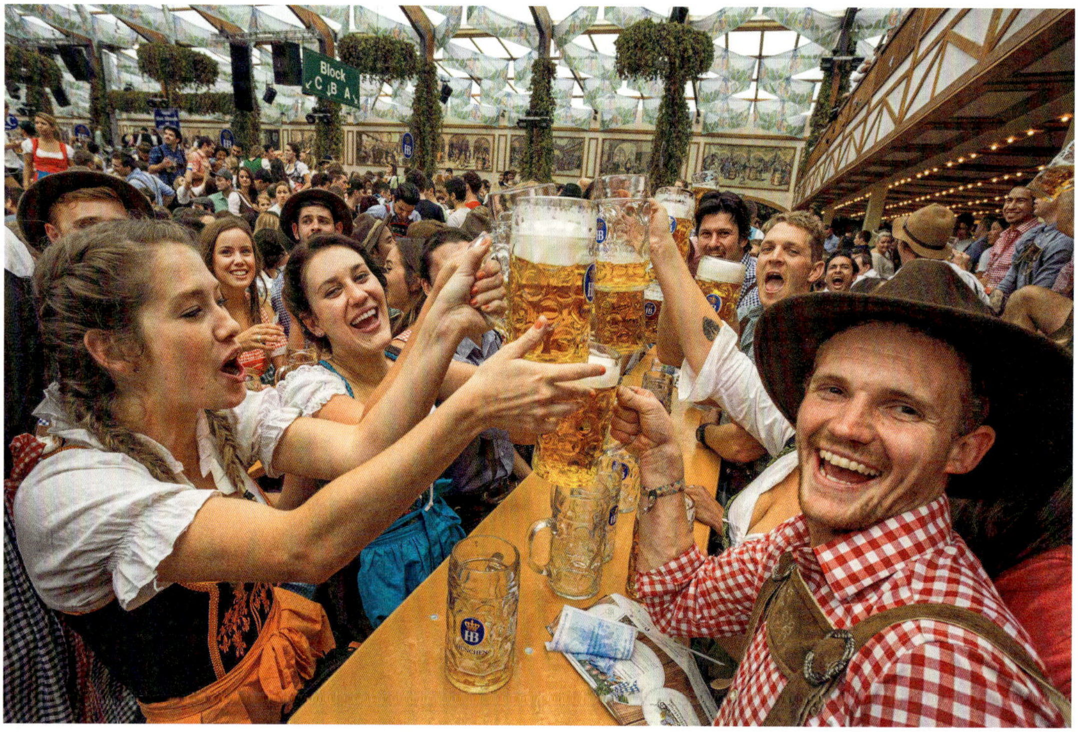

Feste, bei denen eine ganze Stadt feiert, wie das Oktoberfest in München, sind perfekt für eine Fototour.

Man kann Reisen so planen, dass man gezielt bei einem besonderen Anlass dabei ist – etwa beim Mardi Gras in New Orleans, beim Oktoberfest in München oder beim Holi-Fest in Indien –, aber auch kleinere, weniger bekannte Feste sorgen für tolle Motive. Und wenn man Glück hat, wird ja an einem Ort, den man sowieso besuchen wollte, gerade etwas gefeiert. Informieren Sie sich über die geschichtliche Entwicklung und die Bedeutung des Festes, um mit Ihren Fotos eine einzigartige Geschichte davon zu erzählen.

VOR UND NACH DEM FEST

Die besten Fotos entstehen meist abseits der Touristenhotspots, wenn irgendwie möglich sollte man also herausfinden, wo die Einheimischen feiern. Bei der Ausrüstung sollte man sich auf das Notwendige beschränken, sodass man den ganzen Tag herumstreifen, aber auch einmal auf eine Mauer klettern kann, um ein Motiv aus einer interessanten Perspektive einzufangen. Kommen Sie früh und bleiben Sie lang, so können Sie auch das, was vor und nach dem Fest passiert, festhalten.

AUF DEM FEST

Um eine möglichst vollständige Geschichte zu erzählen, sollte man mit unterschiedlichen Einstellungen und Formaten experimentieren und dabei immer versuchen, die Stimmung und besondere Details einzufangen. Auch weniger perfekte Motive, etwa weinende Kinder, umgefallene Schilder oder kleckerndes Essen, erzählen eine Geschichte, die oftmals noch authentischer ist – achten Sie dabei aber immer darauf, respektvoll zu bleiben und vor allem niemanden unangenehm zur Schau zu stellen.

Jedes Fest erzählt eine Geschichte, und das Ziel sollte es sein, diese möglichst authentisch einzufangen, sodass der Betrachter das Gefühl hat, selbst dabei gewesen zu sein und mitgefeiert zu haben.

SMARTPHONE-TIPP: LAGE SONDIEREN

Verschaffen Sie sich einen Überblick über die Lage und nutzen Sie dabei Ihr Smartphone als digitales Notizbuch. Machen Sie Testaufnahmen, experimentieren Sie mit Perspektiven und dem Licht, und pinnen Sie Orte, die Sie später fotografieren möchten, mithilfe einer GPS-App.

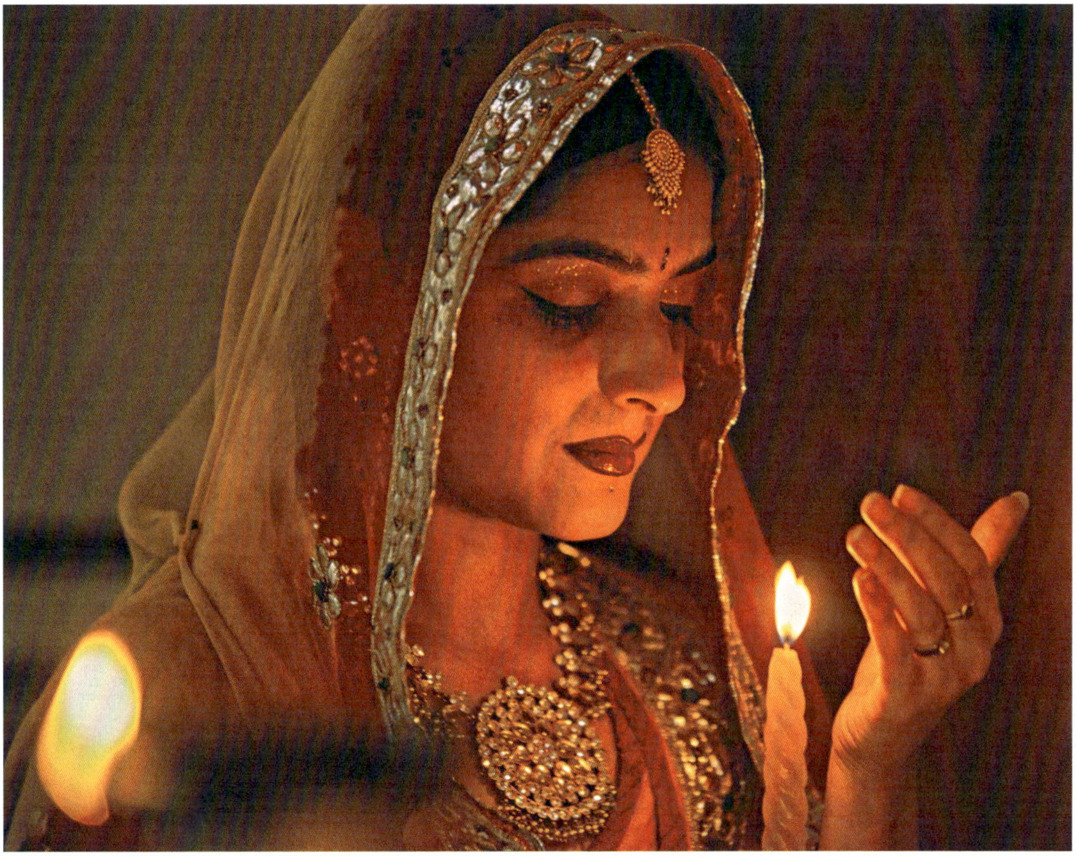

Auf Fotos von Festen müssen nicht immer viele Menschen zu sehen sein. Dieses Foto einer Frau, die beim Diwali-Fest in Jaipur, Indien, eine Kerze entzündet, vermittelt einen weiteren Aspekt dieses Ereignisses: Ruhe und Gelassenheit.

FOOD-FOTOGRAFIE

Eine festlich gedeckte Tafel oder ein schön angerichteter Teller sind tolle Motive. Natürliches Licht, ein schlichter Hintergrund und einzelne Farbhighlights machen dabei Appetit auf mehr!

Ganz egal, wohin es geht: Eines der schönsten Dinge auf Reisen ist es, eine andere Esskultur zu entdecken. Ein besonderes Gericht zu fotografieren ist aber nicht nur eine tolle Möglichkeit, Kultur und Tradition abzubilden, so lassen sich auch Erinnerungen festhalten, bei denen einem immer wieder das Wasser im Mund zusammenläuft.

FRISCH UND KNACKIG

Wenn man Essen fotografiert, ist es wichtig, dafür zu sorgen, dass es appetitlich aussieht, dabei helfen natürliches Licht und frische Farben.

Eine Markthalle mit natürlichem Umgebungslicht, farbenfrohem Obst und Gemüse und den Ständen, an denen frisch gekocht wird, ist eine perfekte Fotolocation. Bei den vielen Elementen sollte man einen besonderen Schwerpunkt auf die Bildkomposition legen und sich überlegen, welche Geschichte man erzählen möchte. Sollen einzelne Zutaten oder ein Gericht im Mittelpunkt stehen, wählt man am besten eine geringe Tiefenschärfe, sodass der Hintergrund sanft verschwimmt. Um einzufangen, wie eine lokale Spezialität zubereitet wird, eignen sich ein Weitwinkelobjektiv und eine

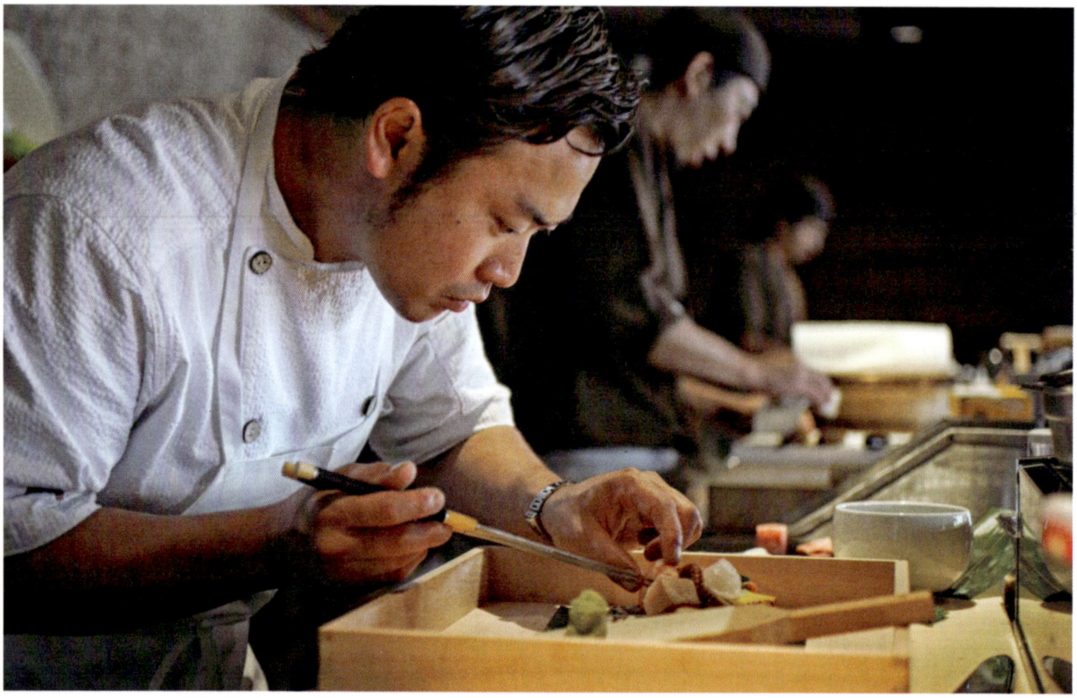

Dieser Sushi-Chef in einem Restaurant in Manhattan Beach, New York, richtet hochkonzentriert Sashimi an. Manchmal ist die Person, die das Essen zubereitet, fast interessanter als die Mahlzeit an sich!

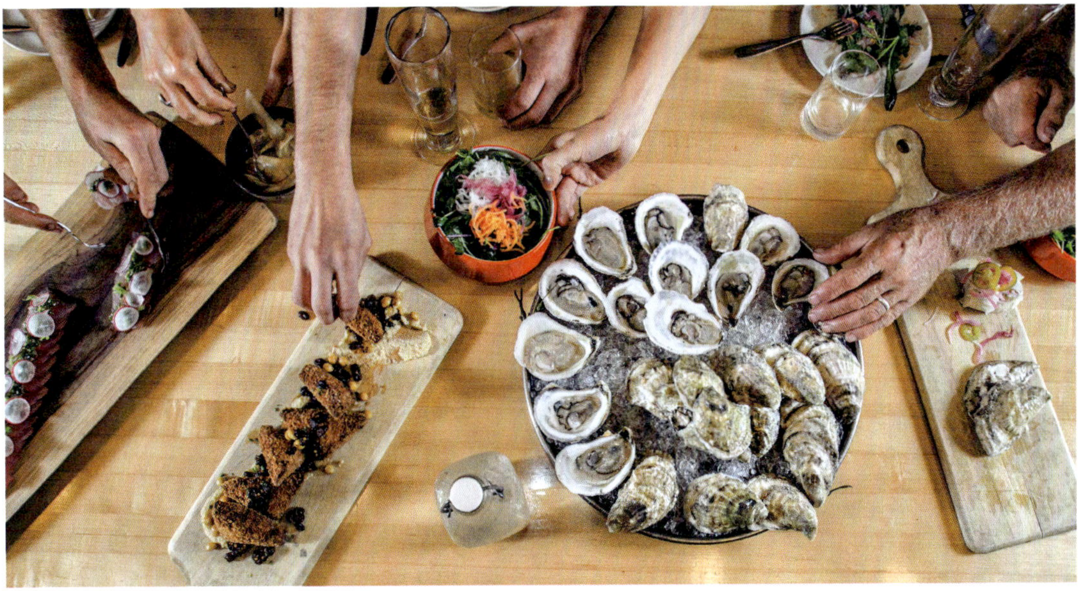

Einen gedeckten Tisch voller Köstlichkeiten fotografiert man am besten von oben, so bietet der Tisch einen schlichten Hintergrund, vor dem sich das Essen optimal in Szene setzen lässt. Hier steht ganz eindeutig das Essen im Mittelpunkt, und die Hände der hungrigen Gäste sorgen für Spannung und Dynamik.

kurze Verschlusszeit. Und ein Motiv, das sich eigentlich immer lohnt, ist die Vorfreude auf den Gesichtern derjenigen, die auf ihr Essen warten!

IM RESTAURANT

Wenn man in einem Restaurant fotografieren möchte, ist ein Platz in der Nähe eines Fensters perfekt: Das hereinfallende natürliche Licht sorgt dafür, dass jedes Gericht einfach noch appetitlicher aussieht. Am besten verzichtet man auf einen Blitz, dadurch wirken die Fotos oft flach und außerdem könnten sich andere Gäste dadurch gestört fühlen. Seien Sie bereit, wenn das Essen serviert wird: Frisch sieht dampfender Kaffee oder ein perfekt angerichteter Teller einfach noch besser aus.

TIPP FOODSTYLING

Mit diesen einfachen Tipps sorgen Sie dafür, dass jedes Gericht noch appetitlicher aussieht:

- **Sauberer Tisch** Räumen Sie alles weg, was auf dem Tisch nichts verloren hat oder unappetitlich wirken könnte, wie Handys, Autoschlüssel und benutzte Servietten. Besteck, Gläser und auch Hände dürfen bleiben, sie sorgen für Kontext und vermitteln dem Betrachter ein Gefühl für die Größenverhältnisse.
- **Perfekte Komposition** Im Idealfall fotografiert man Essen immer vor einem schlichten, sauberen Hintergrund, entweder von oben oder von der Seite, um etwa alle Schichten eines Burgers einzufangen.
- **Texturen** Fotografieren Sie eine tropfende Eiswaffel oder den geschmolzenen Käse, der aus einem Sandwich herausquillt – Texturen lassen das Foto für den Betrachter greifbarer erscheinen.

ACTION & ABENTEUER

Actionfotos sorgen für ganz besondere Erinnerungen. Eine ruhige Hand und eine kurze Verschlusszeit sind dabei Ihre wichtigsten Verbündeten.

Wenn man nicht gerade der Typ für eine Woche Urlaub am Hotelpool ist, kann man auf Reisen jede Menge Action und Abenteuer erleben. Egal, ob beim Snowboarden, Klettern oder Segeln: Viel Action sorgt für besonders lebendige Fotos.

OUTDOOR-ACTION

Wenn man eine Outdoor-Reise geplant hat, ist es besonders wichtig, dass die Ausrüstung gut geschützt ist und trocken bleibt und man genügend zusätzliche Batterien oder Akkus einpackt, um sicherzugehen, dass man all die kleinen und großen Abenteuer festhalten kann.

Eine kleine Actionkamera ist dabei meist eine bessere Wahl als eine Spiegelreflexkamera. Auch ein Haltesystem für die Kamera oder ein Kameragurt sind empfehlenswert, so kann man jederzeit abdrücken und der Betrachter des Fotos hat das Gefühl, mitten im Geschehen zu sein.

ZUSCHAUERSPORT

Wenn man bei einem Sportereignis fotografieren möchte, ist das Wichtigste ein Standort, von dem aus man das gesamte Geschehen gut überblicken kann. Am besten wählt man für Actionfotos eine kurze Verschlusszeit, um Bewegungen einzufrieren. Für schnelle Action ist ein Zoomobjektiv perfekt, da dieses unterschiedliche Distanzen abdeckt. Ein Stativ oder Monopod hilft, ein Teleobjektiv längere Zeit stabil auszurichten.

IM MITTELPUNKT DER ACTION

Egal, welche Aktivität man fotografiert, im Mittelpunkt der Action sind eigentlich immer die Menschen im Geschehen, ob beim Snowboarden oder beim Rodeo. Grundsätzlich ist es aber besser, sich auf Details zu fokussieren, als zu versuchen, eine ganze Szenerie abzubilden, denn nur so gelingt es, die Emotionen der Teilnehmer und Zuschauer einzufangen – am besten funktioniert das über die Gesichter, in denen sich Freude und Spannung widerspiegeln.

Aber auch das Drumherum sorgt für tolle Motive – Tische voller Wasserbecher für durstige Marathonläufer, ein Schiedsrichter, der die Tore überprüft, oder leere Startboxen beim Pferderennen. Mit einer großen Bandbreite an verschiedenen Motiven kann man die Geschichte eines Ereignisses noch umfassender erzählen.

SMARTPHONE-TIPP: MITTEN IM GESCHEHEN

Ein wesentlicher Vorteil des Smartphones gegenüber einer Kamera ist seine Größe. Mit dem Smartphone kann man sich mitten ins Geschehen stürzen, etwa, indem man es am Lenker eines Fahrrads befestigt oder in eine Menschenmenge hält. Achten Sie dabei nur darauf, es gut zu befestigen bzw. festzuhalten, damit es nicht verloren geht!

MEHR INFOS ZUR SPORTFOTOGRAFIE AUF SEITE 164

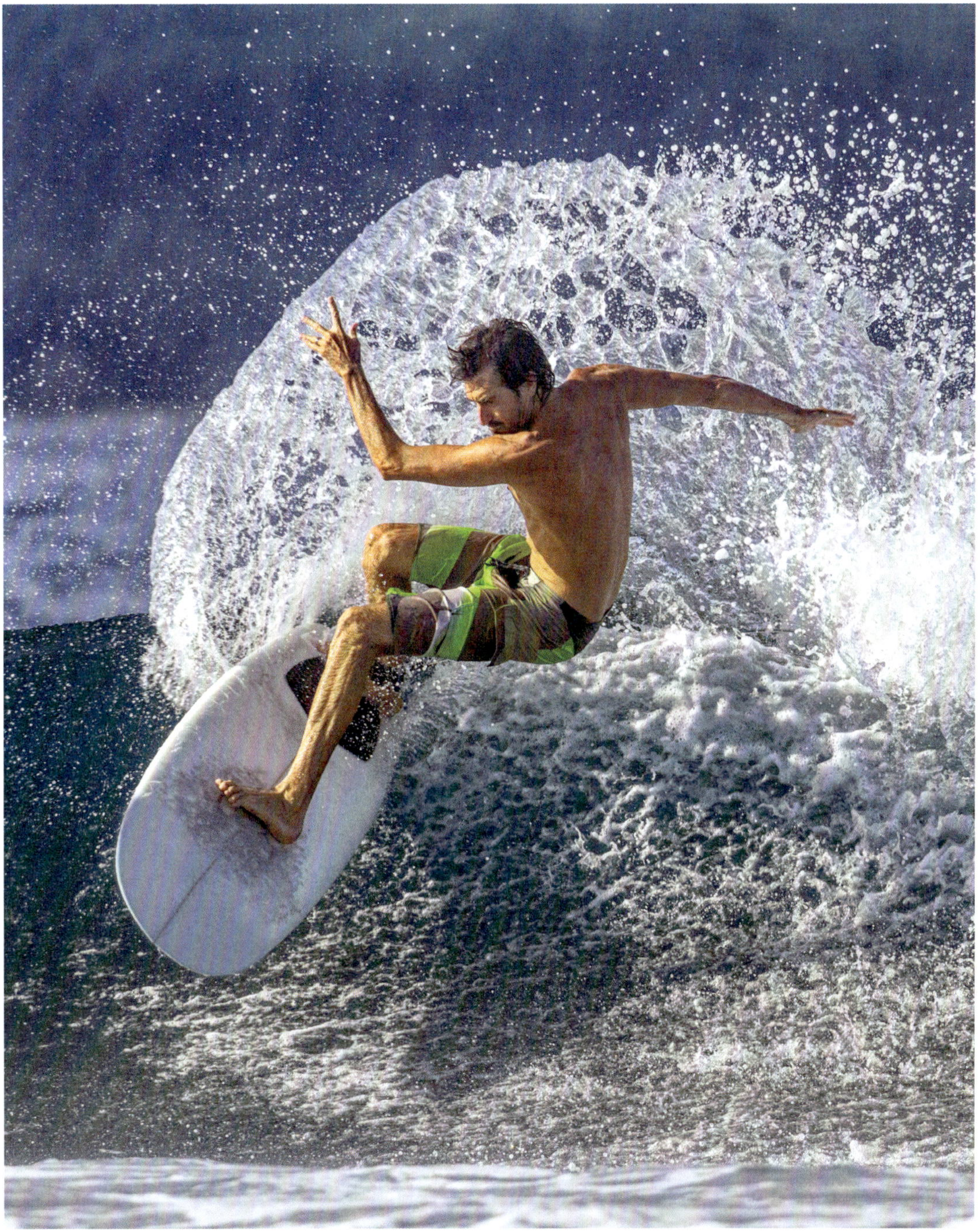

Für Fotos wie dieses braucht man ein Teleobjektiv und eine kurze Verschlusszeit: Durch das Teleobjektiv hat der Betrachter das Gefühl, mitten im Geschehen zu sein, und die kurze Verschlusszeit sorgt dafür, dass jeder Wasserspritzer eingefroren wird.

OUTDOOR-FOTOGRAFIE

Ob beim Wandern oder beim Hochseefischen auf einem Boot: Outdoor-Fotos sind die perfekte Kombination aus Action und Natur.

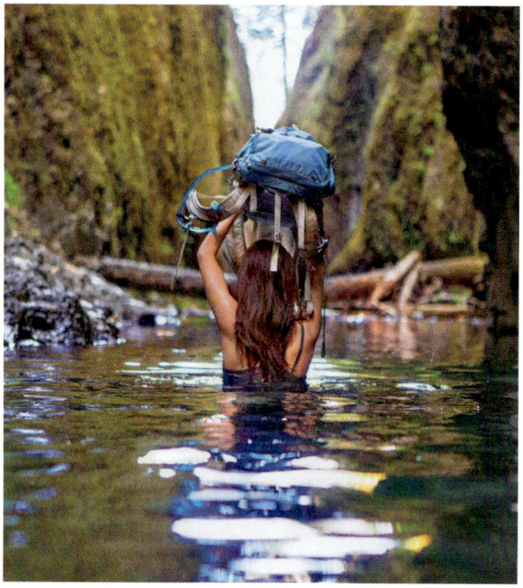

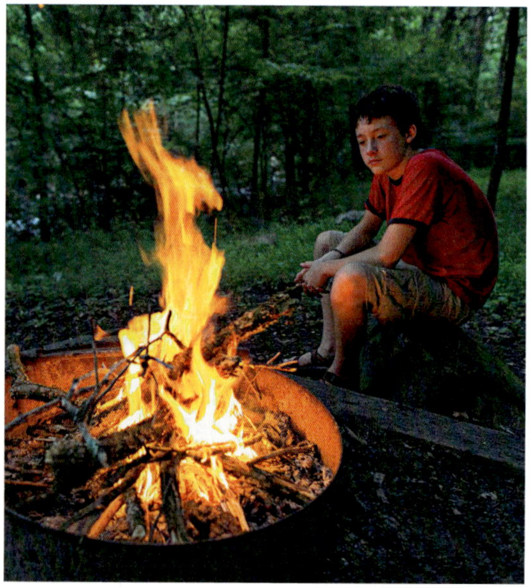

Egal, ob man einen Fluss überquert oder sich nach einer Wanderung am Lagerfeuer entspannt: Man braucht nicht nur selbst, sondern auch zum Fotografieren die richtige Ausrüstung.

Wenn man draußen unterwegs ist, trifft Action auf Natur. Die Herausforderung besteht dabei oft darin, die Fotografie in eine Aktivität zu integrieren, die an sich schon anstrengend ist. Um das durch zu viel Zubehör nicht noch komplizierter zu machen, sollte man sich auf eine Kamera, ein gutes Zoomobjektiv sowie zusätzliche Batterien oder Akkus und Speicherkarten beschränken. Um das Licht muss man sich im Freien zum Glück kaum allzu viele Sorgen machen.

RICHTIG BELICHTEN

Wenn man nicht gerade in der Mittagssonne fotografiert, hat man im Freien meist ein sanftes und diffuses Umgebungslicht und dadurch fast immer relativ gute Lichtbedingungen. Manchmal muss man aber dennoch etwas improvisieren, etwa, wenn man den Gipfel eben genau doch in der Mittagssonne erreicht oder erst nach Sonnenuntergang am Lagerfeuer sitzt. Am besten experimentiert man mit verschiedenen ISO-, Weißabgleich-, Blenden- und Verschlusszeiteinstellungen, bis man mit dem Ergebnis zufrieden ist, und nutzt Belichtungsmesser und Histogramm, um die richtige Belichtung zu finden. So kann man am Lagerfeuer zum Beispiel auf die vom Feuerschein sanft erleuchteten Gesichter belichten anstatt auf die hellen Flammen.

GRUPPENFOTOS

Wenn man mit mehreren Freunden unterwegs ist, entfernen Sie sich hin und wieder von der Gruppe: Man kann zum Beispiel ein Stück vorauslaufen, um seine Mitwanderer vor einer tollen Aussicht in den Bergen zu fotografieren, oder am Rand des Weges zum Abgrund blickend stehen bleiben und sie als Silhouetten vor dem Himmel abbilden. Dabei kommt man zwar manchmal ziemlich ins Schwitzen, aber das ist es wert.

Auch im Eifer des Gefechts sollte man immer darauf achten, das Equipment vor Feuchtigkeit, Staub und Sand zu schützen und volle Speicherkarten trocken und sicher aufzubewahren, damit es die Erinnerungen an das Abenteuer auch unbeschadet bis nach Hause schaffen. Und was vielleicht noch wichtiger ist: Hin und wieder sollte man die Kamera auch einfach weglegen. Versteifen Sie sich nicht so sehr auf das perfekte Foto, dass Sie vergessen, sich umzusehen, und einfach nur den Moment, die Natur und die Zeit mit Ihren Liebsten zu genießen!

SMARTPHONE-TIPP: SAUBERE LINSE

Besonders unterwegs steckt man das Smartphone oft unbedacht in die Hosen- oder eine Seitentasche des Rucksacks, wo es schnell schmutzig und staubig werden kann. Reinigen Sie die Linse hin und wieder mit einem Mikrofasertuch oder einem sauberen T-Shirt – Sie werden überrascht sein, was für einen Unterschied das machen kann!

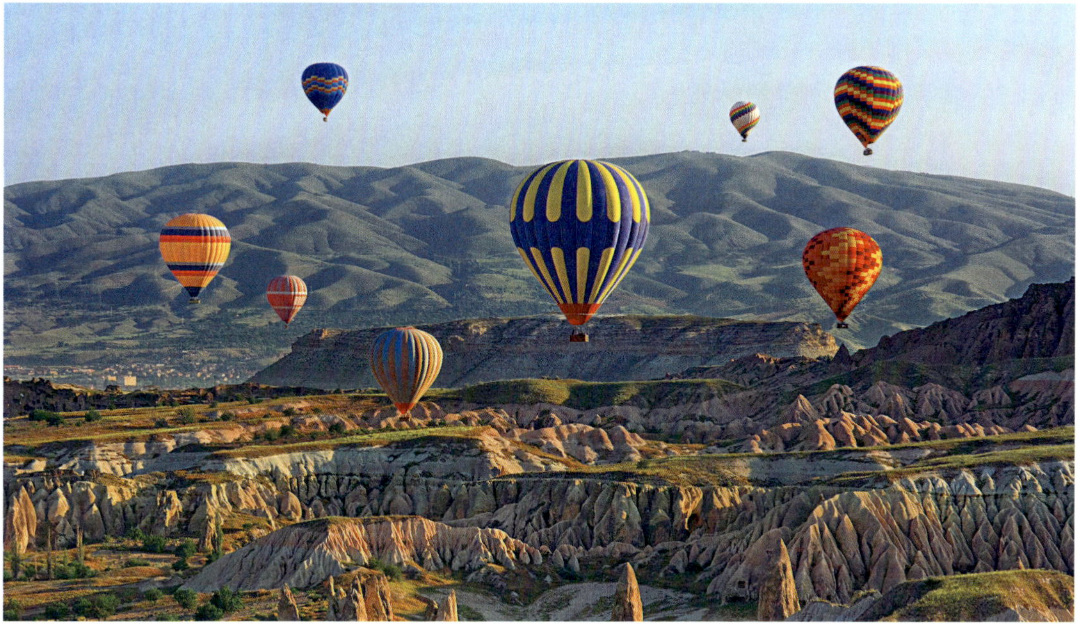

Dieses stimmungsvolle Foto von startenden Heißluftballons in Kappadokien in der Türkei wurde von einem Heißluftballon aus aufgenommen, was für eine einzigartige Perspektive sorgt. Auch wenn das natürlich eine tolle Fotogelegenheit ist: Vergessen Sie nicht, die Kamera hin und wieder wegzulegen, um einfach nur den Moment zu genießen!

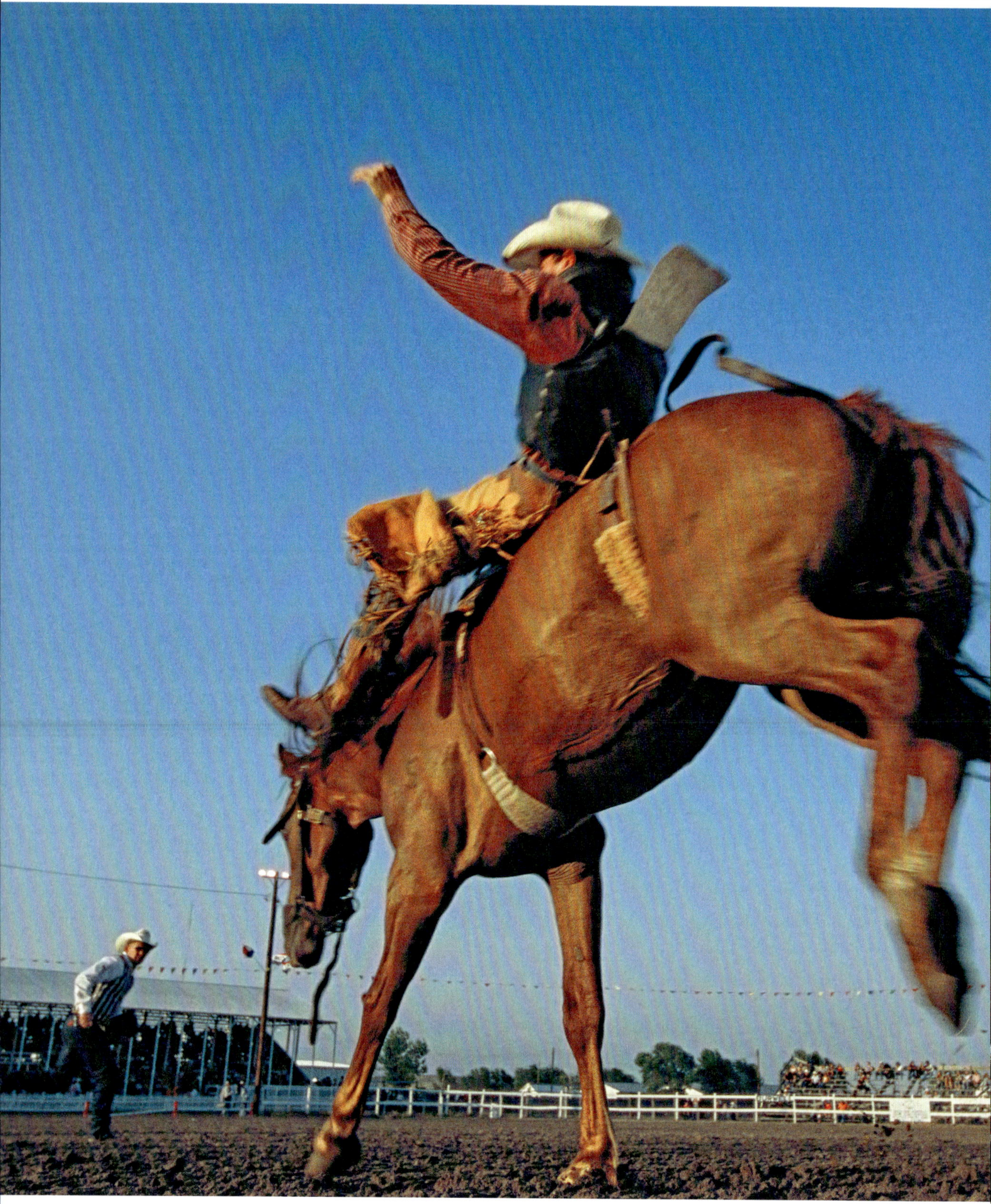

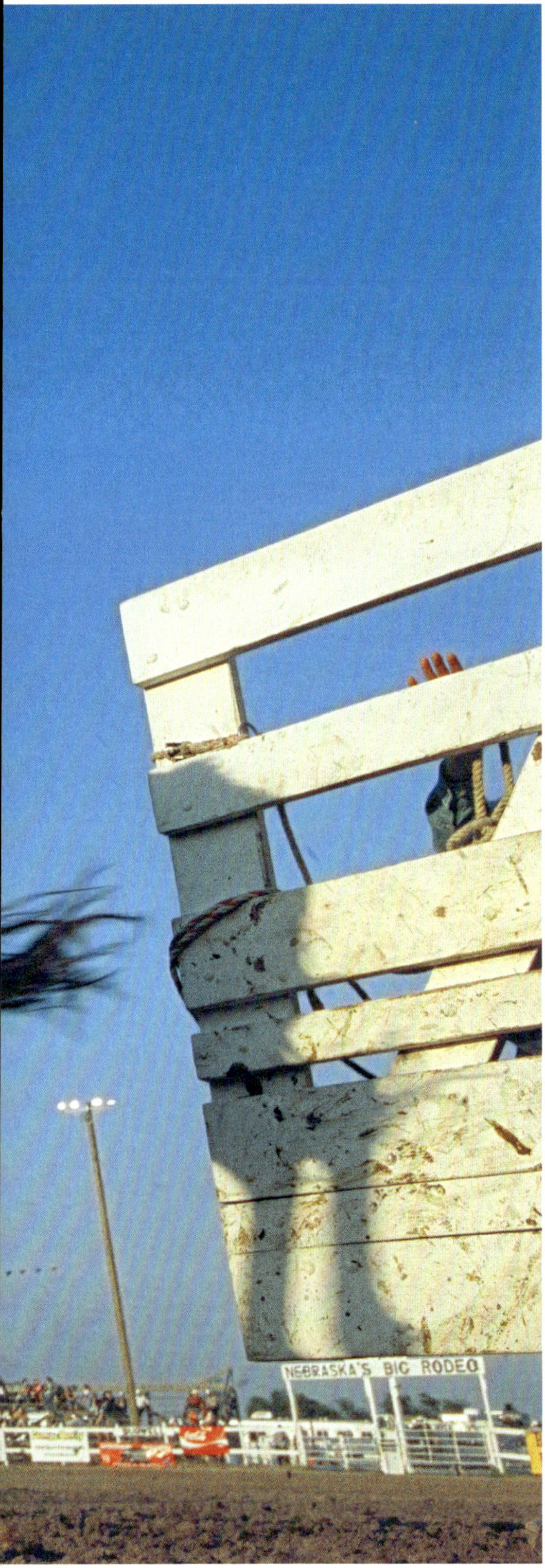

BEIM RODEO

Auch bei Actionfotos sollte man nie vergessen, was ein gutes Foto ausmacht – und vor allem sollte man sich nicht selbst in Gefahr bringen. Diese Aufnahme eines bockenden Hengstes stammt von einem Rodeo in Burwell, Nebraska, etwa drei Stunden von meinem Heimatort Lincoln entfernt. Es ist ein tolles Foto, aber ich hätte dabei beinahe meine Kamera verloren – und das Bewusstsein! Wenn ich dadurch eines gelernt habe, dann, dass es sehr wichtig ist, auf seine Umgebung zu achten, wenn man sich mitten im Geschehen befindet.

OBJEKTIVWAHL Für dieses Foto verwendete ich ein Weitwinkelobjektiv, um nicht nur die Action, sondern auch den Kontext einzufangen – die Zuschauer auf der Tribüne, den Rodeo-Clown im Hintergrund und das Tor.

SICHERHEIT GEHT VOR Da ich in die Hocke gegangen war und durch den Sucher blickte, konnte ich nicht mehr wirklich einschätzen, wie nah ich eigentlich am Geschehen dran war. Zum Glück hatte ich zuvor einen Freund gebeten, mich von hinten an der Weste zu halten, und er zog mich zurück, als das Pferd auf einmal doch viel zu nahe kam.

FERNAUSLÖSER Heute verwende ich für Actionfotos wie dieses immer einen Funkfernauslöser. Das sollten Sie auch tun, denn es macht es um einiges einfacher und ungefährlicher: Man kann das Geschehen aus sicherer Entfernung beobachten und trotzdem im genau richtigen Moment auf den Auslöser drücken.

ZEHN

BILDBEARBEITUNG

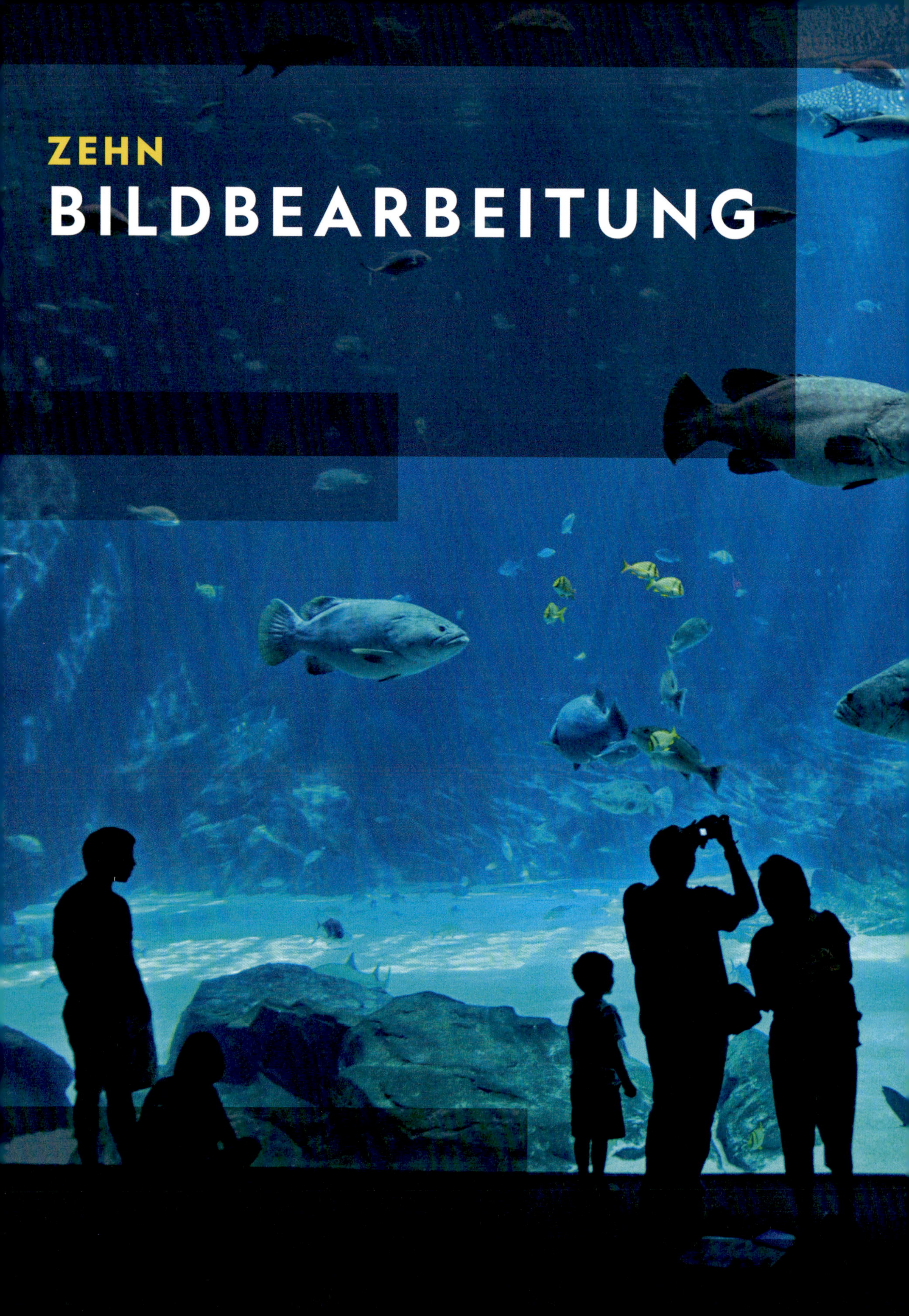

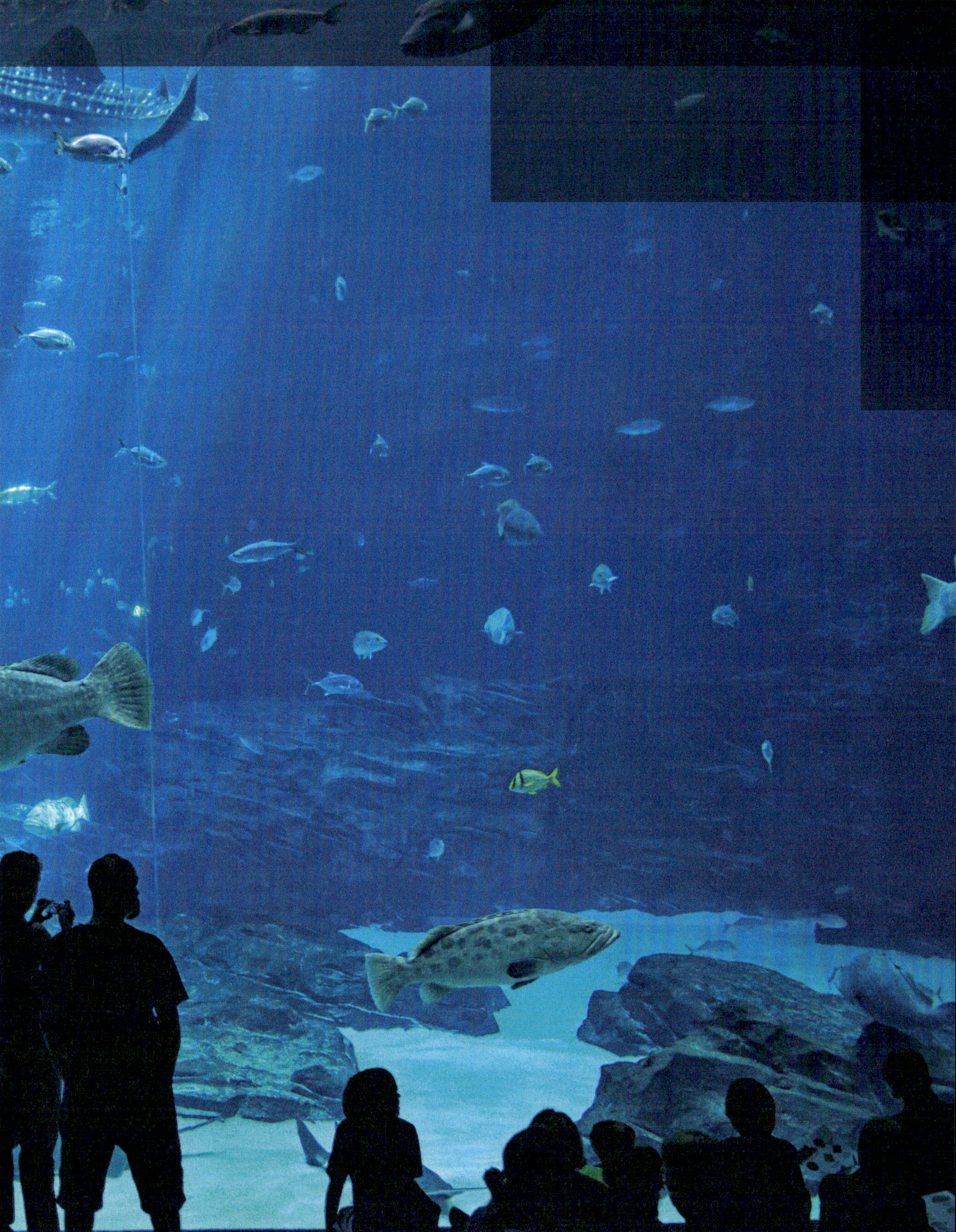

DER LETZTE SCHLIFF: DIE BILDBEARBEITUNG

Die Bildbearbeitung ist der letzte Arbeitsschritt, der Ihnen hilft, das Beste aus Ihren Fotos herauszuholen. Sie umfasst alles vom Ordnen und Speichern der Fotos über die Fotoauswahl bis hin zur digitalen Bearbeitung der ausgewählten Bilder. Das klingt zwar nach viel Arbeit und macht oft nicht so viel Spaß, wie auf den Auslöser zu drücken, aber die richtige Nachbereitung ist mindestens genauso wichtig wie das Fotografieren an sich. Egal, ob man die Fotos nur ordnet und speichert, am Mac, am PC oder am Smartphone oder mit einer Bildbearbeitungssoftware arbeitet: Die richtige Vorbereitung und eine strukturierte Vorgehensweise sind hier besonders wichtig.

Zur Bildbearbeitung gehört einiges an Kreativität und eine ganze Menge Wissen. Es gibt ganze Bücher, Kurse und sogar Studiengänge zur Postproduktion – vom Erstellen von Presets im Bildbearbeitungsprogramm, die man auf fertige Fotos anwenden kann, bis hin zu kleinen Korrekturen, dem Abwedeln und Nachbelichten, verschiedenen Filtern, Ebenen, Masken und vielem mehr. Das ist ein umfassender Bereich und nicht umsonst gibt es Profis, die sich nur damit beschäftigen. In diesem Kapitel geht es um die ersten wichtigen Schritte hin zu einem geeigneten Workflow, mit dessen Hilfe man seine Arbeiten effizient speichern und bearbeiten und letztlich auch mit anderen teilen kann – schließlich geht es immer auch darum, seine kreativen Schöpfungen unter die Leute zu bringen. Deshalb heißt es jetzt also: Weg mit der Kamera und ab vor den Computer!

Ein Mann gönnt sich nach einem heißen Sommertag in der Toskana eine kleine Auszeit.

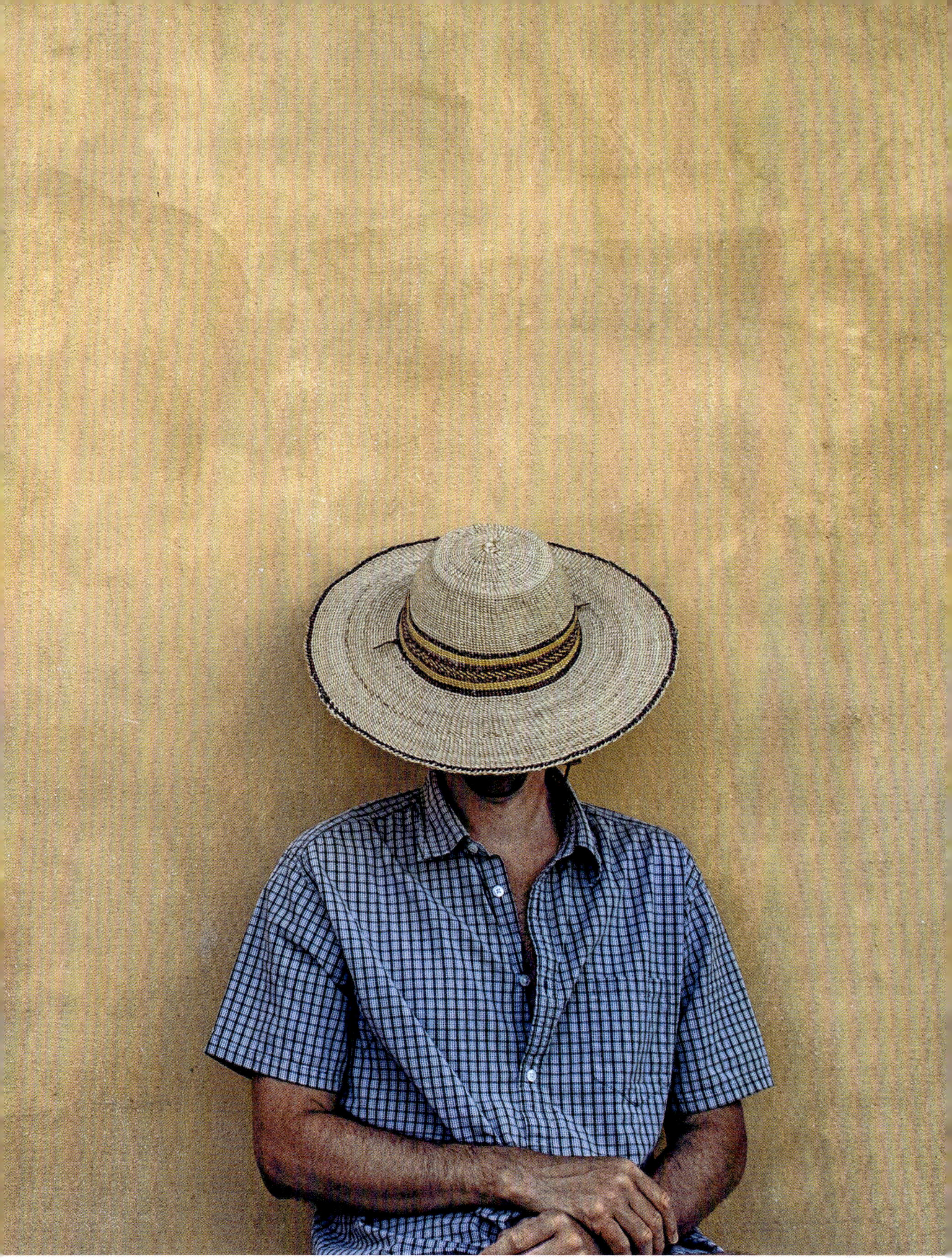

WORKFLOW

Ein effizienter Workflow ist der erste Schritt, um den Fotos, für die man so hart gearbeitet hat, den letzten Schliff zu verleihen.

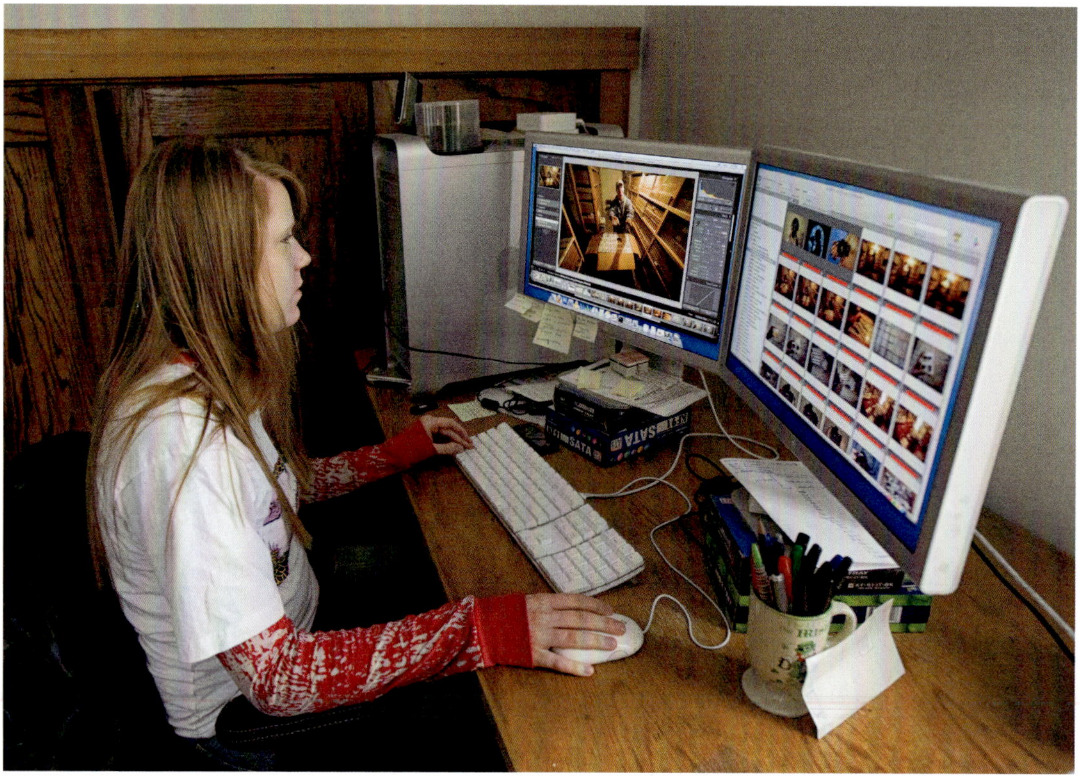

Mithilfe einer Bildbearbeitungssoftware, wie etwa Adobe Lightroom, kann man sich Vorschaubilder aller Fotos anzeigen lassen. Das ist praktisch, um einen Überblick zu bekommen und eine erste Auswahl zu treffen, welche davon man bearbeiten möchte.

Stellen Sie sich vor, Sie sind gerade von einer Fototour nach Hause gekommen. Die Ausrüstung ist verstaut, und in der Hand haben Sie einen Stapel voller Speicherkarten. Was jetzt?

Grundlegend für eine effiziente Bildbearbeitung ist die richtig Vorbereitung und eine strukturierte Vorgehensweise. Vom Übertragen der Fotos von der Kamera auf den Computer über das Speichern, Ordnen, Auswählen und Bearbeiten der Bilder bis hin zur Bildpräsentation, etwa in den sozialen Medien, sollte jeder Arbeitsschritt gut durchdacht sein und sorgfältig durchgeführt werden.

DATEIFORMAT AUSWÄHLEN

Zunächst heißt es dafür, noch einmal ein paar Schritte zurückzugehen, denn der erste wichtige Punkt, der einen großen Einfluss auf die

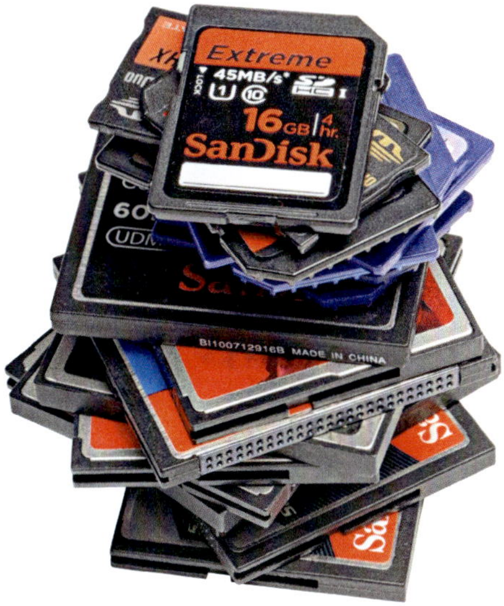

Es gibt verschiedene Speicherkarten mit unterschiedlichen Speicherkapazitäten. Sie sollten mit der Kamera kompatibel sein – und man kauft lieber ein paar mehr als zu wenige!

Bildbearbeitung hat, ist die Auswahl des Dateiformats, in dem die Kamera die Fotos speichert. Die verschiedenen Optionen findet man im Menü der Kamera, am besten wirft man dazu einen Blick in die Bedienungsanleitung. Meist kann man zwischen JPEG und RAW sowie unterschiedlichen Dateigrößen wählen, wobei beide Formate Vor- und Nachteile haben. Wählt man JPEG, passen viele Fotos auf die Speicherkarte, denn bei diesem Format werden die Bilder komprimiert. Der Nachteil ist, dass sie dadurch weniger Farbinformationen besitzen und man bei der Bildbearbeitung weniger flexibel ist. Zudem kann mehrfaches Abspeichern im JPEG-Format die Qualität weiter verschlechtern, da durch das Komprimieren jedes Mal wertvolle Informationen verloren gehen.

Das ist wiederum der Vorteil des RAW-Formats: Hier speichert die Kamera alle Daten, ohne sie zu verändern oder zu komprimieren, sodass man viel Material zur weiteren Bearbeitung zur Verfügung hat. Der Nachteil ist, dass RAW-Dateien dadurch sehr groß sind, also viel Speicherplatz verbrauchen, und sich nicht in allen Programmen öffnen lassen – mit den in den neuesten Betriebssystemen von Mac und Windows enthaltenen Fotoprogrammen sollte es allerdings kein Problem sein. Wenn man Fotos auch wirklich bearbeiten möchte, sollte man in jedem Fall das RAW-Format wählen.

DAS RICHTIGE SET-UP

Um die fertigen Fotos auf den Computer zu übertragen und schlussendlich nach Wunsch auch zu bearbeiten, braucht man:

- die Kamera
- die Speicherkarte(n)
- ein Kartenlesegerät oder ein Kabel, um die Kamera direkt am Computer anzuschließen
- einen Computer
- ein geeignetes Bildbearbeitungsprogramm
- eine externe Festplatte, um Fotos zu speichern und Sicherheitskopien zu erstellen

Im Grunde ist ein effizienter Workflow gar nicht so kompliziert: Die Fotos auf der Speicherkarte der Kamera werden auf den Computer übertragen, wo man sie ordnet und die besten auswählt sowie wenn notwendig bearbeitet; anschließend erstellt man Sicherheitskopien auf einer externen Festplatte. So kann man die fertigen Fotos schließlich auch mit anderen teilen – etwa über die sozialen Medien oder indem man sie ausdruckt. Mehr Details zu all diesen Arbeitsschritten finden Sie in den verschiedenen Lektionen in diesem Kapitel.

FOTOS SPEICHERN

Wie wichtige Dokumente, die man systematisch ablegt, sollte man auch Fotos so speichern, dass sie sinnvoll geordnet und sicher gespeichert und so auch leicht wieder zu finden sind.

Je mehr man fotografiert, desto wichtiger wird das geordnete Abspeichern der Fotos. Dabei ist es am einfachsten und effizientesten, sich ein System zurechtzulegen, an das man sich von Anfang an konsequent hält. Hin und wieder scheint es zwar verlockend, das Speichern und Ordnen auf später zu Verschieben, aber wenn man erst zum nächsten Fotoabenteuer aufbricht, ist die Gefahr groß, dass man es dann nicht mehr ordentlich macht – was man spätestens in dem Moment bereut, wenn man auf der Suche nach einem bestimmten Foto fast verzweifelt! Am besten gewöhnt man sich daher gleich an, sich nach jedem Fotoausflug etwas Zeit für das Speichern der Fotos zu nehmen und dabei organisiert und strukturiert vorzugehen.

SPEICHERN MIT SYSTEM

Am einfachsten ist es, die Fotos auf dem Computer zu speichern, am besten mit einem System mit verschiedenen Ordnerebenen, das sich für einen selbst logisch erschließt. Meist ist es am sinnvollsten, die Fotos nach Aufnahmeort und -datum in verschiedenen Ordnern zu speichern. Man kann beispielsweise einen Ordner für ein Jahr erstellen, darin Unterordner für die einzelnen Monate und darin wiederum Ordner für bestimmte Tage, Ereignisse oder Orte. Fotografiert man einen bestimmten Ort oder ein bestimmtes Ereignis immer wieder, kann man auch einfach einen übergeordneten Ordner danach benennen und darin mit Datum versehene Unterordner anlegen. Die an den unterschiedlichen Tagen aufgenommenen Bilder werden dann in diesen Ordnern gespeichert.

Wenn man sich entscheidet, mit einer Bildverwaltungssoftware zu arbeiten, werden die Fotos nach dem Importieren automatisch in verschiedenen Ordnern gespeichert. Bei den meisten Programmen – wie etwa Adobe Lightroom oder Photo Mechanic, aber auch jenen, die bereits im Betriebssystem enthalten sind – kann man zwischen verschiedenen Ordnerstrukturen wählen und einzelne Ordner umbenennen.

METADATEN

Bei jedem Foto speichert die Kamera zusätzliche Daten zu den Kameraeinstellungen in den Metadaten der Bilddateien. Diese werden automatisch importiert, wenn man die Fotos auf den Computer lädt, und sowohl Mac- als auch Windows-Betriebssysteme ermöglichen es, sich diese Informationen anzeigen zu lassen. Das kann vor allem nützlich sein, wenn man nachsehen möchte, welche Einstellungen in bestimmten Situationen besonders gut funktioniert haben.

ZUSATZINFORMATIONEN

Ein Vorteil von Bildverwaltungsprogrammen ist, dass die meisten zudem Geo-Tagging über GPS sowie Gesichtserkennungsfunktionen bieten, sodass die Fotos automatisch mit Standortdaten,

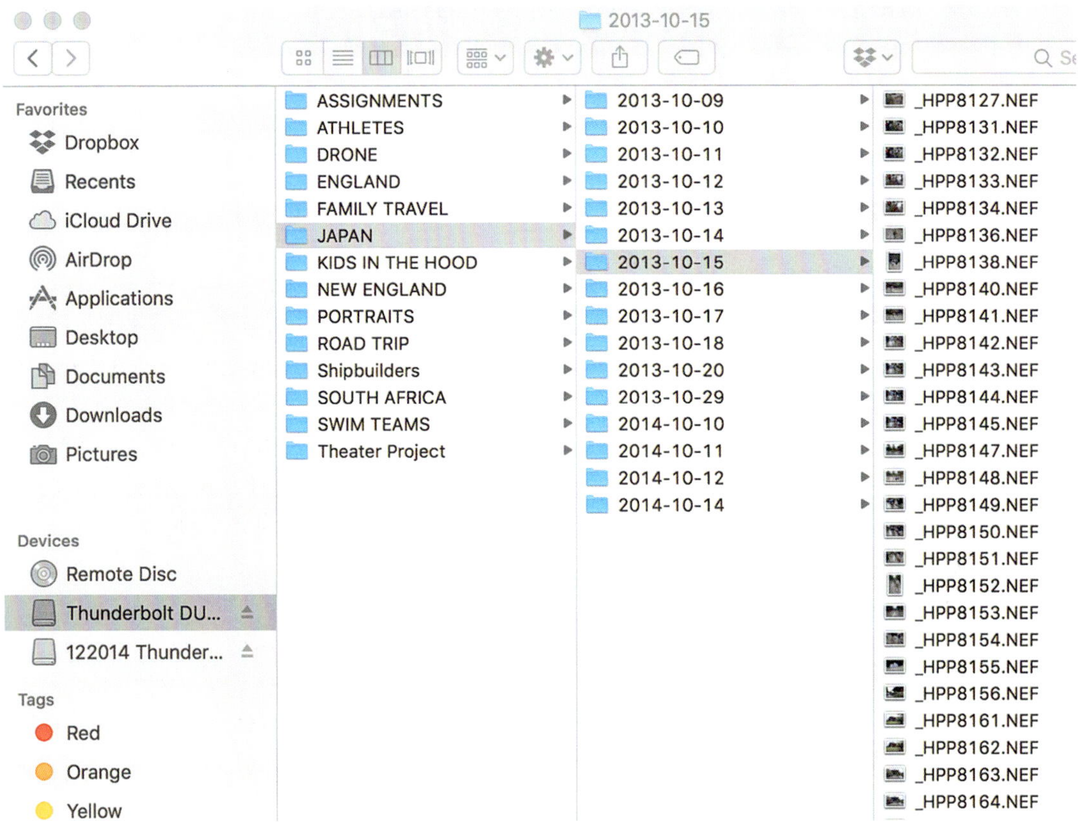

Diese Ordnerstruktur besteht aus übergeordneten Ordnern für bestimmte Orte, Projekte, Themen und Anlässe, darin finden sich Unterordner für einzelne Tage und in diesen alle Fotos, die an diesem Datum aufgenommen wurden. Ordnersysteme wie dieses lassen sich leicht durchsuchen und einfach um weitere Ordner und Unterordner erweitern.

die die meisten Kameras ebenfalls abspeichern, versehen und die Personen, die auf den Fotos zu sehen sind, identifiziert werden. So kann man gezielt nach Orten und Personen suchen – was praktisch ist, wenn man zum Beispiel unterschiedliche Fotos von einer Person sucht und es egal ist, wann und wo diese aufgenommen wurden.

Viele Programme ermöglichen es außerdem, beim Importieren weitere Keywords zu den Metadaten hinzuzufügen, entweder für einzelne Fotos oder für ganze Ordner.

Nach Wunsch kann man schließlich auch noch zusätzliche Informationen wie Beschreibungen oder Kontaktinformationen der fotografierten Personen zu einzelnen Fotos hinzufügen. Mithilfe dieser Zusatzinformationen lassen sich die Fotos später noch besser durchsuchen. Grundsätzlich sollte man es sich aber dabei nicht zu kompliziert machen und sich auch nicht zu lange damit aufhalten. Ein einfaches System, wobei Fotos nach Datum und Orten gespeichert werden, reicht meist vollkommen aus, um selbst Jahre später noch zu finden, was man sucht. Außerdem wird auch die automatische systematische Speicherung immer besser, sodass man sich auf die weiteren Bildbearbeitungsschritte konzentrieren kann.

BACK-UPS ERSTELLEN

Immer von allen Fotos Sicherheitskopien zu erstellen, ist wichtig. Sehr wichtig.

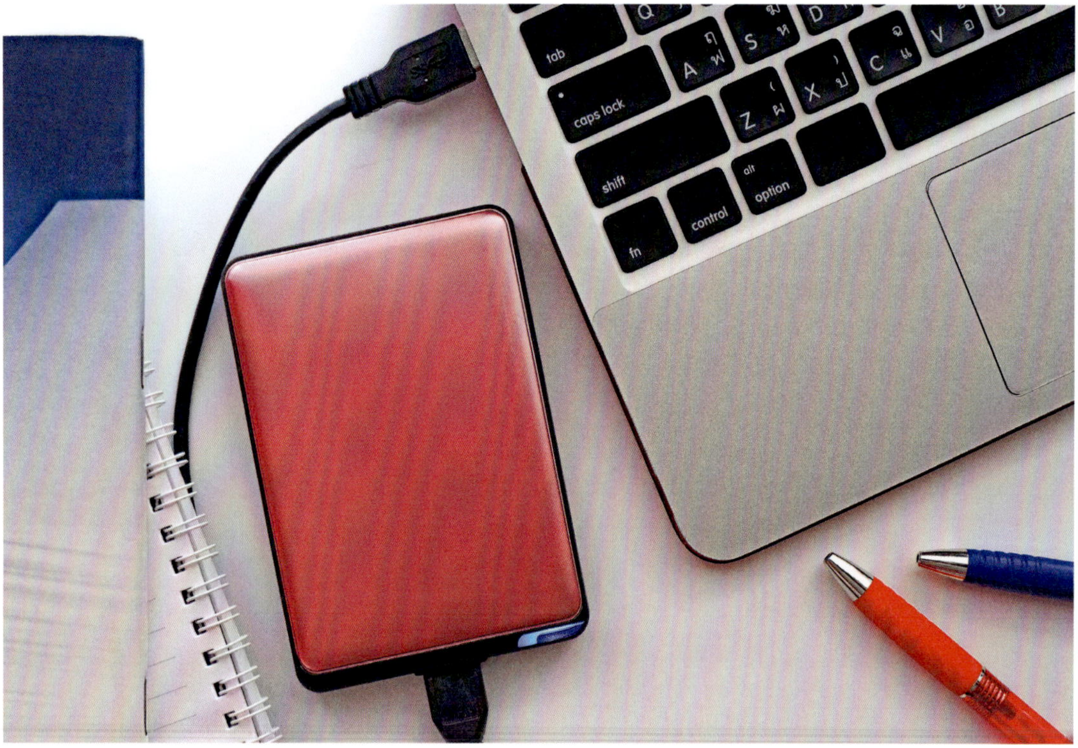

Kleine externe Festplatten sind relativ günstig und passen in jede Kameratasche. Besonders, wenn man länger unterwegs ist, ist es sinnvoll, auch unterwegs immer wieder Back-ups zu erstellen, da leicht einmal etwas schiefgehen kann: Speicherkarte nass, Kamera gestohlen usw. Und man will schließlich nicht, dass die ganzen Fotos dann auch weg sind!

Einer der vielen Vorteile des Arbeitens mit einem digitalen Medium ist, dass das Erstellen von Sicherheitskopien, oder Back-ups, besonders einfach ist. Es braucht nur ein paar Klicks, um Daten zu speichern – und das kann man gar nicht oft genug tun: Alle Fotos sollten immer möglichst schnell an zwei Orten gespeichert werden, damit sie ganz sicher nicht verloren gehen. Perfekt ist eine externe Festplatte, sodass man Sicherheitskopien der auf dem Computer gespeicherten Dateien erstellen kann – und das sollte man wirklich jedes Mal tun, nachdem man an den Bildern gearbeitet hat!

SICHER IST SICHER

Grundsätzlich sollte man niemals eine Speicherkarte formatieren (also alle Daten löschen), bevor man die Fotos darauf nicht an mindestens zwei unterschiedlichen, voneinander unabhängigen Orten, also etwa am Computer und auf einer externen Festplatte, gespeichert hat. Im Idealfall macht man es sich zur Gewohnheit, immer gleich nach dem Importieren und Speichern auch eine Sicherheitskopie zu erstellen, wobei das nichts anderes heißt, als den ganzen Ordner einfach auf eine externe Festplatte zu kopieren. Manche Bildverwaltungsprogramme machen das sogar automatisch, sobald man die Bilder auf den Computer lädt.

Wenn man mit einer Bildbearbeitungssoftware, wie etwa Photos, Adobe Lightroom oder Photo Mechanic, arbeitet, sollte man zusätzlich zu den Sicherheitskopien der Originalfotos auch immer eine Sicherheitskopie der im Programm gespeicherten Mediathek - mit den bearbeiteten Fotos und den entsprechenden Metadaten - erstellen. Dabei sollte man auch darauf achten, alle Back-ups immer eindeutig zu benennen, sodass man beim Kopieren auf die Festplatte nicht aus Versehen die Originalbilder überschreibt.

Andere mögliche Speichermedien für Back-ups sind CDs, DVDs und USB-Sticks, wobei aber CDs und DVDs mittlerweile schon als eher überholt gelten. Die beste Variante auch im Hinblick auf den Speicherplatz ist derzeit eindeutig eine externe Festplatte. Auch die Cloud rückt mehr und mehr in den Fokus, hier sollte man aber am besten keine Originaldateien speichern, da diese sehr viel Speicherkapazität brauchen. Sie ist jedoch sicher eine gute Option zum Speichern einzelner bearbeiteter Fotos oder besonders wichtiger Ordner.

MEHR SPEICHERPLATZ

Digitaler Speicherplatz ist relativ günstig und leicht erhältlich: Online findet man externe Festplatten in allen Ausführungen. Am besten kauft man gleich mehrere, so kann man jedes Mal, nachdem man Bilder bearbeitet hat, gleich mehrere Back-ups erstellen. Das verringert die Gefahr, dass Bilder verloren gehen oder nur noch in geringer Auflösung vorhanden sind.

UNTERWEGS SICHERN

Ist man länger unterwegs, lohnt es sich, einen Laptop und eine externe Festplatte mitzunehmen, um am Ende jedes Tages alle Fotos von den Speicherkarten auf den Laptop übertragen und Sicherheitskopien auf der externen Festplatte erstellen zu können. Dann muss man nur noch die externe Festplatte und die Speicherkarten an unterschiedlichen Orten aufbewahren, etwa im Handgepäck und im aufgegebenen Gepäck, sodass jedes Bild immer an zwei verschiedenen, voneinander unabhängigen Orten existiert, bis man Zeit hat, die Fotos richtig zu ordnen und zu speichern.

Egal, wie viele Sicherheitskopien man macht: Gefühlsmäßig sind es nie genug. Aber es hilft eindeutig, ein gut funktionierendes System zu entwickeln, das logisch und redundant ist, und das Speichern als fixen Bestandteil des Workflows zu sehen, um etwas ruhiger zu schlafen.

TIPP ORIGINALFOTOS AUF EINER EXTERNEN FESTPLATTE SPEICHERN

Eine externe Festplatte ist perfekt für Back-ups, aber man kann auch die Originalbilder auf einer externen Festplatte speichern, die mit dem Computer verbunden ist. Die meisten Bildbearbeitungsprogramme können mit „referenzierten Dateien" arbeiten - also mit Originaldateien, die sich auf einem separaten Laufwerk befinden -, wobei nur die Metadaten und Bearbeitungseinstellungen in der Mediathek auf dem Computer gespeichert sind. So spart man Speicherplatz auf dem Computer, und auch der Umstieg auf einen neuen Computer ist einfacher.

FOTOAUSWAHL

Wenn man hunderte Versionen des gleichen Bildausschnitts vor sich hat, braucht man ein System, um die Fotos auszuwählen, die wirklich gelungen sind.

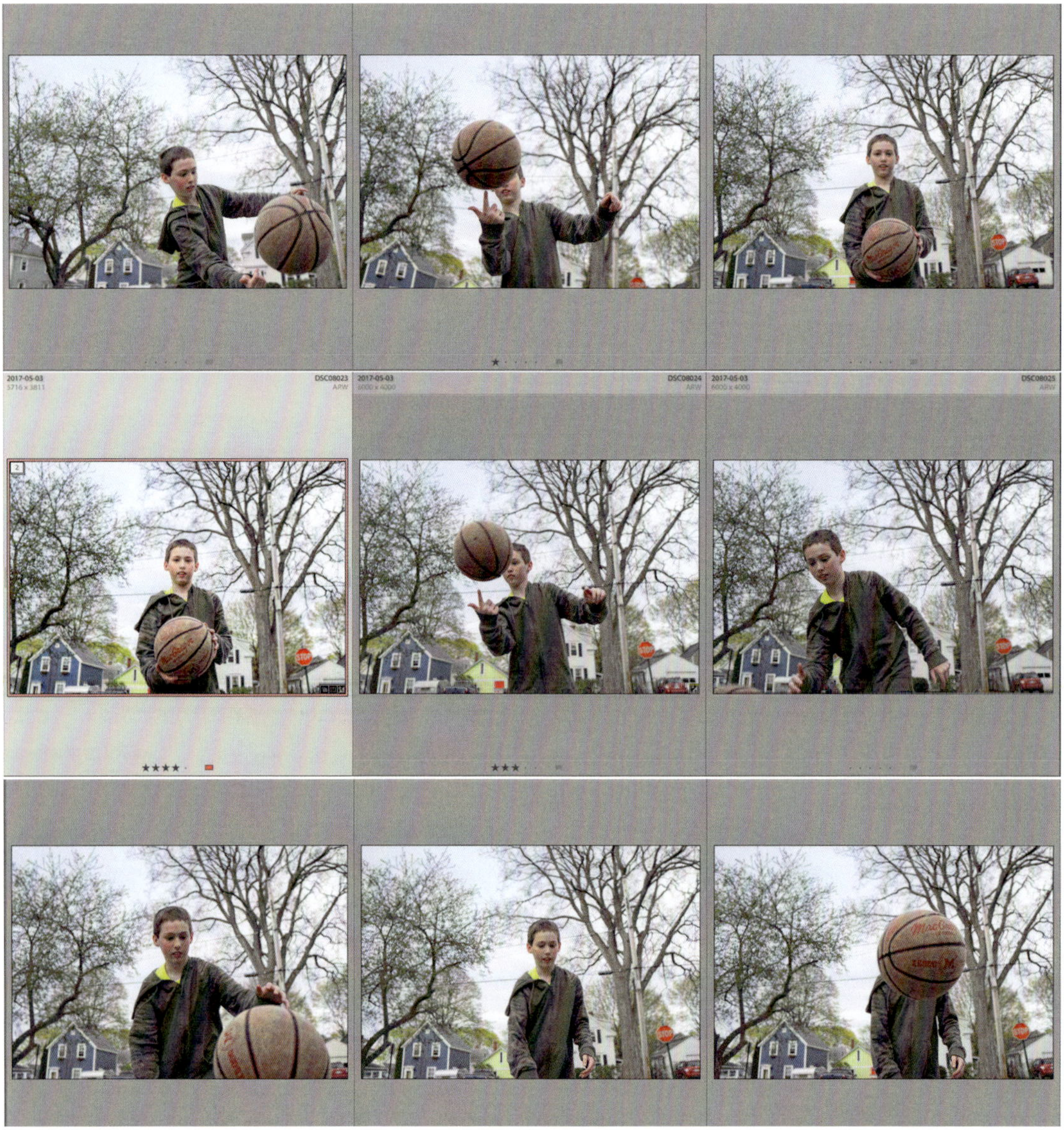

Hier sieht man verschiedene Fotos vom gleichen Motiv. Im ersten Schritt erhielt jedes Foto, das irgendwie herausstach, einen Stern. Nach und nach wurden noch drei weitere Sterne verteilt, bis schließlich ein einziges Bild mit vier Sternen übrigblieb. Das ausgewählte Foto kann man schließlich noch zusätzlich markieren (hier geschehen durch den roten Punkt).

Sie erinnern sich: Man sollte immer möglichst viele Fotos von jedem Motiv schießen, aus denen man dann die besten auswählt. Aber was heißt das eigentlich genau? Im Rahmen der Fotoauswahl geht es im Grunde darum, jene Fotos zu finden, die die gewünschte Geschichte auf die beste Art und Weise erzählen. Wie für das Fotografieren braucht man dafür Zeit, Geduld und ein Verständnis dafür, was ein gutes Foto ausmacht.

SCHRITT FÜR SCHRITT

Der beste Weg, um eine große Menge an Fotos zu sortieren, ist es, schrittweise vorzugehen und dabei bei jedem Durchgang strenger zu werden. In einem ersten Schritt werden zunächst einmal die Fotos aussortiert, die ganz offensichtlich nichts geworden sind: unscharfe oder falsch belichtete Fotos sowie solche, auf denen das Motiv gar nicht zu sehen ist. Diese Fotos kann man entweder einzeln löschen oder markieren und dann am Ende gemeinsam löschen. Dabei bekommt man zugleich auch einen Überblick darüber, aus wie vielen unterschiedlichen Blickwinkeln man das Motiv fotografiert hat.

Im nächsten Durchgang markiert man alle Fotos, die irgendwie hervorstechen, mit einem Stern oder einer bestimmten Farbe. Wenn man nicht mit einer Bildverwaltungssoftware arbeitet, kann man die Fotos auch einfach in einen gesonderten Ordner verschieben. Anschließend geht man diese Fotos noch einmal durch und vergibt einen zweiten Stern (oder verschiebt sie in einen anderen separaten Ordner). Nach ein oder zwei weiteren Durchgängen sollte schließlich eine Handvoll Fotos übrigbleiben, die besonders gut gelungen sind. Die ausgewählten Fotos sollten das jeweilige Motiv möglichst perfekt wiedergeben und in der Gesamtheit eine stimmige Geschichte erzählen.

Bei jedem Durchgang sollte man sich daran orientieren, was man sich an Wissen im Hinblick auf die korrekte Belichtung und eine gelungene Bildkomposition angeeignet hat - also daran, was in der Theorie ein gelungenes Foto ausmacht. Zudem muss man aber auch seinem Bauchgefühl vertrauen und sich fragen, welche Fotos einen besonders ansprechen oder auf eine bestimmte Art berühren. Denn das ist schließlich auch die Art und Weise, wie spätere Betrachter die Fotos beurteilen: Sie denken nicht an die perfekten Kameraeinstellungen, sondern lassen sich davon leiten, was sie gefühlsmäßig am meisten anspricht.

KRITISCH UND OBJEKTIV

Schließlich geht es aber auch darum, die eigenen Fotos mit den Augen eines potenziellen Herausgebers oder Kunden zu sehen: Man muss also kritisch und objektiv bleiben und darf sich nicht von der persönlichen Verbindung zu seinen Motiven und Fotos leiten lassen. Am besten bittet man daher auch immer gleich noch eine zweite Person darum, die getroffene Auswahl zu überprüfen.

Zusammengefasst sollte man bei der Fotoauswahl also einerseits darauf achten, was technisch gesehen ein gutes Foto ausmacht, und andererseits auf sein Bauchgefühl hören, wenn es darum geht, welches Foto die Geschichte eines Motivs am überzeugendsten erzählt. Schließlich sollte man mit Distanz vorgehen und sich nicht von seiner Begeisterung für das Motiv beeinflussen lassen, um den potenziellen Betrachtern eigene Erfahrungen und Assoziationen zu ermöglichen.

GRUNDLAGEN I:
BILDAUSSCHNITT ANPASSEN

Oft reichen einige wenige Handgriffe, um einem Foto den letzten Schliff zu verleihen. Ein guter erster Schritt ist dabei die Anpassung des Bildausschnitts.

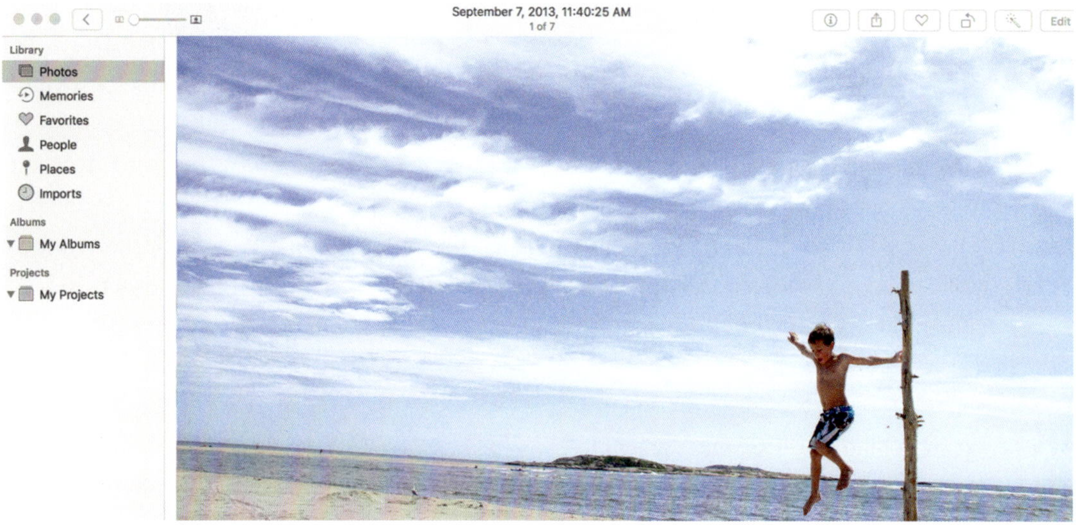

Wenn man ein Motiv fotografiert, das sich bewegt, oder einfach schnell abdrücken muss, um den Moment nicht zu verpassen, kann es schon einmal passieren, dass der Horizont leicht schief ist.

Grundsätzlich sollte man versuchen, von Vornherein das Beste aus jedem Foto herauszuholen – indem man Komposition und Belichtung beim Fotografieren immer wieder überprüft und sich nicht darauf verlässt, dass man Fehler während der Bildbearbeitung korrigieren kann. Aber auch ein sehr gutes Foto kann man oft verbessern, und Fotos, die nicht ganz perfekt sind, brauchen manchmal nur wenige Handgriffe, um wirklich gut zu werden. Die Bildbearbeitung ist im Prinzip so etwas wie eine digitale Dunkelkammer: Man verändert ein Foto nicht grundlegend, sondern macht es nur ein bisschen besser, als es zuvor war! In dieser und in der nächsten Lektion beschäftigen wir uns mit einigen allgemeinen Anpassungen, die dafür besonders geeignet sind.

FOTOS BEGRADIGEN

Im Zusammenhang mit der Bildkomposition ging es in Kapitel 2 bereits darum, wie wichtig es ist, dass der Horizont möglichst gerade durch den Bildausschnitt verläuft, da ein schiefer Horizont ein ganzes Foto – und den Betrachter – aus dem Gleichgewicht bringen kann. Den Horizont perfekt gerade zu fotografieren, ist nicht immer ganz einfach, aber zum Glück lassen sich Fotos mit einem Bildbearbeitungsprogramm ganz leicht begradigen. Dafür wird ein Raster über das Bild

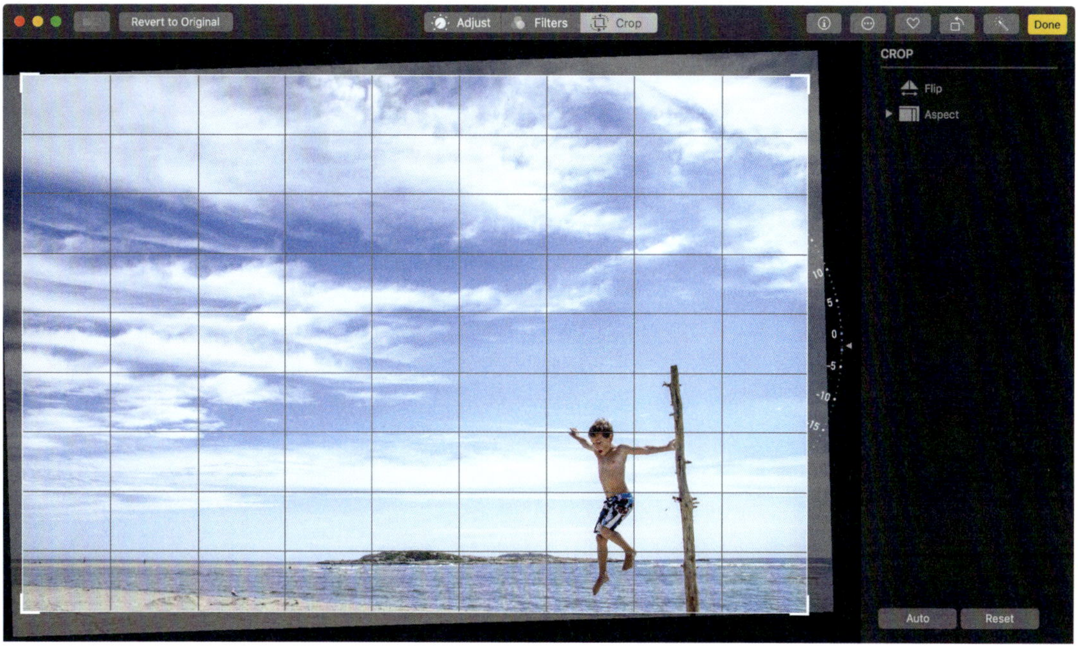

Fotos zu begradigen, ist mit den meisten Bildbearbeitungsprogrammen ganz einfach: Meist wird ein Raster über das Foto gelegt, und man kann es drehen, bis der Horizont perfekt waagrecht an einer Rasterlinie ausgerichtet ist.

gelegt, an dem man den Horizont, aber auch andere Linien horizontal und vertikal ausrichten kann. Mit vielen Programmen kann man auch vertikale und horizontale Verzerrungen ausgleichen, was etwa passieren kann, wenn man ein Gebäude aus einem schrägen Blickwinkel fotografiert.

FOTOS ZUSCHNEIDEN

Ein Zuschneidewerkzeug ist geeignet, um die überstehenden Ecken, die durch das Begradigen entstehen, „abzuschneiden“, aber auch, um störende Details am Bildrand zu entfernen. Zuschneiden kann man entweder freihändig oder indem man ein Seitenverhältnis angibt, wobei das Programm das Zuschneiden übernimmt. Ein Bild zuzuschneiden, um auf einen bestimmten Bildbereich zu „zoomen“ oder um das Format (Quer-/Hochformat) zu ändern, ist hingegen keine gute Idee, da dies die Auflösung beeinträchtigen kann.

Allgemein dient das Begradigen und Zuschneiden von Fotos also vor allem dazu, kleinere Fehler auszubügeln, den Rest (wie etwa das Format oder den Bildwinkel) sollte man bereits beim Fotografieren bedenken.

SMARTPHONE-TIPP: BILDBEARBEITUNG

Es gibt verschiedene Bildbearbeitungsapps, mit denen man Fotos begradigen und zuschneiden sowie kleinere Anpassungen im Hinblick auf Farben und die Belichtung vornehmen kann. Meist gibt es auch Filter, mit denen man Fotos einen bestimmten Look verleihen kann. Finden Sie eine passende App für Ihre Bedürfnisse und kreieren Sie so wirklich einzigartige Smartphone-Fotos!

GRUNDLAGEN II: BELICHTUNG UND FARBEN KORRIGIEREN

Kleinere Korrekturen im Hinblick auf Farbtöne und die Belichtung können helfen, das Beste aus einem Foto herauszuholen - sodass es genauso lebendig wirkt wie im Original.

Manchmal schafft man es, im genau richtigen Moment abzudrücken - aber die Belichtung stimmt nicht so ganz oder die Farben sind einen Tick zu blass. Die gute Nachricht ist: Kleine Fehler wie diese kann man korrigieren. Bei vielen Bildbearbeitungsprogrammen gibt es allgemeine Anpassungen, die man auf Fotos anwenden kann. Meist werden diese über Regler gesteuert, sodass man mit verschiedenen Abstufungen experimentieren kann. Hier finden Sie einen Überblick über die nützlichsten Werkzeuge.

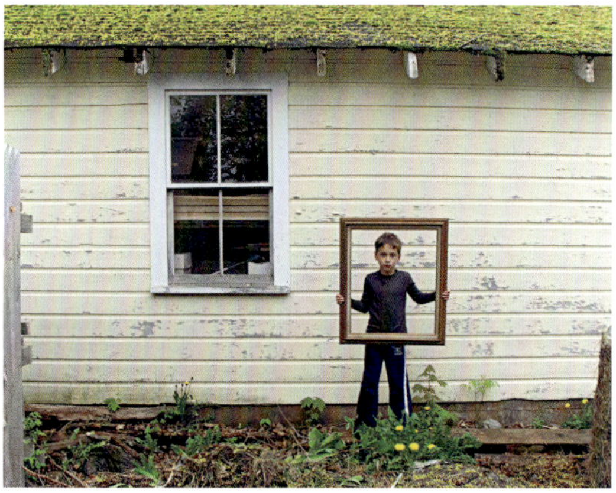

Die RAW-Version dieses Fotos wirkt unterbelichtet und das Motiv dadurch weniger lebendig als im Original.

BELICHTUNG

Mit diesem Werkzeug lässt sich die Belichtung verändern, das heißt, man kann den Bildausschnitt heller oder dunkler machen. Das ist immer die erste Korrektur, die man vornehmen sollte. Man findet den entsprechenden Regler meist ganz oben im Bearbeitungsbedienfeld, und die Zahlen auf der Skala entsprechen f-Stops. Manchmal heißt dieses Werkzeug auch schlicht „Helligkeit".

KONTRAST

Über den Kontrast lassen sich die hellen und dunklen Bereiche eines Fotos besser herausarbeiten. Je höher der Kontrast, desto definierter heben diese sich voneinander ab. So kann man etwa dafür sorgen, dass sich ein Motiv vor einem hellen oder dunklen Hintergrund besser abhebt.

TIEFEN UND LICHTER

Auch dieses Werkzeug betrifft die hellsten und dunkelsten Stellen im Bildausschnitt. Man kann damit verwaschene Details in hellen Bereichen besser herausarbeiten beziehungsweise Details, die in dunklen Bereichen fast verschwinden, wieder etwas besser sichtbar machen. Bereiche, die komplett unter- oder überbelichtet sind, lassen sich damit aber nicht korrigieren.

TEMPERATUR UND FARBTON

Erinnern Sie sich an die Lektionen zum Weißabgleich und zur Lichtfarbe bzw. Farbtemperatur? Auch hier kann man Korrekturen vornehmen. Für einen nachträglichen Weißabgleich einfach auf die Pipette und dann mit dieser auf den Bereich, der neutral weiß sein soll, klicken, schon wird die Farbtemperatur entsprechend angepasst. Die Regler für Temperatur und Farbton lassen sich auch manuell bedienen: Die Temperatur kann man von kälter (bläulich) bis wärmer (gelblich) verändern, über den Farbtonregler kann man einen Grün- oder Magentastich ausgleichen.

SÄTTIGUNG

Mithilfe dieses Reglers lässt sich die Farbintensität verändern, sodass die Farben entweder kräftiger oder blasser werden. Dabei sollte man aber darauf achten, dass sie dadurch nicht unnatürlich

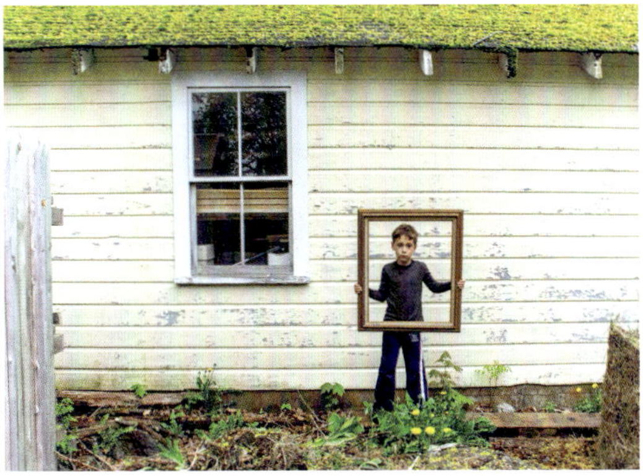

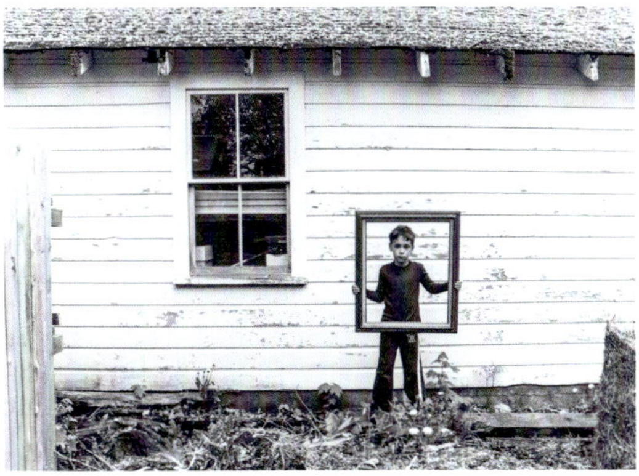

Oft haben selbst kleine Änderungen eine große Wirkung. Auf diesen beiden Fotos wurden Kontrast und Schärfe korrigiert, beim Foto oben wurde zudem die Sättigung erhöht und über das untere wurde ein Schwarz-Weiß-Filter gelegt.

wirken. Wenn man die Sättigung ganz niedrig einstellt, erhält man ein Schwarz-Weiß-Foto, wobei alle vorherigen Einstellungen bestehen bleiben. Dieses Werkzeug heißt manchmal auch einfach „Farbe".

SCHÄRFE

Mithilfe des Werkzeugs „Schärfen" lassen sich Unschärfen beheben, indem der Kontrast dort, wo helle und dunkle Bereiche aufeinandertreffen, erhöht wird, sodass die Übergänge deutlicher hervortreten. Sehr unscharfe Fotos oder eine geringe Auflösung kann man so zwar nicht korrigieren, aber man kann einzelne Details nachträglich hervorheben. Kleine Schritte sind hier am besten, damit das Bild nicht überbearbeitet wird.

SCHWARZ-WEISS-FILTER

Um aus einem Farb- ein Schwarz-Weiß-Foto zu machen, gibt es fast immer eigene Presets oder Filter, die im Hinblick auf den Kontrast und die Grauabstufungen variieren. Am besten probiert man einfach verschiedene aus, bis man das gewünschte Ergebnis erhält.

Bildbearbeitungsprogramme haben meist noch viele weitere Werkzeuge und Einstellungen, mit denen man experimentieren sollte, um ein Gefühl dafür zu bekommen, wie sie wirken. Dazu kann man zuerst die Regler jeweils ganz zu einer Seite schieben, um zu sehen, was eine Einstellung bewirkt, und dann die gewünschten Anpassungen schrittweise vornehmen.

Grundsätzlich sollte man immer darauf achten, es bei der Bildbearbeitung nicht zu übertreiben, um sicherzustellen, dass die Fotos nicht plötzlich zu unnatürlich aussehen – und kleine Korrekturen sind meist ohnehin mehr als ausreichend.

FOTOS MIT ANDEREN TEILEN

Jedes Foto erzählt eine einzigartige Geschichte – und die sollte man natürlich nicht für sich behalten, sondern unbedingt auch mit anderen Menschen teilen!

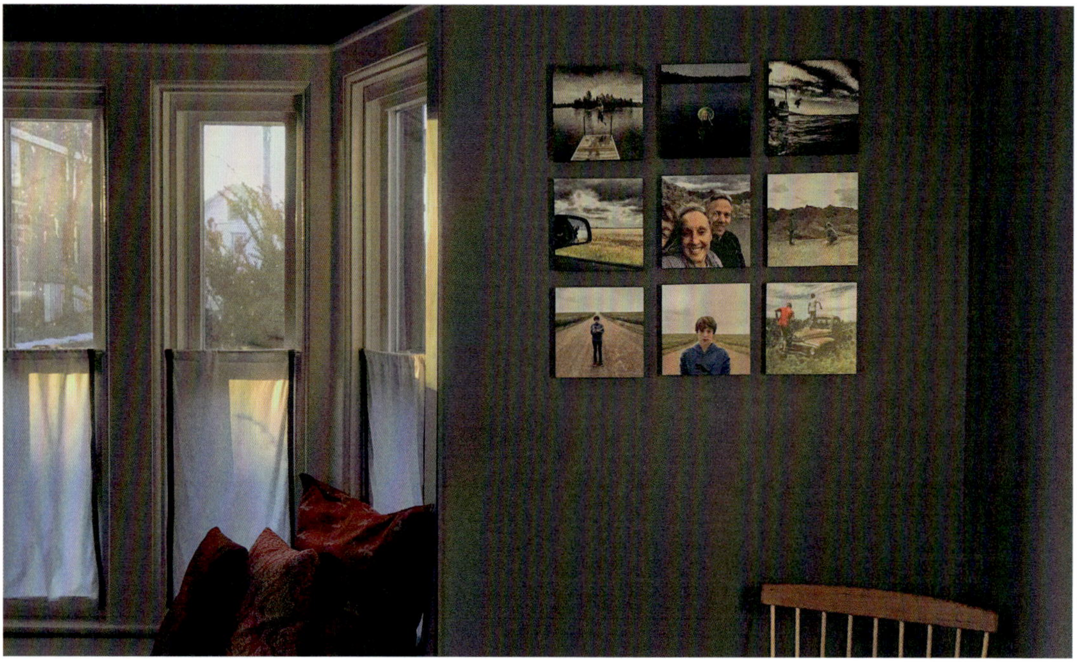

Im Laufe der Zeit hat sich die Fotografie durch den technologischen Fortschritt grundlegend verändert, aber die Freude, die man verspürt, wenn man seine Fotos mit anderen teilt, bleibt immer dieselbe.

Endlich geschafft: Die Vorbereitung, das Planen, das Fotografieren, die Fotoauswahl, die Bildbearbeitung – alles erledigt. Entstanden sind so Fotos, die Geschichten von der Heimatstadt, vom letzten Urlaub, von der Familie, vom Haustier oder von den Freunden erzählen und die man nun mit anderen teilen kann. Dazu muss man nur noch die fertig bearbeiteten Fotos aus dem Bildbearbeitungsprogramm exportieren – und dann entweder online stellen, ausdrucken oder auch auf das Smartphone übertragen, um sie jederzeit herzeigen zu können.

FOTOS ONLINE STELLEN

Der einfachste Weg, seine Fotos einem breiten Publikum zur Verfügung zu stellen, sind die verschiedenen Social-Media-Plattformen, wobei man sich natürlich immer zuerst gut überlegen muss, wie viel man mit der digitalen Welt teilen möchte. Im Moment ist Instagram der wichtigste Onlinedienst zum Veröffentlichen von Fotos, der es zudem erlaubt, die Fotos mit nur einem Klick auf anderen Plattformen zu teilen. Bei vielen Social-Media-Kanälen kann man vor dem Veröffentlichen noch verschiedene Filter über die Fotos legen, die wie bei den Filtern und allgemeinen Anpassungen in Bildbearbeitungsprogrammen für einen bestimmten Look sorgen. Dabei sollte man es aber nicht übertreiben und wenn man einen Lieblingsfilter hat, den man anwenden möchte, bereits bei der Bildbearbeitung bedenken, welche Anpassungen dadurch vielleicht überflüssig werden. Bei einigen Plattformen ist es egal, ob man Fotos vom Computer oder vom Smartphone aus postet, bei anderen, wie auch Instagram, geht das nur über das Smartphone.

Die wichtigste Frage, die man sich dabei stellen muss, ist, wen man mit seinen Fotos wie und warum erreichen möchte. Zudem sollte man, wenn man mehrere Fotos postet, auch auf die Reihenfolge achten und sich überlegen, ob man etwas dazu schreiben möchte. Schließlich sollte man offen für Rückmeldungen und Kritik sein – und diese bei zukünftigen Projekten berücksichtigen.

Wenn man ein ganzes Portfolio veröffentlichen möchte, ist eine eigene Website die bessere Wahl. Es gibt viele Programme, die gar nicht so teuer sind und mit denen man im Handumdrehen einen eigenen Webauftritt erstellen kann. Squarespace, Wix und Virb gehören zu den meistgenutzten, aber am besten probiert man verschiedene aus, um zu sehen, was zu einem passt.

FOTOS AUSDRUCKEN

Es ist ein besonderes Gefühl, ein eigenes Foto an der Wand hängen zu haben oder durch ein Fotoalbum mit eigenen Arbeiten blättern zu können. Um digitale Fotos auf Papier zu bringen, gibt es verschiedenste Optionen. Man kann sie zum Beispiel auf einen USB-Stick laden und dann an einer Fotostation, etwa in einer Drogerie, ausdrucken, wobei die Fotos aber meist nicht die beste Qualität haben. Besser ist es, man sucht sich im Internet einen professionellen Fotodienst, der Fotos zu vernünftigen Preisen druckt und direkt nach Hause liefert. Oft kann man hier auch verschiedene Untergründe auswählen und die Fotos zum Beispiel auch auf Leinwand drucken lassen. Außerdem gibt es mittlerweile sogar Apps, über die man ganz bequem gedruckte Fotos bestellen kann. So kann man wirklich bleibende Erinnerungen schaffen!

VON DER KAMERA ZUM BETRACHTER

Mit Fotos kann man all die großen und kleinen Momente, die das Leben so besonders machen, für die Ewigkeit festhalten – allein das ist von unglaublichem Wert. Aber die Fotografie ist schlussendlich auch ein Mittel zur Kommunikation, also teilen Sie diese Momente mit Ihren Liebsten, Ihren Freunden oder sogar einem noch größeren Publikum: So haben Sie die Möglichkeit, eine Geschichte, die Ihnen selbst wichtig ist, auch anderen zu erzählen, sie hinaus in die Welt zu tragen und diese so vielleicht sogar zu einem besseren Ort zu machen.

Je mehr man fotografiert, desto mehr gehen einem die Grundlagen und die richtigen Kameraeinstellungen in Fleisch und Blut über. Das ist der Moment, in dem man kreativ werden kann, um mit seinen Fotos Geschichten mit Herz und Seele zu erzählen, die jeden Betrachter nachhaltig begeistern. Dieses Buch ist ein guter Einstieg in die Welt der Fotografie: Jetzt gilt es, mit viel Übung, Geduld und Leidenschaft jeden Winkel dieser wunderbaren Welt zu entdecken!

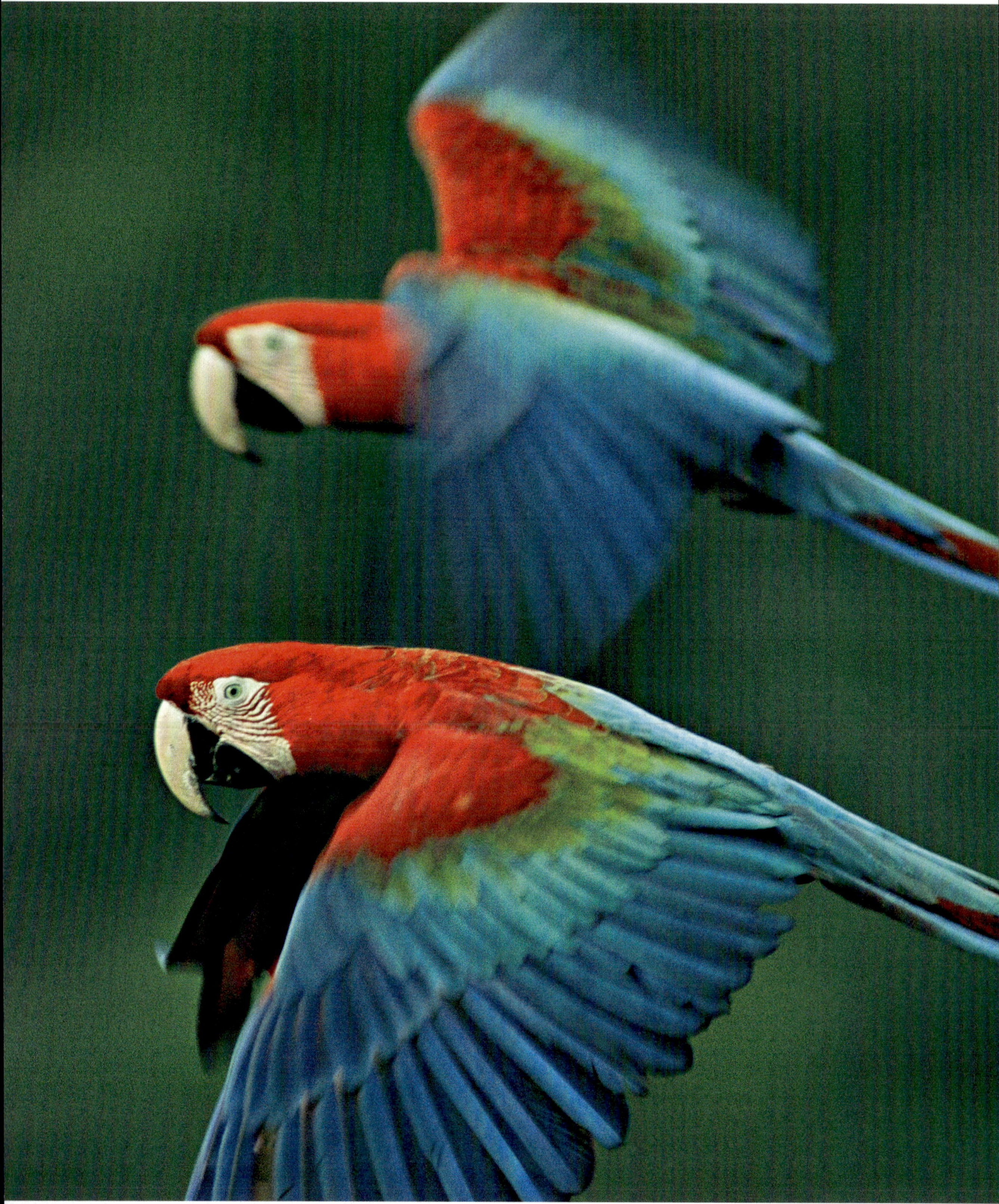

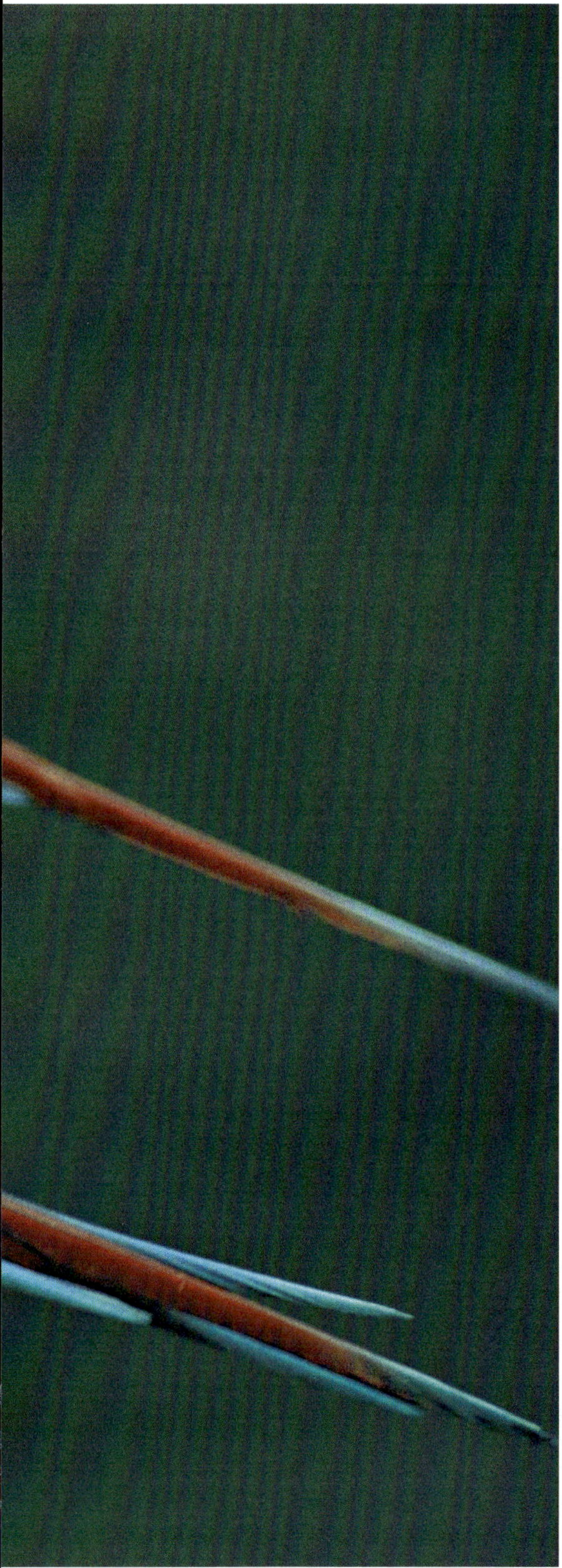

IM FLUG

Dieses Foto habe ich im Rahmen eines Auftrags für das *National Geographic*-Magazin im Nationalpark Madidi in Bolivien aufgenommen. Ich war dort, um die unglaubliche Tierwelt zu fotografieren, und die Aras waren mein absolutes Highlight. Sie zu fotografieren, war allerdings eine echte Herausforderung: Ich musste nah genug heran, brauchte gutes Licht und ich wollte sie unbedingt im Flug erwischen – dafür musste ich all mein fotografisches Können einsetzen.

AUFNAHMEWINKEL Ich wusste, dass ich für ein perfektes Foto irgendwie auf die Höhe der Vögel kommen musste – ein Fremdenführer hatte schließlich den richtigen Tipp: ein Aussichtsturm am Rand eines Abgrunds.

GEDULDIG SEIN Zwei Wochen lang kletterte ich immer wieder auf den Aussichtsturm und hielt Ausschau nach bunten Farbtupfern im üppigen grünen Dickicht. Die ganze Kletterei und die Geduld haben sich aber bezahlt gemacht, denn so entstand dieses perfekte Foto, das es schlussendlich sogar aufs Cover schaffte. Achten Sie nur auf die Linien, die Symmetrie, den schlichten Hintergrund, die unglaublichen Farben!

ETWAS BEWEGEN Noch wichtiger als ein perfektes Foto war es mir, den Menschen die Aras von Madidi zu zeigen und so zu ihrem Schutz beizutragen. Egal, ob Profi oder nicht: Die Fotografie bereichert nicht nur das eigene Leben und lässt uns die Schönheit der Welt um uns herum wertschätzen, sondern man kann mit Fotos auch wirklich etwas bewegen. Und das ist letztendlich das, was die Fotografie meiner Meinung nach so besonders macht.

GLOSSAR

AUFLÖSUNG Die Auflösung ist die Anzahl an Pixeln, die pro Foto aufgenommen wird. Sie bestimmt den Detailgrad, der auf einem Foto abgebildet wird, und damit auch die Klarheit und die Schärfe.

AUFNAHMEFORMAT Das Aufnahmeformat ist das Format, in dem die Fotos als digitale Dateien gespeichert werden (meist JPEG oder RAW).

BELICHTUNGSKORREKTUR Mithilfe der Belichtungskorrektur kann man die von der Kamera ermittelten Belichtungswerte nach oben (Plustaste) oder nach unten (Minustaste) korrigieren, sodass das Bild heller (überbelichtet) oder dunkler (unterbelichtet) wird.

BILDSENSOR Der Bildsensor ist ein elektronischer Chip aus lichtempfindlichen Pixeln. Je größer der Sensor (je mehr Pixel), desto mehr Informationen werden gesammelt.

BILDWINKEL Der Bildwinkel, gemessen in Grad, gibt den von einem Objektiv erfassten Bildausschnitt an. Je geringer die Brennweite ist, desto größer ist der Bildwinkel. Der Bildwinkel wird auch als FOV (Field Of View) bezeichnet.

BLENDE Die Blende ist die Öffnung im Objektiv, durch die Licht auf den Bildsensor gelangt. Sie ist in der Größe verstellbar (außer bei Spiegellinsen- und einigen anderen Objektiven) und wird als Blendenzahl oder f-Stop, etwa f/8, angegeben. Die Blende bestimmt auch die Tiefenschärfe.

BLENDENAUTOMATIK (S ODER Tv) Bei diesem halbautomatischen Kameramodus kann man die Verschlusszeit manuell einstellen, während die Kamera basierend auf den Werten, die ihr durch den Belichtungsmesser zur Verfügung stehen, die Blende so einstellt, dass das Foto korrekt belichtet wird.

BLENDENFLECKEN Kreis- oder strahlenförmige Farbflächen oder Ringe im Foto. Sie entstehen, wenn Licht schräg auf das Objektiv trifft und reflektiert wird. Es gibt spezielle Beschichtungen, Einstellungen und Filter, die das verhindern. Auch eine Gegenlichtblende reduziert diesen Effekt.

BLENDENLAMELLEN Blendenlamellen sind überlappende Metallbleche, die dafür sorgen, dass man die Größe der Blende variieren kann.

BLENDENZAHL/F-STOPS Mit der Blendenzahl oder dem f-Stop-Wert bezeichnet man die Größe der Blende. Indem man diesen Wert verändert, also die Blende vergrößert oder verkleinert, kann man kontrollieren, wie viel Licht auf den Bildsensor trifft. Weite Blenden haben einen niedrigen Wert, etwa f/2, kleine Blenden einen hohen, etwa f/22.

BLITZSYNCHRONZEIT Die Blitzsynchronzeit ist die kürzeste Belichtungszeit, bei der eine Kamera mit Blitz fotografieren kann.

DIFFUSOR Ein Diffusor ist ein „Lichtformer", ein Hilfsmittel aus lichtdurchlässigem Material, das zwischen Motiv und Lichtquelle (Blitz oder Umgebungslicht) gehalten wird, um das Licht weicher zu machen. Es gibt auch Blitzdiffusoren, die direkt auf den Blitz aufgesteckt werden (Softbox).

DIGITALE SPIEGELREFLEXKAMERA (DSLR-KAMERA) Hierbei handelt es sich um eine elektronisch gesteuerte Kamera, bei der der Bildausschnitt mithilfe von Spiegeln im Sucher angezeigt wird. Öffnet sich der Verschluss, wird der Spiegel weggeklappt und der Bildsensor nimmt ein Foto des gewählten Bildausschnitts auf.

FESTBRENNWEITE Im Gegensatz zu einem Zoomobjektiv kann die Brennweite bei einem Objektiv mit Festbrennweite nicht verändert werden.

FILTER Ein Filter ist eine Scheibe aus beschichtetem oder eingefärbtem Glas oder Plastik, die man vor das Objektiv stecken kann und die das Licht, das auf den Bildsensor gelangt, verändert. Mit Filtern kann man zum Beispiel die Lichtfarbe und -qualität oder die Farbwiedergabe verändern, Blendenflecken reduzieren und spezielle Effekte erzielen.

HISTOGRAMM Das Histogramm ist ein Balkendiagramm, das die relative Anzahl von Pixeln in den verschiedenen Helligkeitsbereichen eines digitalen Fotos anzeigt.

ISO Die ISO bestimmt die Lichtempfindlichkeit der Kamera. Meist verwendet man Werte von ISO 25 bis ISO 1600, bei vielen Kameras kann man aber auch Werte von bis zu ISO 10.000 einstellen.

JPEG Hierbei handelt es sich um ein Standarddateiformat für Fotos, bei dem die digitalen Informationen komprimiert werden, sodass die Fotos weniger Speicherplatz brauchen. JPEG-Daten haben die Dateiendung „.jpg".

KEYWORD Beschreibende Stichwörter, auch Tags genannt, die man zu den Metadaten eines Fotos hinzufügen kann, wodurch sich diese später leichter durchsuchen lassen.

KOMPRIMIERUNG Die Komprimierung ist der Prozess, mit dessen Hilfe die Größe von digitalen Bilddateien reduziert wird, indem Werte addiert oder gemittelt werden.

KONTRAST Der Kontrast ist der Unterschied zwischen den hellsten und den dunkelsten Bereichen eines Bildes. Die Bandbreite an Helligkeitsabstufungen dazwischen nennt man Kontrastumfang. Ein Foto mit hohem Kontrastumfang besitzt sehr viele Grauabstufungen, sodass jeder Helligkeitsbereich des Motivs gut sichtbar ist.

KÖRNUNG Mit Körnung bezeichnet man die kleinsten Strukturen eines entwickelten analogen Films, die bei starker Vergrößerung sichtbar werden. Je lichtempfindlicher der Film (je höher die ISO), desto gröber die Körnung. Das digitale Rauschen, das bei hohen ISO-Werten entstehen kann, erzeugt eine ähnliche Wirkung, die man kreativ einsetzen kann.

LICHTFARBE Die Lichtfarbe ist die Farbe beziehungsweise genauer gesagt die Farbtemperatur einer Lichtquelle, die in Kelvin gemessen wird. „Warmes" Licht, wie jenes der untergehenden

Sonne, hat eine geringe Farbtemperatur, „kaltes" oder bläuliches Licht, etwa jenes an einem bedeckten Tag, hat eine hohe Farbtemperatur.

LICHTSTÄRKE Als lichtstark bezeichnet man eine Blende mit sehr weiter maximaler Öffnung. Das ermöglicht auch bei kurzen Verschlusszeiten eine korrekte Belichtung.

MAKROOBJEKTIV Mit einem Makroobjektiv kann man sehr kleine Motive im Originalformat oder vergrößert und daher besonders detailgetreu fotografieren. Meist werden Objektive, die einen Abbildungsmaßstab von 1:4 oder höher haben, als Makroobjektive bezeichnet.

MATRIXMESSUNG (NIKON) / MEHRFELDMESSUNG (CANON) Hierbei handelt es sich um eine Blichtungsmessmethode, bei der der Bildausschnitt in mehrere Felder aufgeteilt wird, in denen dann jeweils die Belichtung gemessen wird. Das ist die Standardeinstellung bei den meisten Spiegelreflexkameras, da sich so auch komplexe Lichtsituationen erfassen lassen.

MEGAPIXEL (MP) Ein Megapixel umfasst eine Million Pixel. Je mehr Pixel, desto mehr Daten und desto höher die Auflösung eines Fotos.

METADATEN Metadaten sind Zusatzinformationen zu Fotos (z. B. verwendete Einstellungen), die eine Kamera automatisch mit abspeichert.

MITTENBETONTE MESSUNG Bei dieser Messmethode steht bei der Belichtungsmessung die Bildmitte im Vordergrund und die Ecken und Ränder werden außen vor gelassen.

MITZIEHEN Eine Technik, mit der man sich bewegende Motive fotografieren kann. Dabei wird die Kamera mit der Bewegung des Motivs mitgezogen, also im Grunde einfach in der gleichen Geschwindigkeit mitbewegt, wodurch das Motiv teilweise scharf dargestellt wird, während der Hintergrund verwischt.

PIXEL Die einzelnen Bildpunkte, d. h. die kleinsten Informationseinheiten, aus denen ein digitales Bild besteht, werden Pixel (Abkürzungen der englischen Wörter *picture* - „pix" - und *element* - „el") genannt. Je mehr Pixel, desto höher die Auflösung.

RAUSCHEN Als Rauschen bezeichnet man das Auftreten von Störpixeln, die dafür sorgen, dass Bildbereiche, die eigentlich glatter oder einfarbig aussehen sollten, körnig erscheinen (siehe auch Körnung). Rauschen entsteht zum Beispiel bei zu hohen ISO-Werten, aber auch die Größe und Auflösung des Bildsensors hat einen Einfluss darauf.

RAW Ein Dateiformat für Fotos, bei dem die Dateien nicht komprimiert werden. Das RAW-Format ist perfekt, wenn man Fotos später noch bearbeiten möchte, da RAW-Dateien im Vergleich zu JPEG-Dateien viel mehr Daten enthalten.

ROTE-AUGEN-EFFEKT Rote Augen auf Fotos entstehen, wenn sich der Blitz der Kamera in den Augen spiegelt. Es gibt spezielle Kameraeinstellungen, die das verhindern („Rote Augen reduzieren"-Modus, Vorblitz), alternativ kann man aber auch mit einem externen Blitz fotografieren, den man gezielter platzieren kann, oder sie im Zuge der Bildbearbeitung wegretuschieren.

SEITENVERHÄLTNIS Das Seitenverhältnis beschreibt das Verhältnis der Höhe zur Breite eines Fotos, aber auch des Bildsensors.

SPOTMESSUNG Die Spotmessung ist eine Belichtungsmessmethode, bei der die Belichtung an einem bestimmten Punkt gemessen wird.

STABILISIERUNG Die Stabilisierung umfasst alle Techniken, die verhindern, dass es bei langen Verschlusszeiten zu Verwacklungsunschärfen kommt.

SUCHER Der Sucher ist ein optisches System, das den aktuellen Bildausschnitt anzeigt. Es gibt verschiedene Sucher, bei einigen blickt man direkt durch das Objektiv, bei anderen befindet er sich daneben.

TELEOBJEKTIV Ein Teleobjektiv ist ein spezielles Objektiv mit einer sehr großen Brennweite. Allgemein gelten Objektive mit Brennweiten von mehr als 200 mm als Teleobjektive.

TIEFENSCHÄRFE Die Tiefenschärfe ist die Ausdehnung des scharfen Bereichs auf einem Foto in die Tiefe. Dabei werden das Motiv, das sich im Fokus befindet, und andere Elemente auf der gleichen Höhe ganz scharf abgebildet, darum herum gibt es einen Bereich, der akzeptabel scharf dargestellt wird. Die Größe dieses Bereichs wird durch die Blende bestimmt.

TIEFENSCHÄRFE-VORSCHAU-TASTE Mithilfe dieser Taste kann man sich eine Vorschau der Tiefenschärfe bei einer bestimmten Blendeneinstellung anzeigen lassen.

VERSCHLUSS Der Verschluss ist eine Art „Tür" zwischen Objektiv und Bildsensor, mit deren Hilfe man steuern kann, wie lange Licht auf den Bildsensor gelangt.

VERSCHLUSSZEIT Die Verschlusszeit ist die Zeitspanne, in der der Verschluss geöffnet ist und Licht auf den Bildsensor gelangt. Sie wird in Sekundenbruchteilen, etwa 1/60 oder 1/250, gemessen.

WEIẞABGLEICH Der Weißabgleich ist eine Funktion, mit der man die Kamera auf die Farbtemperatur des vorhandenen Lichts sensibilisieren kann, sodass alle Farben auf dem fertigen Foto so abgebildet werden, wie man sie auch mit bloßem Auge sieht. Den Weißabgleich kann man wenn nötig auch nachträglich im Zuge der Bildbearbeitung vornehmen.

WEITWINKELOBJEKTIV Ein Weitwinkelobjektiv ist ein Objektiv mit einer geringen Brennweite. Meist spricht man bei einer Brennweite von 35 mm oder weniger von Weitwinkelobjektiven.

ZEITAUTOMATIK (A ODER AV) Bei diesem halbautomatischen Kameramodus kann man die Blende manuell einstellen, die Kamera wählt dann basierend auf den Werten, die ihr durch den Belichtungsmesser zur Verfügung stehen, die richtige Verschlusszeit für eine korrekte Belichtung.

ZOOMOBJEKTIV Ein Zoomobjektiv ist ein Objektiv, bei dem man die Brennweite variieren kann – das ist besonders praktisch, da es ein bisschen so ist, als hätte man mehrere Objektive in einem.

QUELLEN

BÜCHER ÜBER FOTOGRAFIE

Ang, Tom. *Digitale Fotografie. Fotografieren wie die Profis: Der Meisterkurs für alle Genres und Motive* (2017).

Ang, Tom. *Digitale Fotografie. Praxiskurs: Für Einsteiger und Fortgeschrittene* (2017).

Ang, Tom. *Die Geschichte der Fotografie: In über 1500 Bildern* (2015).

Carroll, Henry. *BIG SHOTS! Die Geheimnisse der weltbesten Fotografen* (2019).

Hoy, Anne H. *Enzyklopädie der Fotografie: Die Geschichte – Die Technik – Die Kunst – Die Zukunft* (2006).

Sartore, Joel; Healey, John. *Familie und Freunde* (2008).

BILDBÄNDE

Abell, Sam, and Robert E. Gilka. *Stay This Moment: The Photographs of Sam Abell* (1990).

Allard, William Albert. *Paris: Mit den Augen eines Flâneurs* (2017).

Allard, William Albert. *Portraits of America* (2008).

Allard, William Albert. *William Albert Allard: Five Decades, A Retrospective* (2010).

Allard, William Albert, and Thomas McGuane. *Vanishing Breed: Photographs of the Cowboy and the West* (1982).

Arthus-Bertrand, Yann; Skerry, Brian. *Der Mensch und die Weltmeere* (2013).

Cobb, Jodi. *Geisha: The Life, the Voices, the Art* (1998).

Davis, Wade. *Wade Davis Photographs* (2018).

Doubilet, David. *Great Barrier Reef* (2002).

Johns, Chris. *Wild at Heart: Man and Beast in Southern Africa* (2007).

Leibovitz, Annie. *Portraits 2005–2016* (2017).

Liittschwager, David, and Susan Middleton. *Archipelago: Portraits of Life in the World's Most Remote Island Sanctuary* (2005).

Miller, Carrie; Skerry, Brian. *National Geographic: Big Blue* (2020).

Nicklen, Paul. *Polarwelten* (2011).

Salgado, Sebastião. *Genesis* (2019).

Sartore, Joel. *National Geographic Bildband: Arche der Tiere* (2019).

Sartore, Joel. *National Geographic Bildband: Artenreich* (2017).

Friese, Inka; Sartore, Joel. *Einzigartig: Jedes Tier ist ein Wunder* (2018).

Sartore, Joel; Strycker, Noah. *National Geographic Bildband: Vogelreich* (2020).

Zwingle, Erla. *William Albert Allard: The Photographic Essay* (1989).

BILDBÄNDE MIT BILDERN AUS DEM NATIONAL GEOGRAPHIC-ARCHIV

National Geographic – Die schönsten Landschaften unserer Erde (2017).

National Geographic – Wie Sie die Welt noch nie gesehen haben (2017).

National Geographic – Wie Sie die Nacht noch nie gesehen haben (2018).

National Geographic – Die Welt in spektakulären Bildern (2019).

Frauen – Vom Mut, die Welt zu verändern (2019).

ONLINEQUELLEN

Joel Sartore: Website des Autors mit Fotos und Videos aus seiner gesamten Karriere. *www.joelsartore.com*

National Geographic Instagram: Sammlung von Arbeiten verschiedener National Geographic-Fotografen (@natgeo). *www.instagram.com/natgeo*

National Geographic - Fotografie: Hier finden sich zahlreiche Fotogalerien und andere Infos. *www.nationalgeographic.de/fotografie*

Photo Ark: Joel Sartores ständig wachsendes Archiv mit Fotos von Tieren in menschlicher Obhut. *www.nationalgeographic.org/projects/photo-ark/*

NATIONAL GEOGRAPHIC-FOTOGRAFIEKURSE

www.thegreatcourses.com

Bob Krist, Fundamentals of Travel Photography

Joel Sartore, Fundamentals of Photography I & II

Joel Sartore, The Art of Travel Photography: Six Expert Lessons

National Geographic Guide to Landscape and Wildlife Photography

National Geographic Masters of Photography

BILDNACHWEIS

Joel Sartore: Cover (u. li.), 2–3, 4, 6–7, 27 (o. li.), 27 (o. re.), 36–37, 40–41, 44, 46, 47, 48 (re.), 49, 52, 54, 55, 56, 58–59, 60–61, 62–63, 68, 73, 74, 82, 84–85, 86–87, 88–89, 98 Foto von Photo Ark, fotografiert auf Lemur Island, Madagaskar, 101 (alle), 102, 103, 110–111, 112–113, 114–115, 120, 126–127, 128 (Mitte), 129 (o. Mitte), 129 (u. re.), 130–131, 132–133, 134, 136, 142, 143, 145, 146–147, 148–149, 150–151, 158, 159, 161, 170, 174–175, 176–177, 178–179, 184 (re.), 185, 186, 190, 192, 195, 197, 198–199, 200–201, 202–203, 204, 207, 210, 220–221, 222–223, 226, 240–241, 254 (o.), Rückseite (o. re.), Rückseite (u. re.).

Heather Perry: 24 (u. li.), 24 (u. re.), 28–29, 45, 48 (li.), 50, 69, 70, 71 (alle), 77, 80, 81, 83, 92, 93, 94, 95 (alle), 99, 104 (alle), 137, 162, 187, 189, 193, 194, 206, 215, 224–225, 229, 232, 234, 235, 236, 237 (beide), 238, 254 (u.).

Cover: (o. li.), aabeele/Shutterstock; (o. re.), Mauricio Handler/National Geographic Image Collection; (Mitte li.), Image Source/ Getty Images; (Mitte re.), Ben Pipe/Robert Harding/National Geographic Image Collection; (u. re.), Manuel Sulzer/Cultura/age fotostock. Rückseite: (o. li.), Elena-studio/ Getty Images; (u. li.), Rawpixel/Getty Images. 12 (o. li.), Corinna Dumat/EyeEm/Getty Images; 12 (o. re.), Fabio Tomat/Shutterstock; 12 (u. li.), DuKai photographer/Getty Images; 12 (u. re.), Henrik Sorensen/Getty Images; 12–13, Andrei Kuzmik/Shutterstock; 13 (o. li.), Westend61/Getty Images; 13 (o. li.), Ismailciydem/Getty Images; 13 (o. re.), foto by Chandler Chou/Getty Images; 13 (Mitte), Michael Forsberg/National Geographic Image Collection; 13 (u.), Jimmy McIntyre/ Getty Images; 14–15, perkmeup/Getty Images; 16–17, Mint Images/Cavan Images; 19, Canon USA, Inc.; 21, Bhanupong Asatamongkolchai/ Getty Images; 22 (o.), Scanrail1/Shutterstock; 22 (Mitte), seen0001/Getty Images; 22 (u.), ParabolStudio/Shutterstock; 23 (o.), Bet_Noire/Getty Images; 23 (u.), Dominion-art/Shutterstock.com; 24 (o.), Patrick J. Bagley; 26 (o. li.), Canon USA, Inc.; 26 (o. re.), PhotoPlus Magazine/Getty Images; 26 (Mitte li.), Nikon, Inc.; 26 (u. li.), Canon USA, Inc.; 26 (u. re.), Kitch Bain/Adobe Stock; 27 (Mitte li.), Blaine Harrington III/Corbis Documentary/ Getty Images; 27 (Mitte re.), LedyX/Shutterstock; 27 (u.), slobo/Getty Images; 31 (o. li.), Andriy Prokopenko/Getty Images; 31 (u. li.), Andriy Prokopenko/Getty Images; 31 (o. re.), creativesunday/Shutterstock; 31 (Mitte re.), Utha/Shutterstock; 31 (u. re.), yevgeniy11/ Shutterstock; 32 (o.), Digital Camera Magazine/Getty Images; 32 (Mitte), Ilya_Starikov/ Getty Images; 32 (u.), PhotoPlus Magazine/ Getty Images; 33 (o.), Elnur/Getty Images; 33 (Mitte), Constantine Pankin/Shutterstock; 33 (u.), sanapadh/Getty Images; 34 (o.), Art65395/Shutterstock; 34 (Mitte), Kaesler Media/Shutterstock; 34 (u.), StAlUr/ Shutterstock; 35 (o.), N-Photo Magazine/ Getty Images; 35 (Mitte), serts/Getty Images;

35 (u.), Brasil2/Getty Images; 38–39, Copyright by tk21hx/Getty Images; 42, Images By Tang Ming Tung/Getty Images; 43, Jordan Siemens/Getty Images; 51, Mitchell Funk/Getty Images; 53, Rebecca Hale/National Geographic Image Collection; 57, Jim Richardson/National Geographic Image Collection; 64, Tuul & Bruno Morandi/Getty Images; 65, Handemandaci/Getty Images; 67, Leo Patrizi/Getty Images; 75, Larry Beard; 76, Raul Touzon/National Geographic Image Collection; 79, Hamon Nasiri Honarvar/Getty Images; 90, Jon Bower/LOOP IMAGES/Getty Images; 91, wayfarerlife photography/Getty Images; 96, Milan_Jovic/Getty Images; 97, Frans Lanting/National Geographic Image Collection; 106, Eric Vogt/TandemStock.com; 109, Babak Tafreshi/National Geographic Image Collection; 116, Michael DeYoung/TandemStock.com; 117, Westend61/Getty Images; 118, Floris Leeuwenberg/Corbis Documentary/Getty Images; 119, Tuan Tran/Getty Images; 122, Catherine MacBride/Getty Images; 123 (li.), Marc Guitard/Getty Images; 123 (re.), dugdax/Shutterstock; 124, Jasmina007/Getty Images; 125, ithinksky/Getty Images; 128 (o. li.), Matt Champlin/Getty Images; 128 (o. re.), Patrick Escudero/hemis.fr/Getty Images; 128 (u. li.), Alan Murphy/BIA/Minden Pictures; 128 (u. re.), Susan Seubert; 129 (o. li.), Keith Ladzinski/National Geographic Image Collection; 129 (o. re.), Chris Hill/National Geographic Image Collection; 129 (u. li.), Jiri Lochman/NPL/Minden Pictures; 135, Peter Lourenco/Getty Images; 138, miroslav_1/Getty Images; 139, Walter Bibikow/DanitaDelimont.com/Alamy Stock Photo; 140, JGI/Jamie Grill/Getty Images; 141, Samet Guler/Shutterstock; 144, Patrick J. Bagley; 152, Erika Larsen/National Geographic Image Collection; 153, Aaron Huey/National Geographic Image Collection; 155, Luca Locatelli/National Geographic Image Collection; 156, Eva-Katalin/Getty Images; 157, Hero Images/Getty Images; 160, Aaron Freeman-Powell/Alamy Stock Photo; 164, Shoji Fujita/Getty Images; 165 (li.), Chuck Savage/Corbis/Getty Images; 165 (re.), Chabruken/Getty Images; 166, Thomas Barwick/Getty Images; 167, Aliraza Khatri's Photography/Getty Images; 169, Mint Images/Getty Images; 171, Ramon Espelt Photography/Shutterstock; 172, Stuart Westmorland/Getty Images; 173, Michael and Patricia Fogden/Minden Pictures/National Geographic Image Collection; 180, Antagain/Getty Images; 181, Howard Snyder/Aurora/Getty Images; 183, Kathy Collins/Getty Images; 184 (li.), Redline96/Getty Images; 188, Daniela Duncan/Getty Images; 196, Oksana Byelikova/Getty Images; 205, Joe Ferrer/Shutterstock; 209, Sylvain Grandadam/Getty Images; 211, Martin Barraud/Getty Images; 212, Reinhard Schmid/Huber Images/eStock Photo; 213, Joe McNally; 214, Annie Wells/Los Angeles Times via Getty Images; 217, John Seaton Callahan/Getty Images; 218 (li.), Linked Ring Photography/Cavan Images; 218 (re.), Steven Alvarez/National Geographic Image Collection; 219, Elena-studio/Getty Images; 227, HotDuckZ/Getty Images; 230, iamnoonmai/Getty Images.

REGISTER

Fettgedruckte Verweise beziehen sich auf Abbildungen bzw. Fotos.

AUTOREN

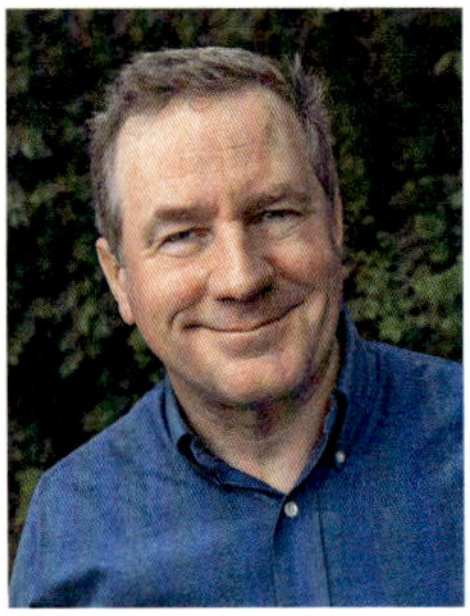

JOEL SARTORE ist Fotograf, Autor und Naturschützer. Seine Arbeiten sind regelmäßig im *National Geographic*-Magazin zu sehen, zudem wurde er 2012 zum National Geographic Fellow gewählt. Mit seinen Fotos widmet er sich ganz der Dokumentation von bedrohten Tierarten und Landschaften auf der ganzen Welt. Das spiegelt sich nicht zuletzt auch in seinem Projekt „Photo Ark" wider, dessen Ziel darin besteht, einen Beitrag zum Schutz der Arten und ihres Lebensraums zu leisten. Abgesehen davon hat er auch mit *Audubon, Sports Illustrated,* der *New York Times* und der Smithsonian Institution zusammengearbeitet und zahlreiche Buchprojekte verwirklicht. Er lebt mit seiner Frau, Kathy, und drei Kindern in Lincoln, Nebraska, und seine Markenzeichen sind sein Sinn für Humor und seine Bodenständigkeit (typisch Mittlerer Westen eben!).

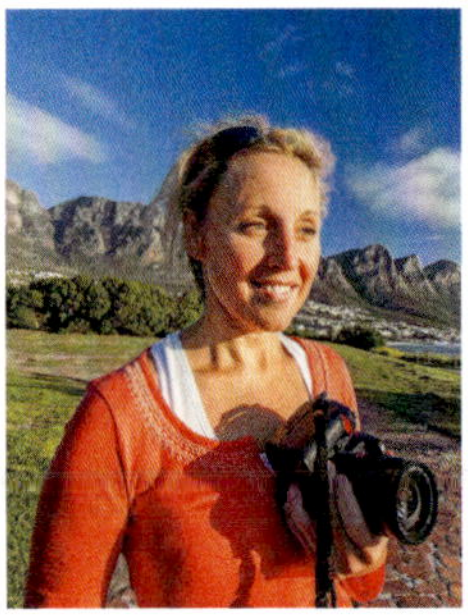

HEATHER PERRY ist freiberufliche Fotografin und Autorin, ihr Spezialgebiet sind Fotos von Menschen im und rund ums Wasser. Sie liefert Beiträge für Magazine, Bücher und den Webauftritt von *National Geographic* und hat zudem auch mit der *New York Times* und der Smithsonian Institution zusammengearbeitet. Außerdem ist sie als Werbefotografin, unter anderem für den National Geographic Channel, South African Tourism und Sony, tätig. Sie hat zahlreiche Fotoprojekte zu Themen wie Immigration, Flucht, Fischergemeinden, Schiffsbauern sowie Kindern in Maine, ihrem Heimatstaat, verwirklicht und begleitet die National Geographic-Lindblad-Expeditionen als Fotoexpertin, da sie es liebt, ihr Wissen mit anderen zu teilen.

MELODY ROWELL ist Co-Autorin dieses Buchs.
Sie lebt in Washington, D. C.

Sind Sie mit diesem Titel zufrieden? Dann würden wir uns über Ihre Weiterempfehlung freuen. Erzählen Sie es im Freundeskreis, berichten Sie Ihrem Buchhändler oder bewerten Sie bei Onlinekauf. Und wen+n Sie Kritik, Korrekturen, Aktualisierungen haben, freuen wir uns über Ihre Nachricht an
NG Buchverlag, Postfach 40 02 09, D-80702 München oder
per E-Mail an lektorat@verlagshaus.de.

Unser komplettes Programm finden Sie unter
www.nationalgeographic-buch.de

Verantwortlich: Susanne Caesar
Übersetzung aus dem Englischen: Daniela Schmid
Produktionsbetreuung: Print Company Verlagsges. M.b.H., Wien
Umschlagadaption: Helene Schumacher
Herstellung: Bettina Schippel
Printed in Slovakia

Seit ihrer Gründung 1888 hat sich die National Geographic Society weltweit an mehr als 12 000 Expeditionen, Forschungs- und Schutzprojekten beteiligt. Die Gesellschaft erhält Fördermittel von National Geographic Partners LLC, unterstützt unter anderem durch Ihren Kauf. Ein Teil der Einnahmen dieses Buches hilft uns bei der lebenswichtigen Arbeit zur Bewahrung unserer Welt. Das legendäre *NATIONAL GEOGRAPHIC*-Magazin erscheint monatlich. Darin veröffentlichen namhafte Fotografen ihre Bilder und renommierte Autoren berichten aus nahezu allen Wissensgebieten der Welt. National Geographic im TV ist ein Premium Dokumentations-Sender, der ein informatives und unterhaltsames Programm rund um die Themen Wissenschaft, Technik, Geschichte und Weltkulturen bereithält. Falls Sie mehr über National Geographic wissen wollen, besuchen Sie unsere Website unter www.nationalgeographic.de.

In diesem Buch wird aus Gründen der besseren Lesbarkeit das generische Maskulinum verwendet. Weibliche und anderweitige Geschlechteridentitäten werden dabei ausdrücklich mitgemeint, soweit es für die Aussage erforderlich ist.

Die Deutsche Nationalbibliothek verzeichnet diese Publikation in der Deutschen Nationalbibliografie; detaillierte bibliografische Daten sind im Internet über http://dnb.d-nb.de abrufbar.

Titel der amerikanischen Originalausgabe: *Photo Basics. The Ultimate Beginner's Guide to Great Photography*

Deutsche Ausgabe veröffentlicht von: NG Buchverlag GmbH, Infanteriestraße 11a, 80797 München
Lizenznehmer von: National Geographic Partners, LLC

This edition is published by NG Buchverlag GmbH through licensing agreement with National Geographic Partners, LLC.

ISBN: 978-3-86690-722-5

EBENFALLS ERHÄLTLICH

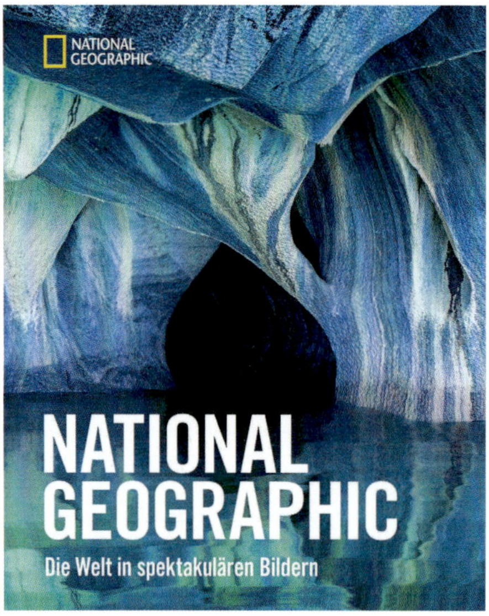

ISBN 978-3-86690-691-4

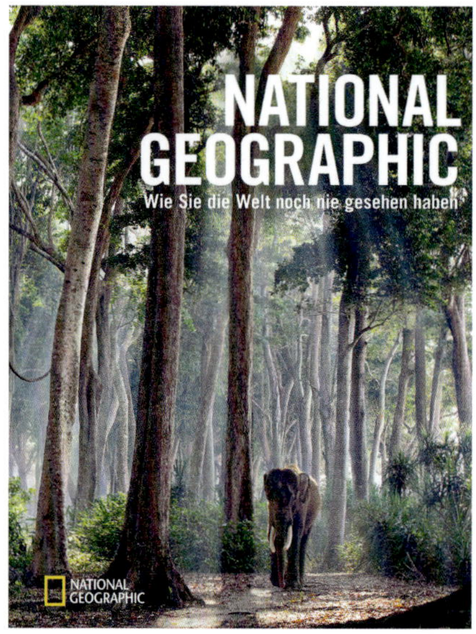

ISBN 978-3-86690-473-6

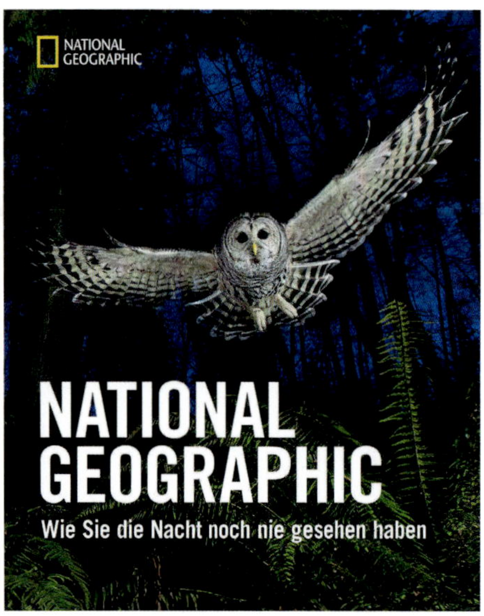

ISBN 978-3-86690-665-5

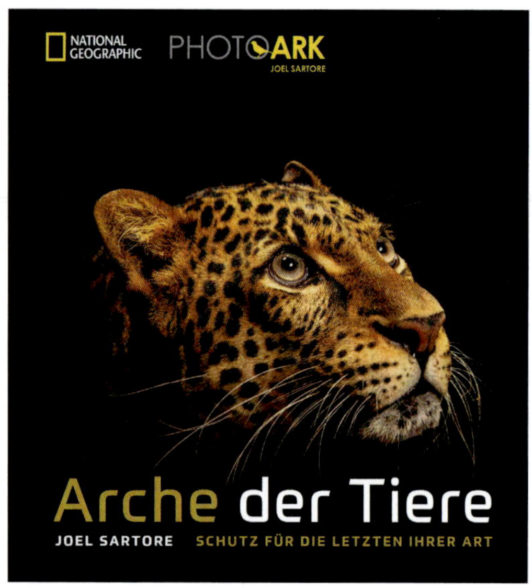

ISBN 978-3-86690-699-0

NATIONAL GEOGRAPHIC